CORPUS SCRIPTORUM ECCLESIASTICORUM
LATINORUM

VOL. LVI/2

CORPUS SCRIPTORUM ECCLESIASTICORUM LATINORUM

EDITUM CONSILIO ET IMPENSIS

ACADEMIAE SCIENTIARUM AUSTRIACAE

VOL. LVI/2

S. EUSEBII HIERONYMI

OPERA (SECT. I PARS IV).

EPISTULARUM
INDICES ET ADDENDA.

COMPOSUIT

MARGIT KAMPTNER

VINDOBONAE

VERLAG DER ÖSTERREICHISCHEN AKADEMIE
DER WISSENSCHAFTEN

MCMXCVI

SANCTI
EUSEBII HIERONYMI

EPISTULAE

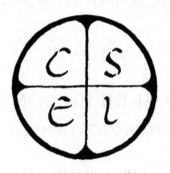

PARS IV:

EPISTULARUM
INDICES ET ADDENDA.

COMPOSUIT

MARGIT KAMPTNER

VINDOBONAE

VERLAG DER ÖSTERREICHISCHEN AKADEMIE
DER WISSENSCHAFTEN

MCMXCVI

Vorgelegt von w. M. ADOLF PRIMMER in der Sitzung am 12. Juni 1996

ISBN 3-7001-2603-4

Copyright © 1996 by
Österreichische Akademie der Wissenschaften
Wien

Druck: Druckhaus Grasl, 2540 Bad Vöslau

Hoc volumine continentur

I. Index biblicus   p. 7

II. Index auctorum   p. 135

III. Index nominum   p. 167

IV. Index eorum, ad quos vel
     a quibus scriptae sunt epistulae   p. 277

V. Index codicum   p. 281

VI. Index criticus   p. 295

         Pars prior   p. 295

         Pars posterior   p. 303

         Appendix   p. 311

I. INDEX BIBLICUS

Primo numero indicatur tomus, secundo pagina, tertio linea, in parenthesi adduntur numerus epistulae, capitulum, paragraphus. Nota „cap." ad conspectus capitulorum in quarundam epistularum initiis collocatos, nota „praef." ad inscriptiones quibusdam epistulis ab auctore antepositas pertinet. Primo ac secundo indicibus ii tantum loci afferuntur, quos iam Isidorus Hilberg in apparatum fontium recepit. Electi loci similes a doctis post illius editionem in lucem prolati posteriore sexti indicis parte colliguntur. Asteriscis notantur loci sacrae scripturae cum versione, quae dicitur Vulgata, non concordantes. Anulis praefixis eae epistulae notantur, quae ad Hieronymum datae sunt.

Gen.

1, 1	*cf.* I, 524, 2 (57, 11, 3)
1, 2	*cf.* I, 689, 7 (69, 6, 1)
*1, 4	I, 383, 11 (49, 19, 1); I, 383, 20 (49, 19, 2)
1, 6-8	*cf.* I, 689, 9 (69, 6, 2)
1, 7	*cf.* I, 405, 13 (°51, 5, 7)
*1, 10	I, 383, 11 (49, 19, 1); I, 383, 20 (49, 19, 2)
1, 11-12	*cf.* III, 212, 10 (°131, 12, 1)
*1, 13	I, 383, 11 (49, 19, 1); I, 383, 20 (49, 19, 2)
1, 16	*cf.* II, 194, 22 (°98, 10, 3)
*1, 16-17	II, 196, 3 (°98, 12, 3)
*1, 18	I, 383, 11 (49, 19, 1); I, 383, 20 (49, 19, 2)
1, 20	*cf.* I, 689, 14 (69, 6, 2)
1, 20-25	*cf.* III, 212, 10 (°131, 12, 1)
*1, 21	I, 383, 11 (49, 19, 1); I, 383, 20 (49, 19, 2)
*1, 25	I, 383, 11 (49, 19, 1); I, 383, 20 (49, 19, 2)

1, 26	I, 101, 13 (18 B, 4, 2); *cf.* I, 140, 1 (21, 40, 3); III, 271, 22 (140, 3, 2); *cf.* III, 277, 1 (140, 7, 3)
1, 26-27	*cf.* I, 320, 2 (43, 2, 4); *cf.* III, 212, 21 (°131, 12, 2); *cf.* III, 306, 7 (145, 1)
*1, 27	III, 271, 23 (140, 3, 2)
1, 27	*cf.* I, 407, 13 (°51, 6, 6)
1, 28	*cf.* I, 168, 3 (22, 19, 1); I, 168, 6 (22, 19, 1); I, 168, 9 (22, 19, 1); I, 353, 8 (49, 2, 6); I, 402, 5 (°51, 4, 5); *cf.* I, 407, 4 (°51, 6, 5); *cf.* I, 432, 15 (52, 10, 3); I, 650, 18 (66, 3, 3); I, 685, 17 (69, 4, 3); II, 179, 14 (°96, 18, 6); *cf.* II, 225, 12 (°100, 12, 1); II, 225, 21 (°100, 12, 3); *cf.* II, 304, 14 (107, 13,

4); III, 85, 18 (123, 12, 2)

1, 31   *cf.* I, 266, 17 (°35, 2, 3)

*2, 2   III, 212, 3 (°131, 11, 2)

2, 2   *cf.* III, 209, 3 (°131, 8, 1); *cf.* III, 211, 15 (°131, 11, 1)

*2, 7   II, 179, 10 (°96, 18, 6)

2, 7   *cf.* I, 407, 13 (°51, 6, 6); *cf.* I, 689, 16 (69, 6, 3)

2, 8   *cf.* I, 689, 17 (69, 6, 3)

2, 10   *cf.* I, 689, 17 (69, 6, 3)

*2, 10-11   I, 404, 15 (°51, 5, 5)

2, 11   *cf.* III, 121, 17 (125, 3, 2)

2, 11-12   *cf.* I, 287, 11 (37, 1, 3)

*2, 13   I, 404, 15 (°51, 5, 5)

2, 15   *cf.* I, 148, 17 (22, 4, 3)

*2, 16   I, 405, 3 (°51, 5, 6)

*2, 16-17   III, 276, 22 (140, 7, 2)

2, 17   I, 167, 16 (22, 18, 3)

*2, 21-22   I, 403, 22 (°51, 5, 3)

2, 21-22   *cf.* I, 407, 13 (°51, 6, 6)

2, 21-23   *cf.* I, 489, 16 (55, 2, 7); *cf.* III, 84, 10 (123, 11, 1)

2, 23   I, 403, 20 (°51, 5, 3)

*2, 24   I, 145, 6 (22, 1, 4); I, 489, 6 (55, 2, 5); III, 84, 12 (123, 11, 1)

2, 24   III, 355, 1 (148, 30, 4)

c. 3   *cf.* I, 157, 15 (22, 10, 2); *cf.* I, 292, 14 (38,

4, 4); *cf.* I, 423, 8 (52, 5, 4); *cf.* III, 189, 24 (130, 10, 2)

3, 1   *cf.* I, 186, 15 (22, 29, 1)

3, 1 sqq.   *cf.* I, 167, 8 (22, 18, 2)

3, 7   *cf.* I, 168, 10 (22, 19, 2); *cf.* I, 404, 1 (°51, 5, 3)

3, 8   *cf.* III, 33, 15 (121, 8, 13)

3, 14   *cf.* I, 28, 7 (7, 3, 1); I, 146, 16 (22, 3, 1)

3, 15   *cf.* I, 28, 6 (7, 3, 1); I, 128, 18 (21, 25)

*3, 16   I, 167, 13 (22, 18, 3); III, 187, 10 (130, 8, 2)

3, 16   I, 173, 1 (22, 21, 6); *cf.* I, 374, 21 (49, 14, 10); *cf.* III, 147, 22 (127, 3, 3)

*3, 17   III, 166, 13 (129, 2, 7)

3, 17-19   *cf.* I, 168, 11 (22, 19, 2)

3, 18   *cf.* I, 146, 16 (22, 3, 1); *cf.* III, 126, 3 (125, 7, 4)

3, 18-19   *cf.* I, 261, 18 (34, 2, 4)

*3, 19   I, 609, 10 (64, 19, 1); III, 277, 4 (140, 7, 3); III, 279, 28 (140, 10, 2)

3, 19   *cf.* II, 93, 15 (79, 6, 1)

3, 21   *cf.* I, 167, 9 (22, 18, 2); *cf.* I, 169, 3 (22, 19, 4); *cf.* I, 403, 11 (°51, 5, 2); *cf.* I, 610, 2 (64, 19, 3)

3, 21-24   *cf.* III, 158, 15 (128, 3, 1)

*3, 24   I, 404, 12 (°51, 5, 5); I, 404, 13 (°51, 5, 5)

3, 24   *cf.* I, 301, 7 (39, 4, 2); *cf.* I, 552, 4 (60, 3, 4)

*4, 1   I, 407, 16 (°51, 6, 6)

4, 4   *cf.* II, 15, 6 (73, 2, 2)

*4, 7   I, 663, 14 (66, 12, 3); III, 325, 17 (147, 9, 4)

*4, 8   I, 273, 17 (36, 6, 1)

4, 8   *cf.* I, 206, 16 (22, 39, 4)

*4, 9   I, 270, 7 (36, 2, 2); I, 273, 18 (36, 6, 1)

*4, 13   I, 270, 12 (36, 2, 3); I, 274, 1 (36, 6, 1); III, 33, 14 (121, 8, 13)

*4, 14   I, 270, 14 (36, 2, 3)

*4, 15   I, 266, 15 (°35, 2, 2); I, 269, 17 (36, 2, 1); I, 270, 2 (36, 2, 1); I, 270, 4 (36, 2, 1); I, 271, 2 (36, 2, 4)

*4, 16   *cf.* III, 325, 18 (147, 9, 4)

4, 16   *cf.* I, 119, 1 (21, 8, 1)

4, 17   *cf.* I, 336, 21 (°46, 7, 1)

4, 17-18   I, 272, 3 (36, 4, 1)

4, 19   *cf.* II, 99, 21 (79, 10, 2); *cf.* III, 84, 18 (123, 11, 2)

4, 23   *cf.* II, 99, 22 (79, 10, 3)

*4, 23-24   I, 272, 7 (36, 4, 2)

4, 23-24   *cf.* III, 84, 18 (123, 11, 2)

*5, 3   I, 407, 16 (°51, 6, 6)

5, 5   *cf.* I, 35, 7 (10, 1, 1)

5, 8   *cf.* I, 35, 7 (10, 1, 1)

5, 11   *cf.* I, 35, 7 (10, 1, 1)

5, 14   *cf.* I, 35, 7 (10, 1, 1)

5, 20   *cf.* I, 35, 7 (10, 1, 1)

5, 22-24   *cf.* II, 15, 6 (73, 2, 2)

5, 24   *cf.* I, 274, 19 (36, 8); *cf.* II, 447, 21 (119, 2, 2); *cf.* II, 449, 7 (119, 4); *cf.* II, 457, 24 (119, 7, 11)

5, 25-28 (sec. LXX)   *cf.* I, 276, 5 (36, 10, 3)

5, 27   *cf.* I, 35, 7 (10, 1, 1); *cf.* I, 426, 8 (52, 6, 5); *cf.* I, 566, 18 (60, 14, 3)

6, 4-7   *cf.* I, 35, 9 (10, 1, 1)

c. 6-8   *cf.* I, 204, 16 (22, 38, 6)

7, 2   *cf.* I, 169, 17 (22, 19, 6); *cf.* I, 266, 17 (°35, 2, 3); *cf.* III, 85, 2 (123, 11, 4); *cf.* III, 85, 4 (123, 11, 4)

7, 2-3   *cf.* I, 383, 15 (49, 19, 1); *cf.* I, 384, 4 (49, 19, 3)

7, 2-9   *cf.* III, 81, 24 (123, 8, 2)

7, 6   *cf.* I, 276, 5 (36, 10, 3)

7, 13   *cf.* III, 85, 1 (123, 11, 4)

7, 17   *cf.* I, 690, 1 (69, 6, 3)

7, 17-24   *cf.* I, 405, 17 (°51, 5, 7)

7, 23   *cf.* I, 64, 3 (15, 2, 1)

8, 6-11   *cf.* I, 690, 1 (69, 6, 3)

8, 20   *cf.* III, 85, 6 (123, 11, 4)

8, 20-22   *cf.* II, 15, 6 (73, 2, 2)

8, 21   *cf.* II, 98, 11 (79, 9, 3)

9, 1   I, 402, 5 (°51, 4, 5)

*9, 4-6   I, 407, 22 (°51, 6, 7)

9, 21   *cf.* I, 155, 10 (22, 8, 4); *cf.* I, 696, 16 (69, 9, 1)

9, 21-27   *cf.* II, 15, 11 (73, 3, 1)

9, 28-29   *cf.* I, 696, 17 (69, 9, 1)

c. 11   *cf.* III, 188, 23 (130, 9, 1)

11, 1-9   *cf.* I, 82, 5 (18 A, 6, 7); *cf.* I, 119, 4 (21, 8, 2)

11, 2 sqq.   *cf.* I, 330, 16 (°46, 2, 2)

11, 3-9   *cf.* II, 68, 17 (78, 20, 2)

11, 9   *cf.* I, 330, 15 (°46, 2, 2)

11, 10-26   *cf.* II, 19, 1 (73, 5, 4)

c. 12   *cf.* III, 188, 23 (130, 9, 1)

*12, 1   I, 330, 12 (°46, 2, 1); II, 3, 9 (71, 2, 2); II, 349, 17 (108, 31, 2)

12, 1   *cf.* I, 144, 3 (22, 1, 1); *cf.* I, 304, 6 (39, 5, 1); *cf.* I, 530, 7 (58, 3, 1); *cf.* I, 638, 13 (65, 16, 3); *cf.* I, 639, 18 (65, 17, 2); *cf.* III, 142, 5 (125, 20, 5)

12, 3   *cf.* I, 646, 13 (65, 22, 3)

*12, 7   III, 167, 19 (129, 3, 2)

12, 11-20   *cf.* I, 206, 16 (22, 39, 4)

13, 2   *cf.* I, 661, 16 (66, 11, 3); *cf.* II, 87, 16 (79, 1, 2)

c. 14   *cf.* I, 662, 1 (66, 11, 3)

14, 2   *cf.* II, 320, 4 (108, 11, 5)

14, 8   *cf.* II, 320, 4 (108, 11, 5)

14, 14-16   *cf.* II, 21, 3 (73, 8, 1)

*14, 17   II, 22, 5 (73, 9, 2)

*14, 18   II, 22, 9 (73, 9, 2)

14, 18   *cf.* II, 15, 4 (73, 2, 2)

14, 18 sqq.   *cf.* I, 331, 14 (°46, 2, 4)

*14, 18-20   II, 18, 6 (73, 5, 2); II, 18, 11 (73, 5, 3)

14, 18-20   *cf.* II, 13, 6 (73, 1, 1)

15, 10-11   *cf.* II, 71, 3 (78, 26, 3)

*15, 13   I, 276, 8 (36, 10, 3)

15, 15 (sec. LXX)   *cf.* II, 93, 17 (79, 6, 1)

15, 16   *cf.* I, 267, 5 (°35, 2, 4); *cf.* I, 275, 15 (36, 10, 1)

16, 6   *cf.* III, 288, 8 (140, 19, 2)

16, 11   *cf.* I, 557, 4 (60, 8, 1)

*16, 12   III, 144, 10 (126, 2, 2); III, 170, 10 (129, 4, 3)

16, 12   *cf.* I, 557, 4 (60, 8, 1)

16, 15-16   *cf.* I, 276, 13 (36, 10, 4)

17, 10-14   *cf.* I, 267, 10 (°35, 2, 5)

17, 23-27   *cf.* I, 267, 10 (°35, 2, 5)

c. 18   *cf.* I, 662, 4 (66, 11, 3); *cf.* II, 319, 6 (108, 11, 3)

18, 1   *cf.* III, 57, 8 (122, 1, 3)

18, 1-8   *cf.* II, 47, 9 (77, 10, 1)

18, 8   *cf.* I, 661, 4 (66, 11, 1)

18, 16   *cf.* II, 320, 1 (108, 11, 5)

c. 19   *cf.* I, 155, 17 (22, 8, 5); *cf.* II, 320, 12 (108, 12, 1)

19, 14   *cf.* III, 290, 9 (141, 1)

19, 15-26   *cf.* III, 56, 14 (122, 1, 2)

19, 16-26   *cf.* II, 2, 12 (71, 1, 4)

*19, 17   I, 144, 8 (22, 1, 2)

19, 17-23   *cf.* I, 661, 11 (66, 11, 2)

19, 18-23   *cf.* II, 2, 16 (71, 1, 4)

19, 20-30   *cf.* I, 595, 15 (64, 8, 1)

19, 26   *cf.* I, 146, 6 (22, 2, 1)

19, 30-38   *cf.* II, 320, 5 (108, 11, 5)

19, 31-38   *cf.* I, 696, 17 (69, 9, 1)

19, 36-37   *cf.* II, 81, 26 (78, 40, 4)

20, 2-18   *cf.* I, 206, 16 (22, 39, 4)

21, 8   *cf.* II, 303, 15 (107, 13, 1)

*21, 12   I, 617, 3 (65, 1, 3)

21, 12   II, 501, 23 (120, 10, 4)

21, 14   *cf.* I, 276, 13 (36, 10, 3)

21, 23   II, 501, 23 (120, 10, 4)

21, 25   *cf.* I, 690, 12 (69, 6, 5)

21, 31   *cf.* I, 690, 13 (69, 6, 5)

c. 22   *cf.* I, 289, 11 (38, 1); *cf.* I, 656, 2 (66, 7, 4); *cf.* II, 442, 14 (118, 5, 4); *cf.* III, 183, 22 (130, 7, 4)

22, 10   *cf.* I, 306, 5 (39, 6, 2)

*22, 18   I, 645, 13 (65, 21, 4)

c. 23   *cf.* I, 521, 8 (57, 10, 2); *cf.* I, 661, 13 (66, 11, 2)

c. 24   *cf.* I, 690, 14 (69, 6, 5)

*24, 2-3   I, 627, 20 (65, 10, 2)

25, 1   *cf.* I, 172, 3 (22, 21, 3)

25, 7   *cf.* II, 19, 12 (73, 5, 5)

25, 8   *cf.* II, 93, 16 (79, 6, 1)

25, 22   *cf.* III, 133, 14 (125, 15, 1)

25, 22-23   *cf.* III, 87, 4 (123, 12, 4)

*25, 23   I, 617, 8 (65, 1, 3)

25, 23   I, 283, 21 (36, 16, 3); *cf.* II, 500, 16 (120, 10, 1); II, 502, 9 (120, 10, 6)

25, 25   *cf.* I, 690, 15 (69, 6, 5); *cf.* III, 105, 17 (124, 8, 1)

25, 27   *cf.* I, 282, 19 (36, 15, 6); *cf.* I, 282, 20 (36, 15, 6)

25, 28   *cf.* I, 283, 16 (36, 16, 2)

25, 31-34   *cf.* I, 302, 22 (39, 4, 6); *cf.* II, 19, 18 (73, 6, 1)

26, 14-22   *cf.* I, 690, 12 (69, 6, 5)

*26, 24   II, 215, 23 (°100, 3, 2)

c. 27   *cf.* I, 267, 12 (°35, 2, 6); *cf.* I, 676, 14 (68, 1, 4)

27, 1   *cf.* I, 283, 2 (36, 15, 6); *cf.* I, 283, 12 (36, 16, 2); *cf.* I, 283, 13 (36, 16, 2); *cf.* I, 283, 15 (36, 16, 2)

27, 2-4   *cf.* I, 283, 17 (36, 16, 2)

*27, 9   I, 284, 1 (36, 16, 3)

27, 14   *cf.* I, 284, 12 (36, 16, 4)

27, 15   *cf.* I, 284, 7 (36, 16, 4)

27, 16   *cf.* I, 284, 8 (36, 16, 4)

27, 20   *cf.* I, 284, 10 (36, 16, 4)

*27, 22   *cf.* I, 283, 3 (36, 15, 6)

27, 27   *cf.* I, 281, 4 (36, 15, 1)

27, 27-29   *cf.* I, 284, 13 (36, 16, 5)

*27, 41   I, 284, 18 (36, 16, 5); I, 285, 4 (36, 16, 5)

27, 41   *cf.* I, 282, 20 (36, 15, 6); *cf.* I, 557, 5 (60, 8, 1)

27, 41 sqq.   II, 329, 14 (108, 18, 2)

27, 42-28, 2   *cf.* I, 285, 5 (36, 16, 6)

28, 5   *cf.* I, 285, 8 (36, 16, 6)

28, 10-13   *cf.* III, 90, 10 (123, 14, 4)

28, 10-22   *cf.* II, 322, 3 (108, 13, 1); *cf.* II, 444, 16 (118, 7, 2)

28, 12   *cf.* I, 15, 11 (3, 4, 1); *cf.* I, 149, 3 (22, 4, 3); *cf.* I, 529, 4 (58, 2, 1)

28, 12 sqq.   *cf.* II, 186, 23 (°98, 3, 1)

28, 12-13   *cf.* I, 91, 20 (18 A, 14, 3); *cf.* I, 472, 17 (54, 6, 5)

*28, 17   II, 186, 27 (°98, 3, 1)

28, 19-22   *cf.* II, 492, 12 (120, 8, 10)

*28, 20   I, 195, 5 (22, 32, 5); II, 480, 18 (120, 2, 4)

29, 11   *cf.* I, 690, 14 (69, 6, 5)

29, 17-18   *cf.* III, 87, 1 (123, 12, 4)

*29, 20   I, 207, 4 (22, 40, 1)

30, 1   *cf.* I, 172, 4 (22, 21, 3)

30, 14-16   *cf.* I, 172, 3 (22, 21, 3)

*30, 33   I, 486, 9 (55, 1, 2); II, 251, 27 (106, 6, 2)

c. 31   *cf.* III, 90, 17 (123, 14, 4)

*31, 40   I, 207, 8 (22, 40, 1)

32, 10   *cf.* III, 90, 18 (123, 14, 4)

32, 22-32   *cf.* I, 628, 2 (65, 10, 3)

32, 25   *cf.* I, 158, 18 (22, 11, 3)

32, 30   *cf.* III, 270, 25 (140, 2, 4)

*33, 17-18   II, 20, 19 (73, 7, 2)

33, 18-20   *cf.* I, 521, 11 (57, 10, 2)
c. 34   *cf.* I, 179, 4 (22, 25, 2)
34, 1   *cf.* II, 297, 11 (107, 6, 2)
*34, 30   II, 130, 16 (84, 7, 7)
35, 18   *cf.* I, 650, 16 (66, 3, 3); *cf.* I, 651, 4 (66, 4, 1); *cf.* II, 316, 5 (108, 10, 1); *cf.* III, 285, 26 (140, 16, 1)
35, 19   *cf.* I, 617, 12 (65, 1, 4)
35, 21   *cf.* II, 318, 11 (108, 10, 8)
35, 29   *cf.* II, 93, 16 (79, 6, 1)
36, 37   *cf.* I, 330, 15 (°46, 2, 2)
37, 3   *cf.* I, 356, 21 (49, 4, 6); *cf.* I, 478, 12 (54, 11, 2); *cf.* I, 642, 1 (65, 19, 4); *cf.* III, 177, 4 (130, 2, 3)
37, 25   *cf.* II, 91, 3 (79, 3, 3)
37, 25-28   *cf.* I, 289, 11 (38, 1)
37, 28   *cf.* II, 91, 5 (79, 3, 3)
37, 33-35   *cf.* I, 555, 5 (60, 6, 1)
*37, 35   III, 165, 3 (129, 2, 1)
37, 35   I, 300, 19 (39, 4, 1); I, 301, 5 (39, 4, 2)
37, 36   *cf.* II, 91, 5 (79, 3, 3)
38, 6-30   *cf.* III, 85, 11 (123, 12, 1)
38, 19   *cf.* I, 591, 11 (64, 3, 1)
*38, 21   II, 76, 9 (78, 35, 2)
38, 27-29   *cf.* I, 419, 13 (52, 3, 8)
38, 27-30   *cf.* III, 87, 6 (123, 12, 5)
c. 39   *cf.* II, 92, 14 (79, 5, 1)

c. 39-50   *cf.* II, 89, 25 (79, 2, 5)
39, 12   *cf.* II, 4, 6 (71, 3, 1); *cf.* II, 440, 8 (118, 4, 4); *cf.* III, 307, 1 (145, 3)
43, 16   *cf.* II, 320, 9 (108, 12, 1)
43, 25   *cf.* II, 320, 9 (108, 12, 1)
43, 30   *cf.* I, 295, 1 (39, 1, 4)
43, 33   *cf.* II, 320, 9 (108, 12, 1)
45, 5-11   *cf.* I, 289, 11 (38, 1)
46, 27   *cf.* I, 158, 16 (22, 11, 3)
47, 1-11   *cf.* II, 51, 14 (78, 1, 6)
47, 29-31   *cf.* I, 628, 7 (65, 10, 3)
48, 10   *cf.* I, 676, 16 (68, 1, 4)
*49, 10   I, 628, 5 (65, 10, 3); II, 317, 16 (108, 10, 5)
49, 10   *cf.* I, 676, 16 (68, 1, 4)
49, 27   *cf.* I, 290, 1 (38, 1); *cf.* I, 556, 11 (60, 8, 2); *cf.* I, 691, 9 (69, 6, 7)
49, 29-31   *cf.* I, 343, 19 (°46, 13, 2)
50, 1-14   *cf.* II, 354, 2 (109, 2, 4)
*50, 7-8   I, 301, 18 (39, 4, 4)
*50, 9   I, 302, 4 (39, 4, 4)
*50, 10   I, 302, 5 (39, 4, 4)
50, 21   *cf.* III, 57, 9 (122, 1, 3)

Ex.

1, 5	*cf.* I, 158, 16 (22, 11, 3)
1, 11-14	*cf.* III, 36, 9 (121, 8, 21)
1, 14	*cf.* I, 177, 7 (22, 24, 3); *cf.* II, 68, 5 (78, 19, 2)
2, 11-15	*cf.* I, 95, 9 (18 A, 15, 9)
2, 16-17	*cf.* I, 690, 15 (69, 6, 5)
*2, 23	I, 76, 16 (18 A, 2, 3)
c. 3-14	*cf.* III, 313, 19 (146, 1, 4)
3, 1	*cf.* III, 127, 3 (125, 8, 1)
3, 2-4	*cf.* II, 59, 23 (78, 10, 2)
*3, 3	II, 29, 14 (75, 1, 1); II, 35, 21 (76, 2, 1); II, 75, 2 (78, 33); III, 16, 16 (121, 4, 4)
*3, 5	I, 95, 11 (18 A, 15, 9)
3, 5	*cf.* I, 170, 1 (22, 19, 6); *cf.* III, 16, 15 (121, 4, 4)
3, 7	*cf.* I, 227, 7 (28, 1); *cf.* I, 549, 7 (60, 1, 2)
3, 8	*cf.* I, 478, 11 (54, 11, 2); *cf.* III, 173, 6 (129, 6, 2)
3, 14	I, 65, 18 (15, 4, 2); I, 102, 13 (18 B, 5, 1); I, 219, 7 (25, 2); I, 372, 20 (49, 14, 5)
3, 15	*cf.* I, 76, 14 (18 A, 2, 2)
3, 19-12, 36	*cf.* II, 51, 10 (78, 1, 5)
*4, 10	I, 93, 9 (18 A, 15, 2); I, 94, 11 (18 A, 15, 6); I, 95, 14 (18 A, 15, 9)
*4, 13	I, 93, 10 (18 A, 15, 2); I, 94, 11 (18 A, 15, 6)
4, 21	*cf.* II, 136, 8 (85, 2); *cf.* III, 313, 17 (146, 1, 4)
*4, 22	III, 40, 14 (121, 9, 7)
4, 25	*cf.* I, 99, 17 (18 B, 2, 4)
c. 5 sqq.	*cf.* I, 177, 11 (22, 24, 3)
*5, 2	II, 173, 6 (°96, 14, 1); III, 314, 1 (146, 1, 5)
c. 7-8	*cf.* II, 79, 16 (78, 38, 1)
7, 8-12	*cf.* III, 55, 4 (121, 11, 14)
9, 16	*cf.* II, 502, 23 (120, 10, 7)
*9, 27	III, 33, 18 (121, 8, 13)
10, 21	*cf.* II, 207, 11 (°98, 21, 3)
c. 12	*cf.* I, 679, 4 (69, 1, 2); *cf.* III, 358, 28 (149, 3, 1)
c. 12 -13	*cf.* II, 293, 8 (107, 3, 2)
12, 5	*cf.* II, 53, 20 (78, 3, 3)
*12, 6	III, 360, 10 (149, 3, 5)
12, 7	*cf.* II, 318, 17 (108, 10, 8)

12, 8	*cf.* I, 250, 3 (31, 1); *cf.* II, 53, 20 (78, 3, 3); *cf.* III, 158, 5 (128, 2, 4)
12, 11	*cf.* I, 158, 19 (22, 11, 3); *cf.* II, 51, 17 (78, 1, 6); *cf.* II, 53, 20 (78, 3, 3); *cf.* III, 200, 19 (130, 19, 6)
12, 13	*cf.* II, 318, 17 (108, 10, 8)
12, 22-23	*cf.* II, 318, 17 (108, 10, 8)
12, 23	*cf.* II, 51, 14 (78, 1, 6)
12, 29	*cf.* II, 51, 12 (78, 1, 5); *cf.* II, 355, 17 (109, 3, 5)
12, 33	*cf.* II, 51, 13 (78, 1, 5)
12, 39	*cf.* II, 54, 16 (78, 4, 1)
*12, 40-41	I, 276, 12 (36, 10, 3)
12, 42	*cf.* II, 54, 25 (78, 4, 2)
12, 43-49	*cf.* II, 55, 1 (78, 4, 2)
13, 1-2	*cf.* II, 51, 12 (78, 1, 5); *cf.* II, 55, 2 (78, 4, 2)
13, 2	*cf.* II, 293, 8 (107, 3, 2)
13, 11-15	*cf.* II, 55, 2 (78, 4, 2)
13, 12-13	*cf.* II, 293, 8 (107, 3, 2)
13, 12-15	*cf.* II, 51, 12 (78, 1, 5)
*13, 18	I, 267, 7 (°35, 2, 4); I, 275, 17 (36, 10, 1); I, 278, 15 (36, 12)
13, 18	I, 278, 17 (36, 12)
13, 19	*cf.* II, 353, 24 (109, 2, 3)
13, 21-22	*cf.* II, 55, 7 (78, 5, 1)
c. 14	*cf.* I, 690, 3 (69, 6, 4)
14, 14	II, 56, 18 (78, 7, 1)
14, 27-28	*cf.* III, 121, 7 (125, 3, 1)
*15, 1	I, 209, 10 (22, 41, 1); II, 56, 20 (78, 7, 1)
15, 1	I, 480, 20 (54, 13, 5); II, 255, 7 (106, 12, 2)
15, 4	*cf.* II, 51, 1 (78, 1, 4)
15, 20	*cf.* I, 617, 11 (65, 1, 4)
15, 20-21	*cf.* II, 56, 19 (78, 7, 1)
*15, 21	II, 56, 20 (78, 7, 1)
15, 22	*cf.* II, 57, 3 (78, 7, 3)
15, 23	*cf.* I, 690, 10 (69, 6, 5); *cf.* II, 56, 14 (78, 7, 1); *cf.* II, 57, 5 (78, 7, 3); *cf.* III, 129, 7 (125, 10, 1)
15, 24	*cf.* II, 57, 6 (78, 7, 3)
*15, 25	II, 57, 10 (78, 7, 3)
15, 25	*cf.* I, 156, 18 (22, 9, 2); *cf.* I, 690, 10 (69, 6, 5); *cf.* III, 4, 12 (121, praef. 5)
15, 27	*cf.* I, 690, 11 (69, 6, 5); *cf.* III, 129, 7 (125, 10, 1)
16, 1	*cf.* II, 59, 9 (78, 9, 3)
16, 2-15	*cf.* II, 65, 5 (78, 15, 4)
16, 2-36	*cf.* II, 61, 7 (78, 12, 2)
16, 3	*cf.* II, 349, 22 (108, 31, 2); *cf.* III, 12, 4 (121, 2, 12)
16, 29	*cf.* III, 48, 22 (121, 10, 20)
c. 17	*cf.* II, 110, 21 (82, 3, 3)
*17, 1	II, 61, 2 (78, 12, 1)

17, 1   *cf.* II, 61, 19 (78, 13, 2)

17, 3   *cf.* II, 61, 20 (78, 13, 2)

17, 6   *cf.* II, 61, 20 (78, 13, 2)

17, 7   *cf.* II, 61, 21 (78, 13, 2)

17, 8-16   *cf.* II, 146, 4 (°91, 1)

17, 9   *cf.* II, 61, 22 (78, 13, 2)

17, 10   *cf.* II, 61, 22 (78, 13, 2)

17, 11   *cf.* II, 61, 22 (78, 13, 2)

17, 11-13 *cf.* I, 572, 14 (60, 17, 2)

17, 12   *cf.* II, 61, 24 (78, 13, 3); *cf.* II, 62, 3 (78, 13, 3)

*17, 14   II, 146, 9 (°91, 2)

c. 18   *cf.* II, 62, 4 (78, 13, 3)

18, 14-23 *cf.* III, 210, 7 (°131, 9, 3)

c. 19   *cf.* II, 53, 11 (78, 3, 2)

*19, 1-3   II, 62, 20 (78, 14, 1)

*19, 10-11 II, 63, 4 (78, 14, 1)

19, 14-19 *cf.* II, 63, 7 (78, 14, 2)

19, 15   *cf.* I, 377, 5 (49, 15, 5)

19, 16-19 *cf.* I, 85, 16 (18 A, 8, 3)

*19, 19   II, 63, 10 (78, 14, 2)

20, 5   *cf.* I, 177, 14 (22, 24, 4); *cf.* III, 188, 14 (130, 8, 6); *cf.* III, 317, 16 (146, 3, 4)

20, 10   *cf.* III, 358, 20 (149, 2, 4)

20, 12   *cf.* I, 48, 5 (14, 3, 4); I, 468, 4 (54, 3, 1); III, 78, 8 (123, 5, 7)

*20, 17   III, 34, 11 (121, 8, 15)

20, 17   II, 411, 7 (°116, 20, 1)

20, 26   *cf.* I, 597, 12 (64, 10, 1)

21, 5-6   *cf.* II, 51, 5 (78, 1, 4)

21, 23-25 *cf.* I, 113, 11 (21, 2, 3)

21, 24   III, 20, 7 (121, 5, 7); *cf.* III, 86, 11 (123, 12, 3)

21, 28-32 *cf.* II, 51, 4 (78, 1, 4)

22, 19   *cf.* II, 51, 4 (78, 1, 4)

23, 16   *cf.* III, 361, 21 (149, 5, 1)

24, 18   *cf.* III, 189, 26 (130, 10, 2)

25, 6   *cf.* II, 83, 5 (78, 41, 2); *cf.* III, 158, 4 (128, 2, 4)

25, 11   *cf.* I, 177, 2 (22, 24, 2)

26, 1   *cf.* I, 241, 6 (29, 6, 5)

26, 31   *cf.* I, 241, 6 (29, 6, 5)

c. 28   *cf.* I, 613, 17 (64, 21, 3)

28, 3   *cf.* I, 641, 19 (65, 19, 3)

*28, 4   I, 237, 9 (29, 4, 1)

28, 4   *cf.* I, 591, 6 (64, 3, 1)

28, 5   *cf.* I, 641, 17 (65, 19, 3)

*28, 5-6   I, 237, 14 (29, 4, 2)

28, 5-6   I, 239, 21 (29, 5, 3)

28, 6   *cf.* I, 641, 17 (65, 19, 3)

28, 6-12   *cf.* I, 600, 20 (64, 15, 1)

28, 9-12   *cf.* I, 240, 2 (29, 5, 3)

28, 12   *cf.* I, 602, 10 (64, 15, 4)

28, 13-14   *cf.* I, 604, 1 (64, 16, 4)

28, 15   *cf.* I, 641, 17 (65, 19, 3)

28, 15-26   *cf.* I, 602, 13 (64, 16, 1)

28, 17-21   *cf.* I, 82, 12 (18 A, 6, 8)

28, 18   *cf.* I, 100, 1 (18 B, 2, 5)

28, 20   *cf.* I, 287, 3 (37, 1, 2)

28, 24-25   *cf.* I, 604, 1 (64, 16, 4)

28, 26   *cf.* I, 607, 14 (64, 7); *cf.* I, 611, 16 (64, 20, 3)

28, 27-31   *cf.* I, 600, 4 (64, 14, 1)

28, 31   *cf.* I, 600, 17 (64, 14, 2)

28, 32-34   *cf.* I, 604, 16 (64, 17, 1)

28, 33   *cf.* I, 641, 17 (65, 19, 3)

28, 35   *cf.* I, 598, 16 (64, 12, 1); *cf.* I, 599, 11 (64, 13)

28, 36   *cf.* I, 598, 4 (64, 11, 1); *cf.* I, 598, 16 (64, 12, 1); *cf.* I, 599, 11 (64, 13)

28, 36-38   *cf.* I, 591, 7 (64, 3, 1)

*28, 38   I, 239, 12 (29, 5, 2)

28, 38   *cf.* I, 75, 12 (18 A, 1, 3); *cf.* I, 597, 7 (64, 10, 1)

*28, 42   I, 239, 12 (29, 5, 2)

31, 2-3   *cf.* I, 564, 5 (60, 12, 3)

31, 15   *cf.* III, 360, 21 (149, 4, 1)

31, 17   *cf.* III, 360, 23 (149, 4, 1)

31, 18   *cf.* I, 624, 10 (65, 7, 3)

c. 32   *cf.* II, 40, 19 (77, 4, 2)

*32, 4   II, 100, 13 (79, 11, 1)

32, 6   I, 155, 17 (22, 8, 4)

*32, 10   III, 161, 19 (128, 5, 2); III, 173, 10 (129, 6, 2)

32, 20   *cf.* I, 589, 12 (64, 2, 2)

*32, 31-32   II, 178, 18 (°96, 18, 3); III, 39, 15 (121, 9, 4)

*32, 32   III, 39, 22 (121, 9, 5); III, 161, 26 (128, 5, 3)

32, 32   *cf.* II, 110, 22 (82, 3, 3)

33, 9-10   *cf.* I, 85, 4 (18 A, 8, 1)

33, 11   *cf.* I, 90, 13 (18 A, 13, 2); *cf.* III, 270, 25 (140, 2, 4)

33, 19   *cf.* II, 502, 17 (120, 10, 7)

*33, 20   I, 90, 11 (18 A, 13, 1); I, 90, 14 (18 A, 13, 2)

33, 20-23   *cf.* I, 90, 9 (18 A, 13, 1)

33, 22   *cf.* I, 277, 5 (36, 11, 1)

34, 7   *cf.* I, 296, 21 (39, 2, 4)

34, 14   *cf.* I, 177, 14 (22, 24, 4)

34, 28	*cf.* III, 189, 26 (130, 10, 2)
34, 29-35	*cf.* I, 410, 10 (°51, 7, 4)
34, 33	*cf.* I, 538, 20 (58, 9, 1)
34, 33-35	*cf.* I, 586, 13 (64, 1, 1)
*36, 8-9	I, 237, 19 (29, 4, 3)
36, 9	I, 239, 21 (29, 5, 3)
36, 13-14	*cf.* I, 240, 2 (29, 5, 3)
37, 1	*cf.* I, 177, 2 (22, 24, 2)
37, 5	*cf.* I, 241, 6 (29, 6, 4)
37, 23	*cf.* I, 596, 18 (64, 9, 2)
c. 39	*cf.* I, 613, 17 (64, 21, 3)
*39, 1-2	I, 237, 19 (29, 4, 3)
39, 1-2	I, 239, 21 (29, 5, 3)
39, 6-7	*cf.* I, 240, 2 (29, 5, 3)
39, 10-14	*cf.* I, 82, 12 (18 A, 6, 8)
39, 11	*cf.* I, 100, 1 (18 B, 2, 5)
39, 12	*cf.* I, 592, 15 (64, 4, 2)
39, 13	*cf.* I, 287, 3 (37, 1, 2)

Leuit.

2, 11	*cf.* II, 83, 3 (78, 41, 2); *cf.* III, 158, 3 (128, 2, 4)
2, 13	*cf.* II, 473, 11 (120, praef. 4); *cf.* III, 119, 11 (125, 1, 3)
5, 2	*cf.* III, 47, 15 (121, 10, 17)
7, 20	*cf.* I, 587, 20 (64, 1, 4)
7, 24	*cf.* I, 587, 12 (64, 1, 2); *cf.* I, 588, 8 (64, 1, 5)

7, 31-34	*cf.* I, 587, 8 (64, 1, 2); *cf.* I, 611, 8 (64, 20, 3)
8, 6	*cf.* I, 609, 14 (64, 19, 2)
*8, 6-7	I, 238, 5 (29, 4, 4)
*8, 7-8	I, 238, 9 (29, 4, 4)
8, 7-8	*cf.* I, 612, 6 (64, 20, 5)
8, 7-9	*cf.* I, 614, 1 (64, 21, 3)
8, 10-12	*cf.* II, 16, 4 (73, 3, 2)
*10, 6	I, 303, 5 (39, 4, 7)
10, 9	*cf.* I, 434, 5 (52, 11, 3); *cf.* I, 589, 14 (64, 2, 2); *cf.* I, 695, 12 (69, 8, 6)
10, 10-11	*cf.* I, 696, 5 (69, 8, 8)
c. 11	*cf.* III, 47, 16 (121, 10, 17)
11, 44	II, 443, 3 (118, 5, 6)
c. 13	*cf.* I, 432, 14 (52, 10, 3)
13, 47-59	*cf.* II, 51, 3 (78, 1, 4)
14, 2-32	*cf.* II, 410, 3 (°116, 18, 4)
14, 34-53	*cf.* II, 51, 3 (78, 1, 4)
15, 19-23	*cf.* III, 47, 15 (121, 10, 17)
16, 20-26	*cf.* III, 357, 13 (149, 1, 3)
16, 29	II, 220, 3 (°100, 6, 5); *cf.* III, 190, 10 (130, 10, 4)
19, 2	II, 443, 3 (118, 5, 6)
19, 7	*cf.* I, 64, 2 (15, 2, 1)
*19, 15	II, 87, 10 (79, 1, 1)
19, 19	*cf.* III, 77, 3 (123, 5, 3)
21, 2	*cf.* III, 80, 6 (123, 6, 4)

21, 10   I, 591, 6 (64, 3, 1); *cf.* I, 591, 9 (64, 3, 1)

*21, 11   I, 591, 12 (64, 3, 1); I, 592, 3 (64, 4, 1); I, 594, 1 (64, 6, 1)

21, 11   *cf.* I, 303, 12 (39, 4, 7)

*21, 12   I, 303, 17 (39, 4, 8); I, 592, 21 (64, 5, 1); I, 593, 8 (64, 5, 1)

21, 13   *cf.* I, 432, 12 (52, 10, 3)

*21, 13-15   I, 593, 19 (64, 6, 1)

21, 13-15   *cf.* III, 80, 5 (123, 6, 4)

*21, 14   I, 594, 19 (64, 7, 2)

21, 17-21   *cf.* I, 432, 13 (52, 10, 3)

21, 17-23   *cf.* I, 589, 19 (64, 2, 2)

22, 4   *cf.* I, 590, 1 (64, 2, 3)

22, 10-11   *cf.* I, 590, 8 (64, 2, 4)

22, 12   *cf.* III, 80, 7 (123, 6, 4)

22, 12-13   *cf.* III, 80, 5 (123, 6, 4)

23, 3   *cf.* III, 360, 21 (149, 4, 1)

23, 15-16   *cf.* III, 360, 30 (149, 4, 2)

23, 16-17   *cf.* III, 361, 9 (149, 4, 3)

23, 17   *cf.* III, 361, 13 (149, 4, 3)

23, 18   *cf.* III, 361, 18 (149, 4, 3)

23, 19-20   *cf.* III, 361, 9 (149, 4, 3)

23, 20   *cf.* III, 361, 13 (149, 4, 3)

23, 24   *cf.* III, 361, 22 (149, 5, 1)

23, 24-32   *cf.* I, 432, 18 (52, 10, 3)

23, 27   *cf.* III, 190, 10 (130, 10, 4); *cf.* III, 361, 23 (149, 5, 1); *cf.* III, 362, 6 (149, 5, 2)

23, 34-36   *cf.* II, 54, 19 (78, 4, 1)

23, 34-43   *cf.* I, 432, 17 (52, 10, 3)

23, 39   *cf.* III, 361, 21 (149, 5, 1); *cf.* III, 361, 23 (149, 5, 1)

24, 5-9   *cf.* I, 596, 17 (64, 9, 2)

*24, 15-16   II, 174, 1 (°96, 14, 4)

25, 4   *cf.* I, 275, 4 (36, 9, 1)

25, 8   *cf.* I, 587, 9 (64, 1, 2)

25, 8-10   *cf.* I, 275, 4 (36, 9, 1)

25, 10   *cf.* III, 26, 5 (121, 6, 19); *cf.* III, 361, 4 (149, 4, 2)

Num.

1, 7   *cf.* I, 278, 8 (36, 11, 4)

2, 3   *cf.* I, 278, 8 (36, 11, 4)

c. 4   *cf.* II, 74, 19 (78, 32); *cf.* II, 115, 7 (82, 8, 2)

4, 3   *cf.* I, 591, 8 (64, 3, 1)

6, 3   *cf.* II, 293, 14 (107, 3, 3)

6, 18   *cf.* II, 378, 15 (112, 9, 4)

7, 12   *cf.* I, 278, 8 (36, 11, 4)

7, 17   *cf.* I, 278, 8 (36, 11, 4)

8, 24   *cf.* II, 115, 5 (82, 8, 2)

9, 11   *cf.* II, 57, 13 (78, 7, 4)

10, 10   *cf.* II, 466, 4 (119, 10, 11)

10, 11-12   *cf.* II, 64, 15 (78, 15, 2)

10, 14   *cf.* I, 278, 8 (36, 11, 4)

c. 11   *cf.* II, 64, 17 (78, 15, 2); *cf.* III, 157, 20 (128, 2, 3)

11, 5   *cf.* III, 12, 4 (121, 2, 12)

11, 7   *cf.* II, 51, 2 (78, 1, 4)

11, 16   *cf.* I, 528, 2 (58, 1, 2); *cf.* I, 560, 2 (60, 10, 4)

11, 20   *cf.* I, 468, 20 (54, 4, 1)

c. 12   *cf.* II, 65, 16 (78, 16, 1)

12, 1   *cf.* I, 145, 9 (22, 1, 5); *cf.* II, 71, 6 (78, 26, 3)

12, 3   *cf.* I, 145, 9 (22, 1, 5); *cf.* II, 110, 18 (82, 3, 3); *cf.* III, 164, 22 (129, 1, 6)

12, 13-15   *cf.* II, 180, 11 (°96, 20, 1)

12, 14-15   *cf.* II, 42, 13 (77, 5, 1)

*13, 1   II, 66, 4 (78, 17, 1)

13, 4-16   *cf.* II, 67, 1 (78, 17, 5)

13, 24   *cf.* II, 67, 2 (78, 17, 5); *cf.* II, 319, 5 (108, 11, 2)

13, 25   *cf.* II, 319, 2 (108, 11, 2)

13, 32-34   *cf.* II, 67, 3 (78, 17, 5)

c. 13-19   *cf.* II, 66, 25 (78, 17, 5)

14, 1-4   *cf.* II, 67, 3 (78, 17, 5)

14, 18   *cf.* III, 188, 14 (130, 8, 6)

14, 29-38   *cf.* III, 272, 5 (140, 3, 3)

14, 33-34   *cf.* III, 127, 2 (125, 8, 1)

14, 45   *cf.* II, 67, 4 (78, 17, 5)

15, 37-40   *cf.* III, 340, 8 (148, 13, 2)

16, 1 sqq.   *cf.* II, 170, 21 (°96, 12, 2)

16, 1-33   *cf.* II, 67, 5 (78, 17, 5)

16, 46-48   *cf.* II, 67, 7 (78, 17, 5)

16, 46-50   *cf.* III, 161, 16 (128, 5, 2)

17, 8-10   *cf.* II, 67, 9 (78, 17, 5)

c. 18   *cf.* II, 67, 10 (78, 17, 5)

18, 8-32   *cf.* I, 590, 11 (64, 2, 4)

c. 19   *cf.* II, 67, 12 (78, 17, 5)

19, 14   *cf.* II, 352, 8 (109, 1, 2)

20, 1   *cf.* II, 76, 14 (78, 35, 3)

20, 2-5   *cf.* II, 76, 18 (78, 35, 3)

20, 12-13   *cf.* II, 76, 15 (78, 35, 3)

20, 14-21   *cf.* II, 76, 16 (78, 35, 3)

20, 18   *cf.* II, 76, 23 (78, 35, 4)

20, 20   *cf.* II, 77, 1 (78, 35, 4)

20, 28-29   *cf.* II, 77, 24 (78, 36, 3)

20, 30   *cf.* I, 301, 2 (39, 4, 1); *cf.* I, 302, 8 (39, 4, 4); *cf.* II, 77, 26 (78, 36, 3)

21, 1   *cf.* II, 78, 3 (78, 36, 4)

21, 3   *cf.* II, 78, 7 (78, 36, 4)

*21, 4   II, 78, 18 (78, 37, 1)

21, 4-9   *cf.* II, 79, 3 (78, 37, 2)

21, 9   *cf.* I, 15, 13 (3, 4, 1)

*21, 11   II, 80, 19 (78, 39, 2)

21, 11   *cf.* II, 81, 5 (78, 40, 1)

*21, 12-13 II, 81, 6 (78, 40, 1)

*21, 17-20 II, 81, 10 (78, 40, 2)

21, 21-35   *cf.* II, 82, 15 (78, 40, 5)

21, 22   *cf.* III, 141, 6 (125, 20, 2)

22, 1-12   *cf.* II, 84, 6 (78, 43, 1)

*23, 21   II, 47, 15 (77, 10, 2); III, 186, 7 (130, 7, 12)

24, 17   *cf.* II, 44, 21 (77, 7, 2)

*24, 17-18 II, 84, 9 (78, 43, 2)

25, 1-15   *cf.* II, 84, 12 (78, 43, 2)

25, 3   *cf.* III, 172, 1 (129, 5, 1)

25, 6-8   *cf.* III, 326, 1 (147, 9, 4)

25, 7   *cf.* II, 354, 13 (109, 3, 1)

25, 8   *cf.* I, 589, 5 (64, 2, 1)

c. 26   *cf.* II, 84, 15 (78, 43, 2)

27, 1-6   *cf.* I, 617, 14 (65, 1, 4)

27, 1-11   *cf.* II, 84, 17 (78, 43, 3)

27, 12-23   *cf.* II, 84, 19 (78, 43, 3)

c. 28-29   *cf.* II, 84, 20 (78, 43, 3)

29, 7   *cf.* III, 190, 10 (130, 10, 4)

c. 30   *cf.* II, 85, 1 (78, 43, 4)

c. 31   *cf.* II, 85, 2 (78, 43, 4); *cf.* III, 114, 4 (124, 11, 4)

c. 32   *cf.* II, 85, 4 (78, 43, 4)

c. 33   *cf.* II, 36, 14 (76, 3, 2); *cf.* II, 45, 1 (77, 7, 2)

*33, 1   II, 51, 23 (78, 2, 1)

33, 1   II, 52, 16 (78, 2, 4)

33, 3   II, 53, 19 (78, 3, 3); II, 53, 24 (78, 3, 4)

*33, 3-4   II, 52, 23 (78, 3, 1)

*33, 4   II, 54, 8 (78, 3, 5)

*33, 5   II, 54, 14 (78, 4, 1)

*33, 6   II, 55, 4 (78, 5, 1)

33, 6   II, 55, 13 (78, 5, 2)

*33, 7   II, 55, 19 (78, 6, 1)

*33, 8   II, 56, 11 (78, 7, 1)

*33, 9   II, 57, 21 (78, 8, 1)

*33, 10   II, 58, 18 (78, 9, 1)

*33, 10-11 II, 59, 13 (78, 10, 1)

*33, 12   II, 60, 4 (78, 11, 1)

*33, 13   II, 60, 23 (78, 12, 1)

*33, 14   II, 61, 13 (78, 13, 1)

*33, 15   II, 62, 15 (78, 14, 1)

*33, 16   II, 64, 7 (78, 15, 1)

33, 16   *cf.* II, 65, 2 (78, 15, 3)

(sec. LXX) *cf.* II, 65, 3 (78, 15, 3)

*33, 17   II, 65, 13 (78, 16, 1)

*33, 18   II, 66, 3 (78, 17, 1)

*33, 19   II, 67, 15 (78, 18)

*33, 20   II, 68, 1 (78, 19, 1)

*33, 21   II, 68, 11 (78, 20, 1)

*33, 22   II, 69, 1 (78, 21)

*33, 23   II, 69, 5 (78, 22, 1)

*33, 24   II, 69, 18 (78, 23)

*33, 25   II, 70, 1 (78, 24)

*33, 26   II, 70, 7 (78, 25, 1)
*33, 27   II, 70, 21 (78, 26, 1)
*33, 28   II, 71, 11 (78, 27, 1)
*33, 29   II, 72, 1 (78, 28)
*33, 30   II, 72, 8 (78, 29, 1)
*33, 31   II, 73, 1 (78, 30, 1)
*33, 32   II, 74, 1 (78, 31, 1)
*33, 33   II, 74, 16 (78, 32)
*33, 34   II, 74, 24 (78, 33)
*33, 35   II, 75, 11 (78, 34, 1)
*33, 36   II, 76, 1 (78, 35, 1)
*33, 37-40 II, 77, 6 (78, 36, 1)
*33, 41-42 II, 78, 15 (78, 37, 1)
*33, 43   II, 78, 23 (78, 37, 2);
           II, 79, 13 (78, 38, 1)
*33, 44   II, 80, 11 (78, 39, 1)
*33, 45   II, 81, 1 (78, 40, 1)
*33, 46   II, 82, 22 (78, 41, 1)
*33, 47   II, 83, 11 (78, 42, 1)
*33, 48-49 II, 84, 1 (78, 43, 1)
33, 51-56 cf. II, 85, 7 (78, 43, 4)
c. 34   cf. III, 171, 5 (129, 5, 1)
34, 1-15   cf. II, 85, 8 (78, 43, 4)
34, 17-29 cf. II, 85, 9 (78, 43, 4)
c. 35   cf. I, 590, 21 (64, 2, 5)
35, 1-7   cf. II, 85, 10 (78, 43, 5)
35, 13-14 cf. II, 85, 12 (78, 43, 5)
35, 16-25 cf. II, 85, 14 (78, 43, 5)
36, 4   cf. II, 63, 15 (78, 14, 3)

Deut.
1, 1-3   cf. II, 85, 17 (78, 43, 6)

*1, 10-11 II, 178, 11 (°96, 18, 3)
*1, 17   II, 191, 4 (°98, 6, 2)
2, 20-21   cf. I, 661, 15 (66, 11, 2)
4, 24   cf. I, 81, 11 (18 A, 6, 5)
5, 5   cf. I, 593, 7 (64, 5, 1)
5, 9   cf. III, 188, 14 (130, 8, 6)
*5, 21   III, 34, 11 (121, 8, 15)
5, 21   II, 411, 7 (°116, 20, 1)
5, 31   I, 125, 5 (21, 15); III, 69, 18 (122, 4, 2)
7, 13   cf. I, 523, 17 (57, 11, 3)
8, 3   cf. I, 16, 21 (3, 5, 1)
11, 14   cf. II, 2, 17 (71, 1, 4)
11, 17   cf. I, 450, 14 (53, 4, 4)
11, 26-28 cf. II, 204, 3 (°98, 19, 3)
11, 29   cf. I, 530, 11 (58, 3, 1)
*13, 3   cf. II, 330, 18 (108, 18, 6)
*13, 6   II, 354, 17 (109, 3, 2)
*13, 9   II, 354, 17 (109, 3, 2)
14, 3-20   cf. III, 47, 16 (121, 10, 17)
15, 1   cf. I, 275, 4 (36, 9, 1)
16, 5-6   cf. I, 432, 17 (52, 10, 3)
17, 12   cf. I, 55, 15 (14, 8, 3)
*17, 12-13 II, 209, 14 (°98, 24, 2)
*17, 15   II, 193, 27 (°98, 9, 1)
18, 1-2   cf. I, 422, 3 (52, 5, 2)

18, 3 (sec. LXX)
  cf. I, 589, 2 (64, 2, 1)
21, 10-13 *cf.* I, 122, 14 (21, 13,
  5); *cf.* I, 658, 3 (66, 8,
  4); *cf.* I, 702, 6 (70, 2,
  5)
21, 23 *cf.* I, 490, 17 (55, 3,
  2); *cf.* I, 490, 18 (55,
  3, 2)
22, 8 *cf.* II, 279, 2 (106, 63,
  1)
22, 10 *cf.* III, 77, 3 (123, 5,
  3)
22, 23-24 *cf.* I, 494, 4 (55, 5, 1)
22, 25-27 *cf.* I, 494, 6 (55, 5, 1)
23, 3 *cf.* I, 156, 6 (22, 8, 5)
23, 7 *cf.* III, 36, 8 (121, 8,
  21)
*23, 17 I, 115, 21 (21, 3, 2)
*23, 21 III, 354, 16 (148, 30,
  3)
*24, 1-4 I, 495, 4 (55, 5, 3)
*25, 4 II, 189, 18 (°98, 4, 6)
27, 5 I, 82, 12 (18 A, 6, 8)
*27, 9 II, 344, 13 (108, 26,
  1); III, 134, 14 (125,
  15, 3)
27, 12 *cf.* I, 530, 11 (58, 3, 1)
*28, 16 II, 163, 9 (°96, 5, 3)
29, 23 *cf.* I, 337, 4 (°46, 7,
  2); *cf.* II, 320, 2 (108,
  11, 5)
c. 32 *cf.* II, 85, 20 (78, 43,
  6)
32, 1-43 *cf.* I, 245, 2 (30, 3, 1)
*32, 7 I, 448, 1 (53, 3, 4)
32, 9 *cf.* I, 422, 2 (52, 5, 2)
*32, 15 II, 85, 21 (78, 43, 6)

*32, 20-21 II, 85, 23 (78, 43, 6)
32, 32 *cf.* II, 170, 17 (°96,
  12, 2)
c. 33 *cf.* II, 86, 3 (78, 43, 7)
33, 9 *cf.* II, 475, 3 (120, 1,
  4)
c. 34 *cf.* II, 83, 14 (78, 42,
  1)
*34, 1-3 II, 86, 4 (78, 43, 7)
34, 6 *cf.* II, 352, 20 (109, 1,
  3)
34, 7 *cf.* I, 415, 15 (52, 2,
  2); *cf.* II, 63, 18 (78,
  14, 3)
34, 8 *cf.* I, 301, 2 (39, 4, 1);
  cf. I, 302, 8 (39, 4, 4);
  cf. I, 302, 11 (39, 4,
  5); *cf.* I, 555, 10 (60,
  6, 2)

Ios.
*1, 5 II, 167, 23 (°96, 9, 5)
1, 8 *cf.* I, 136, 16 (21, 37,
  2)
2, 18 *cf.* I, 419, 16 (52, 3, 8)
2, 21 *cf.* I, 419, 16 (52, 3, 8)
3, 7-17 *cf.* II, 86, 17 (78, 43,
  8)
3, 15-16 *cf.* II, 321, 19 (108,
  12, 5)
c. 4-5 *cf.* II, 36, 17 (76, 3, 2)
4, 1-9 *cf.* II, 321, 13 (108,
  12, 4)
5, 2-9 *cf.* II, 86, 18 (78, 43,
  8); *cf.* II, 321, 12
  (108, 12, 4)
5, 10 *cf.* II, 86, 19 (78, 43,
  8)

5, 12   *cf.* II, 86, 17 (78, 43, 8)

5, 13-16   *cf.* II, 86, 19 (78, 43, 8)

5, 16   *cf.* I, 170, 1 (22, 19, 6)

c. 6   *cf.* II, 36, 18 (76, 3, 2)

6, 17   *cf.* I, 204, 16 (22, 38, 6)

6, 25   *cf.* I, 204, 16 (22, 38, 6)

6, 26   *cf.* II, 321, 10 (108, 12, 4)

c. 7   *cf.* II, 322, 1 (108, 13, 1); *cf.* III, 255, 11 (133, 9, 3)

c. 8   *cf.* II, 36, 19 (76, 3, 2)

9, 22-27   *cf.* II, 314, 11 (108, 8, 3)

10, 12   *cf.* II, 314, 10 (108, 8, 3)

10, 13   *cf.* II, 261, 3 (106, 29, 2)

c. 11   *cf.* II, 36, 19 (76, 3, 2)

11, 2   *cf.* II, 313, 13 (108, 8, 2)

14, 3-4   *cf.* II, 440, 4 (118, 4, 3)

14, 13-14   *cf.* II, 319, 11 (108, 11, 3)

14, 15   *cf.* II, 319, 8 (108, 11, 3)

15, 15   *cf.* II, 319, 12 (108, 11, 4)

16, 8   *cf.* III, 12, 1 (121, 2, 11)

18, 7   *cf.* II, 440, 4 (118, 4, 3)

22, 24   *cf.* I, 486, 9 (55, 1, 2)

24, 30   *cf.* I, 302, 12 (39, 4, 5); *cf.* I, 555, 10 (60, 6, 2); *cf.* II, 322, 8 (108, 13, 2)

24, 32   *cf.* I, 522, 2 (57, 10, 3)

24, 33   *cf.* II, 322, 11 (108, 13, 2)

Iudd.

1, 5-7   *cf.* II, 36, 19 (76, 3, 2)

1, 13-15   *cf.* II, 319, 14 (108, 11, 4)

2, 11   *cf.* III, 172, 1 (129, 5, 1)

c. 4   *cf.* I, 344, 10 (°46, 13, 3); *cf.* I, 616, 8 (65, 1, 1); *cf.* II, 323, 18 (108, 13, 6)

4, 4   *cf.* I, 484, 6 (54, 17, 1)

4, 6   *cf.* I, 484, 7 (54, 17, 1)

c. 5   *cf.* I, 616, 8 (65, 1, 1)

6, 36-40   *cf.* I, 530, 14 (58, 3, 2)

6, 37-38   *cf.* II, 318, 15 (108, 10, 8)

*8, 30   I, 628, 9 (65, 10, 4)

11, 1   *cf.* I, 556, 6 (60, 8, 1)

11, 30-40   *cf.* II, 442, 16 (118, 5, 4)

c. 13   *cf.* II, 293, 9 (107, 3, 2)

14, 5-6   *cf.* II, 71, 21 (78, 27, 2)

14, 8   *cf.* II, 71, 22 (78, 27, 2)

15, 4   *cf.* II, 71, 20 (78, 27, 2)

15, 19   *cf.* II, 324, 2 (108, 14, 1)

c. 16   *cf.* II, 72, 16 (78, 29, 2)

16, 4-31   *cf.* I, 159, 7 (22, 12, 1)

16, 30   *cf.* II, 15, 13 (73, 3, 1)

17, 1-5   *cf.* I, 235, 2 (29, 3, 3)

*17, 4-5   I, 235, 10 (29, 3, 4)

17, 5   I, 235, 5 (29, 3, 3)

*18, 14   I, 235, 21 (29, 3, 5)

*18, 17-18   I, 236, 4 (29, 3, 6)

c. 19-20   *cf.* II, 314, 14 (108, 8, 3)

21, 15-24   *cf.* II, 322, 13 (108, 13, 2)

Ruth

c. 1   *cf.* I, 484, 13 (54, 17, 2)

1, 3-5   *cf.* I, 304, 18 (39, 5, 3)

1, 16   II, 350, 1 (108, 31, 2)

1, 16-17   *cf.* I, 304, 19 (39, 5, 3)

1, 20   *cf.* I, 153, 1 (22, 7, 1)

4, 18-20   *cf.* I, 278, 5 (36, 11, 4)

Reg.

I c. 1   *cf.* I, 617, 16 (65, 1, 4); *cf.* III, 126, 14 (125, 7, 6)

I 1, 1-20   *cf.* II, 293, 5 (107, 3, 2); *cf.* II, 293, 9 (107, 3, 2)

I 1, 2   *cf.* III, 87, 3 (123, 12, 4)

I 1, 6   *cf.* I, 171, 14 (22, 21, 1); *cf.* I, 365, 1 (49, 10, 1)

I 1, 10-11   *cf.* II, 178, 8 (°96, 18, 2)

I 1, 11   *cf.* II, 293, 14 (107, 3, 3)

I 1, 22-28   *cf.* II, 305, 2 (107, 13, 5)

I c. 2   *cf.* I, 617, 16 (65, 1, 4); *cf.* I, 697, 17 (69, 9, 3)

I c. 2-4   *cf.* II, 95, 4 (79, 7, 4); *cf.* III, 255, 12 (133, 9, 3)

I 2, 11   *cf.* II, 293, 13 (107, 3, 3)

I 2, 12-17   *cf.* III, 326, 15 (147, 10, 1)

I 2, 18   *cf.* I, 30, 13 (7, 6, 2); *cf.* I, 236, 13 (29, 3, 7)

*I 2, 18-19   I, 233, 7 (29, 2, 1)

I 2, 18-19   *cf.* I, 601, 8 (64, 15, 2)

I 2, 19   *cf.* II, 303, 16 (107, 13, 1)

I 2, 21   *cf.* II, 305, 7 (107, 13, 6)

I 2, 22-25   *cf.* III, 326, 15 (147, 10, 1)

I 2, 27 sqq.   *cf.* II, 297, 1 (107, 6, 1)

*I 2, 27-28   I, 233, 16 (29, 2, 3)

*I 2, 30   I, 654, 19 (66, 7, 1); III, 331, 24 (148, 3, 3)

I 3, 1   *cf.* II, 293, 13 (107, 3, 3)

I 3, 4-21   *cf.* II, 293, 15 (107, 3, 3)

I 3, 11-14   *cf.* III, 327, 2 (147, 10, 2)

I 3, 13   *cf.* III, 326, 15 (147, 10, 1)

I 3, 20   *cf.* III, 170, 2 (129, 4,
            1)
I 4, 1   *cf.* II, 62, 2 (78, 13, 3)
I 4, 11   *cf.* III, 326, 18 (147,
            10, 2)
I 4, 18   *cf.* III, 327, 4 (147,
            10, 2)
I 4, 19-22 *cf.* I, 651, 1 (66, 4, 1)
I 8, 1-5   *cf.* III, 326, 14 (147,
            10, 1)
I 9, 9   *cf.* I, 450, 12 (53, 4,
            3); *cf.* II, 171, 2 (°96,
            12, 3)
I 12, 1-5   *cf.* I, 697, 5 (69, 9, 2)
I 13, 14   *cf.* I, 159, 10 (22, 12,
            1)
I 14, 25-45 *cf.* II, 83, 7 (78, 41, 2)
I 15, 10-11 *cf.* III, 312, 9 (147, 1,
            1)
I 15, 11   *cf.* III, 57, 11 (122, 1,
            4); *cf.* III, 319, 14
            (147, 4, 1)
I 15, 35   *cf.* III, 57, 11 (122, 1,
            4)
I c. 16   *cf.* I, 58, 6 (14, 9, 1)
*I 16, 6-7 I, 281, 18 (36, 15, 3)
*I 16, 7   I, 203, 7 (22, 38, 2);
            III, 281, 4 (140, 11, 3)
I 16, 7   *cf.* III, 139, 5 (125,
            19, 2); *cf.* III, 244, 13
            (133, 2, 7)
I 16, 8-12 *cf.* I, 282, 5 (36, 15, 3)
I 17, 4-18, 7
            cf. I, 331, 7 (°46, 2, 3)
I 17, 40   *cf.* II, 368, 17 (112, 2,
            2)

I 17, 49   *cf.* I, 75, 15 (18 A, 1,
            3); *cf.* II, 368, 21
            (112, 2, 2)
I 17, 51   *cf.* I, 702, 5 (70, 2, 4);
            cf. II, 368, 20 (112, 2,
            2)
I 19, 9 sqq. *cf.* II, 329, 15 (108,
            18, 2)
*I 19, 15-16
            I, 240, 11 (29, 6, 2)
I 21, 1-6   *cf.* I, 519, 9 (57, 9, 5)
I 21, 5   *cf.* I, 377, 1 (49, 15, 5)
*I 21, 8-9 I, 236, 17 (29, 3, 7)
*I 22, 18   I, 234, 14 (29, 3, 1)
I 22, 18   *cf.* I, 236, 14 (29, 3,
            7); *cf.* I, 519, 11 (57,
            9, 5)
*I 22, 18-20
            I, 234, 3 (29, 2, 4)
I 22, 19   *cf.* II, 314, 2 (108, 8,
            2)
*I 23, 6-7 I, 234, 17 (29, 3, 2)
*I 23, 9   I, 235, 1 (29, 3, 2)
I c. 25   *cf.* III, 129, 11 (125,
            10, 2)
I 28, 7-25 *cf.* II, 79, 17 (78, 38,
            1)
II 1, 18   *cf.* II, 261, 3 (106, 29,
            2)
II 3, 10   *cf.* III, 170, 2 (129, 4,
            1)
II 5, 6-10 *cf.* II, 315, 13 (108, 9,
            3)
II 5, 13   *cf.* III, 85, 10 (123,
            12, 1)
II 6, 6-8   *cf.* I, 175, 16 (22, 23,
            2); *cf.* III, 327, 5 (147,
            10, 2)

II 6, 14   *cf.* I, 601, 10 (64, 15, 2)

II c. 11   *cf.* II, 40, 21 (77, 4, 2)

II c. 11-12 *cf.* II, 95, 18 (79, 7, 5)

II 11, 2-17 *cf.* II, 400, 9 (°116, 5, 1)

II 11, 2-27 *cf.* I, 159, 9 (22, 12, 1)

II 11, 4   *cf.* II, 138, 2 (85, 5, 2)

II c. 12   *cf.* II, 40, 21 (77, 4, 2)

*II 12, 9   III, 331, 23 (148, 3, 3)

*II 12, 13   III, 64, 2 (122, 3, 2)

II 12, 13   III, 64, 1 (122, 3, 2)

II 12, 20-23 *cf.* I, 301, 11 (39, 4, 2)

II 12, 25   *cf.* II, 10, 16 (72, 3, 2); *cf.* II, 95, 19 (79, 7, 5)

II c. 13   *cf.* I, 160, 1 (22, 12, 2)

II 13, 14   *cf.* III, 326, 2 (147, 9, 4)

II 14, 1-20 *cf.* I, 617, 18 (65, 1, 4)

II 15, 1-19, 4
             cf. III, 326, 3 (147, 9, 4)

II 15, 31-17, 23
             cf. II, 150, 19 (°92, 3, 1)

II 17, 11   *cf.* III, 170, 2 (129, 4, 1)

*II 18, 33   I, 300, 21 (39, 4, 1)

II 18, 33   *cf.* I, 555, 6 (60, 6, 1)

II 19, 31-39 *cf.* II, 244, 17 (105, 3, 3)

II 20, 16-22 *cf.* I, 617, 20 (65, 1, 5)

II c. 24   *cf.* III, 255, 14 (133, 9, 3)

II 24, 2   *cf.* III, 170, 2 (129, 4, 1)

II 24, 15   *cf.* III, 170, 2 (129, 4, 1)

III c. 1   *cf.* I, 690, 13 (69, 6, 5)

III 1, 2   *cf.* I, 420, 12 (52, 4, 1)

III 1, 1-4   *cf.* I, 414, 17 (52, 2, 1)

III 2, 10   *cf.* I, 343, 17 (°46, 13, 2)

III 3, 7   *cf.* II, 24, 6 (74, 2, 1)

III 3, 16-28 *cf.* II, 24, 4 (74, 2, 1)

III 3, 17   II, 26, 2 (74, 4, 1); II, 26, 4 (74, 4, 1)

*III 3, 18   II, 26, 19 (74, 4, 4)

III 3, 18   II, 26, 10 (74, 4, 2)

*III 3, 19   II, 27, 3 (74, 4, 4)

III 3, 19   II, 26, 23 (74, 4, 4)

*III 3, 20   II, 27, 4 (74, 4, 4)

III 3, 22   II, 27, 17 (74, 5, 1)

III 4, 25   *cf.* III, 170, 2 (129, 4, 1)

III 4, 29   *cf.* I, 204, 8 (22, 38, 5)

*III 4, 33   I, 159, 17 (22, 12, 2)

III 5, 15   *cf.* III, 283, 18 (140, 13, 5)

III 5, 15-16 *cf.* III, 172, 14 (129, 5, 3)

III 6-7   *cf.* I, 431, 17 (52, 10, 1)

III 7, 1-2 (13-14)
             cf. I, 564, 7 (60, 12, 3)

*III 8, 46   III, 243, 27 (133, 2, 5)

III 8, 46   *cf.* III, 236, 24 (°132, 15, 2)

III 10, 1-13 *cf.* I, 618, 3 (65, 1, 5); *cf.* III, 3, 9 (121, praef. 2)

III 10, 22   *cf.* I, 287, 16 (37, 2, 1)

III c. 11   *cf.* II, 95, 19 (79, 7, 5)

III 11, 1-8   *cf.* III, 119, 10 (125, 1, 2)

III 11, 3   *cf.* II, 10, 13 (72, 3, 2); *cf.* III, 85, 11 (123, 12, 1)

III 11, 4   *cf.* I, 159, 18 (22, 12, 2)

III 11, 7   *cf.* III, 172, 1 (129, 5, 1)

III 11, 14   *cf.* II, 329, 10 (108, 18, 2)

III 11, 42   *cf.* I, 276, 17 (36, 10, 4); *cf.* II, 8, 14 (72, 1, 2)

III 12, 10   *cf.* II, 110, 14 (82, 3, 3)

III 12, 11   *cf.* II, 110, 14 (82, 3, 3)

III 12, 14   *cf.* II, 110, 14 (82, 3, 3)

III 12, 28-32
               cf. II, 170, 20 (°96, 12, 2)

*III 13, 2   III, 273, 4 (140, 4, 4)

III 14, 21   *cf.* I, 276, 17 (36, 10, 4); *cf.* II, 8, 15 (72, 1, 2)

III 16, 34   *cf.* II, 321, 10 (108, 12, 4)

III 17, 1   *cf.* II, 467, 3 (119, 10, 13)

III 17, 4-6   *cf.* II, 71, 6 (78, 26, 3)

III 17, 6   *cf.* I, 194, 11 (22, 32, 3)

III 17, 8-15   *cf.* I, 194, 12 (22, 32, 3)

III 17, 8-24   *cf.* I, 483, 15 (54, 16, 2); *cf.* II, 313, 9 (108, 8, 1); *cf.* III, 141, 15 (125, 20, 3)

III 18, 4   *cf.* I, 343, 23 (°46, 13, 2); *cf.* II, 323, 10 (108, 13, 5)

III 18, 31-32
               cf. I, 82, 11 (18 A, 6, 8)

III 18, 40   *cf.* II, 354, 13 (109, 3, 1)

III 19, 2-3   *cf.* III, 7, 22 (121, 1, 9)

*III 19, 5-6 I, 156, 10 (22, 9, 1)

III 19, 8   *cf.* III, 189, 25 (130, 10, 2)

III 19, 11-13
               cf. III, 91, 4 (123, 14, 5)

III 19, 18   *cf.* II, 462, 9 (119, 9, 6)

III 19, 19-21
               cf. II, 4, 10 (71, 3, 1)

III 20 (21), 17-26
               cf. I, 89, 18 (18 A, 12, 3)

III c. 21   *cf.* III, 326, 4 (147, 9, 5)

III 21, 13   *cf.* II, 438, 12 (118, 3, 4)

III 21, 17-24
               cf. III, 326, 6 (147, 9, 5)

*III 21, 19   II, 41, 10 (77, 4, 3); III, 64, 25 (122, 3, 5); III, 65, 2 (122, 3, 5)

*III 21, 21   II, 41, 11 (77, 4, 3)

*III 21, 23   III, 65, 3 (122, 3, 5)

*III 21, 25   II, 41, 7 (77, 4, 3)

III 21, 27   *cf.* III, 326, 7 (147, 9, 5)

*III 21, 27-29

   II, 41, 12 (77, 4, 3); III, 65, 5 (122, 3, 5)

*III 21, 29   III, 326, 8 (147, 9, 5)

III c. 22   *cf.* III, 260, 4 (133, 13, 2)

III 22, 11   *cf.* II, 176, 16 (°96, 16, 4)

IV 1, 2   *cf.* III, 172, 1 (129, 5, 1)

IV 1, 8   *cf.* III, 7, 21 (121, 1, 9); *cf.* III, 178, 13 (130, 4, 2)

*IV 1, 9   III, 270, 10 (140, 2, 1)

IV 1, 9-12   *cf.* III, 20, 9 (121, 5, 7)

*IV 1, 10   III, 20, 12 (121, 5, 7); III, 270, 10 (140, 2, 1)

*IV 1, 12   III, 20, 12 (121, 5, 7)

IV 1, 14   *cf.* III, 20, 9 (121, 5, 7)

IV 2, 8   *cf.* II, 321, 20 (108, 12, 5)

IV 2, 9   *cf.* I, 282, 6 (36, 15, 4)

IV 2, 11   *cf.* I, 147, 16 (22, 3, 4); *cf.* I, 410, 11 (°51, 7, 4); *cf.* II, 447, 22 (119, 2, 2); *cf.* II, 449, 7 (119, 4); *cf.* II, 457, 24 (119, 7, 11); *cf.* III, 189, 26 (130, 10, 2)

IV 2, 11-13 *cf.* II, 4, 9 (71, 3, 1)

IV 2, 13   *cf.* I, 167, 10 (22, 18, 2); *cf.* II, 440, 9 (118, 4, 4)

IV 2, 19-22 *cf.* II, 321, 15 (108, 12, 4); *cf.* II, 473, 9 (120, praef. 4)

IV 2, 23-24 *cf.* II, 492, 10 (120, 8, 10)

IV 4, 16   *cf.* I, 647, 1 (65, 22, 4); *cf.* III, 137, 3 (125, 17, 2)

*IV 4, 27   I, 282, 9 (36, 15, 4)

*IV 4, 40   I, 156, 15 (22, 9, 2)

IV 4, 41   *cf.* I, 156, 17 (22, 9, 2)

IV 6, 1-4   *cf.* III, 125, 9 (125, 7, 3)

IV 6, 5-7   *cf.* III, 129, 6 (125, 10, 1)

*IV 6, 15-17

   I, 147, 13 (22, 3, 4)

*IV 6, 22   I, 157, 3 (22, 9, 3)

IV 9, 29-37 *cf.* III, 65, 11 (122, 3, 6)

IV 10, 15-17

   cf. I, 534, 17 (58, 5, 4)

IV 13, 21   *cf.* I, 282, 7 (36, 15, 4); *cf.* II, 353, 22 (109, 2, 3)

IV 15, 1-7 *cf.* I, 74, 23 (18 A, 1, 2)

IV 15, 5-7 *cf.* II, 11, 15 (72, 4, 2)

IV 15, 33   *cf.* II, 11, 18 (72, 4, 2)

IV c. 16   *cf.* II, 10, 17 (72, 3, 2)

IV 16, 2   *cf.* II, 9, 1 (72, 1, 3)

IV c. 18   *cf.* II, 36, 6 (76, 3, 1)

IV 18, 2   *cf.* II, 9, 3 (72, 1, 3)

IV c. 19   *cf.* II, 36, 6 (76, 3, 1)

IV 19, 35   *cf.* I, 572, 11 (60, 17, 2)

IV 20, 1-11 *cf.* I, 274, 3 (36, 6, 1); *cf.* I, 289, 12 (38, 1)

II 29, 1   *cf.* II, 9, 3 (72, 1, 3)
II 30, 5   *cf.* III, 170, 2 (129, 4, 1)
II 33, 12-13 *cf.* II, 41, 19 (77, 4, 3)
II 35, 20-25 *cf.* III, 260, 5 (133, 13, 2)
II 35, 22-24 *cf.* II, 313, 12 (108, 8, 1)
II 36, 10   *cf.* I, 176, 5 (22, 23, 3)
II 36, 18   *cf.* I, 176, 5 (22, 23, 3)

Esr.
I   *cf.* II, 36, 8 (76, 3, 1)
I 3, 2   *cf.* I, 327, 14 (45, 6, 1)
*I 4, 3   III, 19, 9 (121, 5, 4)
I c. 7   *cf.* I, 327, 14 (45, 6, 1)
II   *cf.* II, 36, 8 (76, 3, 1)
*II 4, 16-17 I, 263, 15 (34, 4, 4)

Tob.
*4, 15 (16) III, 33, 10 (121, 8, 12)

Iud.
   cf. II, 36, 6 (76, 3, 1)
8, 5-8   *cf.* II, 100, 23 (79, 11, 3)
c. 8-16   *cf.* I, 483, 22 (54, 16, 3)
c. 13   *cf.* II, 101, 2 (79, 11, 3)
13, 10   *cf.* I, 173, 9 (22, 21, 8)

Esth.
2, 1-4   *cf.* III, 132, 15 (125, 14, 1)
2, 17 - 9, 32
   cf. II, 90, 4 (79, 2, 5)
4, 3   *cf.* I, 71, 15 (17, 2, 3)

7, 10   *cf.* I, 173, 10 (22, 21, 8)
*14, 11   I, 373, 1 (49, 14, 6)
*14, 16   III, 179, 2 (130, 4, 3)

Hiob
*1, 1   III, 35, 12 (121, 8, 18); III, 35, 20 (121, 8, 19)
1, 1   *cf.* III, 68, 21 (122, 3, 14)
1, 1-5   *cf.* II, 15, 7 (73, 2, 2)
*1, 18   III, 183, 16 (130, 7, 4)
*1, 20-21 II, 436, 15 (118, 2, 3)
*1, 21   I, 193, 7 (22, 31, 5); II, 332, 24 (108, 19, 3); III, 155, 28 (127, 13, 3)
1, 21   III, 84, 1 (123, 10, 2)
2, 1-7   *cf.* I, 148, 14 (22, 4, 2)
*2, 3   II, 437, 8 (118, 3, 1)
2, 4   *cf.* II, 441, 8 (118, 5, 1)
*2, 4-5   I, 662, 17 (66, 12, 1); II, 328, 15 (108, 17, 1); II, 437, 15 (118, 3, 2)
*2, 6   II, 438, 16 (118, 3, 5)
2, 9   *cf.* II, 436, 10 (118, 2, 2)
3, 8   *cf.* I, 120, 12 (21, 11, 1)
4, 16   *cf.* I, 277, 7 (36, 11, 1)
4, 17   *cf.* I, 132, 17 (21, 34, 1); *cf.* I, 137, 20 (21, 39, 2)
*4, 18   I, 139, 16 (21, 40, 2); III, 68, 7 (122, 3, 13)

*7, 1   II, 363, 12 (°110, 8, 2); III, 183, 17 (130, 7, 4)

9, 9   cf. I, 607, 4 (64, 18, 6)

*11, 6   II, 228, 30 (°100, 14, 2)

13, 19   III, 334, 21 (148, 7, 2)

*14, 4-5   III, 68, 3 (122, 3, 13); III, 207, 12 (°131, 6, 2); III, 243, 29 (133, 2, 5); III, 304, 12 (°144, 17, 2)

*15, 15   I, 139, 15 (21, 40, 2)

18, 14-15   I, 373, 5 (49, 14, 6)

*19, 25-27   I, 455, 14 (53, 8, 3)

*25, 5   III, 68, 5 (122, 3, 13)

25, 5-6   cf. III, 125, 18 (125, 7, 4)

27, 6   cf. III, 334, 19 (148, 7, 1)

*28, 28   III, 233, 20 (°132, 11, 1); III, 234, 9 (°132, 11, 3)

29, 14   cf. III, 235, 20 (°132, 13, 3)

30, 19   cf. I, 20, 6 (4, 2, 1)

32, 19   cf. II, 79, 15 (78, 38, 1)

33, 3   cf. I, 158, 12 (22, 11, 2)

33, 9   cf. I, 158, 12 (22, 11, 2)

*38, 3   I, 158, 21 (22, 11, 3)

38, 31-33   cf. I, 607, 4 (64, 18, 6)

*40, 3   II, 330, 6 (108, 18, 4)

*40, 11   I, 158, 13 (22, 11, 2); III, 190, 13 (130, 10, 4)

40, 11   cf. I, 28, 16 (7, 3, 2)

Ps.

1, 1-2   cf. III, 269, 7 (140, 1, 1)

*1, 2   I, 448, 7 (53, 3, 5); III, 148, 9 (127, 4, 1)

1, 2   cf. I, 22, 12 (5, 2, 3); cf. I, 136, 16 (21, 37, 2); cf. I, 248, 8 (30, 13, 2); cf. I, 417, 9 (52, 3, 4); cf. II, 468, 8 (119, 11, 3); cf. III, 244, 21 (133, 3, 1)

1, 3   cf. I, 448, 5 (53, 3, 5)

2, 3   II, 72, 18 (78, 29, 2)

2, 4   cf. I, 324, 10 (45, 2, 1)

2, 6   I, 629, 6 (65, 11, 2)

2, 8   III, 173, 12 (129, 6, 2)

2, 9   cf. II, 353, 9 (109, 2, 1)

*3, 3   I, 228, 17 (28, 3)

*3, 4   I, 182, 14 (22, 27, 2)

3, 5   I, 229, 1 (28, 3)

3, 8-9   I, 228, 5 (28, 2, 2)

4, 2   II, 251, 24 (106, 6, 2)

*4, 3   II, 171, 20 (°96, 12, 5)

4, 3   I, 229, 2 (28, 3)

*4, 5   I, 229, 4 (28, 3)

4, 5   I, 43, 5 (13, 1); II, 98, 20 (79, 9, 4); III, 193, 7 (130, 13, 2)

4, 7   I, 75, 14 (18 A, 1, 3); I, 128, 12 (21, 24, 3); I, 613, 16 (64, 21, 3); II, 51, 16 (78, 1, 6);

II, 369, 1 (112, 2, 2);
III, 66, 10 (122, 3, 8)
5, 5 (6)   II, 249, 17 (106, 3, 1);
           cf. II, 250, 1 (106, 3,
           2)
5, 7   II, 412, 27 (°116, 21,
           2)
*5, 9   II, 250, 13 (106, 4, 1);
           II, 250, 19 (106, 4, 2)
5, 9   II, 250, 15 (106, 4, 1)
*6, 2   III, 285, 8 (140, 15, 3)
6, 6   I, 190, 15 (22, 30, 4);
           III, 63, 8 (122, 2, 5)
*6, 7   II, 326, 4 (108, 15, 3);
           III, 60, 5 (122, 1, 12)
6, 7   cf. I, 166, 17 (22, 18,
           1)
6, 11   II, 251, 4 (106, 5)
7, 9   II, 251, 9 (106, 6, 1);
           II, 251, 16 (106, 6, 2)
7, 10   I, 3, 6 (1, 3, 3); III,
           281, 3 (140, 11, 3)
8, 1   cf. II, 59, 26 (78, 10,
           2)
8, 3   cf. I, 108, 8 (20, 4, 2)
8, 4   II, 252, 1 (106, 7, 1)
*9, 1   I, 641, 23 (65, 19, 4)
9, 1   I, 450, 8 (53, 4, 3)
*9, 17   I, 228, 12 (28, 2, 2)
*9, 29-30 I, 49, 10 (14, 4, 1)
*11, 7   I, 81, 13 (18 A, 6, 5);
           I, 100, 4 (18 B, 2, 5)
11, 7   I, 37, 18 (10, 3, 2)
*11, 9   II, 148, 13 (°92, 1, 3)
12, 1   III, 287, 4 (140, 17, 2)
*12, 4   II, 456, 13 (119, 7, 7)
*13, 1   I, 551, 11 (60, 3, 2)
13, 1   I, 551, 11 (60, 3, 2)

*13, 3   I, 113, 12 (21, 2, 3)
13, 3   I, 136, 18 (21, 37, 2);
           I, 551, 13 (60, 3, 2);
           cf. III, 28, 22 (121, 7,
           5)
14, 1   II, 69, 9 (78, 22, 1);
           II, 249, 25 (106, 3, 2);
           cf. II, 249, 27 (106, 3,
           2); II, 463, 15 (119,
           10, 3)
*14, 3   II, 124, 21 (84, 3, 6)
14, 3   cf. III, 147, 10 (127,
           3, 1); III, 343, 10
           (148, 16, 3)
*15, 7   III, 247, 13 (133, 3,
           10)
15, 10   II, 192, 4 (°98, 7, 2);
           II, 192, 10 (°98, 7, 2)
*16, 1   III, 271, 13 (140, 3, 1)
16, 1   II, 251, 18 (106, 6, 2);
           III, 271, 12 (140, 3, 1)
16, 2   II, 252, 14 (106, 8, 1);
           II, 252, 16 (106, 8, 1)
16, 4   III, 252, 13 (133, 7, 4)
16, 8   II, 252, 18 (106, 8, 1)
16, 13   II, 252, 21 (106, 8, 2);
           II, 253, 2 (106, 8, 2)
17, 13   II, 253, 5 (106, 9, 1)
*17, 25   II, 251, 19 (106, 6, 2)
17, 34   II, 253, 9 (106, 9, 2)
17, 36   II, 253, 13 (106, 9, 3)
*17, 38   III, 59, 19 (122, 1, 10)
17, 40   II, 253, 17 (106, 9, 4)
17, 46   III, 40, 15 (121, 9, 7)
17, 47   II, 253, 20 (106, 9, 5)
*17, 48   II, 253, 24 (106, 9, 6);
           II, 254, 2 (106, 9, 7)

18, 5	*cf.* I, 530, 18 (58, 3, 2); II, 83, 17 (78, 42, 1); II, 247, 7 (106, 1, 1)
*18, 6	I, 626, 6 (65, 9, 2); II, 254, 7 (106, 10)
*18, 7	I, 626, 7 (65, 9, 2)
*18, 9	I, 100, 6 (18 B, 2, 5)
*18, 10	III, 197, 1 (130, 16, 4)
18, 10	*cf.* III, 12, 20 (121, 2, 14)
*18, 11	III, 332, 9 (148, 4, 2)
18, 12	III, 332, 11 (148, 4, 2)
*18, 13-14	III, 188, 6 (130, 8, 5); III, 280, 18 (140, 11, 2)
18, 14	*cf.* III, 130, 5 (125, 11, 2); III, 188, 11 (130, 8, 5)
19, 2	II, 254, 14 (106, 11, 1)
19, 4	I, 588, 1 (64, 1, 4)
19, 5	II, 254, 11 (106, 11, 1); II, 254, 16 (106, 11, 1)
19, 10	II, 254, 17 (106, 11, 2)
*21, 1	II, 498, 6 (120, 9, 14); III, 287, 26 (140, 18, 3)
21, 1	I, 223, 2 (26, 5)
*21, 2	I, 522, 8 (57, 10, 4)
(sec. LXX)	I, 522, 11 (57, 10, 4)
21, 20	II, 254, 21 (106, 12, 1)
*21, 24	II, 255, 3 (106, 12, 2)
21, 31	II, 318, 9 (108, 10, 7)
22, 1-2	II, 70, 16 (78, 25, 2)
22, 4	II, 70, 18 (78, 25, 2); II, 79, 22 (78, 38, 2)
*22, 5	I, 322, 10 (44, 2)
22, 5	II, 255, 13 (106, 13); II, 479, 24 (120, 2, 2)
23, 1	I, 72, 19 (17, 3, 3); I, 79, 14 (18 A, 5, 1); *cf.* I, 118, 13 (21, 7, 1); I, 530, 14 (58, 3, 2); II, 117, 18 (82, 10, 3)
*23, 7	I, 273, 8 (36, 5, 2)
*23, 9	I, 84, 6 (18 A, 7, 5); I, 273, 8 (36, 5, 2)
23, 10	I, 84, 10 (18 A, 7, 6); I, 84, 11 (18 A, 7, 6); I, 228, 7 (28, 2, 2); *cf.* II, 162, 18 (°96, 4, 3)
*24, 3 (4)	II, 255, 18 (106, 14, 1)
*24, 7	II, 213, 15 (°100, 1, 1)
24, 7	II, 34, 13 (76, 1, 1); III, 280, 16 (140, 11, 2)
*24, 15	III, 252, 3 (133, 7, 3)
24, 21	II, 255, 21 (106, 14, 2)
25, 2	II, 251, 22 (106, 6, 2)
25, 8	I, 643, 24 (65, 20, 6); II, 347, 4 (108, 28, 1); III, 200, 23 (130, 19, 6)
*26, 4	I, 643, 22 (65, 20, 6); III, 200, 25 (130, 19, 6)
*26, 6	II, 256, 1 (106, 15)
*26, 8	II, 256, 2 (106, 15); II, 256, 3 (106, 15)

*26, 13   I, 120, 4 (21, 10, 2)

26, 13   I, 144, 5 (22, 1, 1); II, 347, 26 (108, 28, 3); II, 510, 7 (120, 11, 12); III, 162, 20 (129, 1, 1); III, 163, 10 (129, 1, 2); III, 163, 23 (129, 1, 4); cf. III, 173, 8 (129, 6, 2)

*27, 2   II, 256, 5 (106, 16)

27, 2   II, 256, 6 (106, 16)

28, 1   II, 58, 4 (78, 8, 1); II, 73, 6 (78, 30, 1)

28, 3   I, 691, 17 (69, 6, 8); II, 256, 17 (106, 17, 2)

28, 4-5   II, 73, 14 (78, 30, 3)

*28, 6   II, 73, 18 (78, 30, 3)

28, 8   II, 77, 5 (78, 35, 5)

*28, 9   II, 256, 8 (106, 17, 1); II, 256, 18 (106, 17, 2)

28, 9   II, 73, 17 (78, 30, 3); cf. II, 73, 19 (78, 30, 3)

*28, 10   II, 256, 12 (106, 17, 2)

28, 10   I, 691, 17 (69, 6, 8); II, 256, 11 (106, 17, 2); II, 256, 21 (106, 17, 2)

29, 6   I, 555, 8 (60, 6, 1)

*29, 8   III, 59, 14 (122, 1, 10)

*29, 12   II, 338, 22 (108, 22, 2)

30, 2   II, 74, 21 (78, 32)

30, 5   II, 256, 23 (106, 18, 1)

*30, 23   II, 257, 6 (106, 18, 2); II, 257, 9 (106, 18, 2)

30, 23   II, 257, 4 (106, 18, 2)

31, 1   I, 610, 6 (64, 19, 3); III, 256, 3 (133, 9, 5)

31, 1-2   I, 692, 11 (69, 7, 1)

*31, 2   II, 257, 13 (106, 19, 1)

31, 2   II, 257, 11 (106, 19, 1)

*31, 4   II, 86, 16 (78, 43, 8); II, 307, 18 (108, 1, 4)

31, 4   II, 257, 17 (106, 19, 2)

*31, 5-6   III, 37, 8 (121, 8, 23); III, 63, 10 (122, 2, 5)

*31, 8   III, 37, 16 (121, 8, 23)

*31, 9   II, 68, 19 (78, 20, 2)

*31, 10   III, 367, 4 (154, 1, 1)

32, 3   cf. I, 693, 3 (69, 7, 3)

32, 6   II, 499, 20 (120, 9, 19)

32, 9   I, 623, 1 (65, 5, 4)

32, 15   III, 222, 19 (°131, 26, 1)

33, 3   I, 182, 19 (22, 27, 2)

*33, 9   II, 7, 3 (71, 6, 2)

33, 9   II, 71, 19 (78, 27, 2); II, 339, 3 (108, 22, 2); III, 250, 15 (133, 6, 3)

*33, 13-15   III, 333, 15 (148, 5, 1)

33, 14   II, 208, 7 (°98, 22, 4)

*33, 15   III, 132, 18 (125, 14, 1)

34, 10   II, 257, 21 (106, 20)

*34, 13   II, 307, 16 (108, 1, 4); III, 189, 21 (130, 10,

1); III, 189, 23 (130, 10, 1)

*35, 7   I, 373, 16 (49, 14, 7)

35, 7   I, 297, 8 (39, 2, 5); II, 343, 13 (108, 25, 1); cf. III, 362, 24 (149, 6, 3)

*36, 23   II, 258, 2 (106, 21)

36, 23   II, 258, 1 (106, 21)

*36, 25   I, 194, 10 (22, 32, 3)

36, 27   cf. III, 132, 18 (125, 14, 1)

*37, 1   III, 37, 19 (121, 8, 24)

*37, 4-7   III, 37, 21 (121, 8, 24)

*37, 6   III, 64, 19 (122, 3, 4)

*37, 14-15   I, 70, 6 (17, 1); II, 330, 14 (108, 18, 5)

*38, 2-3   I, 70, 4 (17, 1); II, 330, 12 (108, 18, 5)

*38, 5   III, 303, 28 (°144, 16, 3)

38, 6   cf. I, 564, 19 (60, 13, 1)

*38, 7   I, 408, 8 (°51, 6, 8)

38, 12   II, 258, 4 (106, 22)

*38, 13   II, 3, 15 (71, 2, 3); III, 167, 9 (129, 3, 1)

38, 13   II, 307, 8 (108, 1, 3)

*38, 14   III, 286, 13 (140, 16, 3)

*39, 3   III, 69, 18 (122, 4, 2)

39, 3   III, 187, 5 (130, 8, 2); cf. III, 325, 19 (147, 9, 4)

*39, 9   II, 258, 11 (106, 23, 1)

39, 9   II, 258, 10 (106, 23, 1)

*39, 14   II, 258, 15 (106, 23, 2)

*39, 18   II, 474, 15 (120, 1, 2)

40, 2   cf. I, 478, 20 (54, 12, 1); II, 474, 17 (120, 1, 3)

*40, 4   II, 307, 16 (108, 1, 4)

40, 7   II, 258, 18 (106, 24)

*40, 9   II, 457, 10 (119, 7, 9)

40, 14   I, 222, 8 (26, 4, 1)

41, 1   cf. I, 621, 11 (65, 4, 4)

*41, 2-3   II, 339, 15 (108, 22, 2)

*41, 2-4   III, 60, 7 (122, 1, 12)

41, 4   II, 339, 1 (108, 22, 2)

*41, 5   I, 643, 25 (65, 20, 6); II, 50, 14 (78, 1, 3)

41, 5   II, 75, 6 (78, 33)

*41, 6   II, 258, 22 (106, 25, 1); II, 259, 2 (106, 25, 1)

41, 6   II, 259, 1 (106, 25, 1)

*41, 6-7   I, 152, 3 (22, 6, 5)

41, 8   cf. II, 473, 4 (120, praef. 3)

*41, 11   II, 259, 7 (106, 25, 2)

41, 11   II, 259, 6 (106, 25, 2)

*41, 12   II, 259, 10 (106, 25, 3); II, 332, 11 (108, 19, 2)

41, 12   II, 259, 4 (106, 25, 1)

42, 4   III, 356, 19 (148, 32, 3)

42, 5   cf. II, 259, 14 (106, 25, 3)

*43, 9   I, 182, 19 (22, 27, 2)

*43, 10   II, 259, 16 (106, 26, 1)

43, 10   II, 259, 17 (106, 26,
              1)
*43, 15   II, 259, 23 (106, 26,
              2)
43, 15   II, 259, 18 (106, 26,
              2)
*43, 18-19   II, 334, 9 (108, 19, 7)
*43, 22   III, 40, 3 (121, 9, 6)
43, 22   cf. II, 334, 8 (108, 19,
              7)
*43, 23   II, 346, 3 (108, 27, 2);
              II, 355, 21 (109, 3, 5);
              III, 150, 13 (127, 6, 2)
*43, 26   II, 259, 25 (106, 26,
              3)
43, 26   cf. II, 259, 26 (106,
              26, 3)
*44, 1   I, 619, 15 (65, 3, 1)
44, 1   cf. I, 620, 4 (65, 3, 2)
*44, 2   I, 622, 1 (65, 5, 1); I,
              623, 20 (65, 7, 1)
44, 2   I, 129, 9 (21, 26, 2); I,
              621, 22 (65, 5, 1); I,
              622, 21 (65, 5, 4); I,
              623, 6 (65, 6, 1); I,
              623, 19 (65, 7, 1); cf.
              I, 638, 1 (65, 16, 2);
              II, 7, 4 (71, 6, 2); II,
              339, 5 (108, 22, 2);
              III, 3, 6 (121, praef. 1)
*44, 3   I, 624, 17 (65, 8, 1); I,
              625, 19 (65, 9, 1); I,
              626, 2 (65, 9, 1); I,
              636, 2 (65, 14, 6)
44, 3   I, 624, 16 (65, 8, 1); I,
              625, 17 (65, 8, 3)

44, 4   I, 636, 2 (65, 14, 6);
              II, 260, 4 (106, 27);
              III, 86, 13 (123, 12, 3)
*44, 4-5   I, 627, 9 (65, 10, 1); I,
              627, 11 (65, 10, 1);
              III, 164, 13 (129, 1, 5)
*44, 5   I, 628, 17 (65, 11, 1);
              I, 628, 19 (65, 11, 1)
44, 5   I, 629, 14 (65, 11, 3)
*44, 6   I, 629, 20 (65, 12, 1);
              II, 260, 2 (106, 27)
44, 6   I, 636, 3 (65, 14, 6);
              II, 260, 1 (106, 27)
*44, 7   I, 632, 7 (65, 13, 4); I,
              636, 4 (65, 14, 7)
44, 7   cf. I, 637, 5 (65, 15, 2)
*44, 7-8   I, 631, 5 (65, 13, 1)
44, 7-8   I, 631, 1 (65, 13, 1)
44, 8   cf. I, 625, 21 (65, 9,
              1); I, 632, 20 (65, 13,
              5)
*44, 9   I, 635, 13 (65, 14, 5)
*44, 9-10   I, 635, 17 (65, 14, 5)
44, 9-10   cf. I, 646, 21 (65, 22,
              4)
*44, 10   I, 636, 14 (65, 15, 1);
              I, 637, 1 (65, 15, 2); I,
              637, 2 (65, 15, 2)
44, 10   I, 151, 7 (22, 6, 2); cf.
              I, 356, 22 (49, 4, 6); I,
              636, 11 (65, 15, 1); I,
              643, 7 (65, 20, 4); III,
              177, 2 (130, 2, 3)
44, 10-11   cf. I, 646, 4 (65, 22, 2)
*44, 11   I, 639, 15 (65, 17, 1)
44, 11   cf. I, 621, 14 (65, 4,
              5); I, 639, 20 (65, 17,
              2); I, 640, 10 (65, 18,

2); I, 641, 8 (65, 19, 2); I, 644, 13 (65, 21, 2); I, 645, 7 (65, 21, 4)

*44, 11-12 I, 468, 7 (54, 3, 2)

44, 11-12 I, 143, 3 (22, 1, 1); cf. I, 637, 17 (65, 16, 1)

*44, 11-13 I, 637, 20 (65, 16, 1)

44, 12 I, 145, 5 (22, 1, 4); I, 639, 20 (65, 17, 2)

*44, 13 I, 639, 23 (65, 18, 1); I, 640, 1 (65, 18, 1); I, 641, 8 (65, 19, 2)

*44, 14 I, 641, 3 (65, 19, 1); I, 642, 4 (65, 19, 5); I, 642, 5 (65, 19, 5); I, 644, 5 (65, 20, 6); II, 298, 15 (107, 7, 2); III, 11, 14 (121, 2, 10); III, 177, 8 (130, 2, 4)

44, 14 I, 641, 1 (65, 19, 1)

*44, 14-16 I, 642, 17 (65, 20, 2)

44, 15-16 I, 642, 10 (65, 20, 1)

*44, 17 I, 642, 16 (65, 20, 2); I, 644, 8 (65, 21, 1)

44, 17 I, 644, 6 (65, 21, 1); I, 646, 6 (65, 22, 2)

*44, 18 I, 645, 22 (65, 22, 1); I, 645, 25 (65, 22, 1); I, 646, 3 (65, 22, 1); I, 646, 24 (65, 22, 4)

45, 5 cf. I, 530, 1 (58, 2, 3); II, 492, 16 (120, 8, 10); III, 166, 6 (129, 2, 6)

46, 8 III, 134, 9 (125, 15, 2)

*47, 5 II, 260, 6 (106, 28, 1); II, 260, 7 (106, 28, 1)

47, 5 II, 260, 10 (106, 28, 1)

*47, 8 I, 287, 2 (37, 1, 2)

*47, 9 I, 213, 16 (23, 3, 3); I, 555, 19 (60, 7, 1); II, 260, 13 (106, 28, 2); II, 338, 17 (108, 22, 1)

47, 9 II, 260, 12 (106, 28, 2)

*47, 10 II, 260, 19 (106, 28, 3)

47, 10 II, 260, 15 (106, 28, 3)

48, 8 I, 485, 15 (54, 18, 2)

48, 12 II, 215, 9 (°100, 2, 3)

48, 13 cf. II, 51, 8 (78, 1, 5); II, 189, 15 (°98, 4, 5); cf. II, 260, 25 (106, 29, 1); cf. III, 315, 8 (147, 2, 1)

48, 15 II, 260, 26 (106, 29, 2)

*48, 16 II, 261, 5 (106, 29, 3)

48, 16 II, 261, 7 (106, 29, 3)

48, 18 cf. II, 165, 17 (°96, 8, 1)

*48, 21 II, 260, 23 (106, 29, 1)

48, 21 cf. II, 51, 8 (78, 1, 5); II, 260, 22 (106, 29, 1); cf. III, 315, 8 (147, 2, 1)

49, 8-9 III, 358, 7 (149, 2, 2)

49, 13   *cf.* III, 46, 7 (121, 10, 14); III, 358, 11 (149, 2, 2)

*49, 14   II, 287, 19 (106, 79)

*49, 16   I, 623, 8 (65, 6, 1)

*49, 16-17   III, 256, 24 (133, 10, 2)

49, 17   *cf.* II, 209, 13 (°98, 24, 2)

*49, 18   II, 353, 12 (109, 2, 1)

*49, 20   III, 138, 12 (125, 19, 1)

49, 20   *cf.* I, 202, 2 (22, 37, 2); *cf.* I, 388, 6 (50, 1, 1); II, 261, 10 (106, 30, 1); II, 261, 13 (106, 30, 1)

*49, 20-21   I, 437, 11 (52, 14, 1)

*49, 22   II, 261, 24 (106, 30, 3); II, 262, 3 (106, 30, 3)

49, 22   ·II, 261, 25 (106, 30, 3)

49, 23   II, 262, 4 (106, 30, 4)

50, 2   *cf.* III, 63, 24 (122, 3, 2)

50, 3   III, 64, 4 (122, 3, 2)

50, 4   *cf.* III, 356, 12 (148, 32, 3)

*50, 4-6   III, 64, 8 (122, 3, 3)

50, 6   I, 159, 15 (22, 12, 2); II, 41, 2 (77, 4, 2); *cf.* III, 12, 20 (121, 2, 14)

*50, 7   I, 132, 19 (21, 34, 2); III, 244, 2 (133, 2, 5)

50, 7-9   *cf.* III, 325, 12 (147, 9, 3)

50, 9   *cf.* I, 20, 8 (4, 2, 2)

50, 12   III, 222, 23 (°131, 26, 1)

50, 13   II, 499, 15 (120, 9, 18); II, 512, 12 (120, 12, 4)

50, 14   II, 41, 2 (77, 4, 2)

50, 15   III, 64, 17 (122, 3, 4)

*50, 19   III, 46, 8 (121, 10, 14)

50, 19   *cf.* II, 42, 5 (77, 4, 5)

52, 1   *cf.* I, 131, 2 (21, 29)

*52, 6   I, 184, 15 (22, 27, 7)

54, 7   I, 198, 12 (22, 35, 3); II, 1, 6 (71, 1, 1); *cf.* II, 90, 25 (79, 3, 2); II, 186, 9 (°98, 2, 3); II, 307, 20 (108, 1, 4); *cf.* II, 467, 9 (119, 10, 14); *cf.* II, 477, 2 (120, 1, 9); *cf.* III, 69, 12 (122, 4, 1)

*54, 9   II, 262, 12 (106, 31, 1); II, 262, 17 (106, 31, 2); II, 262, 19 (106, 31, 2)

54, 9   II, 262, 11 (106, 31, 1); II, 262, 13 (106, 31, 2)

*54, 13   II, 262, 20 (106, 31, 3)

*54, 14-15   I, 528, 10 (58, 1, 3)

54, 16   II, 165, 15 (°96, 8, 1)

54, 22   III, 138, 16 (125, 19, 1)

55, 3-4   II, 263, 1 (106, 32, 1)

*55, 4   II, 263, 3 (106, 32, 1)

55, 8   II, 263, 6 (106, 32, 2)

*56, 1   II, 273, 1 (106, 50, 4)

56, 1　　　II, 272, 22 (106, 50, 4)
*56, 2　　I, 190, 17 (22, 30, 4)
56, 5　　　III, 138, 15 (125, 19, 1); III, 198, 3 (130, 17, 1)
*56, 8-9　II, 369, 3 (112, 2, 3)
56, 9　　　cf. II, 284, 4 (106, 69, 1); II, 498, 2 (120, 9, 14); II, 498, 4 (120, 9, 14)
*57, 1　　II, 273, 1 (106, 50, 4)
57, 1　　　II, 272, 22 (106, 50, 4)
57, 5　　　cf. III, 268, 3 (139, 3)
57, 5-6　　cf. II, 80, 3 (78, 38, 2)
*58, 1　　II, 273, 1 (106, 50, 4)
58, 1　　　II, 272, 22 (106, 50, 4)
*58, 10　II, 263, 13 (106, 33, 1); II, 263, 14 (106, 33, 1)
*58, 11　II, 263, 16 (106, 33, 2); II, 263, 19 (106, 33, 2)
*58, 11 (12)
　　　　　　II, 263, 20 (106, 33, 3); II, 263, 21 (106, 33, 3)
58, 11　　II, 263, 18 (106, 33, 2)
*58, 12　II, 263, 22 (106, 33, 4); II, 264, 2 (106, 33, 4)
58, 12　　II, 264, 3 (106, 33, 4)
*58, 14　II, 264, 4 (106, 33, 5)
58, 14　　II, 264, 6 (106, 33, 5)
59, 1　　　cf. I, 620, 4 (65, 3, 2)

*59, 10　III, 163, 5 (129, 1, 2)
59, 10　　cf. II, 284, 7 (106, 69, 2)
*59, 11　II, 264, 9 (106, 34)
59, 11　　II, 264, 8 (106, 34)
*60, 6　　II, 264, 12 (106, 35, 1)
60, 6　　　II, 264, 11 (106, 35, 1)
*60, 9　　II, 264, 15 (106, 35, 2); II, 264, 16 (106, 35, 2)
61, 2　　　I, 490, 16 (55, 3, 2)
*61, 9　　II, 264, 18 (106, 36); II, 264, 19 (106, 36)
*62, 2　　II, 264, 21 (106, 37); II, 337, 15 (108, 21, 3)
62, 2　　　II, 264, 22 (106, 37)
*62, 2-3　III, 60, 11 (122, 1, 12)
*62, 3　　II, 30, 13 (75, 1, 3)
62, 3　　　II, 2, 7 (71, 1, 3)
62, 6　　　cf. I, 129, 8 (21, 26, 2)
*62, 9　　III, 186, 5 (130, 7, 12)
62, 9　　　III, 86, 10 (123, 12, 3)
*62, 11　I, 100, 9 (18 B, 2, 6)
*63, 8　　II, 265, 2 (106, 38); II, 265, 5 (106, 38)
63, 8　　　II, 265, 1 (106, 38)
*64, 8　　II, 265, 9 (106, 39, 1)
64, 8　　　II, 265, 7 (106, 39, 1)
64, 10　　II, 265, 11 (106, 39, 2); II, 265, 15 (106, 39, 2)
*64, 10-11 III, 165, 26 (165, 2, 5)
*65, 15　II, 265, 18 (106, 40, 1)

65, 15	II, 265, 16 (106, 40, 1)
*65, 19	II, 265, 22 (106, 40, 2)
65, 19	II, 265, 21 (106, 40, 2)
*67, 5	II, 265, 24 (106, 41, 1); II, 265, 25 (106, 41, 1)
*67, 7	II, 70, 5 (78, 24)
67, 12	II, 369, 7 (112, 2, 3); II, 494, 19 (120, 9, 4); III, 270, 4 (140, 1, 3)
*67, 14	I, 660, 13 (66, 10, 2)
67, 14	II, 477, 3 (120, 1, 9)
67, 16-17	cf. I, 660, 16 (66, 10, 2)
*67, 19	II, 266, 2 (106, 41, 2)
67, 19	II, 266, 5 (106, 41, 2); II, 266, 7 (106, 41, 2)
*67, 20	II, 266, 10 (106, 41, 3); II, 266, 11 (106, 41, 3)
*67, 25	II, 266, 13 (106, 41, 4); II, 266, 14 (106, 41, 4); II, 266, 17 (106, 41, 4); II, 266, 18 (106, 41, 4)
67, 25	II, 266, 19 (106, 41, 4); II, 266, 24 (106, 41, 5)
67, 28	cf. I, 290, 1 (38, 1)
*67, 31	II, 340, 18 (108, 23, 4); III, 11, 24 (121, 2, 11)
67, 32	II, 72, 3 (78, 28)
67, 33	II, 267, 7 (106, 41, 6)
*67, 33-34	II, 267, 10 (106, 41, 6)
68, 1	cf. I, 620, 5 (65, 3, 2)
68, 5	I, 225, 10 (27, 2, 2)
68, 6	II, 333, 19 (108, 19, 5)
*68, 12	I, 225, 11 (27, 2, 2)
*68, 13	II, 423, 16 (117, 1, 3)
68, 29	cf. II, 113, 4 (82, 6, 1); cf. III, 39, 22 (121, 9, 5)
*68, 31	II, 267, 18 (106, 42)
68, 31	II, 267, 17 (106, 42)
*70, 1	I, 534, 15 (58, 5, 4)
70, 1	cf. III, 126, 17 (125, 7, 6)
*70, 12	II, 267, 21 (106, 43, 1)
70, 12	II, 267, 20 (106, 43, 1)
*70, 17	II, 267, 22 (106, 43, 2); II, 267, 23 (106, 43, 2)
70, 17	II, 267, 26 (106, 43, 3)
*70, 18	II, 267, 25 (106, 43, 3)
70, 18	II, 267, 24 (106, 43, 3)
71, 1	cf. II, 27, 21 (74, 5, 2)
71, 2	III, 11, 5 (121, 2, 9); III, 27, 19 (121, 7, 2)
71, 10	cf. II, 351, 1 (108, 33, 3)
*71, 11	II, 268, 1 (106, 44, 1)
71, 11	II, 268, 2 (106, 44, 1)
*71, 18	II, 268, 3 (106, 44, 2)
*71, 19	II, 268, 8 (106, 44, 3)

74, 2   I, 230, 10 (28, 6, 2);
         II, 270, 25 (106, 47)
*74, 4   I, 230, 14 (28, 6, 2); I,
         230, 15 (28, 6, 2); I,
         230, 16 (28, 6, 2)
74, 4   I, 230, 12 (28, 6, 2)
75, 2   I, 230, 19 (28, 6, 3);
         cf. I, 530, 17 (58, 3,
         2); I, 552, 10 (60, 4,
         1)
75, 3   I, 332, 16 (°46, 3, 4);
         cf. II, 31, 1 (75, 1, 4);
         III, 133, 5 (125, 14, 2)
*75, 4   I, 231, 1 (28, 6, 3); I,
         231, 4 (28, 6, 3); I,
         231, 5 (28, 6, 3); I,
         231, 6 (28, 6, 3)
*75, 6   II, 271, 1 (106, 48, 1)
75, 6   II, 271, 3 (106, 48, 1)
*75, 10 I, 231, 9 (28, 6, 4)
*75, 13 II, 271, 3 (106, 48, 2)
76, 5   II, 98, 19 (79, 9, 4);
         II, 333, 8 (108, 19, 4)
*76, 7   II, 271, 10 (106, 49,
         1)
76, 7   II, 271, 8 (106, 49, 1)
*76, 9   II, 272, 2 (106, 49, 3)
76, 9   II, 271, 21 (106, 49,
         3)
76, 19   II, 53, 14 (78, 3, 3)
*77, 2-3 II, 49, 15 (78, 1, 1)
77, 6   II, 272, 4 (106, 50, 1)
77, 12   cf. II, 324, 9 (108, 14,
         1)
77, 25   II, 61, 11 (78, 12, 2)
*77, 30-31 II, 64, 23 (78, 15, 3)
77, 31   II, 272, 7 (106, 50, 2)

77, 36   II, 272, 12 (106, 50,
         3)
77, 38   II, 272, 17 (106, 50,
         4)
77, 43   cf. II, 324, 9 (108, 14,
         1)
77, 54   II, 273, 1 (106, 50, 5)
*77, 57 III, 139, 9 (125, 19, 3)
77, 57   II, 273, 8 (106, 50, 6);
         cf. III, 323, 13 (147,
         8, 2)
*77, 69 II, 273, 15 (106, 50,
         6); II, 273, 22 (106,
         50, 6)
77, 69   II, 273, 14 (106, 50,
         6)
77, 72   II, 273, 23 (106, 50,
         7)
78, 1   II, 273, 27 (106, 51)
*78, 1-3 III, 154, 22 (127, 12,
         2)
78, 11   II, 333, 11 (108, 19,
         4)
79, 1   cf. I, 620, 5 (65, 3, 2)
*79, 2   I, 98, 10 (18 B, 1, 4)
79, 2   cf. I, 177, 5 (22, 24, 2)
*79, 10 II, 274, 8 (106, 52)
80, 4   cf. III, 362, 7 (149, 6,
         1)
*80, 11 II, 369, 6 (112, 2, 3);
         II, 473, 17 (120, praef.
         4)
81, 1   cf. I, 149, 7 (22, 4, 4)
*81, 6-7 I, 149, 4 (22, 4, 3)
82, 9   III, 92, 6 (123, 15, 3)
82, 13   II, 274, 12 (106, 53)
*82, 17 I, 75, 11 (18 A, 1, 3)
83, 2   II, 217, 6 (°100, 4, 2)

83, 2-3   II, 347, 5 (108, 28, 1)
*83, 3   II, 274, 17 (106, 54, 1)
83, 3   II, 274, 19 (106, 54, 1)
*83, 6   II, 274, 25 (106, 54, 2)
83, 6   II, 274, 24 (106, 54, 2)
83, 7   cf. I, 157, 16 (22, 10, 2); II, 275, 5 (106, 54, 3); cf. III, 197, 6 (130, 16, 4)
83, 8   II, 3, 18 (71, 2, 3); II, 80, 24 (78, 39, 2)
83, 11   II, 347, 8 (108, 28, 1)
*83, 12   III, 335, 4 (148, 7, 2)
84, 2   II, 275, 10 (106, 55, 1)
*84, 5   III, 59, 12 (122, 1, 10)
*84, 11   III, 63, 19 (122, 3, 1)
84, 11   II, 275, 21 (106, 55, 2); cf. II, 275, 27 (106, 55, 2)
84, 12   I, 532, 6 (58, 3, 5); III, 55, 15 (121, 11, 15); III, 320, 2 (147, 4, 3)
84, 13   cf. III, 320, 3 (147, 4, 3)
85, 1   III, 271, 14 (140, 3, 1)
85, 2   II, 251, 26 (106, 6, 2)
85, 14   II, 276, 1 (106, 56, 1)
*85, 15   II, 276, 5 (106, 56, 2)
85, 15   II, 276, 4 (106, 56, 2)
86, 1   cf. I, 333, 5 (°46, 4, 1); III, 16, 11 (121, 4, 4)

86, 1-2   II, 315, 16 (108, 9, 3)
86, 2   cf. I, 333, 4 (°46, 4, 1); III, 165, 21 (129, 2, 4)
86, 3   III, 165, 20 (129, 2, 4)
86, 5   I, 485, 16 (54, 18, 2)
87, 1   cf. I, 131, 2 (21, 29)
*88, 8   II, 156, 27 (94, 1, 1); II, 276, 8 (106, 57, 1)
88, 8   II, 276, 9 (106, 57, 1)
*88, 10   II, 160, 29 (°96, 3, 3)
*88, 20   II, 276, 20 (106, 57, 2); II, 276, 23 (106, 57, 2)
88, 20   II, 276, 19 (106, 57, 2)
*88, 31-34 I, 134, 3 (21, 34, 6)
*88, 39   II, 276, 25 (106, 57, 3)
*88, 49   II, 463, 11 (119, 10, 3); III, 288, 13 (140, 19, 3)
88, 53   I, 222, 8 (26, 4, 1)
*89, 1   III, 270, 7 (140, 2, 1); III, 273, 12 (140, 5, 1); III, 273, 13 (140, 5, 1); III, 274, 2 (140, 5, 3)
89, 1   III, 270, 8 (140, 2, 1); III, 271, 3 (140, 2, 4); III, 271, 15 (140, 3, 1)
*89, 1-2   III, 274, 17 (140, 6, 2)
*89, 2   III, 274, 10 (140, 6, 1); III, 274, 12 (140, 6, 1); III, 274, 25 (140, 6, 3); III, 275, 5 (140, 6, 3); III, 275,

21 (140, 6, 6); III, 276, 4 (140, 6, 7)

89, 2   II, 277, 7 (106, 58, 1)

*89, 3   III, 276, 10 (140, 7, 1); III, 276, 20 (140, 7, 1); III, 277, 14 (140, 8, 1)

89, 3   III, 276, 12 (140, 7, 1); III, 276, 26 (140, 7, 3); III, 277, 7 (140, 7, 4)

*89, 4   III, 277, 11 (140, 8, 1); III, 277, 28 (140, 8, 3)

*89, 5   III, 278, 24 (140, 9, 2); III, 281, 12 (140, 12, 2)

*89, 5-6   III, 278, 15 (140, 9, 1)

89, 5-6   III, 278, 18 (140, 9, 1)

*89, 7   III, 279, 20 (140, 10, 1)

89, 7   III, 279, 22 (140, 10, 1)

*89, 8   III, 280, 7 (140, 11, 1)

89, 8   III, 280, 9 (140, 11, 1); III, 280, 26 (140, 11, 3)

*89, 9   III, 281, 6 (140, 12, 1); III, 281, 8 (140, 12, 1)

*89, 10   I, 36, 4 (10, 1, 2); II, 277, 14 (106, 58, 2); II, 443, 17 (118, 6, 2); III, 282, 1 (140, 13, 1); III, 283, 23 (140, 14, 1); III, 283, 24 (140, 14, 1); III, 284, 3 (140, 14, 2); III, 284, 4 (140, 14, 2); III, 284, 12 (140, 14, 3)

89, 10   II, 277, 12 (106, 58, 2); III, 282, 4 (140, 13, 1)

*89, 11   III, 284, 21 (140, 15, 1); III, 285, 4 (140, 15, 2)

89, 11   III, 284, 23 (140, 15, 1)

*89, 12   III, 284, 27 (140, 15, 1); III, 285, 17 (140, 16, 1); III, 285, 18 (140, 16, 1); III, 285, 21 (140, 16, 1); III, 286, 21 (140, 16, 4)

89, 12   III, 286, 20 (140, 16, 4)

*89, 13   III, 286, 23 (140, 17, 1)

*89, 14   III, 287, 9 (140, 18, 1); III, 287, 11 (140, 18, 1); III, 287, 23 (140, 18, 3); III, 289, 8 (140, 21, 2)

*89, 15   III, 288, 1 (140, 19, 1)

89, 15   III, 288, 3 (140, 19, 1)

*89, 16   III, 288, 17 (140, 20, 1)

89, 16   III, 287, 18 (140, 18, 2)

*89, 17   III, 288, 26 (140, 21, 1)

89, 17   III, 289, 2 (140, 21, 1)

90, 1   I, 218, 5 (25, 1)

90, 2   II, 277, 16 (106, 59)

90, 5   cf. I, 323, 4 (44, 3)

*90, 5-7   I, 147, 7 (22, 3, 3)
90, 6   II, 80, 3 (78, 38, 2)
*90, 7   II, 80, 1 (78, 38, 2)
90, 10   cf. I, 676, 5 (68, 1, 3)
93, 12   II, 277, 21 (106, 60, 1)
93, 18   cf. I, 119, 3 (21, 8, 1)
*93, 20   III, 252, 12 (133, 7, 4)
93, 23   II, 278, 1 (106, 60, 2)
*93, 33   II, 278, 3 (106, 60, 2); II, 278, 6 (106, 60, 2)
94, 6   cf. II, 128, 8 (84, 6, 3)
*94, 10   II, 160, 12 (°96, 2, 2)
*94, 11   III, 360, 29 (149, 4, 1)
*95, 6   III, 64, 18 (122, 3, 4)
*96, 8   I, 193, 5 (22, 31, 5)
96, 8   cf. I, 297, 24 (39, 2, 7)
*97, 3   II, 278, 10 (106, 61)
97, 3   II, 278, 9 (106, 61)
98, 1   III, 271, 7 (140, 2, 5)
*98, 5-6   III, 272, 23 (140, 4, 3)
98, 6   cf. I, 281, 16 (36, 15, 3)
99, 1   III, 271, 5 (140, 2, 4)
*99, 4   II, 224, 5 (°100, 11, 1)
100, 1   III, 239, 26 (°132, 20, 1)
100, 2   III, 335, 3 (148, 7, 2); III, 356, 17 (148, 32, 3)
100, 5   III, 343, 13 (148, 16, 3)
*100, 6   II, 278, 12 (106, 62)
*100, 8   III, 367, 18 (154, 1, 2)
100, 8   II, 74, 10 (78, 31, 2); II, 353, 14 (109, 2, 2)
101, 1   III, 271, 16 (140, 3, 1)

*101, 5-6   I, 166, 14 (22, 17, 5)
*101, 7   II, 279, 16 (106, 63, 2)
101, 7   II, 279, 8 (106, 63, 2); II, 279, 15 (106, 63, 2)
*101, 8   II, 278, 19 (106, 63, 1)
101, 8   cf. I, 166, 18 (22, 18, 1); II, 278, 17 (106, 63, 1)
*101, 10   I, 167, 5 (22, 18, 2); cf. II, 338, 23 (108, 22, 2); III, 189, 22 (130, 10, 1)
*101, 11   II, 279, 19 (106, 63, 3)
101, 11   II, 279, 18 (106, 63, 3)
101, 15   II, 279, 22 (106, 63, 4)
*101, 25   III, 286, 12 (140, 16, 3)
*101, 28   II, 188, 16 (°98, 4, 3)
*102, 2   II, 513, 16 (120, 12, 7)
*102, 2-4   I, 167, 1 (22, 18, 1)
*102, 3   II, 513, 16 (120, 12, 7)
*102, 9   II, 280, 1 (106, 64); II, 280, 2 (106, 64)
103, 1   II, 280, 9 (106, 65, 1)
*103, 3   II, 280, 11 (106, 65, 1)
*103, 4   II, 280, 7 (106, 65, 1)
103, 4   II, 280, 5 (106, 65, 1); cf. III, 46, 2 (121, 10, 13)

103, 4-5 II, 280, 14 (106, 65, 1)

103, 7 II, 280, 17 (106, 65, 1); II, 280, 23 (106, 65, 2)

*103, 8 II, 280, 18 (106, 65, 1)

103, 10 II, 280, 19 (106, 65, 1)

*103, 14 II, 281, 9 (106, 65, 4)

103, 14 II, 280, 20 (106, 65, 1); II, 281, 8 (106, 65, 4)

*103, 17 II, 281, 15 (106, 65, 5); II, 281, 18 (106, 65, 5)

103, 17 II, 281, 13 (106, 65, 5)

*103, 18 III, 187, 6 (130, 8, 2); cf. III, 187, 19 (130, 8, 4)

103, 18 II, 281, 21 (106, 65, 6); III, 187, 21 (130, 8, 4)

103, 20-21 I, 148, 7 (22, 4, 1)

103, 25 II, 205, 12 (°98, 19, 4); II, 280, 25 (106, 65, 3)

103, 29 III, 154, 8 (127, 11, 2)

*103, 32 I, 85, 18 (18 A, 8, 3)

*103, 33 II, 160, 2 (°96, 2, 1)

*103, 35 II, 163, 11 (°96, 5, 3)

*104, 30 II, 282, 6 (106, 66, 1)

*104, 33 II, 282, 12 (106, 66, 3)

104, 33 II, 282, 10 (106, 66, 2)

*104, 37 I, 171, 16 (22, 21, 1)

*104, 42 II, 282, 15 (106, 66, 3)

104, 42 II, 282, 13 (106, 66, 3)

*105, 1 II, 282, 21 (106, 67, 1); II, 283, 1 (106, 67, 1)

105, 1 II, 282, 20 (106, 67, 1)

*105, 7 II, 283, 4 (106, 67, 2)

105, 7 II, 283, 3 (106, 67, 2); II, 283, 5 (106, 67, 3)

105, 19 cf. III, 46, 11 (121, 10, 15)

105, 44 II, 283, 12 (106, 67, 4)

105, 47 cf. III, 12, 10 (121, 2, 13)

105, 48 I, 222, 8 (26, 4, 1)

106, 14 cf. I, 28, 19 (7, 3, 2)

106, 20 II, 513, 18 (120, 12, 7)

106, 22 cf. I, 29, 1 (7, 3, 2)

106, 29 II, 283, 16 (106, 68, 1)

*106, 30 II, 283, 21 (106, 68, 2)

106, 30 II, 283, 19 (106, 68, 2)

*107, 2-3 II, 369, 3 (112, 2, 3); III, 188, 25 (130, 9, 1)

107, 3 II, 284, 1 (106, 69, 1)

107, 5 cf. II, 473, 6 (120, praef. 3)

107, 10 II, 284, 5 (106, 69, 2)

*108, 24 I, 166, 13 (22, 17, 5)

109, 1 II, 499, 18 (120, 9, 18)

*109, 2   II, 284, 15 (106, 70, 2)

109, 2   II, 284, 11 (106, 70, 1); II, 284, 14 (106, 70, 2)

109, 3   I, 622, 17 (65, 5, 3); cf. II, 317, 8 (108, 10, 4)

109, 4   cf. I, 386, 13 (49, 21, 2); I, 594, 4 (64, 6, 2); cf. I, 671, 1 (°67, 6, 1); II, 15, 19 (73, 3, 1); cf. II, 385, 13 (112, 15, 4)

109, 7   cf. II, 368, 19 (112, 2, 2)

*110, 1   II, 284, 18 (106, 71)

110, 1   II, 284, 19 (106, 71)

*110, 10   III, 250, 18 (133, 6, 3)

111, 4   cf. II, 40, 23 (77, 4, 2)

*111, 9   II, 33, 7 (75, 4, 1)

*113, 11   II, 284, 22 (106, 72)

113, 11   II, 284, 21 (106, 72)

*113, 12   I, 261, 13 (34, 2, 3)

113, 13   cf. III, 223, 28 (°131, 27, 2)

113, 16   II, 179, 23 (°96, 19, 2)

113, 17-18 (25-26)   III, 163, 16 (129, 1, 3)

*114, 2   II, 285, 1 (106, 73, 1)

114, 2   II, 285, 2 (106, 73, 1)

114, 4   I, 107, 1 (20, 3, 3)

*114, 7   I, 169, 4 (22, 19, 4); I, 402, 20 (°51, 4, 7)

*114, 9   I, 402, 22 (°51, 4, 7); II, 285, 5 (106, 73, 2)

114, 9   II, 285, 3 (106, 73, 2)

*115, 1   III, 221, 2 (°131, 23, 1)

115, 3-4   I, 206, 9 (22, 39, 3)

115, 4 (13)   II, 479, 23 (120, 2, 2)

115, 6   I, 206, 12 (22, 39, 3); II, 353, 20 (109, 2, 3)

*117, 6   I, 7, 20 (1, 12, 2); I, 151, 18 (22, 6, 4); II, 334, 14 (108, 19, 7)

117, 8-9   cf. I, 433, 19 (52, 11, 2)

117, 10   II, 285, 6 (106, 74)

*117, 19-20   II, 187, 2 (°98, 3, 2)

*117, 22-27   I, 107, 17 (20, 4, 1)

*117, 25-26   I, 106, 2 (20, 3, 1); I, 109, 14 (20, 5, 3)

117, 26   II, 160, 13 (°96, 2, 2)

117, 27   II, 187, 12 (°98, 3, 4)

118, 1   III, 147, 7 (127, 3, 1)

118, 11   II, 124, 20 (84, 3, 6); III, 148, 8 (127, 4, 1)

118, 18   I, 433, 3 (52, 10, 3); I, 450, 15 (53, 4, 4); I, 538, 17 (58, 9, 1); I, 587, 5 (64, 1, 2); II, 50, 18 (78, 1, 3)

118, 20   I, 462, 8 (53, 9, 1)

118, 28   II, 227, 18 (°100, 13, 2)

*118, 47   II, 285, 10 (106, 75, 1)

118, 47   II, 285, 9 (106, 75, 1)

*118, 48   II, 285, 11 (106, 75, 2); II, 285, 13 (106, 75, 2)

118, 54   I, 448, 3 (53, 3, 5)

*118, 59   II, 285, 15 (106, 75,
           3); II, 285, 16 (106,
           75, 4); II, 285, 18
           (106, 75, 4)

118, 59   II, 285, 14 (106, 75,
           3)

*118, 62   II, 355, 10 (109, 3, 4)

*118, 67   I, 402, 19 (°51, 4, 7);
           III, 197, 7 (130, 16, 4)

*118, 69   II, 285, 18 (106, 75,
           5)

118, 69   II, 285, 20 (106, 75,
           5)

*118, 83   I, 166, 12 (22, 17, 5)

*118, 103 I, 265, 17 (°35, 1, 3);
           I, 484, 10 (54, 17, 1);
           III, 4, 13 (121, praef.
           5)

118, 103   II, 71, 16 (78, 27, 1)

118, 104   I, 245, 18 (30, 4, 1); I,
           612, 7 (64, 20, 5); III,
           148, 15 (127, 4, 1)

*118, 109 II, 286, 3 (106, 75, 6)

118, 109   II, 286, 1 (106, 75, 6)

*118, 126 II, 217, 27 (°100, 5,
           2)

*118, 136 II, 286, 12 (106, 75,
           7); II, 286, 13 (106,
           75, 7)

118, 136   II, 286, 10 (106, 75,
           7); III, 60, 21 (122, 1,
           13)

118, 137   I, 297, 20 (39, 2, 7)

*118, 140 I, 166, 1 (22, 17, 3)

*118, 172 II, 286, 19 (106, 75,
           8)

118, 172   II, 286, 15 (106, 75,
           8)

*118, 176 III, 71, 6 (122, 4, 5)

*119, 2   II, 286, 21 (106, 76)

119, 2   I, 92, 6 (18 A, 14, 3);
           II, 286, 23 (106, 76)

119, 3   I, 92, 8 (18 A, 14, 3);
           II, 66, 17 (78, 17, 3)

*119, 4   II, 66, 19 (78, 17, 3)

119, 4   I, 92, 10 (18 A, 14,
           3); I, 630, 4 (65, 12,
           2); I, 630, 18 (65, 12,
           3); II, 475, 23 (120, 1,
           6)

*119, 5   I, 207, 12 (22, 40, 2);
           II, 307, 1 (108, 1, 2)

119, 5   II, 249, 23 (106, 3, 2)

*119, 5-6 I, 299, 5 (39, 3, 2); II,
           50, 12 (78, 1, 3); III,
           167, 12 (129, 3, 1)

*120, 1   I, 28, 10 (7, 3, 1); III,
           16, 10 (121, 4, 4)

*120, 4   II, 34, 6 (75, 5, 2); II,
           355, 18 (109, 3, 5)

120, 6   cf. I, 436, 12 (52, 13,
           1)

*123, 7   I, 147, 18 (22, 3, 4)

123, 7   II, 72, 20 (78, 29, 2);
           II, 79, 21 (78, 38, 2)

124, 1   II, 167, 21 (°96, 9, 5)

124, 2   III, 16, 12 (121, 4, 4)

125, 5   cf. I, 459, 12 (53, 8,
           13); cf. II, 210, 10
           (°98, 25, 3)

*125, 5-6 III, 60, 1 (122, 1, 12)

*126, 2   I, 260, 14 (34, 1, 3)

126, 3   II, 94, 10 (79, 7, 1)

*126, 4   I, 262, 23 (34, 4, 1)

126, 4   I, 261, 21 (34, 3, 1); I,
          630, 11 (65, 12, 2)
*126, 5   I, 263, 10 (34, 4, 3);
          II, 286, 25 (106, 77)
126, 5   II, 443, 21 (118, 6, 2)
*127, 2   I, 264, 6 (34, 5, 1)
*127, 3   I, 171, 14 (22, 21, 1);
          III, 86, 7 (123, 12, 3)
127, 4   II, 178, 27 (°96, 18,
          4)
*127, 5-6 II, 178, 23 (°96, 18,
          4)
127, 6   III, 86, 8 (123, 12, 3)
128, 8   II, 75, 3 (78, 33)
*129, 3   I, 132, 21 (21, 34, 2)
*129, 4   II, 287, 5 (106, 78)
129, 4   cf. I, 100, 21 (18 B, 3,
          2); II, 287, 4 (106, 78)
130, 1   I, 183, 16 (22, 27, 5)
131, 1   II, 35, 5 (76, 1, 2); II,
          108, 8 (82, 1, 1); III,
          164, 18 (129, 1, 6)
131, 2   II, 287, 14 (106, 79);
          cf. II, 464, 14 (119,
          10, 6)
*131, 3-5 II, 464, 15 (119, 10,
          6)
131, 3-5 II, 316, 20 (108, 10,
          5)
*131, 6   II, 317, 27 (108, 10,
          6)
131, 6   II, 75, 20 (78, 34, 2)
*131, 7   I, 338, 6 (°46, 7, 6);
          II, 318, 3 (108, 10, 6)
131, 7   cf. I, 346, 8 (47, 2, 2)
*131, 11 I, 631, 18 (65, 13, 2)
131, 11   cf. I, 158, 15 (22, 11,
          3)

131, 17   II, 318, 9 (108, 10, 7)
132, 1   II, 70, 4 (78, 24)
132, 2   I, 635, 5 (65, 14, 4)
133, 1   I, 125, 6 (21, 15)
*135, 4   II, 287, 22 (106, 80)
135, 7   II, 287, 20 (106, 80)
136, 1   cf. I, 330, 18 (°46, 2,
          2)
136, 3   cf. I, 29, 4 (7, 3, 2)
136, 4   cf. I, 327, 16 (45, 6, 2)
136, 8-9 I, 152, 8 (22, 6, 6)
136, 9   cf. III, 188, 9 (130, 8,
          5)
*137, 2   II, 288, 2 (106, 81); II,
          288, 5 (106, 81)
137, 2   II, 287, 25 (106, 81)
*138, 4   II, 288, 10 (106, 82)
138, 4   II, 288, 9 (106, 82)
*138, 7   II, 197, 4 (°98, 13, 2)
*138, 7-10 I, 546, 4 (59, 5, 2)
*138, 12 III, 281, 2 (140, 11,
          3); III, 281, 3 (140,
          11, 3)
138, 12   cf. II, 307, 5 (108, 1,
          3)
138, 13   I, 28, 19 (7, 3, 2)
*138, 21 I, 406, 7 (°51, 6, 2)
*138, 21-22
          I, 632, 18 (65, 13, 5);
          II, 353, 17 (109, 2, 2)
*139, 6   II, 288, 16 (106, 83,
          1)
139, 6   II, 288, 15 (106, 83,
          1)
*139, 14 II, 288, 18 (106, 83,
          2)
139, 14   II, 288, 20 (106, 83,
          2)

*140, 3-4   *cf.* II, 423, 18 (117, 1, 3)

*140, 4   I, 399, 11 (°51, 2, 5)

140, 4   *cf.* I, 176, 9 (22, 24, 1); I, 492, 6 (55, 4, 1); *cf.* III, 138, 12 (125, 19, 1); III, 139, 1 (125, 19, 2)

*140, 5   I, 503, 1 (°56, 5, 3)

140, 5   III, 140, 5 (125, 19, 5)

*140, 7   II, 288, 23 (106, 84)

140, 7   II, 288, 21 (106, 84)

141, 5   III, 187, 21 (130, 8, 4)

*141, 8   I, 402, 21 (°51, 4, 7); III, 197, 8 (130, 16, 4)

*142, 2   III, 240, 2 (°132, 20, 1)

142, 2   I, 139, 17 (21, 40, 2); III, 235, 18 (°132, 13, 3); III, 236, 25 (°132, 15, 2); III, 244, 4 (133, 2, 5); III, 244, 9 (133, 2, 6)

*143, 5   II, 188, 3 (°98, 4, 1)

145, 4   III, 154, 9 (127, 11, 2)

145, 7   I, 20, 11 (4, 2, 2)

145, 7-8   I, 29, 5 (7, 3, 2)

146, 1   I, 222, 1 (26, 3)

*146, 6   III, 164, 19 (129, 1, 6)

146, 10   II, 289, 1 (106, 85)

146, 11   *cf.* II, 289, 2 (106, 85)

148, 5   I, 623, 1 (65, 5, 4)

*149, 1   II, 159, 5 (°96, 1, 1)

Prou.

1, 1-6   *cf.* I, 701, 5 (70, 2, 2)

*1, 4   III, 230, 19 (°132, 6, 1)

*2, 20   III, 337, 15 (148, 10, 2)

3, 3   *cf.* I, 624, 9 (65, 7, 2)

*3, 9   II, 5, 12 (71, 4, 2)

*3, 12   III, 140, 7 (125, 19, 5)

3, 12   I, 585, 12 (63, 2); I, 677, 6 (68, 1, 5); *cf.* III, 283, 27 (140, 14, 1)

*4, 5-9   I, 416, 4 (52, 3, 1)

*4, 6   III, 201, 18 (130, 20)

*4, 8   III, 201, 18 (130, 20)

4, 8   *cf.* I, 420, 11 (52, 4, 1)

4, 23   *cf.* I, 180, 15 (22, 25, 6); *cf.* II, 80, 10 (78, 38, 3); *cf.* II, 97, 16 (79, 8, 2); *cf.* II, 456, 23 (119, 7, 8); *cf.* III, 126, 9 (125, 7, 5); III, 188, 5 (130, 8, 5); III, 356, 13 (148, 32, 3)

*5, 3   II, 83, 6 (78, 41, 2)

5, 3   *cf.* III, 158, 1 (128, 2, 3)

*5, 3-4   II, 57, 18 (78, 7, 4)

5, 6   *cf.* II, 68, 13 (78, 20, 1); *cf.* II, 69, 2 (78, 21)

5, 15   *cf.* III, 158, 19 (128, 3, 2)

*6, 4-5   II, 456, 26 (119, 7, 8); II, 463, 22 (119, 10, 4)

*6, 8   III, 130, 20 (125, 11, 4)

*6, 20   I, 405, 21 (°51, 6, 1)

*6, 27-28   I, 162, 8 (22, 14, 2)

30, 19   *cf.* III, 36, 4 (121, 8,
            20); *cf.* III, 188, 10
            (130, 8, 5)

Eccle.
*1, 2   I, 372, 11 (49, 14, 5)
*1, 6   II, 223, 26 (°100, 10,
            5)
*1, 9-10   III, 107, 18 (124, 9, 2)
1, 9-10   *cf.* III, 243, 15 (133,
            2, 3)
*3, 5   I, 168, 16 (22, 19, 3);
            II, 304, 16 (107, 13,
            5)
3, 5   III, 86, 1 (123, 12, 2)
3, 7   III, 330, 12 (148, 1, 3)
3, 10   *cf.* I, 360, 19 (49, 7, 3)
3, 15   *cf.* I, 126, 3 (21, 19)
*4, 9   II, 35, 12 (76, 1, 3)
*4, 10   II, 35, 12 (76, 1, 3)
*4, 12   II, 35, 12 (76, 1, 3)
4, 12   *cf.* II, 118, 20 (82, 11,
            3)
*7, 13   II, 90, 10 (79, 3, 1)
*7, 17   I, 361, 11 (49, 8, 1); I,
            361, 15 (49, 8, 1)
7, 17   I, 352, 12 (49, 2, 4)
*7, 21   III, 236, 24 (°132, 15,
            2); III, 243, 25 (133,
            2, 5)
*7, 27   II, 72, 17 (78, 29, 2)
*8, 12   II, 458, 7 (119, 7, 11)
*9, 7   II, 159, 9 (°96, 1, 1)
*9, 8   III, 66, 7 (122, 3, 8);
            III, 187, 16 (130, 8, 3)
9, 8   *cf.* II, 49, 1 (77, 12);
            II, 159, 15 (°96, 1, 2)
10, 1   *cf.* I, 322, 14 (44, 2)

*10, 2   I, 629, 17 (65, 11, 3)
*10, 4   I, 182, 3 (22, 26, 3);
            III, 188, 2 (130, 8, 5)
10, 4   III, 187, 1 (130, 8, 1);
            III, 187, 26 (130, 8, 5)
*10, 11   III, 138, 18 (125, 19,
            1)
*11, 2   III, 283, 17 (140, 13,
            5)
*12, 1-8   III, 282, 16 (140, 13,
            3)
*12, 7   III, 223, 2 (°131, 26,
            2)

Cant.
*1, 1   I, 126, 16 (21, 21, 1)
1, 2   *cf.* I, 151, 6 (22, 6, 2)
*1, 3   I, 85, 7 (18 A, 8, 1); I,
            154, 7 (22, 7, 4); I,
            641, 21 (65, 19, 4); II,
            26, 7 (74, 4, 2); II,
            103, 1 (°80, 1, 1); III,
            3, 24 (121, praef. 3);
            III, 177, 6 (130, 2, 4)
*1, 4 (3)   II, 298, 17 (107, 7, 2)
1, 4   *cf.* I, 145, 12 (22, 1, 5)
*1, 5   I, 127, 3 (21, 21, 2); I,
            145, 2 (22, 1, 3)
*1, 6   I, 164, 18 (22, 17, 1);
            III, 186, 4 (130, 7, 12)
1, 6   *cf.* I, 660, 10 (66, 10,
            1); *cf.* I, 660, 11 (66,
            10, 1); *cf.* II, 56, 6
            (78, 6, 2); *cf.* II, 320,
            8 (108, 12, 1)
*1, 7   I, 180, 8 (22, 25, 5);
            III, 57, 10 (122, 1, 3)
*1, 8   I, 180, 11 (22, 25, 5)

*1, 13   I, 180, 2 (22, 25, 4)

1, 13   cf. II, 320, 3 (108, 11, 5)

2, 1   I, 169, 11 (22, 19, 5); I, 619, 7 (65, 2, 2); II, 30, 8 (75, 1, 2); III, 187, 18 (130, 8, 3)

*2, 2   I, 619, 9 (65, 2, 2)

*2, 3   II, 182, 6 (97, 1, 1)

*2, 4   I, 331, 23 (°46, 3, 1)

*2, 5   I, 630, 2 (65, 12, 2)

*2, 6   I, 169, 15 (22, 19, 5); I, 658, 7 (66, 8, 5); II, 72, 22 (78, 29, 2)

*2, 10-11   I, 101, 20 (18 B, 4, 3); I, 209, 13 (22, 41, 2); II, 347, 22 (108, 28, 3)

*2, 11   II, 53, 17 (78, 3, 3); III, 17, 26 (121, 4, 8)

*2, 12   II, 347, 24 (108, 28, 3)

*2, 15   II, 71, 21 (78, 27, 2)

2, 15   cf. I, 62, 7 (15, 1, 1)

2, 16   III, 187, 14 (130, 8, 3)

*3, 1   I, 166, 7 (22, 17, 4); III, 186, 3 (130, 7, 12)

3, 1   cf. I, 660, 5 (66, 10, 1)

*3, 2   I, 179, 8 (22, 25, 2)

3, 2   cf. I, 660, 9 (66, 10, 1)

*3, 3   I, 179, 10 (22, 25, 2)

*3, 4   I, 277, 8 (36, 11, 1); I, 344, 17 (°46, 13, 4); II, 26, 8 (74, 4, 2)

3, 4   cf. I, 178, 10 (22, 24, 6); cf. I, 660, 7 (66, 10, 1); cf. II, 1, 7 (71, 1, 1)

3, 5   cf. I, 660, 9 (66, 10, 1)

*3, 7-8   I, 628, 11 (65, 10, 4)

3, 8   cf. I, 323, 4 (44, 3)

*4, 2   I, 691, 19 (69, 6, 8)

*4, 7   I, 468, 14 (54, 3, 3)

*4, 9   II, 35, 19 (76, 2, 1)

4, 9   cf. II, 298, 16 (107, 7, 2)

*4, 11   II, 71, 17 (78, 27, 2)

4, 12   cf. I, 62, 8 (15, 1, 1); I, 179, 2 (22, 25, 1); I, 386, 6 (49, 21, 1)

*4, 14   I, 634, 17 (65, 14, 3)

5, 1   cf. I, 660, 11 (66, 10, 1)

*5, 2   I, 181, 11 (22, 26, 2)

5, 2   I, 180, 1 (22, 25, 4); I, 660, 6 (66, 10, 1); cf. I, 660, 11 (66, 10, 1); cf. II, 2, 13 (71, 1, 4); II, 27, 4 (74, 4, 4); II, 34, 9 (75, 5, 2)

*5, 3   I, 181, 14 (22, 26, 2); II, 298, 22 (107, 7, 3)

5, 3   I, 89, 9 (18 A, 12, 2)

5, 4   cf. I, 178, 18 (22, 25, 1)

*5, 5   I, 634, 18 (65, 14, 3); I, 635, 2 (65, 14, 3)

*5, 6   I, 179, 13 (22, 25, 3); I, 181, 17 (22, 26, 3)

5, 6-7   cf. II, 298, 18 (107, 7, 3)

*5, 7   I, 179, 16 (22, 25, 3)

*5, 8   I, 179, 1 (22, 25, 1)

*5, 10   II, 349, 15 (108, 31, 1)

6, 2   III, 187, 14 (130, 8, 3)

6, 7   *cf.* II, 10, 13 (72, 3, 2)
*6, 7-8   I, 642, 21 (65, 20, 3);
    III, 84, 21 (123, 11, 3)
*6, 8   I, 178, 12 (22, 24, 6);
    I, 643, 4 (65, 20, 3)
6, 8   *cf.* I, 209, 17 (22, 41,
    2); *cf.* I, 637, 7 (65,
    15, 3)
*6, 9   I, 209, 16 (22, 41, 2)
*6, 12   III, 3, 14 (121, praef.
    2)
7, 4   *cf.* I, 616, 15 (65, 1, 2)
7, 12   *cf.* I, 660, 12 (66, 10,
    2)
*8, 5   I, 145, 14 (22, 1, 5)
8, 5 (sec. LXX)
    cf. I, 638, 18 (65, 16,
    4)
*8, 6   I, 210, 19 (22, 41, 5)
8, 6   *cf.* III, 233, 26 (°132,
    11, 2)
*8, 7   I, 211, 2 (22, 41, 5)
*8, 10   II, 298; 21 (107, 7, 3)

Sap.
*1, 7   II, 197, 7 (°98, 13, 2)
1, 11   I, 53, 11 (14, 6, 4)
*2, 23   I, 408, 11 (°51, 6, 9)
2, 24   II, 329, 9 (108, 18, 1)
*4, 8   I, 528, 1 (58, 1, 2)
4, 8   *cf.* I, 560, 1 (60, 10, 4)
*4, 9   II, 93, 17 (79, 6, 1)
*4, 11   I, 550, 5 (60, 2, 1); II,
    31, 7 (75, 2, 1); II, 89,
    14 (79, 2, 4)
4, 11   I, 298, 17 (39, 3, 1)
*4, 13   II, 31, 7 (75, 2, 1)

*4, 14   I, 298, 18 (39, 3, 1);
    II, 31, 7 (75, 2, 1); II,
    89, 14 (79, 2, 4)
4, 14   *cf.* I, 550, 6 (60, 2, 2)
6, 7   I, 58, 11 (14, 9, 2); II,
    70, 13 (78, 25, 1)
7, 9   *cf.* I, 432, 8 (52, 10, 2)
*8, 2   II, 205, 23 (°98, 19,
    5)
8, 8   *cf.* I, 126, 4 (21, 19)
*9, 15   II, 340, 4 (108, 23, 2)

Eccli.
2, 1   II, 439, 7 (118, 4, 1)
3, 12   *cf.* II, 171, 10 (°96,
    12, 4)
*3, 20   III, 346, 16 (148, 20,
    1)
*3, 30   I, 653, 10 (66, 5, 3);
    II, 328, 1 (108, 16, 2)
*3, 33   II, 92, 10 (79, 5, 1)
4, 21   *cf.* I, 654, 4 (66, 6, 1)
4, 25   *cf.* III, 329, 5 (148, 1,
    1)
*4, 28   III, 330, 13 (148, 1, 3)
*7, 36 (40)   III, 286, 9 (140, 16, 3)
*7, 40   III, 150, 15 (127, 6, 2)
9, 20   *cf.* I, 187, 9 (22, 29, 3)
*10, 9   III, 243, 3 (133, 2, 1)
11, 27   *cf.* II, 42, 25 (77, 6, 1)
11, 32   *cf.* I, 120, 11 (21, 11,
    1)
*13, 1   II, 4, 11 (71, 3, 2)
*13, 2   II, 337, 13 (108, 21,
    3)
*15, 9   III, 318, 7 (147, 3, 6)
19, 1   *cf.* III, 334, 1 (148, 5,
    2)

21, 1   II, 215, 14 (°100, 3,
             1)
*22, 6   II, 435, 12 (118, 1, 3)
22, 6   II, 235, 14 (102, 1, 3)
*25, 9   I, 504, 6 (57, 1, 1)
*27, 28   III, 139, 10 (125, 19,
             3)
*28, 28   III, 343, 7 (148, 16, 2)
*28, 29-30   III, 345, 12 (148, 18,
             2)

Esai.
*1, 2   II, 207, 19 (°98, 22,
             1); III, 40, 15 (121, 9,
             7)
*1, 3   II, 316, 9 (108, 10, 2)
1, 9   cf. II, 505, 6 (120, 10,
             15)
*1, 13-14   III, 258, 1 (149, 2, 1)
1, 21   cf. I, 151, 14 (22, 6, 4)
*2, 2   I, 79, 18 (18 A, 5, 2)
*2, 3   II, 69, 15 (78, 22, 2)
2, 3   cf. II, 17, 3 (73, 4, 2)
*2, 4   II, 248, 4 (106, 1, 2)
*3, 12   III, 140, 10 (125, 19,
             5); III, 344, 11 (148,
             17, 1)
*5, 1   I, 621, 7 (65, 4, 4)
5, 1-7   cf. III, 10, 19 (121, 2,
             8)
5, 2   cf. II, 480, 13 (120, 2,
             3)
5, 6   cf. II, 467, 3 (119, 10,
             13); cf. II, 473, 7
             (120, praef. 3)
*5, 20   I, 584, 4 (62, 2, 2); II,
             122, 16 (84, 2, 3); III,
             350, 1 (148, 23, 4)

5, 20   cf. II, 137, 11 (85, 4,
             2)
c. 6   cf. II, 123, 22 (84, 3,
             4)
*6, 1   I, 74, 19 (18 A, 1, 1);
             I, 76, 1 (18 A, 2, 1); I,
             77, 9 (18 A, 3, 1); I,
             79, 11 (18 A, 5, 1)
*6, 1-2   I, 77, 24 (18 A, 4, 1)
*6, 1-9   I, 73, 10 (18 A,
             praef.)
*6, 2   I, 82, 10 (18 A, 6, 8);
             I, 82, 17 (18 A, 7, 1);
             I, 83, 2 (18 A, 7, 2); I,
             83, 12 (18 A, 7, 3); I,
             86, 1 (18 A, 9, 1)
*6, 2-3   I, 80, 8 (18 A, 6, 1)
6, 2-3   cf. I, 485, 1 (54, 17, 4)
*6, 3   I, 83, 19 (18 A, 7, 4);
             I, 84, 1 (18 A, 7, 5); I,
             84, 19 (18 A, 7, 7); I,
             87, 12 (18 A, 10, 3);
             II, 52, 22 (78, 2, 4)
*6, 4   I, 85, 3 (18 A, 8, 1); I,
             85, 15 (18 A, 8, 3)
6, 4   cf. II, 495, 26 (120, 9,
             8)
*6, 5   I, 88, 2 (18 A, 11, 1);
             cf. I, 88, 5 (18 A, 11,
             2); cf. I, 88, 8 (18 A,
             11, 2); I, 89, 21 (18
             A, 12, 4); I, 90, 7 (18
             A, 12, 4); I, 97, 7 (18
             B, 1, 1); II, 162, 14
             (°96, 4, 3)
6, 5-7   cf. II, 495, 24 (120, 9,
             7)

*6, 6   I, 97, 3 (18 B, 1, 1); I,
         100, 7 (18 B, 2, 6)
6, 6   cf. I, 80, 22 (18 A, 6,
         3)
*6, 6-7 I, 91, 6 (18 A, 14, 1);
         I, 98, 15 (18 B, 2, 1)
6, 6-7   cf. I, 87, 18 (18 A, 11,
         1); cf. I, 485, 3 (54,
         17, 4); cf. II, 476, 1
         (120, 1, 6)
*6, 7   I, 95, 5 (18 A, 15, 8);
         I, 100, 14 (18 B, 3, 1)
6, 8   I, 88, 1 (18 A, 11, 1);
         I, 93, 1 (18 A, 15, 1);
         I, 93, 12 (18 A, 15,
         3); I, 94, 3 (18 A, 15,
         5); I, 101, 1 (18 B, 3,
         2); I, 101, 3 (18 B, 4,
         1); I, 102, 3 (18 B, 4,
         4); I, 102, 5 (18 B, 4,
         4); I, 102, 10 (18 B, 5,
         1)
*6, 8-9 I, 92, 15 (18 A, 15, 1)
*6, 9   I, 78, 13 (18 A, 4, 3);
         I, 93, 2 (18 A, 15, 1);
         I, 93, 22 (18 A, 15,
         4); I, 96, 4 (18 A, 16,
         1)
6, 9   I, 102, 9 (18 B, 4, 4)
*6, 9-10 I, 78, 23 (18 A, 4, 4)
*7, 14 (sec. LXX)
         I, 516, 9 (57, 8, 1)
(sec. Hebr.)I, 516, 13 (57, 8, 2)
7, 15   cf. I, 660, 15 (66, 10,
         2)
7, 20   cf. I, 703, 2 (70, 2, 6)
7, 24   cf. III, 173, 9 (129, 6,
         2)

*8, 1   I, 204, 1 (22, 38, 4)
8, 1   I, 624, 13 (65, 7, 3)
8, 3   cf. I, 204, 3 (22, 38, 4)
8, 3-4   cf. I, 661, 1 (66, 10, 2)
8, 6   III, 4, 1 (121, praef. 4)
*8, 14   I, 520, 15 (57, 9, 7)
*8, 16   I, 128, 3 (21, 24, 2)
*8, 18   I, 210, 7 (22, 41, 3)
*8, 20   III, 248, 26 (133, 5, 1)
*9, 2   I, 120, 1 (21, 10, 2)
*9, 6   I, 173, 3 (22, 21, 7)
10, 22   cf. II, 505, 1 (120, 10,
         14)
*11, 1   I, 169, 7 (22, 19, 4)
(sec. LXX) I, 515, 15 (57, 7, 8)
(sec. Hebr.)I, 515, 17 (57, 7, 8); I,
         632, 9 (65, 13, 4)
11, 1   cf. II, 30, 6 (75, 1, 2)
11, 2-3 cf. III, 10, 25 (121, 2,
         9)
*11, 6-7 II, 248, 7 (106, 1, 3)
11, 6-8 cf. III, 187, 22 (130,
         8, 4)
*11, 10 I, 334, 22 (°46, 5, 3);
         II, 492, 21 (120, 8,
         10)
11, 15   cf. III, 117, 15 (124,
         15, 2)
13, 21-22 cf. I, 151, 15 (22, 6, 4)
14, 12   cf. I, 148, 16 (22, 4, 3)
14, 12-15 cf. I, 41, 11 (12, 2);
         cf. I, 63, 11 (15, 1, 3);
         cf. I, 183, 18 (22, 27,
         5)
*14, 13-14 I, 149, 1 (22, 4, 3);
         III, 241, 18 (133, 1, 1)
*14, 14 I, 582, 7 (61, 4, 3)
14, 29   II, 12, 1 (72, 4, 3)

*15, 1   III, 154, 21 (127, 12, 2)

15, 5   *cf.* II, 320, 3 (108, 11, 5)

16, 1   I, 456, 8 (53, 8, 4); I, 484, 17 (54, 17, 2)

18, 1   *cf.* II, 201, 9 (°98, 17, 1)

18, 2   *cf.* I, 396, 1 (°51, 1, 2)

19, 18   *cf.* II, 324, 8 (108, 14, 2)

19, 19   II, 182, 9 (97, 1, 2)

20, 2   *cf.* I, 309, 8 (40, 1, 2)

21, 9   II, 394, 2 (°113, 1, 2)

21, 11   *cf.* I, 126, 21 (21, 21, 2)

*21, 12-13   I, 126, 20 (21, 21, 1)

*22, 1   II, 279, 6 (106, 63, 1)

*22, 12-13   III, 57, 18 (122, 1, 5); III, 318, 21 (147, 3, 8)

*22, 14   III, 319, 6 (147, 3, 9)

22, 15   II, 511, 22 (120, 12, 2)

22, 22   *cf.* I, 277, 4 (36, 11, 1)

23, 16   *cf.* III, 189, 1 (130, 9, 2)

*24, 16   I, 370, 18 (49, 13, 6)

*26, 1   II, 167, 20 (°96, 9, 4)

*26, 12   III, 141, 9 (125, 20, 2)

*26, 18   I, 204, 4 (22, 38, 4); III, 16, 19 (121, 4, 4)

*26, 20   I, 181, 3 (22, 26, 1)

*27, 3   I, 249, 1 (30, 14, 2); III, 13, 11 (121, 2, 15)

*27, 11   I, 687, 15 (69, 5, 4)

27, 12 (sec. LXX)
              cf. III, 163, 4 (129, 1, 2)

*28, 9-10   III, 184, 7 (130, 7, 6)

*28, 9-11   II, 330, 22 (108, 18, 7)

28, 11-12   *cf.* III, 32, 24 (121, 8, 11)

*28, 15   II, 148, 16 (°92, 1, 3); III, 318, 11 (147, 3, 6)

28, 16   *cf.* II, 322, 5 (108, 13, 1); *cf.* III, 11, 23 (121, 2, 11)

*29, 1   II, 315, 14 (108, 9, 3)

*29, 13   III, 48, 2 (121, 10, 18)

*30, 15   I, 125, 23 (21, 18); III, 58, 17 (122, 1, 7); III, 325, 9 (147, 9, 3)

*30, 17   I, 573, 2 (60, 17, 3)

31, 1   *cf.* I, 327, 17 (45, 6, 2)

*31, 6   III, 62, 10 (122, 2, 2)

*31, 9   I, 171, 12 (22, 21, 1); I, 523, 1 (57, 11, 1)

*32, 2   III, 165, 16 (129, 2, 4)

32, 5   *cf.* I, 406, 1 (°51, 6, 1)

*32, 6   I, 406, 3 (°51, 6, 1); III, 308, 3 (146, 1, 1)

*32, 9   I, 687, 17 (69, 5, 4)

*32, 20   I, 226, 9 (27, 3, 3); II, 316, 11 (108, 10, 2)

*33, 15   *cf.* III, 139, 13 (125, 19, 3)

33, 15   *cf.* II, 33, 6 (75, 4, 1)

*34, 5   I, 110, 8 (20, 5, 4); I, 146, 14 (22, 3, 1); III, 126, 1 (125, 7, 4)

36, 6   *cf.* III, 12, 6 (121, 2, 12)

40, 3   I, 518, 19 (57, 9, 3); *cf.* II, 465, 13 (119, 10, 9)

40, 4-5   cf. II, 465, 14 (119, 10, 9)

*40, 6   II, 93, 14 (79, 6, 1)

40, 6   I, 94, 2 (18 A, 15, 5); I, 94, 5 (18 A, 15, 6); cf. I, 565, 2 (60, 13, 1)

*40, 6-7   III, 279, 12 (140, 9, 4)

*40, 9   I, 610, 14 (64, 20, 1)

*40, 12   I, 546, 3 (59, 5, 2); II, 202, 22 (°98, 17, 5)

40, 12   cf. I, 118, 11 (21, 7, 1); cf. I, 206, 6 (22, 39, 2)

40, 15   cf. I, 41, 14 (12, 2); cf. II, 202, 31 (°98, 18, 1)

*40, 15-18   II, 202, 19 (°98, 17, 5)

*40, 23   II, 203, 18 (°98, 18, 2); II, 203, 20 (°98, 18, 3)

*40, 26   III, 213, 14 (°131, 13, 2)

*41, 22-23   I, 83, 8 (18 A, 7, 2)

*42, 1   III, 9, 21 (121, 2, 5)

*42, 1-4   III, 8, 24 (121, 2, 3); III, 9, 7 (121, 2, 4)

42, 2   III, 11, 11 (121, 2, 10); cf. III, 11, 12 (121, 2, 10)

*42, 3   III, 11, 20 (121, 2, 11)

42, 3   cf. III, 12, 6 (121, 2, 12); III, 12, 9 (121, 2, 13); cf. III, 12, 18 (121, 2, 14)

*42, 4   III, 10, 3 (121, 2, 6); III, 10, 9 (121, 2, 7); cf. III, 13, 1 (121, 2, 14); III, 13, 6 (121, 2, 15)

*42, 14   I, 72, 8 (17, 3, 1)

*43, 36   I, 623, 12 (65, 6, 1)

*44, 22   III, 62, 12 (122, 2, 2)

*45, 14   II, 173, 12 (°96, 14, 2)

45, 14   II, 72, 13 (78, 29, 1)

*45, 21-22   III, 62, 13 (122, 2, 2)

45, 24   cf. II, 173, 22 (°96, 14, 3)

*46, 8-9   III, 62, 16 (122, 2, 2)

47, 1-2   cf. II, 42, 15 (77, 5, 2)

*47, 1-3   I, 150, 17 (22, 6, 2)

*47, 12   II, 176, 9 (°96, 16, 3)

*47, 12-13   II, 152, 9 (°92, 4, 2)

47, 14 (sec. LXX)   cf. II, 42, 18 (77, 5, 2)

*47, 14-15   I, 92, 13 (18 A, 14, 4)

*48, 18-19   II, 179, 2 (°96, 18, 5)

*48, 20   II, 176, 23 (°96, 16, 5)

*49, 2   I, 263, 7 (34, 4, 2); I, 630, 6 (65, 12, 2); II, 33, 24 (75, 5, 1)

*49, 6   III, 10, 17 (121, 2, 8); III, 173, 15 (129, 6, 2)

49, 7   cf. II, 351, 1 (108, 33, 3)

*49, 8   II, 331, 15 (108, 18, 9); III, 28, 19 (121, 7, 4)

*49, 20   II, 492, 20 (120, 8, 10)

49, 21   II, 73, 12 (78, 30, 2)

*50, 6   I, 393, 17 (50, 5, 2)

*51, 5   II, 393, 15 (°113, 1, 1)

51, 17	*cf.* II, 170, 17 (°96, 12, 2)	*61, 1	I, 633, 16 (65, 13, 7)
*52, 7	I, 89, 8 (18 A, 12, 2); I, 129, 1 (21, 25)	*62, 3	II, 216, 29 (°100, 4, 1)
*53, 2-3	I, 624, 21 (65, 8, 1)	63, 1-3	*cf.* I, 273, 5 (36, 5, 2)
53, 2-3	*cf.* II, 473, 14 (120, praef. 4)	*63, 3	II, 319, 3 (108, 11, 2)
*53, 3	I, 625, 13 (65, 8, 3); I, 625, 15 (65, 8, 3)	*63, 5	II, 224, 10 (°100, 11, 2)
*53, 4	II, 168, 20 (°96, 10, 2); III, 29, 4 (121, 7, 5)	*64, 4 (sec. LXX)	I, 520, 6 (57, 9, 6)
53, 5	II, 168, 22 (°96, 10, 2)	64, 4 (sec. Hebr.)	I, 520, 2 (57, 9, 6)
53, 7	*cf.* II, 168, 23 (°96, 10, 2); *cf.* III, 11, 8 (121, 2, 10)	*65, 5	III, 251, 6 (133, 6, 5)
		*65, 13-14	II, 339, 7 (108, 22, 2)
		65, 17	*cf.* III, 99, 4 (124, 3, 3)
*53, 8	III, 29, 2 (121, 7, 5)	*65, 20	II, 217, 14 (°100, 4, 3)
*53, 9	III, 36, 2 (121, 8, 20); III, 252, 27 (133, 8, 1)	*66, 1	I, 546, 1 (59, 5, 2)
*53, 12	III, 29, 5 (121, 7, 5)	*66, 2	III, 346, 18 (148, 20, 1)
*54, 1	I, 202, 10 (22, 37, 4); II, 60, 2 (78, 10, 2)	66, 2	*cf.* I, 20, 12 (4, 2, 2); *cf.* I, 58, 9 (14, 9, 2); *cf.* I, 300, 4 (39, 3, 5)
*54, 17	I, 202, 10 (22, 37, 4)	66, 7-9	*cf.* I, 691, 8 (69, 6, 7)
56, 3-5	*cf.* I, 171, 17 (22, 21, 2)	*66, 18-19	II, 217, 17 (°100, 4, 3)
*58, 1	II, 451, 10 (119, 5, 6)	*66, 22	III, 107, 14 (124, 9, 1)
*58, 3-4	I, 202, 11 (22, 37, 4)	66, 22	*cf.* III, 99, 4 (124, 3, 3)
*58, 5	I, 202, 10 (22, 37, 4)		
58, 5	*cf.* I, 582, 8 (61, 4, 3)	66, 24	*cf.* II, 105, 12 (°80, 3, 2)
*59, 5	III, 281, 24 (140, 12, 3)		
59, 17	*cf.* III, 180, 9 (130, 5, 3)	**Hier.**	
		1, 2-3	*cf.* I, 87, 1 (18 A, 10, 2)
*60, 1	II, 42, 7 (77, 4, 5)		
60, 6	*cf.* II, 91, 2 (79, 3, 3)	1, 5	*cf.* I, 215, 6 (24, 2); *cf.* II, 500, 17 (120, 10, 1)
*60, 22	II, 226, 26 (°100, 12, 7)		

*1, 10	II, 143, 18 (°90, 1)
1, 10	cf. III, 357, 19 (149, 2, 1)
1, 11	cf. I, 460, 15 (53, 8, 16)
1, 13	cf. I, 460, 15 (53, 8, 16)
1, 18	cf. I, 654, 9 (66, 6, 2)
*2, 12-13	II, 165, 25 (°96, 8, 2)
*2, 13	cf. II, 338, 20 (108, 22, 2)
2, 13	cf. I, 62, 8 (15, 1, 1); cf. II, 165, 29 (°96, 8, 3); cf. II, 170, 19 (°96, 12, 2); cf. III, 158, 20 (128, 3, 2)
*2, 18	I, 404, 20 (°51, 5, 6)
2, 18	cf. III, 4, 2 (121, praef. 4)
*2, 21	III, 61, 14 (122, 1, 16)
2, 22	cf. I, 658, 7 (66, 8, 5); cf. II, 431, 23 (117, 9, 2)
*2, 25	III, 58, 14 (122, 1, 7)
*2, 27	III, 61, 16 (122, 1, 16)
2, 29	III, 240, 4 (°132, 20, 2)
2, 32	cf. I, 642, 7 (65, 19, 5)
*3, 1	III, 62, 3 (122, 2, 1); III, 62, 7 (122, 2, 1)
3, 1	cf. I, 280, 10 (36, 13, 4)
*3, 3	I, 161, 9 (22, 13, 4); II, 432, 17 (117, 9, 4); III, 81, 21 (123, 8, 1); III, 324, 5 (147, 8, 3)
*3, 6-7	III, 61, 21 (122, 1, 17)
*3, 20	I, 688, 1 (69, 5, 5)
*3, 22	I, 313, 25 (41, 3, 3)
*4, 7	I, 172, 15 (22, 21, 5)
5, 24	cf. I, 331, 1 (°46, 2, 2)
*6, 14	II, 108, 23 (82, 2, 1)
6, 16	cf. I, 478, 8 (54, 11, 1)
7, 4	I, 531, 5 (58, 3, 3)
*8, 4	I, 313, 24 (41, 3, 3); II, 216, 18 (°100, 3, 5); III, 58, 15 (122, 1, 7)
8, 4	cf. II, 41, 6 (77, 4, 3); cf. II, 65, 24 (78, 16, 2); cf. II, 66, 2 (78, 16, 2)
8, 22	cf. II, 91, 4 (79, 3, 3)
*9, 1	I, 293, 10 (39, 1, 1); II, 208, 12 (°98, 23, 1); III, 60, 23 (122, 1, 14)
9, 1	cf. II, 352, 6 (109, 1, 2)
*9, 21	I, 182, 8 (22, 26, 4); II, 35, 24 (76, 2, 2)
*10, 23	III, 252, 7 (133, 7, 3)
10, 23	cf. II, 7, 16 (71, 7, 2)
*12, 1	I, 296, 4 (39, 2, 2)
12, 7	cf. I, 550, 15 (60, 2, 3)
*12, 13	I, 395, 11 (°51, 1, 1); I, 422, 11 (52, 5, 3)
13, 1-7	cf. I, 309, 9 (40, 1, 2)
13, 4-7	cf. I, 28, 17 (7, 3, 2)
*13, 23	I, 691, 13 (69, 6, 7)
13, 23	cf. I, 460, 15 (53, 8, 16); cf. II, 183, 25 (97, 2, 3); cf. II, 318, 21 (108, 11, 1); cf. III, 367, 11 (154, 1, 1)

*14, 11-12 III, 153, 11 (127, 10, 2)

*14, 22   I, 644, 17 (65, 21, 2)

*15, 1   III, 273, 2 (140, 4, 4)

*15, 10   I, 296, 3 (39, 2, 2); II, 162, 10 (°96, 4, 2)

*15, 17   III, 158, 8 (128, 2, 4)

*16, 2   I, 172, 7 (22, 21, 3)

16, 2   cf. III, 86, 2 (123, 12, 2)

*16, 19   I, 644, 16 (65, 21, 2)

*17, 11   III, 248, 17 (133, 4, 4)

*17, 13   III, 163, 22 (129, 1, 3)

*17, 16   III, 186, 6 (130, 7, 12)

*18, 7-10 III, 67, 1 (122, 3, 10)

18, 8   cf. III, 324, 8 (147, 8, 3)

18, 10   cf. III, 324, 8 (147, 8, 3)

*18, 11-12 III, 67, 11 (122, 3, 11)

*20, 7   I, 94, 22 (18 A, 15, 7)

*20, 9   I, 279, 4 (36, 13, 1)

20, 9   cf. I, 99, 4 (18 B, 2, 2)

*20, 14   I, 296, 2 (39, 2, 2)

c. 22   cf. III, 260, 5 (133, 13, 2)

*22, 10   III, 61, 1 (122, 1, 14)

*22, 29-30 II, 170, 11 (°96, 12, 1)

*23, 23   I, 118, 12 (21, 7, 1)

*23, 24   I, 545, 22 (59, 5, 2)

*23, 28   III, 69, 3 (122, 3, 15)

24, 1 sqq. I, 251, 6 (31, 3, 2)

*24, 3   I, 251, 9 (31, 3, 2)

25, 9   cf. I, 572, 9 (60, 17, 2)

25, 15   cf. II, 170, 17 (°96, 12, 2)

27 (50), 23 cf. I, 120, 11 (21, 11, 1); cf. II, 297, 10 (107, 6, 2)

*28 (51), 6 I, 342, 1 (°46, 12, 1); II, 206, 22 (°98, 21, 1); II, 349, 20 (108, 31, 2)

28 (51), 7 cf. II, 206, 24 (°98, 21, 1); cf. II, 297, 10 (107, 6, 2)

*28 (51), 50
           II, 208, 29 (°98, 23, 3)

29, 1   cf. I, 327, 13 (45, 6, 1)

29, 22   cf. I, 619, 1 (65, 2, 1)

*32, 1-2 (25, 15-16)
           I, 94, 6 (18 A, 15, 6)

*32, 3-4 (25, 17-18)
           I, 94, 16 (18 A, 15, 7)

*34, 4 (27, 5)
           II, 179, 22 (°96, 19, 2)

c. 35   cf. III, 126, 15 (125, 7, 6)

35, 11   cf. III, 126, 18 (125, 7, 6)

36 (29), 22 cf. I, 477, 4 (54, 10, 3)

36, 26   cf. I, 616, 9 (65, 1, 2)

*38 (31), 31-32
           II, 383, 16 (112, 14, 3)

38 (31), 31-32
           cf. II, 409, 25 (°116, 18, 3)

39, 7   cf. I, 87, 2 (18 A, 10, 2)

40, 7   cf. I, 87, 4 (18 A, 10, 2)

41, 2   *cf.* I, 87, 5 (18 A, 10, 2)

c. 42   *cf.* I, 534, 11 (58, 5, 3)

43, 2   *cf.* III, 292, 3 (142, 2)

43 (36), 4 sqq.

        cf. I, 250, 8 (31, 2, 1)

43, 7-10   *cf.* III, 292, 3 (142, 2)

43 (36), 23 *cf.* I, 250, 13 (31, 2, 2)

*48, 10   II, 74, 8 (78, 31, 2)

50, 23   *cf.* III, 18, 19 (121, 5, 2); III, 18, 21 (121, 5, 2)

50, 26   *cf.* II, 80, 15 (78, 39, 1)

51, 7   *cf.* I, 621, 4 (65, 4, 3); *cf.* III, 247, 3 (133, 3, 8)

Thren.

c. 1-4   *cf.* I, 460, 16 (53, 8, 16)

*2, 18   III, 61, 10 (122, 1, 16); III, 63, 18 (122, 3, 1)

3, 24   *cf.* II, 349, 11 (108, 31, 1); II, 440, 4 (118, 4, 3)

*3, 27-28   I, 391, 22 (50, 4, 1)

*3, 27-30   I, 200, 16 (22, 36, 2)

3, 30   *cf.* II, 121, 11 (84, 1)

*4, 4   I, 172, 17 (22, 21, 5)

Bar.

3, 11   *cf.* II, 165, 17 (°96, 8, 1)

c. 6   *cf.* I, 250, 8 (31, 2, 1)

Ezech.

c. 1   *cf.* I, 608, 4 (64, 18, 8)

1, 1   *cf.* I, 450, 14 (53, 4, 4); *cf.* II, 74, 20 (78, 32)

1, 22   *cf.* I, 689, 13 (69, 6, 2)

*2, 6   III, 18, 15 (121, 5, 2)

*2, 8-9   III, 317, 21 (147, 3, 5)

2, 9 - 3, 3 *cf.* III, 57, 14 (122, 1, 4)

*3, 8-9   III, 18, 17 (121, 5, 2)

3, 8-9   *cf.* I, 654, 9 (66, 6, 2)

3, 9   *cf.* II, 283, 11 (106, 67, 3)

4, 1-2   *cf.* II, 68, 7 (78, 19, 2)

4, 9-15   *cf.* I, 309, 12 (40, 1, 2)

5, 1   *cf.* I, 703, 3 (70, 2, 6)

8, 2   *cf.* I, 81, 12 (18 A, 6, 5)

8, 3   *cf.* I, 330, 20 (°46, 2, 2)

*8, 6   II, 220, 1 (°100, 6, 4)

8, 11   *cf.* I, 261, 8 (34, 2, 2)

*9, 4   I, 128, 9 (21, 24, 3)

9, 4   *cf.* I, 75, 13 (18 A, 1, 3); *cf.* I, 613, 15 (64, 21, 3)

9, 9   *cf.* II, 466, 24 (119, 10, 13)

c. 10   *cf.* I, 462, 12 (53, 9, 1); *cf.* I, 649, 3 (66, 2, 2)

10, 5   I, 219, 18 (25, 4)

*10, 9   I, 286, 12 (37, 1, 2)

*11, 13   I, 76, 19 (18 A, 2, 3)

11, 22-25 *cf.* II, 320, 13 (108, 12, 1)

*12, 27   III, 314, 2 (147, 1, 5)

*12, 28　III, 314, 5 (147, 1, 5)
c. 16　cf. I, 151, 9 (22, 6, 3);
　　　cf. II, 24, 22 (74, 3,
　　　1); cf. III, 87, 9 (123,
　　　12, 5)
16, 4　I, 159, 4 (22, 11, 4)
*16, 10　I, 128, 16 (21, 25)
*16, 11　I, 128, 6 (21, 24, 2)
16, 11　cf. I, 250, 8 (31, 2, 1)
16, 13　cf. III, 59, 23 (122, 1,
　　　11)
16, 18-19　cf. III, 59, 23 (122, 1,
　　　11)
*16, 25　II, 100, 9 (79, 11, 1)
16, 25　cf. I, 151, 10 (22, 6,
　　　3); cf. II, 25, 1 (74, 3,
　　　1); cf. II, 170, 16
　　　(°96, 12, 2)
16, 26　cf. II, 65, 7 (78, 15, 4)
16, 31　cf. II, 25, 1 (74, 3, 1)
*16, 33-34　I, 122, 2 (21, 13, 3)
*16, 34　I, 121, 8 (21, 13, 1)
*16, 36　II, 172, 7 (°96, 13, 1)
*16, 42　I, 677, 5 (68, 1, 5)
*16, 55　I, 337, 1 (°46, 7, 2)
18, 4　cf. I, 296, 20 (39, 2,
　　　3); I, 474, 2 (54, 8, 2);
　　　I, 556, 7 (60, 8, 2); I,
　　　591, 15 (64, 3, 2); II,
　　　297, 15 (107, 6, 2); II,
　　　458, 4 (119, 7, 11); II,
　　　510, 4 (120, 11, 12);
　　　III, 288, 16 (140, 19,
　　　3); III, 326, 13 (147,
　　　10, 1)
18, 20　cf. I, 296, 20 (39, 2,
　　　3); II, 297, 15 (107, 6,
　　　2)

*18, 23　I, 313, 23 (41, 3, 3);
　　　II, 42, 6 (77, 4, 5)
18, 23　cf. I, 39, 16 (11, 3)
18, 25　cf. I, 40, 8 (11, 4)
18, 26-28　cf. III, 356, 1 (148,
　　　32, 1)
*18, 30-32　III, 58, 22 (122, 1, 8)
*20, 25　II, 384, 8 (112, 14, 5);
　　　III, 46, 6 (121, 10, 14)
20, 25　cf. II, 100, 14 (79, 11,
　　　1); cf. II, 405, 24
　　　(°116, 14, 1)
*22, 5　II, 171, 18 (°96, 12,
　　　5)
23, 3　cf. II, 100, 10 (79, 11,
　　　1)
24, 15-27　cf. I, 309, 13 (40, 1, 2)
*24, 18　III, 86, 3 (123, 12, 2)
26, 2　cf. I, 640, 3 (65, 18, 1)
*28, 12-13　I, 127, 23 (21, 24, 1)
28, 13　cf. I, 82, 14 (18 A, 6,
　　　8); cf. I, 603, 14 (64,
　　　16, 3)
28, 16　cf. II, 69, 14 (78, 22,
　　　2)
31, 15-18　cf. II, 165, 17 (°96, 8,
　　　1)
*33, 10-11　III, 58, 1 (122, 1, 6)
*33, 11　III, 59, 6 (122, 1, 9)
33, 11　cf. I, 39, 16 (11, 3);
　　　cf. I, 472, 20 (54, 6,
　　　5); cf. III, 59, 22 (122,
　　　1, 11); cf. III, 317, 7
　　　(147, 3, 3)
*33, 12　III, 66, 11 (122, 3, 8);
　　　III, 68, 18 (122, 3, 14)
33, 12　I, 472, 13 (54, 6, 4)
34, 17-31　cf. II, 58, 2 (78, 8, 1)

*36, 24-26 I, 692, 17 (69, 7, 2)
*36, 26   I, 692, 22 (69, 7, 3)
37, 16-20 cf. II, 25, 5 (74, 3, 2)
c. 38   cf. III, 144, 24 (126, 2, 3)
c. 39   cf. III, 144, 24 (126, 2, 3)
c. 40-46   cf. III, 176, 20 (130, 2, 2)
c. 40-48   cf. III, 144, 25 (126, 2, 3)
43, 1-4   cf. III, 3, 20 (121, praef. 3)
44, 1-2   cf. III, 3, 20 (121, praef. 3)
44, 1-3   cf. I, 386, 10 (49, 21, 2)
c. 47   cf. III, 166, 8 (129, 2, 6)
47, 1   cf. I, 689, 18 (69, 6, 3)
47, 12   cf. III, 166, 9 (129, 2, 6)

Dan.
c. 1-4   cf. II, 90, 2 (79, 2, 5)
1, 6   cf. I, 618, 21 (65, 2, 1)
*1, 8   II, 220, 22 (°100, 7, 2)
1, 12   cf. I, 477, 2 (54, 10, 3)
*1, 12-13 II, 220, 29 (°100, 7, 3)
1, 15   cf. I, 477, 5 (54, 10, 3)
1, 16   cf. I, 477, 2 (54, 10, 3)
2, 34   cf. I, 169, 12 (22, 19, 5); cf. I, 461, 4 (53, 8, 16); cf. I, 581, 11 (61, 4, 2)

2, 34-35   cf. II, 69, 12 (78, 22, 2)
2, 45   cf. I, 461, 4 (53, 8, 16)
c. 3   cf. II, 92, 13 (79, 5, 1)
3, 6 sqq. cf. II, 112, 15 (82, 5, 2)
3, 23-27   cf. I, 6, 5 (1, 9, 1)
*3, 29-31 III, 36, 23 (121, 8, 22)
3, 47   cf. III, 190, 21 (130, 10, 5)
3, 49-50   cf. III, 190, 23 (130, 10, 5)
*3, 86   II, 514, 20 (120, 12, 11)
3, 94   cf. II, 176, 27 (°96, 17, 1)
4, 5   cf. II, 499, 16 (120, 9, 18)
4, 10   cf. II, 355, 20 (109, 3, 5)
4, 24   cf. I, 653, 13 (66, 5, 4); cf. II, 328, 5 (108, 16, 2)
5, 2-3   cf. I, 176, 7 (22, 23, 3)
*5, 11   II, 218, 9 (°100, 5, 2)
6, 10   cf. I, 182, 4 (22, 26, 4)
6, 16-23 et 14 (=Bel), 30-40
           cf. I, 6, 7 (1, 9, 1)
6, 22   cf. III, 36, 22 (121, 8, 22)
7, 9   cf. I, 77, 10 (18 A, 3, 1)
7, 16   cf. I, 282, 14 (36, 15, 5)
7, 19   cf. I, 282, 14 (36, 15, 5)
8, 15   cf. I, 282, 14 (36, 15, 5)

9, 23	*cf.* I, 157, 7 (22, 9, 4); *cf.* I, 346, 2 (47, 2, 1); *cf.* I, 650, 16 (66, 3, 3)
9, 27	*cf.* III, 15, 14 (121, 4, 1); *cf.* III, 15, 22 (121, 4, 2); *cf.* III, 16, 26 (121, 4, 5)
c. 10	*cf.* II, 34, 7 (75, 5, 2)
10, 3	*cf.* I, 157, 8 (22, 9, 4)
*10, 5	I, 239, 16 (29, 5, 2); I, 287, 8 (37, 1, 3)
*10, 6	I, 286, 13 (37, 1, 2)
10, 11	*cf.* I, 346, 2 (47, 2, 1)
10, 19	*cf.* I, 157, 7 (22, 9, 4)
*12, 2	II, 453, 25 (119, 6, 5)
12, 2	*cf.* II, 457, 21 (119, 7, 10)
12, 3	*cf.* I, 448, 8 (53, 3, 5); I, 448, 13 (53, 3, 6)
12, 6	*cf.* I, 282, 14 (36, 15, 5)
12, 8	*cf.* I, 282, 14 (36, 15, 5)
c. 13 (=Sus.)	*cf.* I, 6, 9 (1, 9, 2); *cf.* I, 58, 5 (14, 9, 1)
13, 2	*cf.* I, 619, 2 (65, 2, 1)
13 (=Sus.), 42-62	*cf.* I, 528, 4 (58, 1, 2)
13, 45 sqq.	*cf.* I, 289, 6 (37, 4, 2)
13 (Sus.), 52	*cf.* II, 437, 19 (118, 3, 3)
14, 32-38 (= Bel 33-39)	*cf.* I, 157, 5 (22, 9, 4)
14 (=Bel), 33-39	*cf.* I, 13, 6 (3, 1, 2)

Os.

1, 2	*cf.* II, 24, 20 (74, 3, 1)
1, 2-3	*cf.* III, 85, 12 (123, 12, 1)
1, 2-4	*cf.* I, 702, 16 (70, 2, 6)
*2, 24	II, 504, 1 (120, 10, 11); II, 504, 22 (120, 10, 14)
3, 1	*cf.* II, 24, 21 (74, 3, 1); *cf.* III, 85, 12 (123, 12, 1)
*3, 4	I, 240, 19 (29, 6, 3)
4, 14	*cf.* III, 285, 11 (140, 15, 3)
7, 4	I, 165, 18 (22, 17, 3); III, 190, 17 (130, 10, 4)
*7, 11	II, 189, 13 (°98, 4, 5)
7, 11	I, 250, 15 (31, 2, 2)
7, 13	*cf.* II, 340, 19 (108, 23, 4)
*9, 11	III, 258, 18 (133, 11, 5)
*9, 14	III, 258, 19 (133, 11, 5)
*10, 12	I, 612, 10 (64, 20, 5)
*11, 1 (sec. LXX)	I, 515, 2 (57, 7, 6); III, 9, 26 (121, 2, 6)
11, 1	I, 105, 5 (20, 2, 1)
(sec. Hebr.)	I, 514, 20 (57, 7, 6); III, 9, 25 (121, 2, 6)
*11, 2	III, 10, 1 (121, 2, 6)
*11, 8-9	III, 63, 2 (122, 2, 4)
*12, 10	II, 170, 25 (°96, 12, 3)
*13, 14	I, 550, 18 (60, 2, 3); II, 30, 2 (75, 1, 2)

*13, 15   II, 30, 4 (75, 1, 2)
13, 15   *cf.* I, 550, 9 (60, 2, 2);
         cf. I, 550, 10 (60, 2,
         2); *cf.* II, 29, 17 (75,
         1, 2)
*14, 9 (10)   II, 86, 23 (78, 43, 9)
*14, 10   II, 463, 14 (119, 10,
          3)

Ioel
*2, 12-13   III, 62, 20 (122, 2, 3)
2, 25   *cf.* I, 457, 9 (53, 8, 7)
*2, 28   I, 626, 21 (65, 9, 4);
         II, 495, 15 (120, 9, 6);
         III, 28, 16 (121, 7, 4)
2, 28   *cf.* I, 457, 10 (53, 8, 7)
2, 28-32   *cf.* II, 316, 2 (108, 9,
           4)
2, 29   *cf.* I, 457, 10 (53, 8, 7)
*3, 12   I, 77, 12 (18 A, 3, 1)
3, 18   *cf.* I, 386, 7 (49, 21,
        1); *cf.* II, 473, 8 (120,
        praef. 3)

Am.
1, 1   *cf.* I, 343, 18 (°46; 13,
       2); *cf.* II, 320, 10
       (108, 12, 1)
*1, 3   III, 316, 16 (147, 3,
        1); III, 317, 2 (147, 3,
        2); III, 317, 13 (147,
        3, 3)
1, 3   *cf.* I, 458, 1 (53, 8, 8);
       cf. III, 188, 17 (130,
       8, 6)
1, 6   *cf.* I, 458, 1 (53, 8, 8)
1, 9   *cf.* I, 458, 1 (53, 8, 8)
1, 11   *cf.* I, 458, 1 (53, 8, 8)

1, 13   *cf.* I, 458, 1 (53, 8, 8)
2, 1   *cf.* I, 458, 1 (53, 8, 8)
2, 4   *cf.* I, 458, 1 (53, 8, 8);
       cf. III, 188, 17 (130,
       8, 6)
2, 6   *cf.* I, 458, 1 (53, 8, 8)
*2, 12   II, 219, 17 (°100, 6,
         3)
3, 12   *cf.* II, 74, 7 (78, 31, 1)
4, 1   *cf.* I, 458, 3 (53, 8, 8)
4, 2   *cf.* I, 148, 12 (22, 4, 2)
*5, 2   I, 150, 3 (22, 5, 2)
5, 19   *cf.* II, 435, 24 (118, 2,
        1)
*5, 25-26   III, 45, 10 (121, 10,
            11)
5, 26   *cf.* III, 46, 11 (121,
        10, 15)
*6, 5   I, 523, 3 (57, 11, 1)
6, 12   *cf.* I, 458, 4 (53, 8, 8)
7, 1   *cf.* I, 458, 5 (53, 8, 9)
7, 7   *cf.* I, 458, 6 (53, 8, 9)
7, 10-17   *cf.* I, 289, 7 (37, 4, 2)
7, 12   *cf.* I, 309, 14 (40, 1, 2)
7, 14   *cf.* I, 343, 18 (°46, 13,
        2); *cf.* I, 457, 15 (53,
        8, 8)
7, 14-15   *cf.* I, 58, 6 (14, 9, 1)
8, 1   *cf.* I, 458, 7 (53, 8, 9)
8, 2   *cf.* I, 458, 7 (53, 8, 9)
*8, 13   I, 150, 7 (22, 5, 3)

Abd.
1, 1   *cf.* I, 458, 10 (53, 8, 9)
1, 6   *cf.* I, 458, 10 (53, 8, 9)
*4   I, 148, 18 (22, 4, 3)

Ion.

c. 1-3	*cf.* I, 550, 12 (60, 2, 2)
1, 3	*cf.* I, 287, 15 (37, 2, 1); *cf.* II, 314, 3 (108, 8, 2)
*1, 12	III, 259, 17 (133, 12, 3)
c. 2	*cf.* I, 17, 12 (3, 5, 2)
c. 3	*cf.* I, 274, 3 (36, 6, 1); *cf.* II, 41, 20 (77, 4, 4)
c. 4	*cf.* I, 274, 2 (36, 6, 1)
4, 6	*cf.* II, 421, 21 (°116, 35, 2)
4, 11	*cf.* II, 297, 7 (107, 6, 1)
3, 10	*cf.* I, 68, 6 (16, 1, 1)

Mich.

1, 1	*cf.* II, 324, 3 (108, 14, 1)
*4, 2	II, 69, 15 (78, 22, 2)
5, 1	*cf.* I, 458, 15 (53, 8, 10)
*5, 2 (sec. LXX)	I, 517, 4 (57, 8, 3)
5, 2 (sec. Hebr.)	I, 517, 8 (57, 8, 4); I, 596, 1 (64, 8, 2)
*5, 2-3	II, 317, 1 (108, 10, 3)
*7, 19	I, 692, 7 (69, 6, 9)

Nah.

*1, 9	I, 677, 12 (68, 1, 6)
1, 15 (2, 1)	I, 458, 18 (53, 8, 10)

Hab.

1, 8	*cf.* I, 571, 10 (60, 16, 4)

**

*1, 9	I, 406, 19 (°51, 6, 3)
*1, 10	I, 406, 19 (°51, 6, 3)
*1, 16	I, 406, 19 (°51, 6, 3); II, 170, 2 (°96, 11, 4)
1, 16	*cf.* I, 148, 13 (22, 4, 2)
2, 1	*cf.* I, 459, 2 (53, 8, 11)
*3, 2	II, 194, 19 (°98, 10, 2)
*3, 3	II, 182, 4 (97, 1, 1); II, 203, 17 (°98, 18, 2)
3, 3	*cf.* II, 56, 5 (78, 6, 2)
*3, 3-4	I, 459, 4 (53, 8, 11)
*3, 8	I, 649, 6 (66, 2, 2)
*3, 19	II, 218, 20 (°100, 5, 4)

Soph.

1, 10	*cf.* I, 459, 8 (53, 8, 12)
1, 11	I, 459, 9 (53, 8, 12)
*2, 11	II, 187, 13 (°98, 3, 4)
*3, 14-15	II, 167, 9 (°96, 9, 3)
*3, 15	II, 167, 16 (°96, 9, 4)

Agg.

1, 1	I, 128, 5 (21, 24, 2)
1, 6	*cf.* II, 36, 10 (76, 3, 1)
2, 2	I, 128, 5 (21, 24, 2)
*2, 7-8	I, 459, 13 (53, 8, 13); II, 491, 10 (120, 8, 7)
*2, 8	III, 303, 12 (°144, 16, 1)
2, 12	I, 447, 17 (53, 3, 4)

Zach.

1, 3	*cf.* III, 324, 7 (147, 8, 3)

1, 9   *cf.* I, 282, 14 (36,' 15, 5)

1, 19   *cf.* I, 282, 14 (36, 15, 5)

1, 21   *cf.* I, 282, 14 (36, 15, 5)

2, 2   *cf.* I, 282, 14 (36, 15, 5)

*2, 6-7   II, 204, 5 (°98, 19, 1)

3, 3   *cf.* I, 459, 17 (53, 8, 14)

3, 8   I, 594, 5 (64, 6, 2)

3, 9   *cf.* I, 459, 18 (53, 8, 14); *cf.* II, 61, 24 (78, 13, 3); *cf.* II, 322, 4 (108, 13, 1)

4, 2   *cf.* I, 459, 18 (53, 8, 14)

4, 3   *cf.* I, 460, 1 (53, 8, 14)

4, 4   *cf.* I, 282, 14 (36, 15, 5)

4, 11-12   *cf.* I, 282, 14 (36, 15, 5)

5, 6   *cf.* I, 282, 14 (36, 15, 5)

5, 10   *cf.* I, 282, 14 (36, 15, 5)

6, 2-3   *cf.* I, 460, 2 (53, 8, 14)

6, 4   *cf.* I, 282, 14 (36, 15, 5)

*8, 19   II, 217, 23 (°100, 5, 1)

9, 9   *cf.* I, 226, 7 (27, 3, 3); *cf.* I, 460, 5 (53, 8, 14); *cf.* III, 271, 19 (140, 3, 2)

9, 10   *cf.* I, 460, 3 (53, 8, 14)

9, 13   I, 263, 5 (34, 4, 2)

*9, 16   *cf.* II, 328, 8 (108, 16, 3)

9, 16   *cf.* I, 168, 19 (22, 19, 3); *cf.* II, 80, 14 (78, 39, 1)

11, 7   II, 25, 6 (74, 3, 2)

*11, 12-13 (sec. LXX)   I, 513, 1 (57, 7, 2)

*11, 12-13 (sec. Hebr.)   I, 513, 10 (57, 7, 3)

11, 15   *cf.* I, 420, 17 (52, 4, 2)

*12, 1   III, 222, 18 (°131, 26, 1)

*12, 10   I, 514, 3 (57, 7, 4)

13, 7   I, 514, 11 (57, 7, 5)

Mal.

*1, 2-3   II, 502, 10 (120, 10, 6); III, 255, 9 (133, 9, 3)

1, 2-3   *cf.* III, 104, 4 (124, 6, 5); *cf.* III, 105, 16 (124, 8, 1)

1, 4   *cf.* II, 68, 6 (78, 19, 2)

*1, 6   I, 427, 6 (52, 7, 2); III, 331, 18 (148, 3, 2)

*1, 10-11   I, 460, 7 (53, 8, 15)

*2, 7   I, 588, 10 (64, 1, 5)

*3, 1   I, 518, 17 (57, 9, 3)

3, 1   *cf.* III, 18, 24 (121, 5, 3)

*3, 6   I, 621, 1 (65, 4, 3)

*3, 12   III, 165, 12 (129, 2, 3)

*3, 14-15   III, 316, 2 (147, 2, 3)

*3, 18   III, 316, 10 (147, 2, 4)

4, 2   *cf.* I, 386, 12 (49, 21, 2); *cf.* II, 80, 27 (78, 39, 2); *cf.* II, 204, 9

(°98, 19, 1); *cf.* II,
321, 18 (108, 12, 5)

4, 5   *cf.* III, 7, 18 (121, 1,
9)

Macch.

II c. 7   *cf.* I, 671, 4 (°67, 6,
1); *cf.* II, 221, 22
(°100, 9, 1); *cf.* II,
385, 18 (112, 15, 4)

II 7, 20-41   *cf.* I, 30, 14 (7, 6, 2)

II 10, 12   *cf.* I, 113, 8 (21, 2, 3)

Matth.

1, 3-4   *cf.* I, 278, 5 (36, 11, 4)

1, 17   II, 52, 6 (78, 2, 2)

1, 18-25   *cf.* II, 316, 15 (108,
10, 2)

*1, 22-23   I, 516, 5 (57, 8, 1)

1, 23   *cf.* II, 188, 10 (°98, 4,
2)

c. 2   *cf.* II, 182, 12 (97, 1,
2)

2, 1-12   *cf.* II, 316, 14 (108,
10, 2)

2, 1-18   *cf.* III, 217, 28 (°131,
18, 5)

*2, 2   II, 166, 11 (°96, 8, 5)

2, 2   II, 204, 12 (°98, 19,
1)

2, 3-6   *cf.* I, 516, 17 (57, 8, 3)

*2, 5-6   I, 516, 20 (57, 8, 3)

*2, 6   I, 517, 13 (57, 8, 4)

2, 6   I, 517, 11 (57, 8, 4); I,
518, 3 (57, 8, 5)

2, 11   *cf.* I, 635, 8 (65, 14,
4); *cf.* II, 204, 13

(°98, 19, 2); *cf.* II,
351, 1 (108, 33, 3)

2, 13-15   *cf.* I, 61, 11 (14, 11,
2); *cf.* I, 514, 14 (57,
7, 6)

2, 14   *cf.* II, 316, 19 (108,
10, 2)

2, 15   I, 105, 5 (20, 2, 1); I,
514, 18 (57, 7, 6); III,
9, 25 (121, 2, 3)

2, 16   *cf.* II, 316, 18 (108,
10, 2)

2, 18   *cf.* I, 617, 12 (65, 1, 4)

*2, 23   I, 105, 3 (20, 2, 1); I,
515, 10 (57, 7, 7)

3, 2   I, 552, 1 (60, 3, 3);
III, 7, 11 (121, 1, 7);
III, 65, 22 (122, 3, 7)

3, 3   II, 465, 13 (119, 10,
9)

3, 4   *cf.* I, 158, 21 (22, 11,
3); *cf.* I, 291, 3 (38, 3,
1); *cf.* I, 291, 4 (38, 3,
1); *cf.* II, 293, 16
(107, 3, 3); *cf.* II, 6,
20 (121, 1, 6); *cf.* III,
7, 21 (121, 1, 9); *cf.*
III, 125, 8 (125, 7, 2);
cf. III, 178, 13 (130,
4, 2)

*3, 9   I, 645, 8 (65, 21, 4)

*3, 10   II, 356, 6 (109, 4, 2);
III, 85, 21 (123, 12, 2)

3, 10   *cf.* I, 55, 9 (14, 8, 2)

3, 11   *cf.* I, 88, 13 (18 A, 11,
3); *cf.* I, 691, 14 (69,
6, 8); III, 5, 8 (121, 1,
2)

3, 12   *cf.* III, 69, 6 (122, 3,
             15)
3, 13-15   *cf.* I, 690, 18 (69, 6, 6)
3, 13-16   *cf.* I, 291, 2 (38, 3, 1)
3, 13-17   *cf.* I, 343, 16 (°46, 13,
             2); *cf.* II, 321, 22
             (108, 12, 5)
3, 14   III, 7, 2 (121, 1, 6)
3, 16   *cf.* I, 250, 9 (31, 2, 1);
             cf. I, 690, 2 (69, 6, 3);
             cf. II, 10, 26 (121, 2,
             9)
3, 17   *cf.* II, 53, 14 (78, 3,
             3); *cf.* II, 162. 6 (°96,
             4, 1); III, 5, 10 (121,
             1, 2)
4, 1   *cf.* II, 2, 6 (71, 1, 3);
             cf. II, 64, 12 (78, 15,
             1); *cf.* III, 190, 3 (130,
             10, 2)
4, 1-4   *cf.* I, 157, 16 (22, 10,
             2)
4, 1-11   *cf.* III, 183, 21 (130,
             7, 4)
4, 2   *cf.* III, 190, 8 (130,
             10, 3)
4, 3   III, 190, 9 (130, 10, 3)
*4, 4   III, 189, 28 (130, 10,
             2)
4, 4   *cf.* I, 16, 21 (3, 5, 1)
4, 12   *cf.* I, 285, 9 (36, 16, 6)
4, 13   *cf.* I, 344, 11 (°46, 13,
             3)
4, 18-20   *cf.* III, 127, 4 (125, 8,
             1)
4, 18-22   *cf.* I, 465, 5 (53, 11,
             3); *cf.* I, 625, 11 (65,
             8, 3); *cf.* II, 91, 18

             (79, 4, 2); *cf.* II, 440,
             14 (118, 4, 5)
4, 19   *cf.* II, 2, 2 (71, 1, 2)
4, 21-22   *cf.* I, 173, 11 (22, 21,
             8)
4, 22   *cf.* I, 52, 1 (14, 6, 1);
             cf. I, 292, 20 (38, 5, 1)
5, 3   *cf.* I, 60, 4 (14, 10, 3);
             cf. I, 192, 19 (22, 31,
             4)
5, 3-10   *cf.* III, 278, 8 (140, 8,
             4)
5, 4   III, 162, 21 (129, 1,
             1); III, 164, 6 (129, 1,
             4)
5, 6   *cf.* I, 192, 19 (22, 31,
             4)
*5, 7   III, 239, 22 (°132, 19,
             3)
5, 7   II, 327, 25 (108, 16,
             2)
*5, 8   I, 410, 17 (°51, 7, 5)
5, 8   I, 587, 15 (64, 1, 3);
             III, 120, 17 (125, 2, 2)
5, 9   II, 108, 2 (82, 1, 1)
5, 10   II, 330, 8 (108, 18, 4);
             cf. III, 362, 3 (149, 5,
             2)
*5, 11   III, 350, 4 (148, 23, 4)
5, 11   *cf.* II, 83, 9 (78, 41, 2)
5, 13   *cf.* I, 59, 5 (14, 9, 3);
             I, 63, 12 (15, 1, 3); II,
             473, 10 (120, praef.
             4); III, 166, 24 (129,
             2, 8)
*5, 14   III, 16, 14 (121, 4, 4)
5, 14   I, 63, 12 (15, 1, 3); *cf.*
             I, 530, 2 (58, 2, 3)

5, 15   II, 159, 20 (°96, 1, 2)
5, 17   cf. I, 116, 9 (21, 3, 2)
*5, 19   I, 17, 19 (3, 5, 2)
5, 19   cf. III, 7, 7 (121, 1, 7)
*5, 22   I, 395, 17 (°51, 1, 1)
5, 22   cf. I, 58, 14 (14, 9, 2)
*5, 23-24 I, 43, 9 (13, 2); II,
           109, 12 (82, 2, 3)
*5, 25   III, 147, 11 (127, 3, 2)
5, 25   cf. III, 186, 18 (130,
           7, 14)
5, 26   cf. I, 20, 10 (4, 2, 2);
           cf. III, 186, 23 (130,
           7, 14)
*5, 28   I, 150, 9 (22, 5, 3)
5, 28   cf. I, 88, 11 (18 A, 11,
           3); II, 36, 1 (76, 2, 2);
           III, 125, 15 (125, 7, 4)
5, 29   cf. I, 117, 18 (21, 5, 2)
5, 29-30   cf. I, 400, 21 (°51, 4,
           1); cf. III, 125, 14
           (125, 7, 3)
*5, 32   I, 493, 13 (55, 4, 4)
5, 32   cf. I, 355, 11 (49, 4,
           1); cf. II, 39, 6 (77, 3,
           2)
5, 34   III, 345, 22 (148, 19,
           1)
5, 35   cf. I, 338, 8 (°46, 7, 6)
5, 37   cf. II, 412, 26 (°116,
           21, 2); III, 345, 23
           (148, 19, 1)
5, 38   cf. III, 86, 11 (123,
           12, 3)
*5, 39   III, 20, 23 (121, 5, 9)
5, 39   cf. II, 121, 11 (84, 1);
           cf. II, 329, 22 (108,

           18, 3); cf. III, 86, 12
           (123, 12, 3)
5, 40   cf. I, 465, 2 (53, 11, 3)
*5, 44   II, 132, 6 (84, 9, 4);
           III, 252, 16 (133, 7, 4)
5, 44   III, 20, 24 (121, 5, 9);
           III, 252, 15 (133, 7, 4)
5, 45   cf. I, 138, 13 (21, 39,
           4); cf. II, 476, 4 (120,
           1, 6)
5, 48   III, 35, 17 (121, 8,
           18); cf. III, 35, 25
           (121, 8, 19)
*6, 2   II, 451, 12 (119, 5, 6)
6, 2   cf. I, 193, 15 (22, 32,
           1); cf. II, 327, 19
           (108, 15, 7)
6, 2-4   cf. I, 182, 20 (22, 27,
           3)
6, 5   cf. I, 436, 13 (52, 13,
           2)
6, 6   cf. I, 181, 8 (22, 26,
           2); cf. I, 641, 22 (65,
           19, 4)
6, 9   II, 250, 21 (106, 4, 2)
6, 10   III, 13, 4 (121, 2, 14)
6, 12   I, 43, 16 (13, 3); III,
           22, 1 (121, 6, 5); III,
           237, 2 (°132, 15, 2);
           III, 240, 9 (°132, 20,
           2)
6, 13   I, 487, 12 (55, 1, 4)
6, 16   cf. I, 184, 9 (22, 27, 7)
6, 16-18   cf. I, 183, 1 (22, 27, 3)
6, 19-20   cf. III, 122, 11 (125,
           4)
6, 20   cf. II, 5, 14 (71, 4, 2);
           cf. II, 36, 10 (76, 3, 1)

*6, 21 I, 190, 13 (22, 30, 4)
6, 22 cf. I, 117, 19 (21, 5, 2)
*6, 24 I, 53, 14 (14, 6, 5); I, 53, 17 (14, 6, 5); I, 192, 4 (22, 31, 2); I, 558, 17 (60, 10, 1); II, 4, 17 (71, 3, 2)
6, 24 I, 385, 19 (49, 20, 3)
6, 25 cf. III, 90, 8 (123, 14, 3)
*6, 25-26 I, 192, 13 (22, 31, 3)
6, 26 cf. III, 89, 2 (123, 13, 4)
6, 27 cf. III, 90, 6 (123, 14, 3)
6, 28 cf. III, 89, 1 (123, 13, 4)
6, 28-30 cf. I, 192, 18 (22, 31, 4)
6, 31 cf. III, 90, 8 (123, 14, 3)
*6, 33 I, 45, 14 (14, 1, 3)
6, 33 cf. I, 194, 8 (22, 32, 3); cf. III, 88, 24 (123, 13, 4)
*6, 34 I, 486, 6 (55, 1, 1); II, 478, 19 (120, 1, 14)
6, 34 cf. I, 15, 12 (3, 4, 1); III, 90, 9 (123, 14, 3); III, 288, 9 (140, 19, 2)
7, 1 cf. I, 340, 19 (°46, 10, 4)
7, 3 cf. I, 326, 10 (45, 4, 2)
7, 3-5 cf. I, 388, 10 (50, 1, 2); cf. I, 441, 1 (52, 17, 2); cf. I, 678, 8 (68, 2, 2)

7, 4 cf. II, 427, 3 (117, 4, 3)
7, 5 I, 685, 5 (69, 4, 1)
7, 6 cf. II, 124, 19 (84, 3, 6); II, 169, 21 (°96, 11, 2)
7, 7 I, 93, 15 (18 A, 15, 3); cf. I, 464, 4 (53, 10, 2); II, 60, 6 (78, 11, 1)
7, 7-8 cf. III, 224, 22 (°131, 28, 1)
7, 7-9 cf. I, 208, 20 (22, 40, 5)
*7, 12 III, 341, 11 (148, 14, 2); III, 341, 14 (148, 14, 3); III, 342, 5 (148, 15, 2)
7, 12 II, 417, 11 (°116, 28, 2)
*7, 13 III, 337, 2 (148, 10, 1)
7, 13 cf. I, 654, 4 (66, 6, 1); cf. III, 11, 16 (121, 2, 10); III, 252, 15 (133, 7, 4)
*7, 14 I, 179, 12 (22, 25, 3); III, 337, 4 (148, 10, 1)
7, 14 cf. I, 654, 4 (66, 6, 1); cf. III, 11, 14 (121, 2, 10)
7, 15 cf. I, 205, 4 (22, 38, 7); cf. III, 328, 12 (147, 11, 3)
7, 21 III, 331, 4 (148, 2, 3)
7, 22 cf. I, 134, 15 (21, 34, 8)
*7, 23 I, 118, 20 (21, 7, 2)

7, 24	*cf.* III, 13, 8 (121, 2, 15)		1); *cf.* II, 25, 18 (74, 3, 3)
7, 24-25	*cf.* I, 101, 23 (18 B, 4, 3)	*9, 10-13	I, 112, 20 (21, 2, 2)
		*9, 12	III, 317, 8 (147, 3, 3)
7, 24-27	*cf.* III, 334, 14 (148, 7, 1)	*9, 13	III, 65, 16 (122, 3, 6)
		9, 13	*cf.* I, 39, 15 (11, 2)
8, 5-17	*cf.* II, 323, 12 (108, 13, 5)	9, 14	III, 5, 27 (121, 1, 4)
		9, 17	*cf.* I, 609, 18 (64, 19, 2)
*8, 11	II, 1, 8 (71, 1, 1)		
8, 11	*cf.* II, 491, 12 (120, 8, 7)	9, 20	*cf.* II, 2, 13 (71, 1, 4)
		9, 20-22	*cf.* I, 642, 2 (65, 19, 4)
*8, 12	II, 105, 11 (°80, 3, 2)	9, 24	I, 550, 3 (60, 2, 1); II, 435, 17 (118, 1, 3)
8, 12	II, 73, 20 (78, 30, 3)		
8, 20	I, 52, 3 (14, 6, 1); I, 173, 17 (22, 21, 9)	10, 3	*cf.* II, 25, 18 (74, 3, 3)
		10, 4	*cf.* II, 354, 14 (109, 3, 1)
8, 21-22	*cf.* I, 48, 8 (14, 3, 4); *cf.* I, 173, 16 (22, 21, 9); *cf.* I, 292, 23 (38, 5, 1); *cf.* I, 303, 17 (39, 4, 8); *cf.* I, 592, 7 (64, 4, 1)	*10, 5	I, 116, 12 (21, 3, 2); III, 19, 25 (121, 5, 6)
		10, 6	*cf.* I, 116, 9 (21, 3, 2); *cf.* I, 285, 13 (36, 17)
*8, 22	III, 61, 6 (122, 1, 15); III, 204, 3 (°131, 3, 1)	10, 10	*cf.* I, 45, 16 (14, 1, 3); *cf.* I, 170, 2 (22, 19, 6); *cf.* I, 213, 20 (23, 4); *cf.* III, 127, 7 (125, 8, 1)
8, 22	*cf.* I, 639, 9 (65, 16, 5)		
8, 23-27	*cf.* II, 197, 23 (°98, 13, 4); *cf.* II, 205, 17 (°98, 19, 5); *cf.* II, 323, 13 (108, 13, 5)	10, 14	*cf.* I, 89, 11 (18 A, 12, 2); *cf.* I, 262, 2 (34, 3, 1)
		*10, 16	III, 230, 19 (°132, 6, 1)
*8, 25	II, 346, 2 (108, 27, 1); II, 355, 23 (109, 3, 5); III, 18, 2 (121, 4, 8)	10, 16	*cf.* I, 536, 10 (58, 6, 4)
		10, 19-20	II, 496, 17 (120, 9, 10)
8, 31-32	*cf.* III, 215, 19 (°131, 16, 3)	*10, 22	I, 175, 11 (22, 23, 1)
*9, 4	I, 587, 17 (64, 1, 3)	*10, 24	III, 315, 16 (147, 2, 2)
9, 9	*cf.* I, 52, 2 (14, 6, 1); *cf.* I, 116, 1 (21, 3, 2); *cf.* I, 292, 21 (38, 5,	10, 25	*cf.* I, 293, 7 (38, 5, 2); *cf.* III, 315, 15 (147, 2, 2)

10, 26   cf. II, 10, 9 (72, 2, 4)
*10, 27   II, 279, 5 (106, 63, 1)
*10, 28   II, 189, 29 (°98, 5, 2)
10, 30   cf. III, 214, 1 (°131,
           13, 3)
10, 34   cf. I, 148, 15 (22, 4, 2)
*10, 34-36 II, 28, 3 (74, 5, 2)
*10, 37   II, 333, 9 (108, 19, 4)
10, 37   cf. I, 592, 6 (64, 4, 1)
10, 39   cf. III, 14, 15 (121, 3,
           3); cf. III, 40, 1 (121,
           9, 5)
*10, 40   II, 33, 18 (75, 4, 2);
           II, 352, 18 (109, 1, 3)
11, 3   III, 1, 4 (121, cap. 1);
           III, 4, 16 (121, 1, 1);
           III, 5, 12 (121, 1, 2);
           cf. III, 6, 17 (121, 1,
           5)
11, 4-5   cf. III, 5, 21 (121, 1,
           3)
*11, 6   III, 5, 25 (121, 1, 4)
*11, 7-8   III, 6, 10 (121, 1, 5)
11, 8   III, 178, 11 (130, 4, 2)
11, 10   cf. I, 291, 2 (38, 3, 1);
           cf. III, 18, 24 (121, 5,
           3); cf. III, 178, 15
           (130, 4, 2)
11, 11   cf. I, 291, 1 (38, 3, 1);
           cf. II, 323, 2 (108, 13,
           4); cf. III, 7, 5 (121, 1,
           7); cf. III, 178, 16
           (130, 4, 2)
*11, 12   I, 208, 18 (22, 40, 5)
11, 12   cf. I, 552, 2 (60, 3, 4);
           cf. III, 7, 12 (121, 1,
           7)

11, 13   cf. II, 467, 5 (119, 10,
           13); cf. III, 7, 15 (121,
           1, 8)
11, 14   III, 7, 18 (121, 1, 9);
           cf. III, 178, 15 (130,
           4, 2)
*11, 17   II, 465, 25 (119, 10,
           10)
*11, 19   I, 114, 20 (21, 2, 6)
11, 19   cf. I, 434, 12 (52, 11,
           4)
11, 21   cf. III, 323, 10 (147,
           8, 1)
11, 23-24 cf. II, 51, 6 (78, 1, 5)
*11, 28-29 III, 339, 4 (148, 12, 1)
*11, 28-30 III, 355, 7 (148, 31, 1)
*11, 29   III, 164, 21 (129, 1, 6)
11, 29   I, 629, 9 (65, 11, 2);
           II, 35, 4 (76, 1, 2); II,
           87, 6 (79, 1, 1); II,
           108, 9 (82, 1, 1)
11, 30   cf. I, 126, 12 (21, 20)
12, 10-12 cf. I, 115, 1 (21, 2, 6)
*12, 15-21 III, 8, 10 (121, 2, 2)
12, 18   cf. III, 10, 20 (121, 2,
           8); III, 11, 3 (121, 2,
           9)
*12, 19   III, 11, 12 (121, 2, 10)
12, 19   III, 11, 8 (121, 2, 10);
           III, 11, 9 (121, 2, 10)
12, 20   III, 1, 7 (121, cap. 2);
           III, 8, 3 (121, 2, 1);
           III, 11, 19 (121, 2,
           11); III, 12, 9 (121, 2,
           13); cf. III, 12, 18
           (121, 2, 14); cf. III,
           12, 19 (121, 2, 14)
12, 21   III, 13, 5 (121, 2, 15)

*12, 24   II, 333, 23 (108, 19, 6)

12, 24   *cf.* I, 315, 18 (42, 1, 2); *cf.* I, 316, 9 (42, 1, 4)

12, 25-29 *cf.* I, 316, 1 (42, 1, 3)

*12, 28   II, 497, 9 (120, 9, 12)

12, 30   *cf.* I, 46, 11 (14, 2, 2)

12, 32   I, 315, 5 (42, 1, 1)

12, 34   I, 622, 10 (65, 5, 2)

12, 35   *cf.* I, 622, 12 (65, 5, 2)

12, 36   *cf.* I, 58, 13 (14, 9, 2); *cf.* I, 563, 17 (60, 12, 1); *cf.* I, 592, 22 (64, 5, 1); *cf.* I, 694, 23 (69, 8, 3); *cf.* II, 31, 10 (75, 2, 1); *cf.* III, 186, 24 (130, 7, 14)

*12, 41   III, 65, 13 (122, 3, 6)

12, 42   *cf.* I, 145, 11 (22, 1, 5); *cf.* III, 3, 10 (121, praef. 2)

12, 46   *cf.* I, 132, 1 (21, 32)

12, 49   I, 204, 7 (22, 38, 5)

*12, 50   I, 49, 1 (14, 3, 6); II, 4, 1 (71, 2, 3); III, 126, 10 (125, 7, 5)

12, 50   *cf.* II, 475, 4 (120, 1, 4)

*13, 3   III, 245, 7 (133, 3, 2)

13, 4   *cf.* II, 71, 2 (78, 26, 2)

13, 8   *cf.* I, 163, 8 (22, 15, 2); *cf.* I, 168, 13 (22, 19, 2); *cf.* I, 353, 15 (49, 2, 7); *cf.* III, 82, 4 (123, 8, 3); *cf.* III, 185, 27 (130, 7, 12)

13, 9   I, 620, 14 (65, 4, 1)

13, 10-16 *cf.* I, 370, 15 (49, 13, 6); *cf.* I, 539, 1 (58, 9, 2)

13, 10-17 *cf.* III, 245, 5 (133, 3, 2)

*13, 11   III, 245, 9 (133, 3, 2)

13, 14-15 *cf.* I, 96, 5 (18 A, 16, 1)

13, 23   *cf.* I, 648, 13 (66, 2, 1); *cf.* III, 186, 1 (130, 7, 12)

13, 24-30 *cf.* I, 386, 9 (49, 21, 1)

13, 25   *cf.* I, 248, 14 (30, 14, 1); *cf.* III, 186, 1 (130, 7, 12)

13, 31   *cf.* I, 484, 20 (54, 17, 3)

13, 31-32 *cf.* II, 91, 1 (79, 3, 2)

*13, 33   II, 61, 6 (78, 12, 2)

13, 33   *cf.* I, 484, 20 (54, 17, 3)

13, 35   *cf.* II, 49, 12 (78, 1, 1)

13, 39   *cf.* I, 120, 10 (21, 11, 1)

13, 46   *cf.* I, 37, 17 (10, 3, 2); *cf.* I, 63, 4 (15, 1, 2)

13, 48   *cf.* I, 543, 12 (59, 2, 2)

14, 1-11 *cf.* III, 7, 22 (121, 1, 9)

14, 13   *cf.* II, 51, 7 (78, 1, 5)

14, 14-21 *cf.* I, 618, 8 (65, 1, 6)

14, 15-21 *cf.* I, 344, 7 (°46, 13, 3); *cf.* II, 323, 14 (108, 13, 5)

14, 19-21 *cf.* II, 197, 20 (°98, 13, 4)

14, 25   cf. II, 342, 18 (108, 24, 3); cf. III, 277, 24 (140, 8, 2)

14, 29   cf. II, 342, 20 (108, 24, 3)

*14, 31   II, 342, 25 (108, 24, 3)

*14, 33   II, 160, 27 (°96, 3, 2)

*15, 3-6   III, 48, 6 (121, 10, 18)

15, 6   III, 48, 13 (121, 10, 19)

*15, 8   III, 48, 2 (121, 10, 18)

15, 8   III, 331, 16 (148, 3, 1)

*15, 9   III, 48, 4 (121, 10, 18)

*15, 11   III, 47, 21 (121, 10, 18)

15, 13   II, 193, 16 (°98, 8, 3)

15, 14   cf. I, 30, 5 (7, 5); cf. II, 153, 18 (°92, 5, 1); cf. II, 186, 19 (°98, 2, 4); cf. III, 248, 11 (133, 4, 3)

*15, 19   I, 587, 16 (64, 1, 3)

15, 19   II, 98, 8 (79, 9, 3)

15, 21-28   cf. I, 68, 3 (16, 1, 1)

*15, 22   III, 71, 1 (122, 4, 5)

*15, 24   III, 19, 24 (121, 5, 6)

15, 24   cf. I, 116, 9 (21, 3, 2); cf. I, 285, 13 (36, 17); cf. I, 315, 14 (42, 1, 1); II, 317, 15 (108, 10, 4)

*15, 26   I, 116, 11 (21, 3, 2)

15, 26   cf. I, 285, 14 (36, 17); cf. I, 536, 17 (58, 6, 4)

15, 27   cf. I, 39, 14 (11, 2)

15, 32-38   cf. I, 344, 7 (°46, 13, 3)

16, 11   II, 54, 24 (78, 4, 2)

16, 18   cf. I, 64, 1 (15, 2, 1); cf. I, 312, 18 (41, 2); cf. II, 315, 20 (108, 9, 3)

16, 19   cf. I, 55, 5 (14, 8, 1); cf. III, 347, 11 (148, 21, 2)

16, 21   cf. III, 14, 6 (121, 3, 2)

*16, 21-23   III, 13, 23 (121, 3, 2)

16, 22-23   cf. I, 48, 10 (14, 3, 4)

16, 23   cf. I, 292, 16 (38, 4, 4)

*16, 24   I, 173, 14 (22, 21, 8); II, 332, 15 (108, 19, 2); III, 2, 2 (121, cap. 3); III, 13, 14 (121, 3, 1)

16, 24   cf. I, 15, 11 (3, 4, 1); cf. III, 13, 20 (121, 3, 1); cf. III, 13, 21 (121, 3, 1); cf. III, 14, 9 (121, 3, 3)

*16, 25   II, 332, 17 (108, 19, 2)

*16, 26   II, 332, 20 (108, 19, 3)

16, 27   cf. III, 20, 21 (121, 5, 9)

16, 28   cf. II, 448, 2 (119, 2, 3)

17, 1-9   cf. II, 323, 16 (108, 13, 6)

17, 4   cf. I, 344, 5 (°46, 13, 3)

*17, 5   I, 621, 8 (65, 4, 4)

17, 17   cf. I, 400, 6 (°51, 3, 3)

17, 22   III, 14, 6 (121, 3, 2)

17, 24-27   *cf.* I, 92, 2 (18 A, 14, 3)

18, 3   *cf.* I, 41, 4 (12, 1)

18, 7   II, 361, 17 (°110, 6, 2)

18, 8   *cf.* I, 88, 12 (18 A, 11, 3)

18, 10   *cf.* II, 31, 3 (75, 1, 4)

18, 12-14   *cf.* I, 117, 6 (21, 4, 2)

18, 15   *cf.* II, 364, 17 (°110, 9, 3)

18, 15-17   *cf.* III, 140, 15 (125, 19, 6)

18, 20   *cf.* II, 472, 25 (120, praef. 2)

*18, 21-22   I, 274, 15 (36, 8)

18, 21-22   *cf.* III, 66, 19 (122, 3, 9)

19, 6   *cf.* I, 355, 18 (49, 4, 2)

19, 9   *cf.* I, 355, 11 (49, 4, 1); *cf.* II, 39, 6 (77, 3, 2)

*19, 10   I, 493, 18 (55, 4, 5)

*19, 11   I, 168, 14 (22, 19, 2)

19, 12   *cf.* I, 53, 7 (14, 6, 4); *cf.* I, 377, 21 (49, 15, 7); I, 493, 20 (55, 4, 5); *cf.* I, 493, 21 (55, 4, 5); I, 656, 10 (66, 8, 1); *cf.* II, 92, 14 (79, 5, 1); II, 477, 22 (120, 1, 11)

*19, 16   III, 193, 14 (130, 14, 1)

*19, 16-21   II, 473, 20 (120, 1, 1)

19, 16-22   *cf.* III, 331, 1 (148, 2, 2)

*19, 17   III, 332, 16 (148, 4, 2)

*19, 21   I, 53, 4 (14, 6, 4); I, 529, 1 (58, 2, 1); I, 558, 15 (60, 10, 1); I, 656, 5 (66, 8, 1); II, 91, 13 (79, 4, 1); II, 439, 14 (118, 4, 2); II, 439, 20 (118, 4, 3); III, 193, 15 (130, 14, 1); III, 193, 22 (130, 14, 2); III, 193, 27 (130, 14, 3)

19, 21   *cf.* II, 474, 10 (120, 1, 2); *cf.* II, 477, 25 (120, 1, 12); *cf.* III, 122, 9 (125, 4); *cf.* III, 142, 7 (125, 20, 5); III, 193, 26 (130, 14, 3); III, 194, 1 (130, 14, 3); *cf.* III, 307, 11 (145, 4)

19, 22   *cf.* III, 307, 10 (145, 4)

*19, 23-24   II, 90, 11 (78, 3, 1)

19, 23-24   *cf.* II, 439, 18 (118, 4, 3)

*19, 24   II, 476, 14 (120, 1, 8)

19, 24   *cf.* III, 91, 5 (123, 14, 5); *cf.* III, 307, 6 (145, 4)

19, 27   *cf.* II, 443, 4 (118, 5, 6); *cf.* II, 477, 9 (120, 1, 10)

19, 27-29   *cf.* II, 308, 16 (108, 3, 2)

*19, 28   II, 4, 23 (71, 3, 3)

19, 28   *cf.* I, 69, 19 (16, 2, 3); *cf.* II, 443, 6 (118, 5, 6)

*19, 29   II, 477, 11 (120, 1,
           10)
19, 30   cf. III, 128, 15 (125,
           9, 3)
20, 1-16   cf. I, 117, 7 (21, 4, 2);
           cf. I, 130, 20 (21, 28,
           3); cf. I, 140, 4 (21,
           40, 4); cf. II, 463, 6
           (119, 10, 2)
20, 6-7   I, 140, 8 (21, 40, 4)
*20, 11-12 I, 140, 16 (21, 40, 5)
*20, 15   I, 141, 5 (21, 40, 6); I,
           679, 1 (69, 1, 1)
20, 15   cf. I, 40, 14 (11, 4);
           cf. II, 49, 3 (77, 12)
*20, 16   I, 175, 12 (22, 23, 1)
20, 19   III, 14, 6 (121, 3, 2)
20, 20-28 cf. I, 139, 2 (21, 40, 1)
*20, 25-28 I, 139, 5 (21, 40, 1)
20, 28   I, 662, 15 (66, 12, 1)
*20, 30   III, 325, 7 (147, 9, 2)
20, 30-34 cf. II, 321, 8 (108, 12,
           3); cf. III, 325, 4 (147,
           9, 2)
21, 1-7   cf. I, 177, 6 (22, 24, 3)
21, 1-9   cf. I, 210, 5 (22, 41,
           3); cf. I, 226, 8 (27, 3,
           3)
21, 1-11   cf. II, 320, 16 (108,
           12, 2)
*21, 9   I, 105, 8 (20, 2, 1); I,
           110, 5 (20, 5, 4); I,
           210, 9 (22, 41, 3)
21, 9   I, 103, 12 (°19); I,
           108, 11 (20, 4, 3)
21, 12   cf. I, 177, 16 (22, 24,
           4)

21, 12-13 cf. I, 177, 13 (22, 24,
           4); cf. III, 141, 19
           (125, 20, 4)
21, 13   cf. I, 177, 15 (22, 24,
           4)
*21, 15-16 I, 108, 6 (20, 4, 2); I,
           108, 7 (20, 4, 2)
*21, 16   I, 108, 8 (20, 4, 2)
21, 23-41 cf. I, 117, 7 (21, 4, 2)
21, 33-39 cf. I, 315, 12 (42, 1, 1)
21, 42   II, 227, 19 (°100, 13,
           3)
22, 2-14   cf. I, 117, 8 (21, 4, 2)
22, 4   cf. II, 172, 28 (°96,
           14, 1)
22, 9-14   cf. I, 138, 15 (21, 39,
           4)
22, 11-12 cf. I, 127, 17 (21, 23)
22, 11-14 cf. II, 217, 10 (°100,
           4, 2)
*22, 12   I, 56, 19 (14, 8, 6)
*22, 13   I, 57, 2 (14, 8, 6)
22, 13   cf. III, 186, 21 (130,
           7, 14)
*22, 14   I, 175, 12 (22, 23, 1)
*22, 29-30 II, 341, 9 (108, 23, 6)
*22, 30   II, 31, 19 (75, 2, 3)
22, 30   cf. I, 380, 22 (49, 17,
           6); cf. II, 341, 22
           (108, 23, 7)
22, 32   cf. II, 510, 8 (120, 11,
           12); III, 163, 13 (129,
           1, 3)
22, 39   cf. II, 417, 9 (°116,
           28, 2)
*22, 40   III, 237, 13 (°132, 16,
           1)
23, 3   III, 349, 2 (148, 22, 3)

23, 5   *cf.* I, 436, 14 (52, 13, 2); *cf.* III, 340, 14 (148, 13, 2)

*23, 8   III, 210, 4 (°131, 9, 2); III, 303, 5 (°144, 15, 3)

*23, 9   *cf.* II, 161, 12 (°96, 3, 3)

*23, 10   II, 161, 12 (°96, 3, 3); III, 210, 4 (°131, 9, 2); III, 303, 5 (°144, 15, 3)

23, 23-24   *cf.* I, 685, 7 (69, 4, 1)

*23, 27   II, 65, 10 (78, 15, 4); II, 491, 18 (120, 8, 8)

23, 27   *cf.* I, 528, 17 (58, 1, 4); *cf.* II, 328, 20 (108, 17, 2)

23, 32   *cf.* II, 467, 4 (119, 10, 13)

23, 33   *cf.* II, 183, 4 (97, 2, 1)

23, 37   *cf.* I, 329, 9 (°46, 1, 2); *cf.* I, 529, 18 (58, 2, 3)

*23, 37-38   I, 333, 9 (°46, 4, 1)

23, 37-38   *cf.* I, 334, 7 (°46, 5, 1)

23, 37-39   *cf.* I, 293, 12 (39, 1, 1)

*23, 38   III, 45, 3 (121, 10, 10)

23, 38   I, 177, 19 (22, 24, 4); I, 333, 7 (°46, 4, 1); I, 530, 21 (58, 3, 2)

*24, 12   II, 361, 18 (°110, 6, 2)

24, 12   I, 420, 17 (52, 4, 2); *cf.* III, 154, 2 (127, 11, 1)

*24, 13   I, 175, 11 (22, 23, 1)

24, 14   *cf.* III, 15, 12 (121, 4, 1)

24, 15   III, 15, 14 (121, 4, 1); *cf.* III, 15, 22 (121, 4, 2); *cf.* III, 16, 26 (121, 4, 5)

24, 15-17   III, 52, 3 (121, 11, 4)

24, 16   *cf.* III, 16, 8 (121, 4, 4)

24, 16-18   *cf.* III, 15, 16 (121, 4, 1)

24, 17   *cf.* II, 2, 15 (71, 1, 4)

24, 17-18   *cf.* I, 144, 12 (22, 1, 2); *cf.* II, 440, 7 (118, 4, 4); *cf.* III, 306, 17 (145, 3)

24, 18   *cf.* II, 2, 16 (71, 1, 4)

*24, 19   III, 91, 19 (123, 15, 1)

24, 19   III, 2, 5 (121, cap. 4); III, 15, 10 (121, 4, 1); III, 15, 20 (121, 4, 2)

*24, 20   III, 2, 6 (121, cap. 4); III, 15, 10 (121, 4, 1)

*24, 23-27   III, 52, 8 (121, 11, 5)

24, 24   *cf.* III, 55, 9 (121, 11, 15)

*24, 28   I, 340, 8 (°46, 10, 2)

24, 28   *cf.* I, 63, 5 (15, 1, 2)

*24, 30-31   III, 52, 18 (121, 11, 6)

24, 35   *cf.* I, 531, 1 (58, 3, 2)

24, 37-39   *cf.* II, 459, 19 (119, 8, 3)

24, 38   *cf.* III, 85, 15 (123, 12, 1)

*24, 42 (43)   II, 456, 25 (119, 7, 8)

24, 46   *cf.* I, 61, 2 (14, 11, 1)

25, 1-12   *cf.* I, 30, 11 (7, 6, 1);
cf. I, 150, 12 (22, 5,
3); *cf.* I, 322, 8 (44,
2); *cf.* III, 191, 22
(130, 11, 3)

25, 1-13   *cf.* I, 481, 1 (54, 13,
6); *cf.* III, 141, 2 (125,
20, 1)

*25, 6   II, 459, 25 (119, 8, 4)

25, 10-12   *cf.* I, 180, 4 (22, 25,
4); *cf.* I, 181, 6 (22,
26, 2)

25, 23   II, 231, 12 (°100, 16,
4)

25, 31-46   *cf.* I, 284, 4 (36, 16, 3)

25, 33   *cf.* I, 135, 22 (21, 35,
3); *cf.* I, 180, 17 (22,
25, 6); *cf.* I, 543, 5
(59, 2, 1)

*25, 34   II, 164, 16 (°96, 6, 3);
III, 355, 5 (148, 31, 1)

25, 35   *cf.* I, 19, 10 (4, 1, 2)

25, 35-45   *cf.* I, 478, 22 (54, 12,
2)

25, 36   *cf.* I, 19, 10 (4, 1, 2)

25, 40   *cf.* I, 19, 10 (4, 1, 2)

*25, 41   III, 355, 13 (148, 31,
2)

25, 41   *cf.* II, 105, 10 (°80, 3,
2); *cf.* II, 156, 1 (93,
2); *cf.* II, 229, 7
(°100, 15, 1)

26, 6   *cf.* II, 3, 8 (71, 2, 2);
cf. II, 25, 16 (74, 3, 3)

26, 14-16   *cf.* I, 536, 1 (58, 6, 3)

26, 15   *cf.* I, 51, 4 (14, 5, 3);
cf. I, 195, 15 (22, 33,
1)

*26, 17   II, 217, 4 (°100, 4, 2)

*26, 26   II, 169, 13 (°96, 11,
1)

26, 26   *cf.* I, 374, 17 (49, 14,
10); II, 479, 18 (120,
2, 1); III, 359, 16
(149, 3, 3)

26, 26-28   *cf.* III, 359, 8 (149, 3,
2)

*26, 27-28   II, 169, 14 (°96, 11,
1)

26, 27-28   II, 479, 20 (120, 2, 1)

*26, 29   II, 470, 5 (120, cap.
2); II, 479, 10 (120, 2,
1)

*26, 31   I, 514, 8 (57, 7, 5)

26, 34   *cf.* I, 317, 4 (42, 2, 3)

26, 36-46   *cf.* II, 355, 11 (109, 3,
4)

*26, 40-41   II, 355, 6 (109, 3, 3)

*26, 41   II, 192, 20 (°98, 7, 3);
III, 256, 8 (133, 9, 5)

26, 46   *cf.* I, 528, 12 (58, 1, 3)

26, 48-49   *cf.* II, 109, 22 (82, 3,
1); *cf.* III, 119, 5 (125,
1, 1)

26, 48-50   *cf.* I, 41, 8 (12, 1)

26, 49   *cf.* I, 575, 10 (61, 1, 1)

*26, 52   III, 86, 14 (123, 12, 3)

26, 65   *cf.* I, 591, 12 (64, 3, 1)

26, 69-74   *cf.* I, 316, 23 (42, 2, 2)

26, 69-75   *cf.* I, 40, 10 (11, 4);
cf. I, 289, 14 (38, 1);
cf. II, 40, 18 (77, 4,
2); *cf.* II, 400, 8
(°116, 5, 1); *cf.* II,
497, 11 (120, 9, 12)

*26, 72   I, 317, 2 (42, 2, 3)

26, 75   *cf.* I, 317, 6 (42, 2, 3); *cf.* III, 60, 20 (122, 1, 13); *cf.* III, 189, 3 (130, 9, 2)

c. 27   *cf.* I, 616, 11 (65, 1, 2)

27, 5   *cf.* I, 528, 14 (58, 1, 3)

27, 6   *cf.* II, 349, 3 (108, 30, 2)

*27, 9-10   I, 512, 16 (57, 7, 2)

*27, 24   II, 26, 12 (74, 4, 3)

27, 25   III, 174, 22 (129, 7, 4)

27, 26   *cf.* II, 315, 22 (108, 9, 4)

27, 28-29   *cf.* I, 61, 12 (14, 11, 2)

27, 29   *cf.* I, 619, 3 (65, 2, 1)

27, 32   *cf.* III, 15, 5-8 (121, 3, 5)

27, 35   *cf.* I, 170, 4 (22, 19, 6)

27, 38-40   *cf.* I, 545, 15 (59, 4, 3)

*27, 40   II, 164, 6 (°96, 6, 2)

27, 44   *cf.* I, 545, 15 (59, 4, 3)

27, 45-53   *cf.* II, 497, 23 (120, 9, 14)

27, 46   I, 522, 8 (57, 10, 4)

*27, 50-53   II, 489, 10 (120, 8, 1)

27, 51   *cf.* I, 59, 3 (14, 9, 3); *cf.* I, 86, 11 (18 A, 9, 2); *cf.* I, 177, 18 (22, 24, 4); *cf.* I, 333, 14 (°46, 4, 1); II, 490, 3 (120, 8, 3); II, 490, 4 (120, 8, 3); II, 490, 17 (120, 8, 5); II, 490, 19 (120, 8, 5); II, 491, 13 (120, 8, 7)

*27, 51-53   I, 337, 24 (°46, 7, 5)

27, 52   II, 490, 6 (120, 8, 3)

*27, 52-53   II, 490, 7 (120, 8, 3)

27, 52-53   *cf.* I, 551, 18 (60, 3, 3); II, 471, 14 (120, cap. 8)

*27, 54   II, 26, 14 (74, 4, 3); II, 489, 23 (120, 8, 2)

27, 55   *cf.* I, 618, 7 (65, 1, 5); *cf.* III, 149, 19 (127, 5, 3)

27, 56   *cf.* I, 616, 12 (65, 1, 2); *cf.* II, 483, 15 (120, 4, 5)

27, 60   *cf.* I, 334, 21 (°46, 5, 3); *cf.* I, 386, 5 (49, 21, 1)

c. 28   *cf.* II, 471, 10 (120, cap. 7)

28, 1   *cf.* I, 616, 13 (65, 1, 2); *cf.* II, 470, 10 (120, cap. 3); *cf.* II, 471, 1 (120, cap. 4); *cf.* II, 471, 4 (120, cap. 5); *cf.* II, 481, 5 (120, 3, 1); *cf.* II, 482, 1 (120, 4, 1); *cf.* II, 482, 11 (120, 4, 2)

*28, 1-4   II, 487, 10 (120, 6, 1)

28, 2   *cf.* II, 315, 8 (108, 9, 2)

*28, 9   II, 487, 2 (120, 5, 10)

28, 9   *cf.* I, 544, 18 (59, 4, 1); *cf.* II, 471, 1 (120, cap. 4); *cf.* II, 471, 4 (120, cap. 5); *cf.* II, 483, 25 (120, 5, 1)

28, 9-10   *cf.* II, 483, 5 (120, 4, 4)

*28, 10   II, 487, 5 (120, 5, 10)

28, 10   *cf.* II, 488, 12 (120, 7, 1)

28, 13   *cf.* I, 62, 1 (14, 11, 2)

28, 19   I, 333, 22 (°46, 4, 3); *cf.* I, 691, 5 (69, 6, 7)

28, 20   I, 118, 17 (21, 7, 2)

Marc.

*1, 1-3   I, 518, 10 (57, 9, 2)

1, 6   *cf.* II, 293, 16 (107, 3, 3); *cf.* III, 6, 20 (121, 1, 6); *cf.* III, 7, 21 (121, 1, 9)

1, 12   *cf.* II, 162, 6 (°96, 4, 1)

1, 17   *cf.* II, 2, 2 (71, 1, 2)

*1, 44   II, 410, 3 (°116, 18, 4)

2, 3-12   *cf.* III, 70, 19 (122, 4, 4)

2, 15-17   *cf.* I, 113, 6 (21, 2, 3)

*2, 25-26   I, 519, 4 (57, 9, 4)

2, 27   *cf.* I, 433, 5 (52, 10, 3)

3, 17   *cf.* III, 309, 22 (146, 1, 5)

3, 18   *cf.* II, 354, 14 (109, 3, 1)

4, 10-12   *cf.* III, 245, 5 (133, 3, 2)

4, 11   *cf.* III, 11, 18 (121, 2, 11)

5, 12-13   III, 215, 19 (°131, 16, 3)

5, 35-43   *cf.* II, 342, 14 (108, 24, 2)

5, 39   *cf.* I, 307, 2 (39, 6, 4)

5, 40-42   *cf.* I, 290, 7 (38, 2, 1)

*5, 41   I, 512, 10 (57, 7, 1)

6, 48   *cf.* III, 277, 24 (140, 8, 2)

7, 10-13   *cf.* III, 78, 7 (123, 5, 7)

7, 11   *cf.* II, 349, 3 (108, 30, 2); *cf.* III, 78, 13 (123, 5, 8)

*7, 15   III, 47, 21 (121, 10, 18)

*8, 33   I, 292, 16 (38, 4, 4)

*8, 34   III, 14, 9 (121, 3, 3)

8, 38   *cf.* II, 42, 10 (77, 5, 1)

9, 43   II, 105, 12 (°80, 3, 2)

9, 45   II, 105, 12 (°80, 3, 2)

9, 47   II, 105, 12 (°80, 3, 2)

*9, 48   II, 105, 12 (°80, 3, 2)

9, 49 (50)   III, 119, 11 (125, 1, 3)

*10, 18   III, 27, 24 (121, 7, 2)

*10, 21   II, 439, 14 (118, 4, 2); II, 439, 20 (118, 4, 3)

*10, 23   II, 476, 11 (120, 1, 7)

*10, 28   II, 474, 9 (120, 1, 2)

10, 50   *cf.* III, 325, 9 (147, 9, 3)

*11, 9-10   I, 105, 11 (20, 2, 2)

12, 7   III, 175, 1 (129, 7, 4)

*12, 25   II, 31, 19 (75, 2, 3)

12, 41-44   *cf.* I, 92, 1 (18 A, 14, 3); *cf.* II, 4, 21 (71, 3, 3); *cf.* III, 307, 16 (145, 5)

12, 42   *cf.* I, 484, 22 (54, 17, 3)

12, 42-44   *cf.* I, 465, 7 (53, 11, 3); *cf.* II, 442, 4 (118, 5, 3)

13, 15-16   *cf.* II, 440, 7 (118, 4, 4)

13, 33   *I, 355, 26 (148, 31, 3)

14, 15   *cf.* II, 480, 5 (120, 2, 2)

14, 34   *cf.* II, 200, 23 (°98, 16, 3)

14, 51-52   *cf.* I, 592, 16 (64, 4, 2); *cf.* II, 4, 7 (71, 3, 1)

15, 21   *cf.* III, 15, 5-8 (121, 3, 5)

15, 27-30   *cf.* I, 545, 15 (59, 4, 3)

15, 32   *cf.* I, 545, 15 (59, 4, 3)

15, 40   *cf.* II, 483, 15 (120, 4, 5)

15, 43   *cf.* II, 314, 1 (108, 8, 2)

15, 46   *cf.* II, 327, 9 (108, 15, 6)

c. 16   *cf.* II, 471, 10 (120, cap. 7)

16, 1   *cf.* I, 616, 12 (65, 1, 2)

16, 1-2   *cf.* II, 470, 11 (120, cap. 3)

16, 3-5   *cf.* II, 315, 8 (108, 9, 2)

16, 7   *cf.* II, 488, 12 (120, 7, 1)

*16, 9   II, 481, 20 (120, 3, 3)

16, 9   *cf.* I, 41, 10 (12, 1); *cf.* I, 545, 1 (59, 4, 2); *cf.* III, 149, 22 (127, 5, 3)

*16, 9-11   II, 481, 7 (120, 3, 1)

Luc.

c. 1   *cf.* III, 125, 4 (125, 7, 2)

1, 2   II, 194, 8 (°98, 10, 1)

1, 3   *cf.* II, 182, 15 (97, 1, 2)

*1, 6   III, 35, 14 (121, 8, 18)

1, 6   *cf.* III, 35, 23 (121, 8, 19); *cf.* III, 68, 19 (122, 3, 14)

1, 13-17   *cf.* II, 500, 17 (120, 10, 1)

1, 15   *cf.* II, 219, 16 (°100, 6, 3)

1, 20   *cf.* III, 68, 19 (122, 3, 14)

1, 20-22   *cf.* III, 260, 2 (133, 13, 2)

1, 26-29   *cf.* II, 298, 13 (107, 7, 2)

1, 28   I, 203, 16 (22, 38, 3); *cf.* I, 626, 10 (65, 9, 3)

*1, 32-33   I, 631, 20 (65, 13, 3); II, 155, 26 (93, 2)

1, 33   II, 165, 11 (°96, 7, 2)

*1, 35   I, 633, 12 (65, 13, 7)

1, 39   *cf.* I, 331, 4 (°46, 2, 3)

1, 41   *cf.* I, 215, 7 (24, 2); *cf.* III, 178, 16 (130, 4, 2)

1, 41-44   *cf.* II, 293, 9 (107, 3, 2)

1, 41-45   *cf.* I, 618, 5 (65, 1, 5); *cf.* III, 8, 1 (121, 1, 9); *cf.* III, 106, 27 (124, 8, 6)

1, 79   *cf.* III, 325, 5 (147, 9, 2)

1, 80   *cf.* II, 293, 13 (107, 3, 3); *cf.* III, 125, 6 (125, 7, 2)

2, 7	*cf.* I, 665, 4 (66, 14, 1); *cf.* II, 316, 13 (108, 10, 2); *cf.* II, 318, 6 (108, 10, 7); *cf.* II, 325, 9 (108, 14, 4); *cf.* II, 351, 1 (108, 33, 3)
2, 7-20	*cf.* II, 316, 7 (108, 10, 2)
2, 8	*cf.* I, 343, 17 (°46, 13, 2)
2, 8-20	*cf.* II, 316, 15 (108, 10, 2)
2, 12	*cf.* I, 114, 5 (21, 2, 5)
*2, 13-14	III, 45, 25 (121, 10, 13)
*2, 14	II, 30, 19 (75, 1, 3); II, 318, 12 (108, 10, 8)
*2, 34	II, 509, 21 (120, 11, 11); III, 67, 18 (122, 3, 11)
2, 34	II, 65, 25 (78, 16, 2)
2, 36	*cf.* I, 210, 2 (22, 41, 3); I, 483, 7 (54, 16, 1); *cf.* I, 485, 10 (54, 18, 2)
*2, 36-37	III, 146, 17 (127, 2, 2)
2, 36-37	*cf.* I, 30, 12 (7, 6, 2); *cf.* II, 100, 24 (79, 11, 3); *cf.* III, 178, 17 (130, 4, 2)
2, 36-38	*cf.* I, 307, 18 (39, 7, 2); *cf.* I, 618, 5 (65, 1, 5); *cf.* III, 73, 5 (123, 1, 2)
2, 37	*cf.* I, 483, 11 (54, 16, 1)
2, 38	*cf.* I, 485, 11 (54, 18, 2); *cf.* II, 101, 3 (79, 11, 3)
2, 42-48	*cf.* I, 449, 6 (53, 3, 7)
2, 44-47	*cf.* II, 298, 10 (107, 7, 1)
2, 47-48	*cf.* I, 449, 1 (53, 3, 7)
2, 51	*cf.* I, 114, 5 (21, 2, 5); *cf.* I, 165, 2 (22, 17, 1); *cf.* II, 425, 1 (117, 2, 2); *cf.* III, 192, 1 (130, 12, 1)
*2, 52	I, 625, 23 (65, 9, 1)
2, 52	*cf.* II, 298, 7 (107, 7, 1)
3, 5-6	II, 465, 14 (119, 10, 9)
*3, 11	II, 327, 3 (108, 15, 6); II, 478, 13 (120, 1, 13)
3, 17	*cf.* III, 69, 6 (122, 3, 15)
*3, 22	II, 162, 6 (°96, 4, 1); II, 188, 17 (°98, 4, 3)
3, 23	*cf.* II, 115, 4 (82, 8, 2)
3, 23-38	*cf.* I, 272, 15 (36, 5, 1)
3, 32-33	*cf.* I, 278, 5 (36, 11, 4)
4, 16	*cf.* II, 323, 12 (108, 13, 5)
*4, 22	I, 625, 25 (65, 9, 1)
4, 23	*cf.* II, 323, 12 (108, 13, 5)
4, 24	*cf.* I, 54, 7 (14, 7, 1)
4, 31-41	*cf.* II, 323, 12 (108, 13, 5)
*4, 32	I, 626, 1 (65, 9, 1)
*5, 31	I, 39, 15 (11, 3)
6, 1	*cf.* I, 429, 5 (52, 8, 2)

6, 13   *cf.* II, 58, 11 (78, 8, 3)
6, 15   *cf.* II, 354, 14 (109, 3,
            1)
6, 21   *cf.* II, 338, 17 (108,
            22, 1); *cf.* II, 338, 19
            (108, 22, 2)
*6, 27   II, 132, 6 (84, 9, 4)
6, 28   *cf.* II, 476, 3 (120, 1,
            6)
*6, 29   III, 20, 23 (121, 5, 9)
6, 29   *cf.* II, 329, 22 (108,
            18, 3)
*6, 30   I, 478, 21 (54, 12, 2)
6, 35   *cf.* III, 342, 12 (148,
            15, 3)
*6, 37   III, 21, 28 (121, 6, 5)
*6, 37-38   III, 239, 17 (°132, 19,
            3)
6, 39   *cf.* II, 186, 19 (°98, 2,
            4); *cf.* III, 248, 11
            (133, 4, 3)
6, 41   *cf.* II, 427, 3 (117, 4,
            3)
6, 44   *cf.* I, 527, 4 (58, 1, 1)
*6, 45   I, 527, 3 (58, 1, 1)
6, 45   I, 622, 10 (65, 5, 2);
            cf. I, 622, 12 (65, 5, 2)
6, 46   III, 331, 14 (148, 3, 1)
7, 9   II, 89, 24 (79, 2, 5)
7, 11-17   *cf.* I, 344, 9 (°46, 13,
            3); *cf.* II, 323, 20
            (108, 13, 6)
7, 12-15   *cf.* II, 435, 16 (118, 1,
            3)
7, 24   *cf.* II, 465, 23 (119,
            10, 10)
7, 27   *cf.* II, 341, 20 (108,
            23, 7)

7, 28   *cf.* II, 323, 2 (108, 13,
            4)
*7, 29   I, 116, 4 (21, 3, 2)
*7, 32   II, 465, 25 (119, 10,
            10)
7, 37-38   *cf.* III, 66, 21 (122, 3,
            9)
7, 37-50   *cf.* I, 473, 1 (54, 7, 1);
            cf. II, 3, 6 (71, 2, 2);
            cf. II, 25, 8 (74, 3, 2)
7, 38   *cf.* I, 39, 13 (11, 2);
            cf. I, 153, 12 (22, 7, 3)
7, 41   *cf.* I, 275, 7 (36, 9, 1)
7, 41-42   *cf.* II, 63, 16 (78, 14,
            3); *cf.* III, 26, 6 (121,
            6, 19)
7, 47   *cf.* I, 40, 11 (11, 4);
            cf. I, 472, 21 (54, 6,
            5); *cf.* II, 49, 6 (77,
            12); *cf.* III, 66, 20
            (122, 3, 9)
*7, 48   III, 66, 23 (122, 3, 9)
8, 7   *cf.* II, 86, 14 (78, 43,
            8)
8, 8   I, 539, 2 (58, 9, 2)
8, 9-10   *cf.* III, 245, 5 (133, 3,
            2)
8, 11   *cf.* II, 86, 14 (78, 43,
            8)
8, 14   *cf.* II, 86, 14 (78, 43,
            8)
*8, 17   II, 10, 9 (72, 2, 4)
*8, 21   II, 475, 4 (120, 1, 4)
8, 21   *cf.* I, 49, 1 (14, 3, 6);
            II, 4, 1 (71, 2, 3); III,
            126, 10 (125, 7, 5)

*8, 24   II, 346, 2 (108, 27, 1); II, 355, 23 (109, 3, 5); III, 18, 2 (121, 4, 8)

8, 32-33   cf. III, 215, 19 (°131, 16, 3)

*8, 45   II, 28, 2 (74, 5, 2)

8, 52   I, 307, 2 (39, 6, 4)

*9, 23   III, 14, 11 (121, 3, 3)

9, 23   cf. III, 14, 16 (121, 3, 3); cf. III, 127, 7 (125, 8, 1)

*9, 24   II, 332, 18 (108, 19, 2)

9, 26   cf. II, 42, 10 (77, 5, 1)

*9, 35   III, 20, 3 (121, 5, 7)

9, 51   cf. III, 18, 13 (121, 5, 1)

*9, 52   III, 18, 22 (121, 5, 3)

*9, 52-53   III, 18, 25 (121, 5, 4)

*9, 53   III, 2, 9 (121, cap. 5); III, 18, 5 (121, 5, 1)

*9, 54   III, 20, 10 (121, 5, 7)

9, 54   III, 20, 11 (121, 5, 7)

9, 55-56   cf. III, 20, 19 (121, 5, 9)

9, 59-60   cf. I, 303, 17 (39, 4, 8)

*9, 60   I, 467, 13 (54, 2, 2); III, 61, 6 (122, 1, 15); III, 204, 3 (°131, 3, 1)

9, 60   I, 49, 4 (14, 3, 6)

9, 61-62   cf. I, 292, 22 (38, 5, 1); cf. I, 303, 16 (39, 4, 8)

9, 62   cf. I, 144, 11 (22, 1, 2); cf. II, 2, 12 (71, 1, 4); cf. II, 440, 6 (118, 4, 4); cf. III, 120, 9 (125, 2, 2); cf. III, 306, 18 (145, 3)

10, 1   cf. II, 58, 11 (78, 8, 3)

10, 4   cf. III, 307, 9 (145, 4)

10, 12   cf. I, 138, 1 (21, 39, 2)

10, 13   cf. III, 323, 10 (147, 8, 1)

*10, 18   III, 259, 20 (133, 12, 3)

10, 18   cf. II, 473, 13 (120, praef. 4)

10, 19   cf. I, 128, 18 (21, 25); cf. III, 97, 7 (124, 2, 1)

10, 30   cf. II, 49, 4 (77, 12)

10, 30-34   cf. I, 593, 13 (64, 5, 2); cf. III, 324, 18 (147, 9, 2)

10, 30-35   cf. I, 327, 18 (45, 6, 2)

10, 30-37   cf. II, 320, 18 (108, 12, 3); cf. III, 19, 12 (121, 5, 5)

10, 38-42   cf. II, 3, 6 (71, 2, 2)

10, 39   cf. I, 41, 9 (12, 1)

*10, 41-42   I, 178, 4 (22, 24, 5)

11, 5-8   cf. I, 68, 4 (16, 1, 1); cf. I, 562, 2 (60, 11, 1)

11, 9-10   cf. III, 224, 22 (°131, 28, 1)

*11, 15   II, 168, 14 (°96, 10, 1)

*11, 23   I, 46, 11 (14, 2, 2)

11, 23   cf. I, 64, 10 (15, 2, 2)

*11, 41   II, 328, 4 (108, 16, 2)

11, 43   cf. I, 41, 13 (12, 2)

12, 3   cf. III, 258, 12 (133, 11, 4)

12, 7	*cf.* III, 214, 1 (°131, 13, 3)
*12, 20	I, 319, 11 (43, 2, 2); III, 129, 12 (125, 10, 2); III, 154, 11 (127, 11, 2); III, 278, 25 (140, 9, 2)
12, 22	*cf.* III, 90, 8 (123, 14, 3)
12, 24	*cf.* III, 89, 2 (123, 13, 4)
12, 25	*cf.* III, 90, 6 (123, 14, 3)
12, 27	*cf.* III, 89, 1 (123, 13, 4)
12, 29	*cf.* III, 90, 8 (123, 14, 3)
12, 33	*cf.* II, 36, 10 (76, 3, 1)
12, 35	*cf.* I, 627, 16 (65, 10, 2)
*12, 49	I, 81, 5 (18 A, 6, 4); I, 420, 3 (52, 3, 9)
12, 49	*cf.* III, 12, 15 (121, 2, 13)
13, 11-16	*cf.* III, 325, 15 (147, 9, 4)
13, 19	*cf.* I, 651, 12 (66, 4, 2)
*13, 21	II, 61, 6 (78, 12, 2)
13, 26	*cf.* I, 134, 15 (21, 34, 8)
*13, 27-28	III, 355, 15 (148, 31, 2)
13, 32	*cf.* III, 82, 10 (123, 8, 3)
13, 34	*cf.* I, 529, 18 (58, 2, 3)
14, 10	*cf.* I, 58, 8 (14, 9, 2); *cf.* I, 527, 5 (58, 1, 1)
14, 11	II, 70, 13 (78, 25, 1)
*14, 18	I, 130, 15 (21, 28, 3)
14, 19	*cf.* I, 130, 16 (21, 28, 3)
14, 20	*cf.* I, 130, 18 (21, 28, 3)
*14, 27	III, 150, 10 (127, 6, 2); III, 307, 3 (145, 3)
14, 28	*cf.* I, 59, 4 (14, 9, 3); *cf.* I, 665, 8 (66, 14, 2)
*14, 33	I, 51, 11 (14, 5, 4)
14, 34	III, 119, 11 (125, 1, 2)
14, 34-35	*cf.* III, 119, 13 (125, 1, 3)
*15, 1	I, 112, 16 (21, 2, 1)
*15, 1-2	III, 21, 5 (121, 6, 1)
*15, 2	I, 112, 14 (21, 2, 1)
15, 3	*cf.* II, 49, 4 (77, 12)
15, 3-6	*cf.* III, 21, 8 (121, 6, 2)
15, 4-6	*cf.* I, 117, 6 (21, 4, 2); *cf.* I, 138, 16 (21, 39, 4); *cf.* III, 65, 19 (122, 3, 7)
15, 4-7	*cf.* I, 40, 12 (11, 4); *cf.* I, 115, 4 (21, 2, 7); *cf.* I, 137, 8 (21, 38, 1)
15, 5	*cf.* I, 11, 9 (2, 3); *cf.* I, 40, 1 (11, 3); *cf.* I, 68, 13 (16, 1, 2); *cf.* II, 111, 2 (°82, 3, 3)
*15, 7	III, 21, 10 (121, 6, 2)
15, 7	*cf.* II, 48, 22 (77, 11, 3)
15, 8-9	*cf.* III, 21, 13 (121, 6, 3); *cf.* III, 65, 18 (122, 3, 7)
15, 8-10	*cf.* I, 137, 8 (21, 38, 1)
15, 9	I, 115, 8 (21, 2, 7)

*15, 10   I, 129, 15 (21, 26, 3); III, 21, 15 (121, 6, 3)

15, 10   cf. III, 65, 20 (122, 3, 7)

*15, 11   I, 117, 3 (21, 4, 1)

15, 11 sqq. cf. I, 11, 12 (2, 3)

15, 11-32   cf. I, 111, 6 (21, 1, 1); cf. I, 115, 9 (21, 2, 7); cf. III, 21, 17 (121, 6, 4); cf. III, 66, 3 (122, 3, 8)

*15, 12   I, 117, 13 (21, 5, 1); I, 118, 1 (21, 6)

*15, 13   I, 118, 9 (21, 7, 1); I, 119, 9 (21, 9)

15, 13-16   cf. III, 313, 9 (147, 1, 2)

*15, 14   I, 119, 13 (21, 10, 1); I, 119, 19 (21, 10, 2)

*15, 14-15 I, 120, 6 (21, 11, 1)

*15, 15   I, 120, 17 (21, 12)

*15, 16   I, 121, 6 (21, 13, 1)

15, 16-17   cf. I, 142, 13 (21, 42)

*15, 17   I, 124, 8 (21, 14, 1)

*15, 18   I, 125, 3 (21, 15); III, 66, 9 (122, 3, 8)

*15, 18-19 I, 125, 10 (21, 16)

*15, 19   I, 125, 17 (21, 17)

*15, 20   I, 125, 21 (21, 18); I, 126, 1 (21, 19); I, 126, 8 (21, 20)

15, 20   cf. I, 40, 1 (11, 3); cf. I, 68, 11 (16, 1, 2); I, 126, 15 (21, 21, 1); cf. III, 66, 9 (122, 3, 8); cf. III, 277, 9 (140, 7, 4)

15, 20-24   cf. III, 307, 20 (145, 5)

*15, 21   I, 127, 5 (21, 22, 1); III, 66, 9 (122, 3, 8)

*15, 22   I, 127, 15 (21, 23); I, 127, 20 (21, 24, 1); I, 128, 14 (21, 25); I, 128, 16 (21, 25)

15, 22   cf. III, 277, 9 (140, 7, 4)

15, 23   I, 135, 11 (21, 35, 2)

*15, 23-24 I, 129, 3 (21, 26, 1)

15, 24   I, 129, 18 (21, 27); cf. III, 21, 22 (121, 6, 4)

*15, 25   I, 129, 21 (21, 28, 1); I, 130, 12 (21, 28, 3); I, 131, 1 (21, 29)

*15, 26   I, 131, 8 (21, 30)

*15, 27   I, 131, 12 (21, 31)

*15, 28   I, 131, 18 (21, 32); I, 132, 3 (21, 33)

*15, 29   I, 132, 10 (21, 34, 1); I, 133, 17 (21, 34, 5)

15, 29   I, 111, 15 (21, 1, 2); I, 130, 7 (21, 28, 2); I, 132, 14 (21, 34, 1); I, 133, 2 (21, 34, 3); I, 134, 19 (21, 35, 1); I, 135, 7 (21, 35, 1); I, 135, 15 (21, 35, 3)

*15, 30   I, 133, 16 (21, 34, 5); I, 136, 5 (21, 36)

*15, 31   I, 112, 1 (21, 1, 2); I, 133, 20 (21, 34, 5); I, 136, 11 (21, 37, 1)

15, 31   I, 134, 17 (21, 34, 8)

*15, 32   I, 137, 4 (21, 38, 1)

15, 32   I, 137, 11 (21, 38, 2)

16, 1   III, 21, 25 (121, 6, 5);
             III, 22, 4 (121, 6, 6)
16, 1-2   cf. III, 22, 11 (121, 6,
             7)
16, 1-8   cf. III, 2, 10 (121, cap.
             6); cf. III, 21, 1 (121,
             6, 1)
*16, 2   III, 22, 12 (121, 6, 7)
16, 3   III, 25, 12 (121, 6,
             17); III, 25, 15 (121,
             6, 17)
*16, 3-14   III, 22, 15 (121, 6, 7)
16, 8   cf. III, 26, 18 (121, 6,
             21); cf. III, 26, 22
             (121, 6, 21); cf. III,
             153, 1 (127, 10, 1)
*16, 9   II, 328, 2 (108, 16, 2);
             III, 24, 3 (121, 6, 12)
16, 9   cf. I, 478, 17 (54, 12,
             1); cf. II, 5, 4 (71, 4,
             1); cf. II, 48, 4 (77,
             11, 1); cf. II, 91, 16
             (79, 4, 1); cf. II, 440,
             1 (118, 4, 3); cf. II,
             476, 5 (120, 1, 7); cf.
             III, 23, 23 (121, 6,
             12); cf. III, 27, 3 (121,
             6, 22); cf. III, 78, 21
             (123, 5, 8); cf. III,
             183, 4 (130, 7, 2)
*16, 10   III, 24, 9 (121, 6, 13)
16, 11   cf. I, 432, 8 (52, 10, 2)
16, 12   I, 191, 18 (22, 31, 1)
*16, 13   I, 192, 4 (22, 31, 2)
*16, 14   cf. III, 24, 21 (121, 6,
             15)

*16, 16   II, 383, 5 (112, 14, 2);
             II, 409, 17 (°116, 18,
             3)
16, 16   cf. III, 7, 15 (121, 1,
             8); cf. III, 25, 14 (121,
             6, 17)
16, 19-24   I, 213, 5 (23, 3, 1)
16, 19-31   cf. I, 171, 19 (22, 21,
             2); cf. I, 387, 8 (49,
             21, 4); cf. II, 43, 16
             (77, 6, 3); cf. II, 444,
             1 (118, 6, 3)
16, 22-23   cf. I, 530, 16 (58, 3,
             2); cf. III, 224, 10
             (°131, 27, 3)
16, 22-31   cf. I, 301, 9 (39, 4, 2);
             cf. I, 551, 15 (60, 3, 2)
16, 23-25   cf. III, 288, 5 (140,
             19, 1)
16, 23-31   cf. III, 165, 2 (129, 2,
             1)
16, 25   cf. I, 677, 10 (68, 1,
             6); cf. II, 443, 23
             (118, 6, 2)
*16, 29   cf. I, 609, 20 (64, 19,
             2)
*17, 10   III, 250, 21 (133, 6, 4)
17, 10   cf. II, 439, 9 (118, 4,
             2)
17, 21   cf. I, 339, 20 (°46, 10,
             1); cf. I, 531, 8 (58, 3,
             3); I, 552, 8 (60, 3, 4)
17, 26-27   cf. II, 459, 19 (119, 8,
             3)
*17, 34-35   II, 459, 26 (119, 8, 4)
17, 37   I, 63, 5 (15, 1, 2)
18, 1-5   cf. I, 585, 8 (63, 1)
18, 1-8   cf. II, 88, 13 (79, 1, 4)

18, 2-5   *cf.* I, 562, 3 (60, 11, 1)
18, 6   *cf.* I, 120, 10 (21, 11,
           1)
*18, 8   III, 153, 29 (127, 11,
           1)
18, 10-14 *cf.* I, 42, 5 (12, 3); *cf.*
           II, 41, 20 (77, 4, 4);
           cf. III, 66, 23 (122, 3,
           9)
*18, 11   I, 133, 12 (21, 34, 4)
18, 13   *cf.* I, 116, 2 (21, 3, 2)
*18, 18-22 II, 473, 20 (120, 1, 1)
*18, 19   III, 27, 24 (121, 7, 2)
*18, 24   II, 476, 11 (120, 1, 7)
*18, 27   II, 291, 18 (107, 2, 1)
18, 27   *cf.* II, 90, 16 (79, 3, 2)
*18, 28   II, 474, 9 (120, 1, 2)
19, 1-10   *cf.* II, 3, 4 (71, 2, 2)
19, 2-10   *cf.* I, 663, 4 (66, 12,
           2); *cf.* II, 90, 14 (79,
           3, 1); *cf.* II, 321, 5
           (108, 12, 3)
19, 8-9   *cf.* I, 68, 5 (16, 1, 1)
19, 10   *cf.* III, 103, 20 (124,
           6, 3)
19, 20   *cf.* I, 117, 20 (21, 5, 2)
*19, 22-23 I, 57, 6 (14, 8, 7)
19, 38   I, 105, 18 (20, 2, 3)
19, 41   *cf.* II, 492, 5 (120, 8,
           9)
19, 41-44 *cf.* III, 60, 19 (122, 1,
           13)
20, 46   *cf.* I, 41, 13 (12, 2)
20, 47   II, 510, 20 (120, 11,
           14)
21, 1-4   *cf.* I, 55, 12 (14, 8, 2);
           cf. II, 4, 21 (71, 3, 3)

21, 2   *cf.* I, 484, 18 (54, 17,
           3)
*21, 19   II, 331, 19 (108, 18,
           9)
21, 19   III, 166, 25 (129, 2, 8)
*21, 34   I, 476, 3 (54, 9, 5)
21, 34   *cf.* I, 589, 16 (64, 2,
           2); *cf.* I, 695, 13 (69,
           8, 6)
*21, 34-35 III, 355, 20 (148, 31,
           3)
21, 34-35 II, 219, 7 (°100, 6, 3)
22, 12   *cf.* II, 480, 5 (120, 2,
           2)
*22, 15   III, 18, 8 (121, 5, 1)
*22, 28-30 II, 166, 5 (°96, 8, 4)
22, 31   *cf.* I, 148, 14 (22, 4, 2)
23, 26   *cf.* III, 15, 5-8 (121, 3,
           5)
23, 31   *cf.* III, 315, 18 (147,
           2, 2)
*23, 34   I, 393, 21 (50, 5, 2);
           II, 26, 17 (74, 4, 3);
           II, 492, 6 (120, 8, 9)
23, 39-43 *cf.* I, 545, 15 (59, 4, 3)
*23, 42   II, 164, 11 (°96, 6, 2)
*23, 43   III, 119, 2 (125, 1, 1)
23, 43   *cf.* I, 68, 9 (16, 1, 2);
           I, 295, 7 (39, 1, 5); *cf.*
           I, 528, 15 (58, 1, 4);
           cf. I, 551, 17 (60, 3,
           3); *cf.* I, 575, 10 (61,
           1, 1); III, 165, 5 (129,
           2, 2)
23, 46   II, 489, 21 (120, 8, 2)
23, 53   *cf.* I, 386, 5 (49, 21, 1)

24, 5   I, 307, 5 (39, 6, 5); cf.
             I, 545, 5 (59, 4, 2); cf.
             II, 486, 6 (120, 5, 8)

*24, 27   II, 50, 21 (78, 1, 4)

24, 27   cf. I, 81, 8 (18 A, 6,
             4)

24, 30-31   cf. II, 314, 6 (108, 8,
             2)

24, 31   cf. I, 81, 8 (18 A, 6,
             4)

*24, 32   I, 81, 10 (18 A, 6, 4);
             I, 165, 20 (22, 17, 3);
             I, 420, 5 (52, 3, 9)

24, 32   I, 630, 8 (65, 12, 2)

24, 33-53   cf. II, 471, 12 (120,
             cap.7)

24, 36   cf. II, 488, 14 (120, 7,
             1)

24, 36-43   cf. II, 341, 26 (108,
             24, 1)

*24, 39-40   II, 343, 4 (108, 24, 4)

24, 42-43   cf. II, 489, 7 (120, 7,
             2)

*24, 49   II, 493, 19 (120, 9, 3);
             II, 498, 20 (120, 9,
             16)

24, 49   cf. II, 471, 20 (120,
             cap. 9); cf. II, 493, 1
             (120, 9, 1)

Ioh.

1, 1   cf. I, 1, 12 (1, 1); I,
             449, 12 (53, 4, 1); II,
             316, 17 (108, 10, 2)

1, 1-2   cf. II, 193, 3 (°98, 8,
             2)

1, 3   II, 190, 23 (°98, 6, 1);
             II, 197, 15 (°98, 13,
             3)

*1, 5   I, 299, 8 (39, 3, 3); II,
             307, 6 (108, 1, 3)

1, 9   I, 117, 17 (21, 5, 1);
             II, 472, 24 (120, praef.
             2)

1, 13   cf. I, 625, 9 (65, 8, 2)

1, 14   cf. I, 126, 5 (21, 19);
             II, 152, 21 (°92, 4, 3);
             II, 188, 13 (°98, 4, 3);
             cf. II, 193, 3 (°98, 8,
             2); II, 198, 16 (°98,
             14, 2); cf. II, 199, 14
             (°98, 14, 5); II, 316,
             18 (108, 10, 2); II,
             465, 18 (119, 10, 9);
             II, 498, 14 (120, 9,
             15)

*1, 16   I, 79, 16 (18 A, 5, 1)

1, 16-17   II, 383, 10 (112, 14,
             2); II, 409, 23 (°116,
             18, 3)

1, 23   II, 465, 11 (119, 10,
             9)

*1, 29   I, 135, 19 (21, 35, 3);
             I, 679, 15 (69, 1, 3);
             III, 1, 5 (121, cap. 1);
             III, 4, 17 (121, 1, 1);
             III, 6, 26 (121, 1, 6);
             III, 359, 21 (149, 3, 4)

1, 29   cf. I, 273, 4 (36, 5, 2);
             cf. II, 318, 15 (108,
             10, 8); cf. II, 318, 16
             (108, 10, 8); cf. III, 5,
             13 (121, 1, 2); III, 6,
             17 (121, 1, 5); III, 8, 1

	(121, 1, 9); *cf.* III, 360, 8 (149, 3, 5)
*1, 33	III, 11, 2 (121, 2, 9)
1, 36	III, 6, 17 (121, 1, 5)
1, 40-46	III, 56, 7 (122, 1, 1)
*1, 42	III, 56, 10 (122, 1, 1)
1, 42	*cf.* I, 286, 10 (37, 1, 1)
1, 47	III, 56, 13 (122, 1, 1)
2, 1-2	*cf.* I, 366, 1 (49, 11, 1)
2, 1-10	*cf.* I, 344, 4 (°46, 13, 3)
2, 1-11	*cf.* I, 690, 20 (69, 6, 6); *cf.* II, 323, 12 (108, 13, 5)
2, 4	II, 484, 24 (120, 5, 3)
2, 19	*cf.* II, 171, 24 (°96, 12, 6)
2, 19-21	*cf.* II, 230, 11 (°100, 16, 1)
2, 21	*cf.* II, 171, 24 (°96, 12, 6)
3, 1-2	*cf.* II, 123, 9 (84, 3, 2); *cf.* III, 209, 23 (°131, 9, 2)
3, 5	*cf.* I, 72, 10 (17, 3, 1); *cf.* I, 691, 1 (69, 6, 6)
3, 8	*cf.* I, 530, 13 (58, 3, 1); *cf.* II, 499, 6 (120, 9, 17)
*3, 10	III, 209, 22 (°131, 9, 1)
*3, 23	II, 21, 6 (73, 8, 1)
3, 23	*cf.* I, 690, 16 (69, 6, 5)
*3, 26	III, 6, 2 (121, 1, 4)
3, 29	III, 5, 7 (121, 1, 2)
3, 30	III, 5, 9 (121, 1, 2)
3, 31	II, 164, 22 (°96, 6, 3); *cf.* II, 183, 2 (97, 1, 3)
4, 5-42	*cf.* II, 322, 17 (108, 13, 3); *cf.* III, 119, 6 (125, 1, 2)
4, 7-29	*cf.* I, 41, 8 (12, 1)
4, 7-30	*cf.* I, 690, 20 (69, 6, 6)
4, 7-34	*cf.* I, 618, 11 (65, 1, 6)
*4, 9	III, 19, 14 (121, 5, 5)
4, 17-18	*cf.* I, 382, 21 (49, 18, 4)
4, 18	*cf.* III, 83, 9 (123, 9, 2)
*4, 34	II, 480, 22 (120, 2, 4)
4, 35	*cf.* II, 36, 3 (76, 2, 2)
*4, 44	I, 54, 7 (14, 7, 1)
5, 1-16	*cf.* III, 358, 18 (149, 2, 4)
5, 8	III, 358, 19 (149, 2, 4)
*5, 17	III, 209, 5 (°131, 8, 1); III, 211, 17 (°131, 11, 1); III, 212, 4 (°131, 11, 2)
5, 17	III, 143, 12 (126, 1, 2); III, 250, 9 (133, 6, 2)
5, 18	II, 383, 6 (112, 14, 2); II, 409, 19 (°116, 18, 3)
*5, 19	I, 679, 21 (69, 1, 4)
*5, 22	III, 11, 6 (121, 2, 9); III, 27, 21 (121, 7, 2)
*5, 28	III, 221, 3 (°131, 23, 1)
*5, 30	III, 27, 22 (121, 7, 2)
*5, 43	III, 52, 25 (121, 11, 7)
*5, 44	I, 182, 11 (22, 27, 1)
*5, 46	II, 50, 20 (78, 1, 4); II, 402, 4 (°116, 8, 3)

6, 5-13   *cf*. I, 288, 18 (37, 4, 1); *cf*. II, 51, 8 (78, 1, 5)

6, 8-13   *cf*. I, 373, 15 (49, 14, 7); *cf*. I, 374, 15 (49, 14, 10)

6, 15   *cf*. I, 54, 10 (14, 7, 1)

6, 33   *cf*. II, 316, 21 (108, 10, 3)

*6, 54   II, 177, 19 (°96, 17, 4)

6, 59   *cf*. II, 480, 2 (120, 2, 2)

*7, 8   III, 358, 22 (149, 2, 4)

7, 10   *cf*. II, 410, 5 (°116, 18, 4)

7, 18   *cf*. II, 369, 10 (112, 2, 4)

7, 20   *cf*. I, 61, 13 (14, 11, 2); II, 168, 13 (°96, 10, 1)

7, 24   II, 394, 3 (°113, 2)

*7, 37-39   II, 497, 2 (120, 9, 11)

*7, 39   II, 497, 7 (120, 9, 12)

*8, 17-18   I, 117, 4 (21, 4, 1)

8, 34   III, 360, 25 (149, 4, 1)

*8, 39   I, 645, 11 (65, 21, 4)

*8, 44   I, 144, 14 (22, 1, 3); I, 638, 16 (65, 16, 3)

8, 44   III, 55, 18 (121, 11, 16)

*8, 48   I, 328, 3 (45, 6, 2); II, 333, 22 (108, 19, 6); III, 19, 11 (121, 5, 5)

8, 48   *cf*. I, 61, 13 (14, 11, 2); *cf*. I, 467, 12 (54, 2, 2); II, 168, 13 (°96, 10, 1)

8, 52   II, 168, 13 (°96, 10, 1)

8, 56   *cf*. I, 450, 13 (53, 4, 4)

9, 1-2   *cf*. II, 339, 23 (108, 23, 1)

*9, 2   I, 675, 13 (68, 1, 2); III, 197, 8 (130, 16, 4)

*9, 3   I, 676, 1 (68, 1, 2)

*9, 21   II, 297, 17 (107, 6, 3)

*10, 8   I, 136, 19 (21, 37, 2)

*10, 11   II, 74, 22 (78, 32); II, 111, 2 (82, 3, 4); II, 192, 18 (°98, 7, 3)

10, 11   *cf*. II, 21, 18 (73, 9, 2); *cf*. III, 97, 23 (124, 2, 2)

10, 11-12   *cf*. III, 39, 18 (121, 9, 5)

10, 14   *cf*. II, 21, 18 (73, 9, 2)

10, 16   *cf*. II, 21, 18 (73, 9, 2); *cf*. II, 25, 3 (74, 3, 1)

*10, 18   II, 191, 23 (°98, 6, 4); II, 200, 27 (°98, 16, 3); III, 103, 15 (124, 6, 2)

10, 20   *cf*. I, 61, 13 (14, 11, 2)

10, 30   II, 162, 29 (°96, 5, 2); II, 163, 3 (°96, 5, 2)

10, 39   *cf*. II, 333, 20 (108, 19, 6)

11, 1-44   *cf*. I, 550, 4 (60, 2, 1); *cf*. II, 197, 17 (°98, 13, 3); *cf*. II, 320, 14 (108, 12, 2)

11, 11   *cf*. II, 30, 16 (75, 1, 3); II, 457, 13 (119, 7, 10)

11, 13   *cf.* II, 30, 16 (75, 1, 3)

11, 17   *cf.* II, 342, 14 (108, 24, 2)

11, 25   *cf.* I, 467, 14 (54, 2, 2); *cf.* II, 456, 16 (119, 7, 7); *cf.* II, 458, 3 (119, 7, 11); *cf.* II, 461, 3 (119, 9, 3); *cf.* II, 510, 14 (120, 11, 13)

*11, 25-26 II, 462, 12 (119, 9, 7)

11, 25-26 II, 457, 15 (119, 7, 10)

11, 26   II, 456, 20 (119, 7, 7)

11, 33   *cf.* I, 290, 10 (38, 2, 2); *cf.* I, 555, 23 (60, 7, 2)

*11, 34   II, 28, 1 (74, 5, 2)

11, 35   *cf.* I, 556, 2 (60, 7, 2)

11, 35-36 *cf.* I, 295, 17 (39, 2, 1); *cf.* I, 334, 8 (°46, 5, 1)

11, 38   *cf.* I, 290, 10 (38, 2, 2)

11, 39   *cf.* I, 290, 8 (38, 2, 2); *cf.* II, 435, 18 (118, 1, 3); *cf.* III, 325, 3 (147, 9, 2)

*11, 43   I, 290, 11 (38, 2, 2)

11, 43   *cf.* I, 20, 14 (4, 2, 2); *cf.* II, 435, 18 (118, 1, 3)

11, 43-44 *cf.* I, 28, 13-15 (7, 3, 1); *cf.* I, 591, 18 (64, 3, 2)

11, 44   *cf.* I, 290, 9 (38, 2, 2); *cf.* I, 290, 11 (38, 2, 2); *cf.* I, 343, 15 (°46,

13, 2); *cf.* II, 435, 18 (118, 1, 3)

12, 2   *cf.* I, 290, 12 (38, 2, 2); *cf.* II, 342, 14 (108, 24, 2)

12, 10   *cf.* I, 290, 12 (38, 2, 2)

12, 13   I, 105, 15 (20, 2, 2)

12, 24   *cf.* I, 483, 20 (54, 16, 2)

12, 24-25 *cf.* II, 51, 10 (78, 1, 5)

12, 27   II, 189, 3 (°98, 4, 5)

12, 29   *cf.* II, 53, 14 (78, 3, 3)

*12, 32   I, 491, 1 (55, 3, 3); III, 18, 12 (121, 5, 1)

*12, 39-41 I, 78, 12 (18 A, 4, 2)

12, 39-41 I, 96, 5 (18 A, 16, 1)

13, 4-5   *cf.* I, 88, 17 (18 A, 12, 1)

13, 5   *cf.* I, 41, 7 (12, 1)

*13, 8   I, 89, 2 (18 A, 12, 1)

*13, 9   I, 89, 3 (18 A, 12, 1)

13, 10   *cf.* I, 60, 12 (14, 10, 3)

13, 13   *cf.* II, 35, 3 (76, 1, 2); *cf.* III, 330, 25 (148, 2, 2)

13, 14   *cf.* II, 35, 3 (76, 1, 2)

13, 23   *cf.* I, 58, 7 (14, 9, 1); *cf.* I, 126, 11 (21, 20); *cf.* III, 149, 25 (149, 5, 4); *cf.* III, 309, 22 (146, 1, 5)

13, 25   *cf.* I, 126, 11 (21, 20); *cf.* III, 233, 4 (°132, 10, 3); *cf.* III, 310, 1 (146, 1, 5)

13, 26-30 *cf.* III, 119, 4 (125, 1, 1)

*14, 2   I, 18, 5 (3, 5, 3); II,
           49, 5 (77, 12)
*14, 6   I, 490, 21 (55, 3, 3); I,
           629, 9 (65, 11, 2); II,
           388, 14 (112, 18, 1);
           III, 59, 26 (122, 1,
           11); III, 339, 10 (148,
           12, 2)
14, 6   cf. II, 456, 16 (119, 7,
           7); cf. II, 461, 3 (119,
           9, 3); cf. II, 510, 14
           (120, 11, 13); cf. III,
           17, 18 (121, 4, 7); III,
           55, 14 (121, 11, 15);
           cf. III, 210, 9 (°131,
           9, 3)
14, 8-9   cf. II, 26, 15 (74, 4, 3)
*14, 9   II, 200, 12 (°98, 16,
           2)
14, 10   II, 162, 26 (°96, 5, 1);
           cf. II, 163, 6 (°96, 5,
           2)
14, 11   II, 162, 26 (°96, 5, 1);
           cf. II, 163, 6 (°96, 5,
           2)
*14, 12   II, 498, 16 (120, 9,
           16)
14, 12   cf. I, 623, 3 (65, 5, 4)
14, 15   III, 332, 23 (148, 4, 3)
*14, 16   II, 498, 16 (120, 9,
           16)
14, 16   cf. I, 311, 12 (41, 1,
           1); cf. II, 499, 7 (120,
           9, 17)
14, 21   III, 332, 24 (148, 4, 3)
*14, 23   III, 276, 2 (140, 6, 6)
14, 23-24 III, 333, 1 (148, 4, 3)

14, 26   cf. II, 499, 7 (120, 9,
           17)
*14, 27   II, 107, 20 (82, 1, 1);
           II, 363, 9 (°110, 8, 1)
14, 27   cf. I, 43, 20 (13, 4)
*14, 28   III, 115, 26 (124, 13,
           3)
*14, 30   III, 36, 5 (121, 8, 20)
14, 30   cf. I, 120, 8 (21, 11, 1)
*14, 31   I, 530, 20 (58, 3, 2);
           II, 219, 12 (°100, 6,
           3); III, 45, 3 (121, 10,
           10)
14, 31   cf. I, 623, 2 (65, 5, 4)
15, 3   cf. I, 99, 18 (18 B, 2,
           4)
*15, 13   III, 234, 3 (°132, 11,
           2)
*15, 18-19 II, 334, 5 (108, 19, 6)
15, 19   cf. I, 320, 6 (43, 2, 4);
           cf. III, 47, 13 (121,
           10, 17)
*15, 25   III, 32, 19 (121, 8, 11)
15, 26   cf. I, 311, 12 (41, 1,
           1); cf. II, 499, 7 (120,
           9, 17)
16, 7-8   cf. I, 311, 12 (41, 1, 1)
*16, 12   III, 224, 24 (°131, 28,
           1)
16, 20   cf. I, 654, 21 (66, 7, 1)
16, 33   I, 621, 16 (65, 4, 5);
           II, 237, 18 (103, 2, 1)
*17, 5   II, 262, 7 (106, 30, 4);
           II, 262, 8 (106, 30, 4);
           II, 497, 20 (120, 9,
           13)
17, 5   cf. I, 594, 7 (64, 6, 2)

17, 16	III, 47, 11 (121, 10, 17)		2); *cf.* I, 691, 4 (69, 6, 6); *cf.* II, 465, 7 (119, 10, 8)
17, 17	*cf.* I, 398, 21 (°51, 2, 4)	*19, 37	I, 513, 23 (57, 7, 4)
*17, 21	I, 114, 10 (21, 2, 5); III, 43, 19 (121, 10, 6); III, 110, 15 (124, 9, 11)	19, 39	*cf.* II, 485, 23 (120, 5, 7)
		*20, 1	II, 482, 16 (120, 4, 2)
18, 6	*cf.* I, 625, 11 (65, 8, 3)	20, 1	*cf.* II, 471, 2 (120, cap. 4); *cf.* II, 471, 5 (120, cap. 5); *cf.* II, 482, 2 (120, 4, 1)
*18, 11	III, 86, 14 (123, 12, 3)		
18, 11	III, 18, 10 (121, 5, 1)		
18, 15	*cf.* III, 149, 26 (127, 5, 4)	20, 1-18	*cf.* II, 481, 24 (120, 3, 3); *cf.* II, 486, 20 (120, 5, 10)
18, 16	*cf.* III, 150, 1 (127, 5, 4)	*20, 2	II, 484, 6 (120, 5, 1)
*18, 20	II, 180, 5 (°96, 20, 1)	20, 2	*cf.* I, 58, 7 (14, 9, 1); II, 484, 12 (120, 5, 2); *cf.* III, 149, 25 (127, 5, 4); *cf.* III, 309, 22 (146, 1, 5)
19, 5	*cf.* I, 481, 9 (54, 14, 1)		
19, 15	III, 175, 2 (129, 7, 4)		
19, 17	*cf.* III, 15, 5-8 (121, 3, 5)		
*19, 19-22	II, 166, 19 (°96, 9, 1)	20, 3-10	*cf.* II, 487, 8 (120, 6, 1)
19, 22	II, 167, 7 (°96, 9, 2)		
19, 23	*cf.* I, 62, 6 (15, 1, 1); *cf.* I, 168, 21 (22, 19, 3)	20, 6-10	*cf.* II, 471, 8 (120, cap. 6)
		20, 7	*cf.* I, 334, 20 (°46, 5, 3)
19, 24	*cf.* III, 259, 14 (133, 12, 3)	20, 8	*cf.* II, 486, 19 (120, 5, 9)
19, 25	*cf.* II, 483, 14 (120, 4, 5); *cf.* III, 149, 20 (127, 5, 3)	20, 11	*cf.* II, 471, 2 (120, cap. 4); *cf.* II, 482, 2 (120, 4, 1); *cf.* II, 483, 6 (120, 4, 4); II, 484, 17 (120, 5, 2)
19, 26	*cf.* I, 58, 7 (14, 9, 1); *cf.* III, 149, 25 (149, 5, 4)		
19, 26-27	*cf.* II, 425, 4 (117, 2, 2); *cf.* III, 150, 1 (127, 5, 4)	20, 12	*cf.* I, 334, 20 (°46, 5, 3); *cf.* II, 353, 3 (109, 1, 4); II, 484, 18 (120, 5, 3); II, 484, 19 (120, 5, 3)
19, 34	*cf.* I, 16, 8 (3, 4, 3); *cf.* I, 61, 15 (14, 11,		

20, 13   II, 484, 22 (120, 5, 3);
II, 484, 26 (120, 5, 4);
II, 485, 3 (120, 5, 4)

20, 14   cf. II, 485, 9 (120, 5, 5)

*20, 15   II, 485, 16 (120, 5, 6)

20, 15   cf. I, 545, 4 (59, 4, 2); cf. I, 616, 13 (65, 1, 2); II, 485, 5 (120, 5, 5); cf. II, 485, 12 (120, 5, 5); II, 485, 14 (120, 5, 6)

20, 16   cf. I, 616, 13 (65, 1, 2); cf. II, 486, 2 (120, 5, 7)

*20, 17   I, 307, 8 (39, 6, 5); I, 633, 1 (65, 13, 6); II, 471, 6 (120, cap. 5); II, 484, 1 (120, 5, 1); II, 486, 9 (120, 5, 8)

20, 17   I, 544, 17 (59, 4, 1); I, 545, 5 (59, 4, 2)

20, 18   cf. I, 616, 13 (65, 1, 2)

20, 19   cf. II, 488, 14 (120, 7, 1)

20, 19-31   cf. II, 471, 12 (120, cap. 7)

*20, 21-23   II, 494, 6 (120, 9, 3)

20, 22   cf. II, 471, 19 (120, cap. 9); cf. II, 492, 23 (120, 9, 1)

*20, 23   II, 494, 14 (120, 9, 4); II, 498, 24 (120, 9, 16)

20, 24-29   cf. I, 616, 13 (65, 1, 2); cf. II, 341, 25 (108, 24, 1)

20, 26   cf. I, 386, 4 (49, 21, 1); cf. II, 342, 11 (108, 24, 2)

20, 26-27   cf. I, 386, 14 (49, 21, 2)

*20, 27   II, 343, 1 (108, 24, 4)

21, 1-4   cf. II, 489, 5 (120, 7, 2)

21, 7   cf. I, 58, 7 (14, 9, 1)

21, 15-17   cf. II, 40, 19 (77, 4, 2)

21, 17   I, 289, 15 (38, 1)

21, 18   cf. I, 69, 19 (16, 2, 3)

21, 20   cf. III, 233, 4 (°132, 10, 3); cf. III, 309, 22 (146, 1, 5); cf. III, 310, 1 (146, 1, 5)

Act.

c. 1   cf. II, 498, 17 (120, 9, 16)

*1, 1   III, 148, 18 (127, 4, 2)

1, 1   I, 588, 7 (64, 1, 4)

1, 3   cf. I, 545, 17 (59, 5, 1); cf. I, 546, 18 (59, 5, 3)

1, 3-4   II, 488, 19 (120, 7, 1)

1, 4-5   II, 493, 22 (120, 9, 3)

1, 4-8   cf. II, 471, 20 (120, cap. 9); cf. II, 493, 1 (120, 9, 1)

1, 5   II, 495, 20 (120, 9, 7)

1, 9-12   cf. I, 343, 14 (°46, 13, 2); cf. II, 320, 10 (108, 12, 1)

1, 13   cf. II, 354, 14 (109, 3, 1)

1, 15   cf. I, 457, 11 (53, 8, 7); cf. II, 63, 18 (78,

14, 3); *cf.* II, 316, 1 (108, 9, 4)

c. 2   *cf.* I, 457, 11 (53, 8, 7); *cf.* II, 63, 13 (78, 14, 3); *cf.* II, 498, 17 (120, 9, 16)

*2, 1-4   II, 495, 5 (120, 9, 5)

2, 1-4   *cf.* II, 63, 19 (78, 14, 3)

2, 1-14   *cf.* I, 312, 2 (41, 1, 1)

2, 2   *cf.* II, 495, 22 (120, 9, 7)

*2, 4   II, 499, 4 (120, 9, 17)

2, 4   *cf.* II, 316, 1 (108, 9, 4)

*2, 14-18   *cf.* I, 312, 8 (41, 1, 2)

2, 16-21   *cf.* II, 316, 2 (108, 9, 4)

2, 17   II, 495, 15 (120, 9, 6)

2, 20   *cf.* II, 497, 23 (120, 9, 14)

2, 30   *cf.* I, 158, 15 (22, 11, 3)

2, 37-41   *cf.* I, 691, 7 (69, 6, 7)

2, 41   *cf.* II, 26, 18 (74, 4, 3)

*3, 6   I, 194, 15 (22, 32, 4); III, 91, 1 (123, 14, 5)

3, 6   *cf.* I, 432, 9 (52, 10, 2)

4, 4   *cf.* II, 26, 18 (74, 4, 3)

4, 13   *cf.* I, 449, 2 (53, 3, 7)

*4, 32   II, 26, 19 (74, 4, 4); II, 67, 22 (78, 18)

4, 32   *cf.* II, 70, 3 (78, 24)

4, 34-35   *cf.* II, 5, 6 (71, 4, 1); *cf.* III, 194, 6 (130, 14, 4)

4, 35   *cf.* I, 532, 23 (58, 4, 3)

5, 1-10   *cf.* II, 354, 14 (109, 3, 1)

5, 1-11   *cf.* I, 51, 8 (14, 5, 3); *cf.* I, 537, 2 (58, 7, 1); *cf.* I, 656, 16 (66, 8, 2); *cf.* II, 439, 23 (118, 4, 3); *cf.* II, 478, 24 (120, 1, 14); *cf.* III, 194, 9 (130, 14, 5)

5, 4   *cf.* II, 500, 5 (120, 9, 20)

5, 15   *cf.* II, 197, 29 (°98, 13, 5); *cf.* II, 198, 8 (°98, 14, 1)

*5, 29   II, 497, 15 (120, 9, 13)

5, 29   *cf.* III, 152, 25 (127, 9, 3)

5, 34   *cf.* III, 41, 19 (121, 10, 2)

5, 38-39   *cf.* II, 507, 16 (120, 11, 4)

*6, 2   III, 311, 13 (146, 2, 2)

6, 15   *cf.* I, 410, 12 (°51, 7, 4)

7, 3   *cf.* II, 3, 9 (71, 2, 2)

7, 4   *cf.* II, 3, 11 (71, 2, 3)

*7, 4-5   III, 167, 22 (129, 3, 3)

7, 14-16   I, 521, 3 (57, 10, 1)

*7, 41-42   III, 45, 16 (121, 10, 12)

7, 42   *cf.* III, 46, 13 (121, 10, 15)

*7, 42-43   III, 45, 10 (121, 10, 11)

7, 43   *cf.* III, 46, 11 (121, 10, 15)

7, 59   II, 173, 21 (°96, 14,
             3)
8, 2   cf. I, 301, 14 (39, 4,
             3); cf. II, 355, 1 (109,
             3, 2)
8, 13-24   cf. I, 595, 9 (64, 7, 3)
8, 20   I, 196, 6 (22, 33, 2)
8, 26-40   cf. I, 13, 5 (3, 1, 2)
8, 27   cf. I, 451, 7 (53, 5, 2)
8, 27-38   cf. I, 691, 11 (69, 6, 7)
8, 27-39   cf. II, 318, 20 (108,
             11, 1)
*8, 30   I, 451, 9 (53, 5, 2)
*8, 31   I, 451, 10 (53, 5, 2)
8, 32   cf. III, 11, 8 (121, 2,
             10)
8, 35-38   cf. I, 451, 17 (53, 5, 3)
8, 36-38   cf. I, 343, 21 (°46, 13,
             2)
c. 9   cf. I, 68, 14 (16, 1, 2)
9, 3 sqq.   cf. I, 290, 1 (38, 1)
*9, 4   III, 25, 8 (121, 6, 16)
9, 10   cf. III, 25, 17 (121, 6,
             17)
9, 15   cf. I, 149, 11 (22, 5,
             1); cf. I, 298, 15 (39,
             3, 1); cf. I, 408, 21
             (°51, 6, 11); cf. I,
             445, 7 (53, 2, 1); cf. I,
             448, 16 (53, 3, 7); cf.
             I, 476, 16 (54, 10, 2);
             cf. I, 528, 8 (58, 1, 3);
             cf. II, 17, 6 (73, 4, 3);
             cf. II, 95, 11 (79, 7,
             5); cf. II, 466, 26
             (119, 10, 13); cf. II,
             500, 18 (120, 10, 1);
             cf. III, 34, 14 (121, 8,

             16); cf. III, 126, 3
             (125, 7, 5); cf. III,
             167, 1 (129, 2, 8); cf.
             III, 168, 4 (129, 3, 4);
             cf. III, 191, 2 (130,
             10, 6); cf. III, 243, 21
             (133, 2, 4); cf. III,
             249, 14 (133, 5, 3); cf.
             III, 253, 16 (133, 8,
             4); cf. III, 339, 1 (148,
             12, 1); cf. III, 348, 15
             (148, 22, 3); cf. III,
             351, 21 (148, 27, 2);
             cf. III, 352, 25 (148,
             28, 5)
9, 17-18   cf. I, 557, 12 (60, 8,
             2); cf. I, 691, 9 (69, 6,
             7)
9, 32-41   cf. II, 313, 18 (108, 8,
             2)
9, 39   cf. II, 348, 10 (108,
             29, 2)
c. 10   cf. I, 58, 4 (14, 9, 1);
             cf. II, 1, 10 (71, 1, 2);
             cf. II, 88, 25 (79, 2, 2)
10, 1   cf. II, 313, 15 (108, 8,
             2)
*10, 1-2   II, 89, 4 (79, 2, 2)
10, 2   cf. I, 558, 9 (60, 9, 2)
10, 9   cf. II, 279, 1 (106, 63,
             1)
10, 9-16   cf. II, 404, 5 (°116,
             11, 1)
10, 9-11, 18
             cf. III, 120, 10 (125,
             2, 2)
10, 12   cf. II, 373, 18 (112, 7,
             1)

10, 13   II, 373, 17 (112, 7, 1)
*10, 14   I, 267, 1 (°35, 2, 3)
*10, 14-15 II, 373, 21 (112, 7, 2)
*10, 15   I, 267, 3 (°35, 2, 3)
10, 22   cf. I, 558, 9 (60, 9, 2)
10, 25-48 cf. III, 210, 7 (°131, 9, 3)
10, 34   cf. III, 347, 5 (148, 21, 1)
*10, 34-35 II, 89, 16 (79, 2, 4); II, 247, 11 (106, 1, 1); II, 373, 26 (112, 7, 2)
*10, 38   I, 633, 11 (65, 13, 7)
*10, 44-45 II, 374, 3 (112, 7, 3)
*10, 47-48 II, 374, 3 (112, 7, 3)
10, 48   cf. I, 558, 9 (60, 9, 2)
*11, 1-3 II, 374, 3 (112, 7, 3)
*11, 17-18 II, 374, 18 (112, 7, 4)
11, 28   cf. I, 312, 22 (41, 2)
11, 30   cf. II, 95, 1 (79, 7, 3)
13, 2-3   cf. II, 6, 22 (71, 6, 2)
13, 8   cf. II, 175, 28 (°96, 16, 2)
13, 8-11 cf. II, 354, 15 (109, 3, 1)
*13, 46   I, 132, 7 (21, 33); I, 333, 23 (°46, 4, 3); II, 317, 11 (108, 10, 4)
14, 10-12 cf. II, 496, 12 (120, 9, 10)
*14, 26   II, 374, 26 (112, 7, 5)
c. 15   cf. III, 44, 8 (121, 10, 8)
*15, 1-2 II, 374, 26 (112, 7, 5)
*15, 4-5 II, 374, 26 (112, 7, 5)
*15, 7-12 II, 374, 26 (112, 7, 5)

15, 28   cf. I, 669, 19 (°67, 4, 2); cf. II, 403, 22 (°116, 10, 1)
*15, 41-16, 3 II, 377, 17 (112, 9, 1)
c. 15-18 cf. I, 103, 4 (18 B, 5, 3)
16, 3   cf. II, 401, 23 (°116, 8, 2)
*16, 8-10 II, 511, 2 (120, 11, 15)
16, 9   II, 508, 7 (120, 11, 5)
16, 23-40 cf. II, 355, 12 (109, 3, 4)
17, 23   cf. I, 702, 3 (70, 2, 4)
17, 28   I, 701, 18 (70, 2, 3)
*18, 18   II, 378, 9 (112, 9, 4)
18, 18   cf. II, 401, 24 (°116, 8, 2)
18, 24-26 cf. I, 618, 12 (65, 1, 6)
19, 1-7   cf. II, 499, 25 (120, 9, 20)
*20, 28   III, 308, 13 (146, 1, 2)
21, 5   cf. II, 313, 10 (108, 8, 1)
21, 7   cf. II, 313, 11 (108, 8, 1)
21, 8-9   cf. II, 313, 16 (108, 8, 2)
21, 9   cf. I, 30, 13 (7, 6, 2); cf. I, 312, 21 (41, 2); cf. III, 178, 19 (130, 4, 2)
21, 10   cf. I, 312, 22 (41, 2)
21, 11   II, 511, 23 (120, 12, 3)
*21, 13   I, 48, 12 (14, 3, 5); I, 338, 24 (°46, 8, 3)

*21, 17   II, 378, 18 (112, 10, 1)

21, 18-26   cf. II, 401, 24 (°116, 8, 2)

*21, 20-24   II, 378, 18 (112, 10, 1)

*21, 20-25   II, 402, 6 (°116, 9, 1)

21, 21   cf. II, 401, 29 (°116, 8, 3)

*21, 24   II, 403, 19 (°116, 10, 1)

*21, 26   II, 378, 18 (112, 10, 1)

22, 3   cf. I, 446, 13 (53, 3, 2); cf. II, 507, 15 (120, 11, 4); cf. III, 25, 3 (121, 6, 16); cf. III, 41, 19 (121, 10, 2); cf. III, 41, 21 (121, 10, 3)

23, 12-13   cf. II, 379, 21 (112, 10, 5)

23, 22-24   cf. II, 379, 21 (112, 10, 5)

23, 31   cf. II, 313, 17 (108, 8, 2)

*26, 2-3   I, 504, 1 (57, 1, 1)

26, 14   III, 25, 8 (121, 6, 16)

26, 24   cf. I, 224, 19 (27, 1, 3)

28, 7   cf. II, 47, 18 (77, 10, 3)

28, 14   cf. II, 379, 21 (112, 10, 5)

28, 16   cf. II, 1, 16 (71, 1, 2)

*28, 25-27   I, 78, 22 (18 A, 4, 4)

28, 25-27   I, 96, 5 (18 A, 16, 1)

28, 30   cf. II, 2, 1 (71, 1, 2)

28, 30-31   cf. II, 379, 21 (112, 10, 5)

Rom.

*1, 7   I, 113, 18 (21, 2, 4); II, 30, 24 (75, 1, 4)

1, 7   cf. III, 274, 6 (140, 5, 3)

1, 8   cf. I, 586, 3 (63, 2)

1, 9   cf. III, 40, 19 (121, 9, 8)

1, 17   III, 235, 19 (°132, 13, 3)

1, 18   cf. I, 119, 17 (21, 10, 1)

1, 20   cf. I, 119, 15 (21, 10, 1); II, 194, 17 (°98, 10, 2)

*1, 22-23   II, 199, 3 (°98, 14, 4)

1, 23   II, 227, 3 (°100, 13, 1)

1, 25   II, 352, 14 (109, 1, 2)

*2, 5   III, 313, 15 (147, 1, 3)

2, 11   cf. III, 347, 5 (148, 21, 1)

2, 13   III, 341, 2 (148, 14, 1)

*2, 14-15   III, 33, 2 (121, 8, 12)

2, 28-29   cf. I, 641, 11 (65, 19, 2)

3, 2   I, 212, 11 (23, 2, 1); cf. I, 285, 16 (36, 17); cf. I, 640, 16 (65, 18, 2); cf. II, 403, 28 (°116, 10, 2)

*3, 12   I, 113, 12 (21, 2, 3); II, 188, 1 (°98, 4, 1)

3, 20   I, 364, 20 (49, 10, 1)

*3, 23   III, 243, 23 (133, 2, 4)

3, 24   *cf.* II, 406, 9 (°116, 14, 3)

4, 9-10   *cf.* I, 645, 14 (65, 21, 5)

*4, 17   II, 203, 21 (°98, 18, 3)

4, 17   *cf.* I, 102, 12 (18 B, 5, 1); *cf.* I, 592, 14 (64, 4, 2)

*4, 25   II, 168, 25 (°96, 10, 2)

*5, 3-5   I, 207, 14 (22, 40, 2); II, 331, 4 (108, 18, 7); III, 28, 11 (121, 7, 4); III, 183, 24 (130, 7, 5)

5, 4-5   *cf.* II, 57, 14 (78, 7, 4)

*5, 5   I, 626, 22 (65, 9, 4); III, 28, 14 (121, 7, 4)

5, 5   II, 411, 26 (°116, 20, 3); *cf.* III, 55, 13 (121, 11, 15); *cf.* III, 361, 5 (149, 4, 2)

*5, 7   III, 28, 6 (121, 7, 3)

5, 7   III, 2, 12 (121, cap. 7); III, 27, 10 (121, 7, 1)

5, 8   III, 29, 1 (121, 7, 5)

5, 10   *cf.* II, 512, 21 (120, 12, 5)

5, 12   *cf.* I, 112, 5 (21, 1, 2); III, 224, 12 (°131, 27, 4)

5, 12-14   *cf.* I, 609, 21 (64, 19, 2)

*5, 14   I, 302, 16 (39, 4, 5); I, 551, 5 (60, 3, 1)

5, 14   III, 165, 8 (129, 2, 2); *cf.* III, 207, 14 (°131, 6, 2)

*5, 18   III, 220, 7 (°131, 21, 4)

5, 18   *cf.* III, 222, 3 (°131, 24)

*5, 20   I, 113, 14 (21, 2, 3); I, 679, 3 (69, 1, 1); II, 49, 6 (77, 12); II, 411, 16 (°116, 20, 2)

5, 20   *cf.* I, 333, 20 (°46, 4, 2); *cf.* I, 545, 3 (59, 4, 2); *cf.* II, 25, 21 (74, 3, 3); *cf.* II, 182, 10 (97, 1, 2); *cf.* III, 31, 6 (121, 8, 7)

6, 2   *cf.* III, 14, 26 (121, 3, 4)

*6, 3-4   I, 693, 7 (69, 7, 4)

6, 3-4   *cf.* III, 47, 6 (121, 10, 17)

6, 4   *cf.* I, 634, 19 (65, 14, 3)

*6, 9   II, 175, 18 (°96, 15, 5); III, 214, 10 (°131, 14)

6, 9   *cf.* II, 195, 14 (°98, 11, 2)

*6, 9-10   II, 153, 7 (°92, 4, 5); II, 174, 15 (°96, 15, 2)

6, 11   *cf.* I, 474, 1 (54, 8, 1)

*6, 12   I, 77, 4 (18 A, 2, 4)

6, 12   *cf.* III, 3, 13 (121, praef. 2)

6, 19   III, 42, 12 (121, 10, 4)

c. 7   *cf.* II, 77, 3 (78, 35, 5)

*7, 1-3　　I, 492, 16 (55, 4, 3)

7, 2　　　　cf. II, 40, 5 (77, 3, 5);
　　　　　　cf. II, 100, 18 (79, 11,
　　　　　　2); cf. III, 95; 3 (123,
　　　　　　17, 2)

7, 3　　　　cf. II, 40, 5 (77, 3, 5)

7, 6　　　　cf. I, 693, 4 (69, 7, 3);
　　　　　　cf. II, 383, 24 (112,
　　　　　　14, 4); cf. II, 480, 15
　　　　　　(120, 2, 3); III, 31, 2
　　　　　　(121, 8, 6)

7, 7　　　　II, 411, 7 (°116, 20,
　　　　　　1); III, 34, 10 (121, 8,
　　　　　　15)

*7, 7-25　　III, 29, 20 (121, 8, 1)

7, 8　　　　cf. I, 399, 9 (°51, 2,
　　　　　　5); III, 2, 15 (121,
　　　　　　cap. 8); III, 29, 14
　　　　　　(121, 8, 1); cf. III, 33,
　　　　　　22 (121, 8, 14)

7, 9-10　　cf. III, 33, 22 (121, 8,
　　　　　　14)

7, 10-11　cf. III, 33, 26 (121, 8,
　　　　　　14)

7, 12　　　cf. II, 384, 11 (112,
　　　　　　14, 6); cf. II, 411, 9
　　　　　　(°116, 20, 1); cf. III,
　　　　　　34, 2 (121, 8, 14)

*7, 13　　II, 411, 10 (°116, 20,
　　　　　　2)

7, 13　　　cf. III, 34, 9 (121, 8,
　　　　　　15)

*7, 14　　III, 32, 26 (121, 8, 12)

7, 14　　　cf. I, 433, 2 (52, 10,
　　　　　　3); cf. I, 587, 4 (64, 1,
　　　　　　1); II, 50, 19 (78, 1,
　　　　　　4); cf. II, 384, 11
　　　　　　(112, 14, 6)

*7, 14-15　III, 34, 24 (121, 8, 17)

*7, 14-20　III, 254, 3 (133, 8, 6)

7, 14-23　cf. III, 126, 5 (125, 7,
　　　　　　5)

*7, 15　　III, 254, 28 (133, 9, 2)

7, 17-20　cf. III, 68, 12 (122, 3,
　　　　　　13)

*7, 18-19　III, 189, 11 (130, 9, 3)

*7, 19　　II, 95, 15 (79, 7, 5);
　　　　　　III, 243, 7 (133, 2, 1);
　　　　　　III, 254, 28 (133, 9, 2)

7, 22　　　cf. I, 620, 22 (65, 4,
　　　　　　3); cf. I, 622, 9 (65, 5,
　　　　　　2); cf. I, 641, 10 (65,
　　　　　　19, 2)

7, 22-23　cf. I, 165, 15 (22, 17,
　　　　　　3); cf. III, 31, 19 (121,
　　　　　　8, 8)

*7, 22-25　III, 253, 24 (133, 8, 5)

7, 22-25　cf. II, 336, 11 (108,
　　　　　　20, 5)

*7, 23　　II, 92, 16 (79, 5, 1);
　　　　　　III, 243, 5 (133, 2, 1)

7, 23　　　cf. I, 149, 14 (22, 5,
　　　　　　1); cf. II, 39, 23 (77,
　　　　　　3, 4); cf. III, 36, 11
　　　　　　(121, 8, 21)

*7, 24　　I, 138, 11 (21, 39, 3);
　　　　　　II, 338, 7 (108, 21, 4);
　　　　　　III, 68, 11 (122, 3,
　　　　　　13); III, 189, 10 (130,
　　　　　　9, 3); III, 242, 15
　　　　　　(133, 1, 3)

7, 24　　　I, 149, 17 (22, 5, 1);
　　　　　　II, 455, 28 (119, 7, 5);
　　　　　　cf. II, 461, 1 (119, 9,
　　　　　　3); III, 126, 7 (125, 7,

5); cf. III, 206, 16 (°131, 5, 1)

*7, 24-25   III, 36, 17 (121, 8, 21)

7, 25   III, 206, 18 (°131, 5, 1); III, 222, 5 (°131, 24); III, 226, 28 (°132, 2, 3)

*8, 3   I, 114, 12 (21, 2, 6); III, 253, 17 (133, 8, 4)

8, 3   cf. III, 49, 6 (121, 10, 20); cf. III, 210, 17 (°131, 10, 1); cf. III, 220, 17 (°131, 22, 1)

8, 6   cf. II, 189, 27 (°98, 5, 1); cf. II, 190, 2 (°98, 5, 2); cf. II, 190, 21 (°98, 5, 5); cf. II, 190, 25 (°98, 6, 1); cf. II, 190, 29 (°98, 6, 1)

8, 7   cf. II, 189, 27 (°98, 5, 1); cf. II, 190, 2 (°98, 5, 2); cf. II, 190, 21 (°98, 5, 5); cf. II, 190, 25 (°98, 6, 1); cf. II, 190, 29 (°98, 6, 1)

8, 8   cf. I, 291, 14 (38, 3, 2)

*8, 8-9   III, 189, 16 (130, 9, 3)

8, 10   cf. II, 460, 17 (119, 9, 2)

8, 12   cf. I, 552, 7 (60, 3, 4)

8, 13   cf. I, 628, 15 (65, 10, 4); cf. II, 513, 21 (120, 12, 7)

8, 17   cf. I, 52, 5 (14, 6, 1); cf. I, 403, 10 (°51, 5, 1)

*8, 18   I, 60, 14 (14, 10, 4); I, 207, 12 (22, 40, 2); II, 331, 20 (108, 18, 9)

8, 18   III, 184, 10 (130, 7, 6)

8, 19-21   cf. III, 99, 27 (124, 4, 2)

8, 20   cf. III, 108, 15 (124, 9, 5); cf. III, 108, 18 (124, 9, 5)

*8, 21   III, 110, 2 (124, 9, 10)

8, 24   I, 542, 9 (59, 1, 2)

8, 26   cf. I, 281, 14 (36, 15, 2)

*8, 28   II, 48, 1 (77, 11, 1)

*8, 32   II, 168, 24 (°96, 10, 2)

*8, 35   I, 205, 13 (22, 39, 1); III, 38, 12 (121, 9, 2)

*8, 35-36   III, 184, 1 (130, 7, 5)

*8, 36   II, 334, 12 (108, 19, 7)

8, 36   III, 150, 13 (127, 6, 2)

*8, 37   II, 222, 13 (°100, 9, 3)

*8, 38-39   I, 205, 16 (22, 39, 2); III, 38, 15 (121, 9, 2)

c. 9   cf. III, 255, 23 (133, 9, 4)

*9, 1-3   III, 38, 22 (121, 9, 2)

9, 1-5   cf. II, 501, 6 (120, 10, 3)

*9, 3   III, 39, 21 (121, 9, 5); III, 40, 9 (121, 9, 7); III, 161, 24 (128, 5, 3)

9, 3   III, 2, 18 (121, cap. 9)

9, 3-4   cf. II, 111, 4 (82, 3, 4)

*9, 3-5   III, 38, 5 (121, 9, 1)

*9, 4   II, 501, 9 (120, 10, 3)

9, 4   *cf.* I, 285, 17 (36, 17);
          cf. III, 40, 12 (121, 9,
          7); *cf.* III, 40, 16 (121,
          9, 8); *cf.* III, 40, 17
          (121, 9, 8); *cf.* III, 40,
          20 (121, 9, 8); *cf.* III,
          40, 21 (121, 9, 8); *cf.*
          III, 40, 22 (121, 9, 8)

*9, 5   II, 164, 23 (°96, 6, 3)

9, 5   *cf.* III, 40, 24 (121, 9,
          8); III, 40, 26 (121, 9,
          9)

*9, 7-8   II, 501, 23 (120, 10,
          4)

9, 10-13 *cf.* II, 502, 2 (120, 10,
          5)

9, 11   *cf.* II, 502, 13 (120,
          10, 6); *cf.* III, 298, 31
          (°144, 8, 3)

9, 12   *cf.* I, 113, 20 (21, 2, 4)

9, 13   III, 155, 9 (133, 9, 3)

*9, 14   II, 500, 8 (120, 10, 1)

9, 14   II, 471, 23 (120, [10]);
          cf. II, 502, 16 (120,
          10, 7); II, 505, 18
          (120, 10, 16)

*9, 15   II, 502, 17 (120, 10,
          7)

*9, 16   II, 502, 21 (120, 10,
          7); II, 505, 19 (120,
          10, 16); III, 192, 15
          (130, 12, 3); III, 250,
          5 (133, 6, 2)

9, 16   *cf.* I, 656, 11 (66, 8,
          1); II, 136, 9 (85, 2)

*9, 17   II, 502, 23 (120, 10,
          7)

9, 18   II, 505, 20 (120, 10,
          16)

*9, 19   II, 505, 22 (120, 10,
          16)

*9, 20   II, 503, 13 (120, 10,
          10)

9, 20   *cf.* II, 9, 14 (72, 2, 2);
          II, 503, 7 (120, 10, 9)

*9, 20-21 II, 506, 1 (120, 10,
          17); III, 255, 3 (133,
          9, 2)

*9, 21   II, 503, 15 (120, 10,
          10)

9, 21   *cf.* III, 105, 13 (124,
          8, 1); *cf.* III, 105, 20
          (124, 8, 2); *cf.* III,
          105, 23 (124, 8, 3)

*9, 22-26 II, 503, 20 (120, 10,
          11)

9, 23   *cf.* II, 504, 25 (120,
          10, 14)

9, 27   II, 505, 1 (120, 10,
          14)

9, 28   *cf.* II, 505, 3 (120, 10,
          14)

9, 29   II, 500, 10 (120, 10,
          1); II, 505, 6 (120, 10,
          15)

*9, 30-32 I, 133, 4 (21, 34, 3)

9, 30-33 *cf.* II, 505, 11 (120,
          10, 15)

*9, 33   I, 520, 12 (57, 9, 7)

*10, 2   I, 471, 18 (54, 6, 1)

10, 2   *cf.* II, 130, 21 (84, 8,
          1); *cf.* III, 96, 11 (124,
          1, 1)

*10, 3   I, 670, 19 (°67, 6, 1);
          II, 385, 9 (112, 15, 3)

10, 3   *cf.* I, 132, 12 (21, 34, 1); *cf.* II, 505, 14 (120, 10, 15)

10, 4   II, 383, 2 (112, 14, 2); *cf.* III, 7, 16 (121, 1, 8); *cf.* III, 358, 5 (149, 2, 2)

10, 5   *cf.* I, 132, 12 (21, 34, 1)

10, 10   II, 79, 9 (78, 37, 3)

*10, 13   II, 173, 14 (°96, 14, 2)

*10, 14   II, 173, 15 (°96, 14, 2)

10, 18   II, 247, 7 (106, 1, 1)

11, 1   *cf.* II, 314, 15 (108, 8, 3)

*11, 4   II, 462, 9 (119, 9, 6)

11, 5   *cf.* II, 462, 17 (119, 9, 7)

11, 16   *cf.* I, 632, 16 (65, 13, 5)

11, 17   *cf.* II, 416, 17 (°116, 27, 2)

11, 20   II, 70, 11 (78, 25, 1)

*11, 25-26   III, 175, 4 (129, 7, 4)

11, 25-26   *cf.* I, 285, 20 (36, 17); *cf.* III, 87, 15 (123, 12, 5)

*11, 32   I, 679, 2 (69, 1, 1); III, 64, 14 (122, 3, 4); III, 243, 21 (133, 2, 4)

11, 32   *cf.* III, 36, 1 (121, 8, 20)

*11, 33   I, 138, 6 (21, 39, 3); I, 297, 9 (39, 2, 5); II, 86, 21 (78, 43, 9)

*11, 33-34   II, 343, 14 (108, 25, 1)

11, 34   II, 463, 17 (119, 10, 3)

*12, 1   I, 662, 13 (66, 12, 1)

12, 1   *cf.* I, 51, 6 (14, 5, 3); *cf.* II, 42, 5 (77, 4, 5); *cf.* II, 66, 24 (78, 17, 4); *cf.* II, 441, 22 (118, 5, 3); *cf.* III, 127, 9 (125, 8, 2); *cf.* III, 150, 21 (127, 6, 3); *cf.* III, 176, 23 (130, 2, 2)

12, 9   *cf.* I, 396, 16 (°51, 1, 4); III, 333, 19 (148, 5, 1)

*12, 11   I, 225, 16 (27, 3, 2)

12, 11   I, 225, 17 (27, 3, 2); I, 420, 15 (52, 4, 2); II, 512, 16 (120, 12, 4)

*12, 12   I, 225, 16 (27, 3, 2); III, 183, 23 (130, 7, 5)

12, 12   I, 225, 17 (27, 3, 2)

*12, 13   III, 133, 6 (125, 14, 2)

12, 15   I, 560, 8 (60, 10, 5); III, 61, 11 (122, 1, 16)

*12, 17   II, 427, 9 (117, 4, 4); III, 349, 11 (148, 23, 2)

12, 17   *cf.* II, 121, 10 (84, 1); *cf.* II, 358, 22 (°110, 3, 2); *cf.* III, 89, 14 (123, 14, 2); *cf.* III, 349, 3 (148, 23, 1)

*12, 18   II, 108, 22 (82, 2, 1)

*12, 20   II, 475, 18 (120, 1, 5)

12, 20   *cf.* II, 475, 13 (120, 1, 5)

*12, 21   II, 330, 1 (108, 18, 4)

12, 21   *cf.* II, 121, 10 (84, 1); *cf.* II, 476, 2 (120, 1, 6)

13, 9   II, 411, 7 (°116, 20, 1)

*13, 9-10   III, 237, 15 (°132, 16, 2)

*13, 10   II, 411, 26 (°116, 20, 3); III, 237, 11 (°132, 16, 1)

13, 10   *cf.* III, 234, 12 (°132, 11, 4)

13, 12   I, 555, 9 (60, 6, 1)

*13, 12-14   II, 217, 28 (°100, 5, 2)

13, 14   *cf.* I, 202, 18 (22, 38, 1)

*14, 2   I, 476, 20 (54, 10, 2)

14, 2   *cf.* I, 331, 1 (°46, 2, 2)

*14, 4   I, 40, 3 (11, 3); I, 202, 3 (22, 37, 3)

14, 4   *cf.* I, 324, 2 (45, 1, 2); I, 340, 18 (°46, 10, 4); *cf.* III, 128, 7 (125, 9, 2)

*14, 5   III, 195, 1 (130, 14, 7)

14, 5   *cf.* I, 377, 9 (49, 15, 6); *cf.* II, 235, 21 (102, 2, 1); *cf.* II, 468, 6 (119, 11, 3); III, 261, 12 (134, 1, 1); III, 295, 18 (°144, 3, 2)

*14, 10   I, 328, 14 (45, 7)

14, 10   *cf.* II, 210, 9 (°98, 25, 3)

14, 15   *cf.* II, 7, 7 (71, 6, 3)

*14, 17   II, 222, 18 (°100, 10, 1); II, 480, 7 (120, 2, 2)

*14, 21   I, 155, 9 (22, 8, 3); I, 476, 16 (54, 10, 2); II, 96, 4 (79, 7, 6); II, 307, 14 (108, 1, 4)

15, 17   *cf.* I, 17, 3 (3, 5, 1)

15, 19   *cf.* I, 630, 13 (65, 12, 3); *cf.* II, 1, 15 (71, 1, 2); *cf.* II, 494, 24 (120, 9, 5)

15, 24   *cf.* I, 630, 15 (65, 12, 3); II, 1, 12 (71, 1, 2)

15, 28   *cf.* I, 630, 15 (65, 12, 3); *cf.* II, 495, 1 (120, 9, 5)

*16, 20   III, 190, 6 (130, 10, 3)

16, 20   *cf.* I, 410, 23 (°51, 8)

Cor.

I 1, 3   *cf.* III, 274, 6 (140, 5, 3)

I 1, 18   *cf.* I, 621, 5 (65, 4, 3)

I 1, 19   I, 449, 17 (53, 4, 2); *cf.* II, 473, 3 (120, praef. 3); III, 259, 3 (133, 12, 1)

I 1, 21   *cf.* I, 450, 1 (53, 4, 2)

*I 1, 24   II, 172, 19 (°96, 13, 2)

I 1, 24   *cf.* I, 450, 6 (53, 4, 3); *cf.* I, 649, 17 (66, 3, 2); *cf.* II, 461, 5 (119,

9, 4); *cf.* III, 14, 20 (121, 3, 3)

*I 1, 25   II, 333, 18 (108, 19, 5); III, 259, 4 (133, 12, 1)

*I 1, 26   I, 651, 9 (66, 4, 2)

*I 1, 27   I, 518, 1 (57, 8, 5)

I 1, 28   *cf.* III, 347, 12 (148, 21, 2)

*I 1, 30   I, 629, 10 (65, 11, 2)

I 1, 30   *cf.* I, 658, 1 (66, 8, 4); *cf.* I, 658, 10 (66, 8, 5); *cf.* I, 658, 11 (66, 8, 5); *cf.* II, 461, 8 (119, 9, 4); *cf.* II, 464, 23 (119, 10, 7); *cf.* II, 467, 14 (119, 10, 14)

I 1, 31   I, 182, 14 (22, 27, 2); *cf.* II, 507, 19 (120, 11, 4)

*I 2, 4-5   I, 626, 12 (65, 9, 3)

*I 2, 6-7   I, 450, 2 (53, 4, 2)

I 2, 7   *cf.* I, 450, 10 (53, 4, 3)

I 2, 8   *cf.* II, 162, 1 (°96, 3, 4); *cf.* II, 164, 5 (°96, 6, 2); *cf.* II, 224, 24 (°100, 11, 3)

*I 2, 8-9   I, 519, 14 (57, 9, 5)

*I 2, 9   I, 12, 9 (3, 1, 1); I, 209, 5 (22, 41, 1); I, 541, 14 (59, 1, 1); II, 69, 25 (78, 23); II, 349, 6 (108, 30, 2); III, 164, 3 (129, 1, 4)

I 2, 10   I, 542, 3 (59, 1, 1)

I 2, 13   *cf.* I, 433, 1 (52, 10, 3); II, 81, 19 (78, 40,

3); *cf.* II, 473, 2 (120, praef. 3)

I 2, 14   *cf.* II, 131, 25 (84, 9, 3)

I 3, 1   *cf.* II, 128, 3 (84, 6, 2)

I 3, 1-2   *cf.* II, 50, 23 (78, 1, 4)

I 3, 2   *cf.* I, 289, 2 (37, 4, 1); I, 692, 5 (69, 6, 9)

*I 3, 3   I, 149, 8 (22, 4, 4)

I 3, 6   *cf.* I, 29, 9 (7, 4, 1); *cf.* III, 177, 12 (130, 2, 4)

*I 3, 9   III, 167, 2 (129, 2, 8)

I 3, 10   *cf.* I, 353, 4 (49, 2, 5)

I 3, 12   *cf.* I, 353, 3 (49, 2, 5)

I 3, 14   *cf.* I, 25, 14 (6, 2, 2)

*I 3, 16   I, 531, 6 (58, 3, 3)

I 3, 16   *cf.* I, 401, 12 (°51, 4, 3); *cf.* I, 489, 9 (55, 2, 5)

I 3, 16-17   *cf.* I, 50, 1 (14, 4, 2)

*I 3, 17   I, 685, 23 (69, 4, 3)

I 3, 17   III, 346, 9 (148, 19, 2)

I 4, 2   II, 413, 4 (°116, 22, 1)

*I 4, 3   III, 42, 11 (121, 10, 4)

*I 4, 5   I, 40, 3 (11, 3)

I 4, 5   *cf.* II, 206, 17 (°98, 20, 3); III, 345, 1 (148, 17, 3)

I 4, 7   III, 249, 28 (133, 6, 1)

*I 4, 8   II, 164, 19 (°96, 6, 3)

*I 4, 9   II, 333, 16 (108, 19, 5)

I 4, 9   II, 508, 12 (120, 11, 6)

I 4, 10   II, 333, 17 (108, 19, 5)

*I 7, 4   I, 355, 7 (49, 4, 1); II, 304, 18 (107, 13, 5); III, 352, 9 (148, 28, 2)

*I 7, 5   I, 378, 6 (49, 16, 1); I, 378, 10 (49, 16, 2); I, 378, 20 (49, 16, 3)

I 7, 5   cf. I, 355, 14 (49, 4, 2); I, 376, 12 (49, 15, 3); I, 378, 8 (49, 16, 1); I, 379, 2 (49, 16, 4); I, 379, 18 (49, 17, 2); cf. III, 69, 14 (122, 4, 2); III, 353, 14 (148, 29, 2)

I 7, 5-6   III, 353, 17 (148, 29, 2)

*I 7, 6   I, 378, 14 (49, 16, 2); I, 379, 5 (49, 16, 4); II, 299, 10 (107, 8, 2)

I 7, 6   cf. III, 75, 5 (123, 3, 3)

*I 7, 7   I, 171, 1 (22, 20, 2); I, 349, 1 (48, 3, 2); I, 356, 1 (49, 4, 3); I, 356, 10 (49, 4, 4); III, 261, 13 (134, 1, 1); III, 295, 19 (°144, 3, 2)

I 7, 7   III, 353, 24 (148, 29, 3)

I 7, 7-8   cf. III, 79, 9 (123, 6, 1)

*I 7, 8   I, 171, 2 (22, 20, 2); III, 79, 16 (123, 6, 2)

*I 7, 8-9   I, 379, 9 (49, 17, 1); I, 379, 15 (49, 17, 2); III, 76, 2 (123, 4, 3)

*I 7, 9   III, 79, 18 (123, 6, 2)

I 7, 9   I, 187, 19 (22, 29, 4); cf. I, 362, 1 (49, 8, 2); I, 379, 19 (49, 17, 2); I, 380, 1 (49, 17, 3); I, 380, 17 (49, 17, 5); cf. I, 485, 19 (54, 18, 3); II, 39, 21 (77, 3, 4); II, 99, 18 (79, 10, 2); cf. III, 95, 3 (123, 17, 2); cf. III, 201, 9 (130, 19, 7)

I 7, 10-16   cf. I, 500, 2 (°56, 3, 3)

*I 7, 13-14   II, 290, 5 (107, 1, 1)

I 7, 14   cf. II, 136, 11 (85, 2)

I 7, 15   cf. I, 358, 15 (49, 6, 2)

*I 7, 18   I, 358, 8 (49, 6, 1); III, 158, 13 (128, 3, 1); III, 158, 16 (128, 3, 2)

I 7, 18   cf. I, 358, 12 (49, 6, 2)

I, 7, 19   I, 358, 16 (49, 6, 2)

*I 7, 20   II, 304, 19 (107, 13, 5)

I 7, 20   III, 158, 11 (128, 3, 1)

*I 7, 21   I, 358, 23 (49, 6, 3)

I 7, 23   I, 375, 3 (49, 14, 11)

I 7, 25   I, 170, 15 (22, 20, 2); cf. I, 171, 6 (22, 20, 3); I, 359, 12 (49, 7, 1); I, 614, 12 (64, 21, 4); cf. III, 191, 2 (130, 10, 6)

I 7, 26   I, 172, 9 (22, 21, 4)

*I 7, 27   III, 306, 11 (145, 2)

I 7, 27   I, 360, 4 (49, 7, 2); cf. III, 76, 19 (123, 5, 2); cf. III, 79, 11 (123, 6, 1)

*I 7, 28   I, 174, 17 (22, 22, 2)
I 7, 28   I, 381, 18 (49, 18, 1)
*I 7, 29   I, 172, 12 (22, 21, 4);
            I, 439, 9 (52, 16, 1);
            III, 77, 12 (123, 5, 5)
I 7, 29   III, 85, 20 (123, 12, 2)
I 7, 31   II, 75, 4 (78, 33)
I 7, 32   cf. III, 79, 10 (123, 6,
            1)
I 7, 32-33 cf. III, 76, 9 (123, 5,
            1)
*I 7, 32-34 I, 174, 1 (22, 21, 9)
*I 7, 34   I, 203, 10 (22, 38, 2)
I 7, 34   cf. II, 304, 14 (107,
            13, 4)
*I 7, 39   I, 357, 22 (49, 5, 3); I,
            492, 22 (55, 4, 3)
I 7, 39   cf. II, 100, 18 (79, 11,
            2); III, 76, 22 (123, 5,
            3); III, 95, 3 (123, 17,
            2)
*I 7, 39-40 III, 76, 10 (123, 5, 1)
I 7, 40   cf. I, 362, 5 (49, 8, 2);
            I, 362, 7 (49, 8, 3); I,
            362, 8 (49, 8, 3); III,
            77, 5 (123, 5, 4); cf.
            III, 77, 6 (123, 5, 4);
            cf. III, 77, 7 (123, 5,
            4)
I 8, 1   cf. II, 364, 12 (°110,
            9, 2); cf. III, 234, 7
            (°132, 11, 3)
*I 8, 9-11 I, 123, 4 (21, 13, 7)
I 8, 10   cf. I, 189, 3 (22, 29, 7)
I 8, 11   cf. II, 363, 17 (°110,
            8, 2)
*I 8, 13   III, 89, 19 (123, 14, 2)
*I 9, 5   I, 171, 4 (22, 20, 2)

I 9, 5   cf. III, 89, 16 (123,
            14, 2)
*I 9, 9   I, 657, 1 (66, 8, 2)
I 9, 9   I, 587, 6 (64, 1, 2)
*I 9, 9-10 II, 189, 20 (°98, 4, 6)
I 9, 11   cf. II, 334, 24 (108,
            20, 1); cf. III, 130, 9
            (125, 11, 2)
*I 9, 13   I, 657, 2 (66, 8, 2)
I 9, 13   cf. I, 422, 5 (52, 5, 2)
*I 9, 20   I, 669, 5 (°67, 4, 1);
            II, 380, 16 (112, 12,
            1)
I 9, 20   cf. I, 89, 13 (18 A, 12,
            2); cf. II, 379, 19
            (112, 10, 4)
I 9, 20-21 cf. I, 671, 12 (°67, 6,
            3); cf. II, 387, 3 (112,
            17, 1)
*I 9, 22   I, 136, 21 (21, 37, 2);
            I, 671, 21 (°67, 6, 4);
            cf. II, 417, 25 (°116,
            29, 2)
I 9, 22   I, 671, 20 (°67, 6, 4);
            cf. II, 416, 25 (°116,
            27, 3)
*I 9, 24   II, 2, 21 (71, 2, 1); II,
            2, 22 (71, 2, 1); II, 68,
            21 (78, 20, 2)
*I 9, 27   II, 95, 16 (79, 7, 5);
            II, 307, 12 (108, 1, 4)
I 9, 27   cf. I, 149, 13 (22, 5,
            1); cf. I, 474, 13 (54,
            8, 3); cf. II, 209, 21
            (°98, 24, 3); cf. II,
            302, 12 (107, 11, 2);
            cf. III, 126, 4 (125, 7,
            5); cf. III, 189, 7 (130,

9, 3); *cf.* III, 348, 15 (148, 22, 3); *cf.* III, 349, 1 (148, 22, 3)

I 10, 1-4   II, 50, 3 (78, 1, 2)

I 10, 4   *cf.* I, 152, 14 (22, 6, 6); *cf.* II, 491, 15 (120, 8, 7)

*I 10, 9-10   I, 410, 20 (°51, 8)

*I 10, 11   I, 432, 5 (52, 10, 2); II, 24, 11 (74, 2, 2); II, 49, 18 (78, 1, 2); III, 85, 19 (123, 12, 2); III, 173, 20 (129, 6, 3)

I 10, 11   *cf.* III, 360, 18 (149, 3, 6)

*I 10, 12   I, 40, 5 (11, 3)

I 10, 12   *cf.* II, 41, 5 (77, 4, 3); II, 70, 13 (78, 25, 1)

*I 10, 13   I, 328, 7 (45, 6, 3)

I 10, 20   *cf.* I, 189, 6 (22, 29, 7)

*I 10, 20-21
   II, 169, 24 (°96, 11, 3)

*I 10, 21   I, 494, 13 (55, 5, 2)

*I 10, 23   I, 363, 7 (49, 8, 5); I, 383, 5 (49, 18, 5)

I 10, 24   *cf.* II, 3, 19 (71, 2, 3)

I 10, 29   *cf.* III, 89, 17 (123, 14, 2)

*I 10, 31   III, 148, 13 (127, 4, 1); III, 251, 18 (133, 7, 2)

*I 10, 32-33
   III, 349, 12 (148, 23, 2)

I 11, 1   III, 339, 2 (148, 12, 1)

*I 11, 3   III, 43, 11 (121, 10, 5); III, 270, 14 (140, 2, 2)

I 11, 3   *cf.* I, 60, 8 (14, 10, 3); III, 350, 27 (148, 26, 1)

I 11, 5-6   *cf.* I, 292, 1 (38, 4, 2)

I 11, 5-15   *cf.* III, 321, 4 (147, 5, 2)

*I 11, 7   I, 409, 1 (°51, 6, 11)

I 11, 7   *cf.* III, 270, 17 (140, 2, 3)

I 11, 14   *cf.* I, 185, 2 (22, 28, 1)

I 11, 27   *cf.* I, 57, 12 (14, 8, 7)

I 11, 28   *cf.* I, 58, 3 (14, 9, 1); *cf.* I, 377, 15 (49, 15, 7)

*I 11, 30   II, 456, 8 (119, 7, 6)

*I 12, 4-11   II, 493, 4 (120, 9, 1); II, 511, 23 (120, 12, 3)

I 12, 4-11   *cf.* I, 312, 23 (41, 2); *cf.* II, 496, 9 (120, 9, 9)

I 12, 9-10   *cf.* II, 494, 20 (120, 9, 4)

I 12, 12-27   *cf.* I, 431, 9 (52, 9, 3)

I 12, 26   *cf.* III, 263, 9 (°135)

I 12, 28   *cf.* II, 467, 5 (119, 10, 13)

*I 13, 3   II, 191, 8 (°98, 6, 3)

*I 13, 4   I, 574, 9 (60, 19, 2); II, 118, 18 (82, 11, 3)

I 13, 5   I, 345, 12 (47, 1, 2)

*I 13, 7   II, 118, 18 (82, 11, 3)

I 13, 7   *cf.* I, 29, 17 (7, 4, 2); *cf.* I, 70, 8 (17, 1)

*I 13, 7-8   I, 574, 9 (60, 19, 2)

*I 13, 9   II, 79, 11 (78, 37, 3)

I 13, 9   I, 85, 22 (18 A, 8, 3);
I, 138, 9 (21, 39, 3); I,
247, 1 (30, 8); cf. I,
281, 12 (36, 15, 2); I,
314, 16 (41, 4, 1)

*I 13, 9-10 II, 490, 24 (120, 8, 6)

I 13, 9-12   cf. III, 250, 24 (133,
6, 4)

*I 13, 10   I, 281, 15 (36, 15, 2)

*I 13, 12   I, 85, 23 (18 A, 8, 3);
I, 138, 10 (21, 39, 3);
I, 247, 2 (30, 8); I,
314, 17 (41, 4, 1); II,
79, 12 (79, 37, 3); II,
491, 6 (120, 8, 6)

I 13, 12   cf. I, 281, 13 (36, 15,
2); cf. II, 222, 26
(°100, 10, 1); cf. II,
231, 7 (°100, 16, 3)

I 13, 13   II, 118, 21 (82, 11, 3)

I 14, 15   cf. I, 167, 1 (22, 18,
1); III, 134, 7 (125,
15, 2)

I 14, 16   cf. I, 222, 10 (26, 4, 1)

*I 14, 18   II, 507, 19 (120, 11,
4)

I 14, 18   cf. II, 495, 2 (120, 9,
5)

I 14, 19   cf. I, 455, 7 (53, 8, 2)

*I 14, 21   III, 32, 21 (121, 8, 11)

I 14, 25   cf. II, 157, 7 (94, 1, 2)

*I 14, 30-33
I, 428, 9 (52, 7, 5)

*I 15, 3   II, 169, 1 (°96, 10, 3)

I 15, 5-7   cf. II, 58, 13 (78, 8, 3)

I 15, 6   cf. II, 489, 4 (120, 7,
2)

*I 15, 10   I, 99, 7 (18 B, 2, 2); I,
626, 16 (65, 9, 4); I,
626, 19 (65, 9, 4)

I 15, 10   cf. I, 528, 9 (58, 1, 3)

*I 15, 13-14
II, 177, 23 (°96, 17,
5)

*I 15, 14-15
I, 500, 10 (°56, 3, 4)

I 15, 18   II, 456, 9 (119, 7, 6)

*I 15, 20-21
II, 464, 5 (119, 10, 5)

*I 15, 21   III, 221, 6 (°131, 23,
1)

*I 15, 21-22
III, 219, 13 (°131, 21,
1)

*I 15, 22   II, 172, 16 (°96, 13,
2); II, 453, 6 (119, 6,
2); III, 221, 7 (°131,
23, 1)

I 15, 22   cf. III, 222, 6 (°131,
24); cf. III, 223, 27
(°131, 27, 2)

I 15, 24   cf. I, 631, 24 (65, 13,
3)

*I 15, 25-28
I, 490, 3 (55, 3, 1)

*I 15, 28   I, 632, 1 (65, 13, 3)

I 15, 28   I, 491, 9 (55, 3, 4); I,
491, 15 (55, 3, 5); cf.
I, 631, 24 (65, 13, 3);
I, 632, 4 (65, 13, 3);
III, 43, 20 (121, 10,
6); cf. III, 102, 20
(124, 5, 6); cf. III,
110, 11 (124, 9, 10);

cf. III, 112, 17 (124, 10, 6)

*I 15, 31   III, 150, 8 (127, 6, 2)

I 15, 31   I, 566, 12 (60, 14, 2); cf. I, 574, 3 (60, 19, 1)

I 15, 32   III, 31, 5 (121, 8, 6)

*I 15, 33   I, 188, 3 (22, 29, 4); I, 422, 14 (52, 5, 3); I, 701, 15 (70, 2, 3); III, 198, 26 (130, 18, 1)

*I 15, 39-40

   II, 453, 19 (119, 6, 4)

I 15, 40   cf. II, 126, 14 (84, 5, 1)

I 15, 41   I, 18, 6 (3, 5, 3)

*I 15, 42   II, 453, 22 (119, 6, 4)

*I 15, 42-44

   II, 174, 19 (°96, 15, 2)

*I 15, 44   II, 340, 6 (108, 23, 2)

I 15, 45-49   cf. II, 491, 23 (120, 8, 8)

*I 15, 46   III, 359, 29 (149, 3, 5)

I 15, 50-54   cf. I, 543, 20 (59, 3, 1)

*I 15, 51   I, 620, 10 (65, 4, 1); II, 447, 14 (119, 2, 1); II, 447, 16 (119, 2, 1); II, 447, 19 (119, 2, 2); II, 448, 4 (119, 2, 3); II, 449, 9 (119, 5, 1); II, 449, 14 (119, 5, 1); II, 449, 17 (119, 5, 2); II, 449, 23 (119, 5, 3); II, 452, 25 (119, 6, 1); II, 454, 9 (119, 7, 1); II, 458, 10 (119, 7, 12); II, 469, 6 (119, 12, 2); II, 469, 8 (119, 12, 2); II, 469, 10 (119, 12, 2)

*I 15, 51-52

   II, 453, 8 (119, 6, 3); II, 461, 13 (119, 9, 4); II, 464, 8 (119, 10, 5)

*I 15, 52   II, 450, 10 (119, 5, 4); II, 451, 22 (119, 5, 8)

I 15, 52   cf. II, 448, 8 (119, 2, 3); II, 448, 20 (119, 3, 1); II, 449, 20 (119, 5, 2); cf. II, 450, 8 (119, 5, 4); II, 458, 12 (119, 7, 12); II, 461, 19 (119, 9, 5); II, 462, 2 (119, 9, 5); II, 462, 4 (119, 9, 6)

*I 15, 52-53

   II, 448, 13 (119, 2, 4); II, 451, 4 (119, 5, 6)

*I 15, 53   II, 332, 5 (108, 19, 1); II, 452, 9 (119, 5, 9)

I 15, 53   cf. I, 61, 1 (14, 11, 1); cf. III, 101, 20 (124, 5, 3)

I 15, 53-54   cf. II, 31, 18 (75, 2, 3)

I 15, 56   cf. I, 275, 1 (36, 8)

I 16, 1-2   cf. II, 474, 23 (120, 1, 3); cf. II, 482, 7 (120, 4, 1)

*I 16, 22   I, 222, 15 (26, 4, 2)

I 16, 22   I, 222, 12 (26, 4, 2)

II 1, 2   cf. III, 274, 6 (140, 5, 3)

*II 1, 3   II, 499, 9 (120, 9, 17)

*II 1, 5   II, 332, 8 (108, 19, 1)

*II 1, 7   II, 332, 10 (108, 19, 1)

*II 1, 12   II, 334, 1 (108, 19, 6)

II 2, 1-11   cf. III, 57, 12 (122, 1,
             4)

*II 2, 7   I, 356, 16 (49, 4, 5);
             III, 67, 27 (122, 3, 12)

II 2, 7   cf. III, 132, 9 (125,
             13, 2)

II 2, 8   cf. III, 68, 1 (122, 3,
             12)

*II 2, 10   I, 356, 17 (49, 4, 5); I,
             356, 19 (49, 4, 5)

*II 2, 11   I, 187, 2 (22, 29, 1)

*II 2, 12-17 II, 506, 13 (120, 11,
             1)

II 2, 14   II, 508, 9 (120, 11, 6)

II 2, 15   cf. I, 634, 8 (65, 14, 2)

*II 2, 16   II, 472, 2 (120, [11]);
             II, 506, 9 (120, 11, 1)

II 2, 17   II, 510, 25 (120, 11,
             14)

II 3, 2   cf. I, 34, 3 (9, 2)

II 3, 3   cf. I, 624, 9 (65, 7, 2)

II 3, 6   cf. I, 415, 3 (52, 2, 1);
             cf. I, 587, 2 (64, 1, 1);
             II, 12, 14 (72, 5, 1);
             cf. II, 49, 15 (78, 1,
             1); cf. II, 57, 7 (78, 7,
             3); cf. II, 319, 13
             (108, 11, 4); cf. II,
             352, 9 (109, 1, 2); cf.
             III, 12, 8 (121, 2, 12);
             cf. III, 50, 19 (121,
             10, 25); cf. III, 85, 12
             (123, 12, 1); cf. III,
             173, 5 (129, 6, 2)

II 3, 13-16 cf. III, 357, 11 (149,
             1, 2)

II 3, 13-18 cf. I, 538, 20 (58, 9, 1)

II 3, 16   cf. I, 587, 1 (64, 1, 1)

*II 3, 18   I, 291, 18 (38, 4, 1); I,
             410, 8 (°51, 7, 4); III,
             270, 18 (140, 2, 3)

II 3, 18   cf. I, 450, 17 (53, 4,
             4); cf. II, 31, 3 (75, 1,
             4)

*II 4, 7   II, 332, 4 (108, 19, 1)

II 4, 7   I, 148, 4 (22, 4, 1); cf.
             I, 605, 3 (64, 18, 1);
             cf. II, 80, 7 (78, 38, 3)

II 4, 10   cf. II, 461, 1 (119, 9,
             3)

*II 4, 16-18 II, 331, 6 (108, 18, 7)

II 4, 16   cf. I, 595, 4 (64, 7, 2);
             cf. III, 355, 30 (148,
             32, 1)

*II 5, 4   I, 544, 4 (59, 3, 2)

II 5, 4   cf. I, 299, 3 (39, 3, 2)

*II 5, 6   II, 456, 1 (119, 7, 5)

II 5, 6   cf. I, 299, 4 (39, 3, 2);
             cf. II, 306, 13 (108, 1,
             1)

*II 5, 8   II, 456, 2 (119, 7, 5)

*II 5, 10   III, 336, 18 (148, 9, 2)

*II 5, 15   III, 332, 19 (148, 4, 2)

*II 5, 16   I, 542, 15 (59, 1, 3)

II 5, 17   II, 115, 8 (82, 8, 2)

*II 5, 20   I, 132, 6 (21, 33)

*II 6, 2   III, 28, 19 (121, 7, 4);
             III, 28, 21 (121, 7, 4)

II 6, 7   cf. I, 436, 8 (52, 13,
             1); cf. II, 366, 7
             (°110, 10, 4)

II 6, 8   cf. I, 328, 10 (45, 6,
             3); cf. I, 436, 8 (52,
             13, 1)

*II 6, 10   I, 464, 19 (53, 11, 3)

II 6, 10   III, 90, 21 (123, 14, 5)
II 6, 14   cf. I, 39, 12 (11, 2);
             cf. I, 358, 2 (49, 5, 3)
*II 6, 14-15 I, 188, 16 (22, 29, 6);
             I, 494, 16 (55, 5, 2);
             II, 4, 14 (71, 3, 2)
*II 6, 14-16 III, 76, 24 (123, 5, 3);
             III, 336, 5 (148, 8, 2)
*II 7, 5-7   II, 508, 14 (120, 11,
             7)
*II 8, 9   II, 188, 6 (°98, 4, 1)
II 8, 9   cf. II, 188, 23 (°98, 4,
             4); cf. II, 474, 14
             (120, 1, 2); cf. III,
             271, 18 (140, 3, 2)
II 8, 13   II, 477, 18 (120, 1,
             11)
*II 8, 13-14 II, 326, 25 (108, 15,
             6); II, 478, 8 (120, 1,
             13)
II 8, 13-14 cf. II, 91, 19 (79, 4, 2)
*II 9, 6   III, 27, 7 (121, 6, 22)
II 9, 6   cf. III, 27, 7 (121, 6,
             22)
II 9, 7   III, 240, 11 (°132, 20,
             3)
II 10, 1   cf. II, 358, 20 (°110,
             3, 1)
II 10, 3   cf. I, 552, 7 (60, 3, 4)
*II 10, 4-6 I, 446, 15 (53, 3, 2)
II 10, 8   cf. I, 398, 15 (°51, 2,
             3)
II 10, 12   cf. III, 296, 28 (°144,
             5, 1)
II 10, 17   I, 182, 14 (22, 27, 2)
*II 11, 2   I, 187, 6 (22, 29, 2); I,
             595, 5 (64, 7, 2); I,

             688, 2 (69, 5, 5); III,
             177, 1 (130, 2, 3)
*II 11, 6   I, 242, 4 (29, 7, 2); I,
             449, 10 (53, 4, 1); III,
             41, 13 (121, 10, 2)
II 11, 14   cf. I, 66, 15 (15, 4, 5);
             cf. II, 206, 25 (°98,
             21, 1)
II 11, 14-15 cf. III, 328, 10 (147,
             11, 3)
II 11, 16   cf. II, 22, 17 (73, 10,
             1)
*II 11, 23-27
             I, 207, 18 (22, 40, 3)
*II 11, 27   II, 355, 16 (109, 3, 4)
II 11, 29   I, 672, 3 (°67, 6, 4)
*II 12, 2-3 III, 302, 24 (°144, 15,
             1)
*II 12, 2-4 II, 466, 15 (119, 10,
             12)
II 12, 2-4   cf. I, 405, 9 (°51, 5, 7)
II 12, 4   cf. I, 543, 1 (59, 1, 3)
II 12, 7   I, 193, 2 (22, 31, 4);
             cf. I, 298, 7 (39, 2, 8);
             cf. II, 329, 10 (108,
             18, 2)
II 12, 8   cf. I, 298, 5 (39, 2, 8)
II 12, 9   I, 17, 6 (3, 5, 1); cf. I,
             298, 4 (39, 2, 8); I,
             298, 6 (39, 2, 8)
*II 12, 10   I, 17, 5 (3, 5, 1); I,
             193, 1 (22, 31, 4); I,
             298, 3 (39, 2, 8); II,
             332, 3 (108, 19, 1)
II 12, 14   cf. II, 369, 12 (112, 2,
             4); cf. III, 42, 13 (121,
             10, 4)
*II 12, 21   III, 313, 1 (147, 1, 1)

II 13-15 *cf.* I, 586, 13 (64, 1, 1)

*II 13, 3 III, 34, 16 (121, 8, 16)

II 13, 3 I, 445, 8 (53, 2, 1); I, 622, 13 (65, 5, 2); II, 95, 12 (79, 7, 5)

II 13, 10 *cf.* I, 398, 15 (°51, 2, 3)

Gal.

*1, 1 II, 460, 12 (119, 9, 2)

*1, 8 II, 158, 15 (°95, 2)

1, 8 *cf.* II, 131, 12 (84, 9, 1)

*1, 10 I, 654, 7 (66, 6, 1)

1, 10 I, 182, 15 (22, 27, 2); I, 251, 18 (31, 3, 3); I, 436, 6 (52, 13, 1)

1, 17-18 *cf.* I, 445, 9 (53, 2, 1)

*1, 18 II, 376, 2 (112, 8, 2)

1, 20 I, 668, 9 (°67, 3, 2); II, 399, 30 (°116, 4, 2); II, 401, 14 (°116, 7, 3); II, 415, 3 (°116, 24, 2)

*2, 1-2 II, 376, 5 (112, 8, 2)

2, 1-2 *cf.* I, 445, 13 (53, 2, 1)

*2, 2 II, 376, 11 (112, 8, 3)

2, 2 *cf.* II, 163, 23 (°96, 6, 1); *cf.* II, 404, 4 (°116, 11, 1)

*2, 3-5 II, 404, 22 (°116, 12, 2)

2, 7-8 *cf.* II, 372, 12 (112, 5, 1)

2, 10 II, 474, 21 (120, 1, 3)

2, 11 *cf.* II, 400, 2 (°116, 4, 2); *cf.* II, 413, 12 (°116, 22, 2); *cf.* II, 414, 28 (°116, 24, 2)

*2, 11-14 II, 376, 18 (112, 8, 4)

2, 11-21 *cf.* III, 210, 8 (°131, 9, 3)

*2, 12 II, 377, 7 (112, 8, 6)

2, 12 I, 670, 10 (°67, 5, 1); *cf.* II, 404, 6 (°116, 11, 1)

*2, 14 I, 499, 15 (°56, 3, 3); II, 399, 23 (°116, 4, 1); I, 668, 12 (°67, 3, 2)

2, 14 *cf.* I, 670, 6 (°67, 5, 1); *cf.* II, 407, 3 (°116, 15, 3); *cf.* II, 413, 12 (°116, 22, 2); *cf.* II, 414, 28 (°116, 24, 2)

2, 16 *cf.* III, 25, 23 (121, 6, 18); III, 253, 21 (133, 8, 4)

*2, 19 III, 14, 27 (121, 3, 4)

*2, 20 III, 13, 19 (121, 3, 1); III, 34, 18 (121, 8, 16)

2, 20 I, 99, 7 (18 B, 2, 2); I, 166, 9 (22, 17, 4)

*2, 21 II, 410, 20 (°116, 19, 2)

*3, 10 III, 31, 25 (121, 8, 9)

3, 11 *cf.* III, 25, 23 (121, 6, 18); III, 235, 19 (°132, 13, 3)

3, 13 *cf.* I, 114, 7 (21, 2, 5); I, 490, 17 (55, 3, 2); III, 34, 17 (121, 8, 16)

*3, 19   II, 411, 20 (411, 20,
             3); III, 32, 4 (121, 8,
             9)
3, 20   II, 161, 24 (°96, 3, 4)
3, 22   cf. III, 36, 1 (121, 8,
             20); cf. III, 64, 14
             (122, 3, 4)
*3, 24-26   III, 32, 7 (121, 8, 9)
3, 25   cf. II, 384, 16 (112,
             14, 6)
3, 27   cf. I, 303, 3 (39, 4, 6);
             cf. I, 593, 10 (64, 5,
             2); cf. II, 480, 20
             (120, 2, 4)
3, 28   cf. II, 31, 16 (75, 2, 3)
4, 4   I, 113, 15 (21, 2, 3)
*4, 4-5   II, 384, 12 (112, 14,
             6)
4, 7   cf. II, 384, 17 (112,
             14, 6)
*4, 16   I, 309, 17 (40, 1, 3)
*4, 19   I, 692, 4 (69, 6, 9); II,
             27, 8 (74, 4, 5); III,
             17, 2 (121, 4, 5)
4, 19   cf. II, 399, 29 (°116,
             4, 2); cf. II, 418, 15
             (°116, 30, 2); III, 288,
             23 (140, 20, 2)
*4, 21-23   III, 32, 13 (121, 8, 10)
4, 21-31   cf. III, 86, 22 (123,
             12, 4)
4, 24-26   cf. II, 17, 3 (73, 4, 2)
4, 26   cf. I, 530, 2 (58, 2, 3);
             cf. II, 132, 1 (84, 9,
             3); cf. II, 149, 24
             (°92, 2, 3); cf. II, 160,
             4 (°96, 2, 1)
4, 27   I, 652, 1 (66, 4, 3)

*5, 2   II, 28, 15 (74, 5, 3);
             II, 383, 27 (112, 14,
             4); II, 410, 7 (°116,
             19, 1)
5, 3   cf. II, 372, 16 (112, 5,
             2)
5, 4   cf. I, 114, 13 (21, 2,
             6); II, 384, 2 (112, 14,
             4); II, 410, 22 (°116,
             19, 2)
*5, 6   II, 388, 8 (112, 17, 4)
5, 9   cf. II, 149, 10 (°92, 2,
             1)
5, 14   cf. III, 361, 7 (149, 4,
             3)
*5, 15   III, 121, 2 (125, 2, 3)
5, 15   cf. I, 319, 7 (43, 2, 2);
             cf. II, 107, 14 (81, 2);
             cf. II, 119, 11 (82, 11,
             5)
5, 16   cf. I, 128, 20 (21, 25)
*5, 17   III, 254, 23 (133, 9, 1)
5, 17   cf. I, 148, 4 (22, 4, 1);
             cf. I, 385, 20 (49, 20,
             3); cf. II, 460, 19
             (119, 9, 2)
*5, 18   II, 384, 4 (112, 14, 4);
             II, 410, 27 (°116, 19,
             3)
5, 19-23   cf. II, 98, 12 (79, 9, 3)
5, 22   cf. II, 513, 22 (120,
             12, 7)
5, 24   cf. I, 205, 12 (22, 39,
             1); III, 336, 21 (148,
             9, 2)
*6, 1   II, 417, 14 (°116, 29,
             1)
*6, 2   I, 40, 5 (11, 3)

6, 7   III, 139, 4 (125, 19, 2)
*6, 10   II, 475, 11 (120, 1, 5)
6, 10   cf. I, 478, 21 (54, 12,
            2); cf. II, 124, 22 (84,
            3, 6); cf. III, 195, 5
            (130, 14, 8)
*6, 14   I, 182, 16 (22, 27, 2);
            II, 217, 10 (°100, 5,
            1)
6, 14   cf. I, 17, 3 (3, 5, 1); I,
            72, 21 (17, 3, 3); III,
            15, 1 (121, 3, 4); III,
            47, 8 (121, 10, 17)
*6, 15   I, 693, 1 (69, 7, 3); II,
            388, 8 (112, 17, 4)

Eph.
1, 4   cf. I, 215, 8 (24, 2)
*1, 13   I, 127, 21 (21, 24, 1)
1, 18   cf. I, 672, 12 (°67, 7,
            2)
*1, 21   II, 352, 12 (109, 1, 2)
1, 21   cf. I, 77, 19 (18 A, 3,
            2)
2, 5-6   cf. II, 491, 21 (120, 8,
            8)
*2, 8   III, 256, 3 (133, 9, 5);
            III, 274, 5 (140, 5, 3)
2, 14   cf. I, 113, 16 (21, 2,
            3); cf. II, 21, 17 (73,
            9, 2); cf. II, 25, 4 (74,
            3, 1); II, 512, 21 (120,
            12, 5)
2, 19   cf. II, 349, 23 (108,
            31, 2)
2, 20   cf. I, 637, 5 (65, 15,
            3); cf. II, 21, 17 (73,
            9, 2)

2, 21   cf. I, 637, 5 (65, 15, 3)
2, 22   cf. III, 346, 5 (148,
            19, 2)
*3, 1   II, 72, 15 (78, 29, 1)
3, 9   cf. I, 289, 4 (37, 4, 2)
3, 16   cf. I, 620, 22 (65, 4,
            3); cf. I, 622, 9 (65, 5,
            2); cf. I, 641, 10 (65,
            19, 2)
4, 3   cf. I, 667, 2 (°67, 1, 2)
4, 5   cf. III, 196, 14 (130,
            16, 1)
*4, 13   III, 270, 22 (140, 2, 3)
4, 13   cf. II, 74, 19 (78, 32);
            II, 343, 24 (108, 25,
            3); II, 452, 3 (119, 5,
            8); cf. II, 485, 22
            (120, 5, 7); cf. III, 17,
            11 (121, 4, 6); cf. III,
            196, 14 (130, 16, 1)
4, 14   cf. III, 198, 19 (130,
            17, 3)
4, 15   cf. I, 247, 18 (30, 12)
*4, 15-16   III, 43, 23 (121, 10, 7)
4, 22   cf. III, 13, 17 (121, 3,
            1)
4, 22-24   cf. I, 620, 17 (65, 4, 2)
4, 26   I, 43, 6 (13, 1); cf. I,
            202, 15 (22, 37, 4);
            III, 193, 8 (130, 13, 2)
*4, 31   III, 11, 10 (121, 2, 10)
5, 2   cf. III, 354, 24 (148,
            30, 4)
*5, 5   I, 50, 7 (14, 5, 1)
5, 5   cf. I, 194, 7 (22, 32,
            3); cf. III, 193, 12
            (130, 14, 1)
*5, 13   III, 159, 23 (128, 3, 6)

*5, 14   I, 332, 7 (°46, 3, 2); I, 551, 20 (60, 3, 3); II, 464, 13 (119, 10, 6)

*5, 18   I, 155, 8 (22, 8, 3); II, 96, 6 (79, 7, 7)

5, 18   I, 476, 5 (54, 9, 5); cf. I, 696, 13 (69, 9, 1); II, 83, 3 (78, 41, 1); II, 299, 6 (107, 8, 2); II, 320, 6 (108, 11, 5)

5, 19   III, 134, 8 (125, 15, 2)

5, 23   cf. III, 350, 27 (148, 26, 1)

*5, 27   II, 25, 14 (74, 3, 3); II, 144, 5 (°90, 1)

5, 27   cf. I, 595, 3 (64, 7, 2); cf. III, 140, 20 (125, 20, 1)

5, 31   cf. III, 355, 1 (148, 30, 4)

5, 32   cf. I, 145, 6 (22, 1, 4); cf. III, 355, 3 (148, 31, 1)

6, 9   cf. III, 347, 5 (148, 21, 1)

6, 11-17   cf. I, 16, 15 (3, 4, 4)

*6, 12   I, 146, 17 (22, 3, 2)

6, 12   cf. I, 120, 9 (21, 11, 1); cf. II, 152, 26 (°92, 4, 4); cf. III, 99, 9 (124, 3, 5); cf. III, 115, 2 (124, 12, 3)

*6, 13   II, 368, 8 (112, 2, 1)

6, 14   cf. I, 159, 1 (22, 11, 3); cf. I, 610, 4 (64, 19, 3); cf. II, 53, 20 (78, 3, 3); cf. III, 180, 9 (130, 5, 3)

*6, 14-17   II, 368, 9 (112, 2, 1)

6, 15   cf. I, 128, 19 (21, 25); cf. I, 149, 11 (22, 5, 1); cf. II, 53, 20 (78, 3, 3)

6, 16   cf. I, 17, 8 (3, 5, 1); cf. I, 165, 17 (22, 17, 3); cf. III, 180, 9 (130, 5, 3)

6, 17   cf. III, 180, 9 (130, 5, 3)

6, 18   cf. I, 174, 14 (22, 22, 2); cf. I, 201, 9 (22, 37, 1)

Phil.

*1, 1   III, 308, 9 (146, 1, 1)

1, 13-14   cf. I, 69, 3 (16, 1, 2)

1, 21   I, 556, 4 (60, 7, 2)

*1, 23   I, 17, 7 (3, 5, 1); I, 165, 1 (22, 17, 1); I, 556, 3 (60, 7, 2); II, 307, 9 (108, 1, 3)

1, 28   cf. III, 368, 8 (154, 3)

*2, 5-7   II, 198, 10 (°98, 14, 2)

2, 6   cf. II, 152, 17 (°92, 4, 3)

2, 6-7   cf. II, 198, 30 (°98, 14, 4)

*2, 6-8   II, 498, 11 (120, 9, 15)

2, 7   cf. I, 621, 2 (65, 4, 3); cf. I, 627, 5 (65, 9, 6); cf. II, 161, 27 (°96, 3, 4)

2, 7-8   cf. II, 330, 3 (108, 18, 4)

2, 8   *cf.* I, 114, 8 (21, 2, 5)

*2, 8-9   I, 627, 2 (65, 9, 5)

*2, 10   II, 173, 22 (°96, 14, 3)

2, 13   *cf.* I, 18, 8 (3, 5, 3); III, 250, 8 (133, 6, 2)

2, 15   *cf.* III, 349, 7 (148, 23, 1)

*2, 21   I, 136, 22 (21, 37, 2)

2, 27   *cf.* I, 556, 5 (60, 7, 2)

3, 5   *cf.* II, 314, 15 (108, 8, 3); *cf.* III, 9, 18 (121, 2, 5)

3, 6   *cf.* I, 133, 9 (21, 34, 4)

3, 8   *cf.* I, 205, 11 (22, 39, 1); *cf.* I, 671, 7 (°67, 6, 2); *cf.* II, 385, 22 (112, 15, 5); *cf.* III, 25, 25 (121, 6, 18)

3, 12-13   *cf.* III, 250, 26 (133, 6, 4)

3, 13   *cf.* II, 3, 17 (71, 2, 3); *cf.* II, 72, 6 (78, 28); *cf.* II, 100, 22 (79, 11, 3); *cf.* III, 136, 9 (125, 16, 5)

*3, 13-14   III, 356, 8 (148, 32, 2)

*3, 15   I, 138, 5 (21, 39, 3)

*3, 19   I, 589, 11 (64, 2, 2); III, 95, 2 (123, 17, 2)

3, 19   *cf.* I, 29, 21 (7, 5); *cf.* I, 49, 16 (14, 4, 2); *cf.* I, 158, 1 (22, 10, 2); *cf.* III, 313, 11 (147, 1, 3)

*3, 20   *cf.* II, 491, 22 (120, 8, 8)

3, 20   *cf.* I, 530, 3 (58, 2, 3); *cf.* I, 552, 7 (60, 3, 4)

4, 7   *cf.* II, 512, 22 (120, 12, 5); III, 133, 3 (125, 14, 2)

Col.

1, 16   *cf.* I, 77, 19 (18 A, 3, 2); *cf.* II, 196, 19 (°98, 12, 4); *cf.* II, 198, 28 (°98, 14, 3); *cf.* III, 109, 28 (124, 9, 9)

*1, 16-17   II, 195, 25 (°98, 12, 2)

2, 1   *cf.* III, 176, 17 (130, 2, 1)

2, 3   I, 450, 9 (53, 4, 3)

2, 9   *cf.* I, 626, 9 (65, 9, 3); *cf.* III, 55, 1 (121, 11, 14)

2, 12   *cf.* I, 46, 13 (14, 2, 2); *cf.* I, 634, 19 (65, 14, 3); *cf.* III, 47, 6 (121, 10, 17)

2, 12-13   *cf.* II, 491, 21 (120, 8, 8)

*2, 12-14   I, 693, 13 (69, 7, 5)

2, 13-15   *cf.* I, 113, 22 (21, 2, 4)

2, 14   *cf.* I, 204, 10 (22, 38, 5)

2, 15   *cf.* I, 204, 10 (22, 38, 5); *cf.* III, 15, 4 (121, 3, 5)

*2, 16   III, 44, 10 (121, 10, 8)

*2, 16-17   III, 358, 12 (149, 2, 3)

*2, 17   III, 44, 20 (121, 10, 9)

2, 17   *cf.* II, 401, 27 (°116, 8, 2); *cf.* II, 404, 13 (°116, 11, 2); *cf.* III, 44, 24 (121, 10, 9)

*2, 18   III, 2, 20 (121, cap. 10); III, 42, 5 (121, 10, 5)

2, 18   *cf.* III, 42, 15 (121, 10, 4); *cf.* III, 43, 2 (121, 10, 5); *cf.* III, 43, 4 (121, 10, 5); *cf.* III, 43, 6 (121, 10, 5); *cf.* III, 43, 7 (121, 10, 5); III, 45, 1 (121, 10, 10); *cf.* III, 46, 14 (121, 10, 15); *cf.* III, 46, 15 (121, 10, 15)

*2, 18-19   III, 41, 7 (121, 10, 1)

2, 19   *cf.* II, 513, 11 (120, 12, 7)

2, 20   *cf.* III, 47, 7 (121, 10, 17); *cf.* III, 50, 8 (121, 10, 24)

2, 20-22   *cf.* III, 47, 14 (121, 10, 17)

*2, 20-23   III, 46, 19 (121, 10, 16)

2, 22   III, 48, 1 (121, 10, 18); *cf.* III, 49, 4 (121, 10, 20)

2, 23   III, 49, 9 (121, 10, 21); *cf.* III, 49, 19 (121, 10, 22); III, 49, 23 (121, 10, 22); *cf.* III, 50, 7 (121, 10, 23)

3, 1   *cf.* I, 205, 11 (22, 39, 1)

3, 1-2   *cf.* I, 595, 7 (64, 7, 3)

3, 2   *cf.* II, 157, 17 (94, 2, 2)

*3, 3   II, 456, 16 (119, 7, 7)

3, 3-4   *cf.* II, 510, 8 (120, 11, 12)

*3, 5   I, 166, 8 (22, 17, 4)

3, 5   *cf.* I, 194, 7 (22, 32, 3); *cf.* I, 634, 6 (65, 14, 2); *cf.* II, 460, 18 (119, 9, 2)

*3, 5-6   I, 50, 13 (14, 5, 2)

3, 9-10   *cf.* I, 99, 6 (18 B, 2, 2); *cf.* I, 620, 17 (65, 4, 2)

3, 12   *cf.* III, 361, 17 (149, 4, 3)

3, 15   *cf.* I, 71, 5 (17, 2, 1)

3, 16   III, 134, 8 (125, 15, 2)

3, 18   III, 351, 1 (148, 26, 2)

*4, 2   II, 355, 15 (109, 3, 4)

Thess.

I 1, 1   *cf.* I, 103, 3 (18 B, 5, 3)

I 2, 9   *cf.* III, 89, 18 (123, 14, 2); *cf.* III, 130, 7 (125, 11, 2)

I 2, 12   III, 202, 3 (°131, 1, 1)

I 4, 4   *cf.* III, 158, 19 (128, 3, 2)

I 4, 9   *cf.* I, 449, 5 (53, 3, 7)

I 4, 12   *cf.* I, 15, 6 (3, 3, 2); *cf.* I, 300, 12 (39, 3, 7); *cf.* I, 303, 4 (39, 4, 6); *cf.* I, 550, 1 (60, 2, 1); *cf.* II, 30, 17 (75, 1, 3)

I 4, 13   *cf.* II, 466, 5 (119, 10, 11)

*I 4, 14   II, 455, 20 (119, 7, 5); II, 460, 9 (119, 9, 1); III, 163, 18 (129, 1, 3)

I 4, 14   *cf.* II, 448, 11 (119, 2, 4); *cf.* II, 466, 5 (119, 10, 11)

*I 4, 14-16   II, 454, 15 (119, 7, 2); II, 458, 18 (119, 8, 1)

I 4, 14-16   *cf.* I, 543, 14 (59, 3, 1)

*I 4, 14-17   III, 51, 9 (121, 11, 2)

*I 4, 15   II, 461, 20 (119, 9, 5); II, 464, 20 (119, 10, 7)

I 4, 15   II, 459, 23 (119, 8, 4); II, 461, 17 (119, 9, 5); *cf.* II, 464, 25 (119, 10, 7); *cf.* II, 466, 5 (119, 10, 11)

*I 4, 16   II, 462, 3 (119, 9, 6); II, 466, 12 (119, 10, 12)

I 4, 16   *cf.* I, 16, 7 (3, 4, 3); *cf.* II, 448, 1 (119, 2, 3); *cf.* II, 448, 6 (119, 2, 3); *cf.* II, 457, 12 (119, 7, 10); *cf.* II, 465, 2 (119, 10, 8)

*I 5, 1-3   III, 51, 2 (121, 11, 1)

I 5, 15   *cf.* II, 121, 10 (84, 1)

I 5, 17   *cf.* I, 376, 7 (49, 15, 2)

I 5, 19   II, 511, 16 (120, 12, 1); II, 512, 15 (120, 12, 4)

*I 5, 21   I, 576, 9 (60, 1, 2); I, 584, 1 (62, 2, 1); II, 128, 17 (84, 7, 1); II, 467, 23 (119, 11, 2)

I 5, 21   *cf.* II, 468, 19 (119, 11, 5)

*I 5, 23   II, 472, 5 (120, [12]); II, 511, 11 (120, 12, 1); II, 512, 19 (120, 12, 5)

I 5, 23   II, 512, 18 (120, 12, 5)

II 2, 1-2   *cf.* III, 51, 23 (121, 11, 3)

*II 2, 1-5   II, 455, 6 (119, 7, 4)

*II 2, 3   III, 2, 23 (121, cap. 11); III, 50, 24 (121, 11, 25); III, 53, 12 (121, 11, 9)

II 2, 3-4   *cf.* III, 17, 20 (121, 4, 8)

*II 2, 4   III, 53, 9 (121, 11, 8)

II 2, 4   *cf.* III, 53, 18 (121, 11, 9)

II 2, 5   *cf.* III, 54, 1 (121, 11, 10)

II 2, 6   III, 54, 4 (121, 11, 10)

*II 2, 7-8   III, 54, 14 (121, 11, 12)

II 2, 7-8   *cf.* III, 91, 18 (123, 15, 1)

II 2, 8   III, 54, 22 (121, 11, 13); III, 54, 27 (121, 11, 14); *cf.* III, 363, 20 (151, 1)

II 2, 9   *cf.* III, 17, 22 (121, 4, 8); *cf.* III, 55, 1 (121, 11, 14); *cf.* III, 55, 2 (121, 11, 14); *cf.* III, 55, 8 (121, 11, 15)

II 2, 10   cf. III, 55, 6 (121, 11,
            14); cf. III, 55, 16
            (121, 11, 16)
II 3, 8-9   cf. III, 130, 7 (125,
            11, 2)
*II 3, 10   I, 72, 5 (17, 2, 4); I,
            216, 8 (24, 4, 1)

Tim.
I 1, 2   cf. II, 460, 14 (119, 9,
            2)
I 1, 4   cf. II, 12, 10 (72, 5, 1)
I 1, 5   cf. II, 416, 24 (°116,
            27, 3)
*I 1, 15   I, 226, 3 (27, 3, 2)
I 1, 15   I, 226, 5 (27, 3, 2); cf.
            III, 233, 24 (°132, 11,
            2)
I 1, 17   cf. I, 141, 6 (21, 40, 6)
I 1, 20   cf. I, 203, 3 (22, 38, 1)
I 2, 5   II, 161, 22 (°96, 3, 4);
            cf. II, 171, 22 (°96,
            12, 5); II, 188, 26
            (°98, 4, 4); III, 206,
            20 (°131, 5, 1)
I 2, 7   cf. I, 694, 7 (69, 8, 1);
            cf. II, 372, 13 (112, 5,
            1)
I 2, 12   III, 151, 18 (127, 7, 3)
*I 2, 14-15 III, 17, 5 (121, 4, 6)
*I 2, 15   II, 95, 6 (79, 7, 4); II,
            297, 3 (107, 6, 1)
*I 3, 1   I, 56, 6 (14, 8, 4)
I 3, 1   I, 694, 17 (69, 8, 3)
*I 3, 1-7   I, 682, 15 (69, 3, 1)
I 3, 1-13   cf. III, 311, 18 (146,
            2, 2)

I 3, 2   I, 680, 10 (69, 2, 1); I,
            681, 22 (69, 2, 6); I,
            686, 18 (69, 5, 1); I,
            688, 20 (69, 5, 7); I,
            694, 19 (69, 8, 3); I,
            695, 5 (69, 8, 5); I,
            695, 10 (69, 8, 6); I,
            698, 7 (69, 9, 5); cf.
            III, 79, 2 (123, 5, 9)
*I 3, 2-3   I, 56, 8 (14, 8, 4)
I 3, 2-6   cf. I, 698, 7 (69, 9, 5)
*I 3, 3   I, 697, 1 (69, 9, 2)
I 3, 3   cf. I, 434, 4 (52, 11,
            3); I, 696, 9 (69, 8, 8);
            I, 696, 21 (69, 9, 2);
            cf. I, 697, 9 (69, 9, 2)
*I 3, 4   I, 697, 10 (69, 9, 3)
I 3, 4   I, 697, 15 (69, 9, 3);
            cf. II, 297, 2 (107, 6,
            1)
*I 3, 6   I, 698, 11 (69, 9, 6);
            II, 34, 15 (76, 1, 1)
I 3, 6   I, 697, 19 (69, 9, 4)
*I 3, 7   I, 699, 1 (69, 9, 7)
I 3, 7   cf. III, 137, 1 (125,
            17, 2)
*I 3, 8-10 I, 56, 13 (14, 8, 5)
I 3, 13   cf. I, 57, 11 (14, 8, 7)
*I 3, 14-15 I, 80, 5 (18 A, 5, 3)
*I 4, 3   I, 474, 17 (54, 9, 1);
            II, 384, 24 (112, 15,
            2)
I 4, 3   cf. I, 499, 20 (°56, 3,
            3)
*I 4, 4   II, 96, 3 (79, 7, 6); II,
            416, 8 (°116, 27, 1)

I 4, 4   I, 189, 5 (22, 29, 7);
             II, 96, 6 (79, 7, 7); III,
             50, 5 (121, 10, 23)
*I 4, 9   I, 226, 3 (27, 3, 2)
I 4, 9   I, 226, 5 (27, 3, 2)
*I 4, 12   II, 115, 9 (82, 8, 2)
I 4, 12   cf. I, 560, 1 (60, 10,
             4); II, 94, 22 (79, 7, 3)
I 4, 13-14   I, 447, 6 (53, 3, 3)
*I 4, 14   III, 309, 12 (146, 1, 4)
*I 5, 2   III, 89, 9 (123, 14, 1)
*I 5, 3   III, 77, 19 (123, 5, 6)
I 5, 3   cf. I, 473, 13 (54, 7,
             2); cf. III, 78, 3 (123,
             5, 7)
I 5, 3-16   cf. I, 590, 3 (64, 2, 3)
I 5, 4   cf. III, 77, 15 (123, 5,
             5); cf. III, 78, 19 (123,
             5, 8)
I 5, 5   cf. III, 74, 19 (123, 3,
             2); cf. III, 77, 20 (123,
             5, 6); cf. III, 78, 1
             (123, 5, 6)
*I 5, 6   II, 95, 10 (79, 7, 4);
             III, 74, 20 (123, 3, 2)
I 5, 6   I, 154, 11 (22, 8, 1); I,
             473, 22 (54, 8, 1); cf.
             I, 696, 15 (69, 9, 1);
             II, 479, 7 (120, 1, 15)
I 5, 9   cf. II, 94, 21 (79, 7,
             3); cf. III, 77, 10 (123,
             5, 5); cf. III, 78, 23
             (123, 5, 9)
*I 5, 9-10   II, 94, 14 (79, 7, 2)
I 5, 9-10   cf. III, 74, 16 (123, 3,
             2)
I 5, 11   cf. I, 481, 19 (54, 15,
             1); cf. III, 75, 3 (123,

             3, 3); III, 89, 8 (123,
             14, 1)
*I 5, 11-12   III, 74, 22 (123, 3, 2)
I 5, 11-12   I, 188, 9 (22, 29, 5);
             cf. I, 362, 2 (49, 8, 2);
             II, 100, 16 (79, 11, 2)
I 5, 11-15   cf. III, 89, 6 (123, 14,
             1)
I 5, 13   cf. III, 94, 22 (123,
             17, 2); cf. III, 160, 19
             (128, 4, 4)
*I 5, 14   II, 40, 1 (77, 3, 5); II,
             99, 25 (79, 10, 3); II,
             225, 9 (°100, 12, 1);
             III, 75, 6 (123, 4, 1);
             III, 75, 8 (123, 4, 1)
I 5, 14   cf. I, 313, 9 (41, 3, 1);
             cf. I, 485, 19 (54, 18,
             3); III, 75, 10 (123, 4,
             1); III, 75, 13 (123, 4,
             2)
*I 5, 14-15   III, 74, 9 (123, 3, 1)
I 5, 14-15   cf. III, 75, 4 (123, 3,
             3)
*I 5, 15   II, 40, 3 (77, 3, 5); II,
             100, 2 (79, 10, 3); II,
             100, 5 (79, 10, 4); III,
             75, 21 (123, 4, 3)
I 5, 15   cf. I, 362, 4 (49, 8, 2);
             cf. I, 481, 18 (54, 15,
             1)
I 5, 16   I, 590, 7 (64, 2, 3); cf.
             II, 95, 2 (79, 7, 3); cf.
             III, 77, 18 (123, 5, 6);
             cf. III, 78, 19 (123, 5,
             8)
I 5, 17   III, 78, 5 (123, 5, 7)
*I 5, 18   I, 657, 1 (66, 8, 2)

I 5, 18   I, 657, 2 (66, 8, 2)
*I 5, 19-20   I, 225, 19 (27, 3, 2)
*I 5, 22   II, 95, 7 (79, 7, 4)
*I 5, 23   I, 154, 20 (22, 8, 3); I,
                    476, 13 (54, 10, 1)
I 5, 23   *cf.* I, 434, 13 (52, 11,
                    4); *cf.* II, 299, 8 (107,
                    8, 2); *cf.* III, 148, 23
                    (127, 4, 2)
I 5, 24   I, 19, 5 (4, 1, 1)
I 5, 24-25   I, 474, 3 (54, 8, 2)
I 6, 5   *cf.* II, 510, 19 (120,
                    11, 14)
*I 6, 7   I, 193, 8 (22, 31, 5)
*I 6, 8   I, 657, 4 (66, 8, 2); II,
                    92, 4 (79, 4, 3); II,
                    336, 1 (108, 20, 4); II,
                    478, 21 (120, 1, 14);
                    cf. III, 135, 15 (125,
                    16, 3)
I 6, 8   *cf.* I, 195, 3 (22, 32,
                    4); *cf.* I, 422, 5 (52, 5,
                    2); *cf.* I, 464, 19 (53,
                    11, 3); *cf.* I, 697, 8
                    (69, 9, 2); *cf.* III, 195,
                    9 (130, 14, 8)
*I 6, 9   I, 17, 2 (3, 5, 1)
I 6, 9   II, 91, 9 (79, 4, 1)
*I 6, 10   I, 194, 7 (22, 32, 3)
I 6, 10   *cf.* III, 121, 1 (125, 2,
                    3)
I 6, 11   III, 270, 13 (140, 2, 2)
I 6, 15   *cf.* I, 332, 18 (°46, 3,
                    4)
I 6, 16   *cf.* I, 141, 6 (21, 40,
                    6); *cf.* III, 204, 1
                    (°131, 3, 1)
*I 6, 17-19   II, 90, 18 (79, 3, 2)

II 1, 11   *cf.* I, 64, 16 (15, 3, 1);
                    cf. I, 445, 7 (53, 2, 1);
                    cf. I, 445, 12 (53, 2,
                    1); *cf.* III, 352, 25
                    (148, 28, 5)
II 1, 14   *cf.* I, 50, 1 (14, 4, 2)
II 1, 15   *cf.* I, 203, 3 (22, 38, 1)
II 1, 15-18   *cf.* I, 590, 10 (64, 2, 4)
II 2, 3   *cf.* I, 436, 9 (52, 13, 1)
II 2, 5   *cf.* I, 60, 5 (14, 10, 3);
                    cf. III, 193, 24 (130,
                    14, 2)
*II 2, 7   III, 197, 16 (130, 16,
                    6)
II 2, 7   *cf.* I, 536, 10 (58, 6, 4)
II 2, 11   *cf.* I, 205, 11 (22, 39,
                    1)
II 2, 14   *cf.* III, 11, 9 (121, 2,
                    10)
II 2, 20   *cf.* I, 63, 13 (15, 1, 3);
                    cf. I, 353, 1 (49, 2, 5);
                    cf. I, 366, 11 (49, 11,
                    2); *cf.* II, 75, 18 (78,
                    34, 2); *cf.* II, 468, 7
                    (119, 11, 3); *cf.* III,
                    82, 2 (123, 8, 2)
II 2, 20-21   *cf.* II, 419, 26 (°116,
                    32, 3)
*II 2, 21   III, 106, 4 (124, 8, 3)
II 2, 21   *cf.* I, 366, 13 (49, 11,
                    2); *cf.* III, 203, 6
                    (°131, 2, 1)
II 3, 6-7   I, 185, 7 (22, 28, 2);
                    II, 33, 1 (75, 3, 2); *cf.*
                    III, 247, 22 (133, 4, 1)
II 3, 7   *cf.* III, 198, 19 (130,
                    17, 3)

II 3, 8   cf. II, 176, 1 (°96, 16,
             2)
*II 3, 14   I, 426, 15 (52, 7, 1)
*II 4, 2   III, 151, 1 (127, 7, 1)
II 4, 3   cf. II, 147, 23 (°92, 1,
             1); cf. III, 247, 25
             (133, 4, 1)
II 4, 6   II, 455, 24 (119, 7, 5)
*II 4, 7-8   I, 208, 13 (22, 40, 4)
II 4, 7-8   cf. II, 338, 15 (108,
             22, 1)
II 4, 8   cf. II, 155, 1 (°92, 6,
             5); cf. II, 218, 24
             (°100, 6, 1)
II 4, 13   cf. I, 279, 7 (36, 13, 1)

Tit.
*1, 5-7   III, 309, 5 (146, 1, 3)
*1, 5-9   I, 683, 6 (69, 3, 2)
1, 5-9   cf. III, 311, 18 (146,
             2, 2)
*1, 6   I, 694, 21 (69, 8, 3)
1, 6   cf. I, 593, 5 (64, 5, 1);
             cf. III, 79, 2 (123, 5,
             9)
1, 7   cf. I, 434, 4 (52, 11,
             3); I, 696, 9 (69, 8, 8);
             cf. I, 697, 9 (69, 9, 2)
1, 7-8   cf. I, 447, 9 (53, 3, 3)
*1, 9   I, 447, 11 (53, 3, 3)
1, 9   cf. I, 426, 14 (52, 7,
             1); cf. I, 588, 14 (64,
             1, 5); cf. I, 696, 5 (69,
             8, 8)
1, 12   I, 701, 10 (70, 2, 2)
1, 14   cf. II, 12, 10 (72, 5, 1)
1, 15   I, 160, 15 (22, 13, 3);
             I, 189, 5 (22, 29, 7);

             cf. III, 50, 4 (121, 10,
             23)
*1, 16   III, 336, 2 (148, 8, 1)
*2, 15   II, 140, 9 (°87, 1)
3, 9   II, 12, 10 (72, 5, 1)
3, 9-10   cf. III, 263, 16 (°136,
             1)

Philem.
10-18   cf. II, 113, 10 (82, 6,
             2)
14   cf. I, 118, 4 (21, 6)
20   cf. I, 27, 1 (7, 1, 2)

Hebr.
1, 1   cf. I, 99, 11 (18 B, 2,
             3)
*1, 3   II, 200, 18 (°98, 16,
             2)
*1, 8   I, 632, 7 (65, 13, 3)
1, 9   cf. II, 16, 5 (73, 3, 2)
2, 11   cf. III, 347, 18 (148,
             21, 3)
2, 14   cf. II, 172, 12 (°96,
             13, 2); cf. II, 172, 23
             (°96, 13, 3)
*3, 5-6   I, 79, 22 (18 A, 5, 3)
*3, 14   I, 633, 6 (65, 13, 6)
4, 3   cf. III, 360, 26 (149,
             4, 1)
4, 7   cf. III, 360, 26 (149,
             4, 1)
*4, 12   II, 461, 4 (119, 9, 3)
4, 14-15   cf. III, 361, 14 (149,
             4, 3)
5, 6   cf. I, 386, 13 (49, 21,
             2)

5, 10   *cf.* I, 386, 13 (49, 21, 2)

*5, 11   II, 17, 5 (73, 4, 2)

5, 12   *cf.* I, 289, 2 (37, 4, 1); *cf.* III, 17, 10 (121, 4, 6); *cf.* III, 257, 21 (133, 11, 2)

5, 12-14   *cf.* II, 50, 23 (78, 1, 4); *cf.* II, 124, 24 (84, 3, 7); *cf.* II, 173, 1 (°96, 14, 1); *cf.* III, 71, 3 (122, 4, 5)

*5, 13   III, 17, 11 (121, 4, 6)

5, 13-14   *cf.* II, 159, 12 (°96, 1, 2)

5, 14   *cf.* I, 289, 2 (37, 4, 1)

*6, 4-6   II, 152, 27 (°92, 4, 4)

6, 6   *cf.* II, 168, 16 (°96, 10, 2); *cf.* II, 169, 9 (°96, 11, 1)

*6, 7-8   III, 328, 18 (147, 12)

6, 20   *cf.* I, 386, 13 (49, 21, 2)

c. 7   *cf.* II, 16, 9 (73, 4, 1)

7, 2   *cf.* II, 16, 11 (73, 4, 1); *cf.* II, 20, 10 (73, 6, 3)

7, 3   *cf.* II, 15, 5 (73, 2, 2); *cf.* II, 16, 13 (73, 4, 1)

7, 4   *cf.* II, 20, 10 (73, 6, 3)

7, 4-10   *cf.* II, 17, 11 (73, 4, 3)

7, 11   *cf.* I, 386, 13 (49, 21, 2); *cf.* II, 15, 5 (73, 2, 2)

7, 12   *cf.* II, 17, 2 (73, 4, 2)

7, 17   *cf.* I, 386, 13 (49, 21, 1)

*7, 27   II, 153, 13 (°92, 4, 5); II, 170, 8 (°96, 12, 1)

9, 4   *cf.* II, 491, 5 (120, 8, 6)

9, 5   *cf.* I, 177, 5 (22, 24, 2)

10, 38   III, 235, 19 (°132, 13, 3)

11, 4   *cf.* III, 168, 13 (129, 3, 5)

11, 5   I, 274, 19 (36, 8); *cf.* III, 168, 13 (129, 3, 5)

11, 7   *cf.* III, 168, 13 (129, 3, 5)

*11, 8-10   III, 168, 5 (129, 3, 4)

11, 9   *cf.* I, 628, 3 (65, 10, 3); *cf.* II, 45, 12 (77, 7, 3); *cf.* II, 52, 12 (78, 2, 3); *cf.* II, 76, 21 (78, 35, 4); *cf.* II, 77, 23 (78, 36, 3); *cf.* II, 83, 15 (78, 42, 1)

11, 10   *cf.* II, 186, 14 (°98, 2, 3)

11, 11   *cf.* III, 168, 13 (129, 3, 5)

*11, 13-16   III, 168, 14 (129, 3, 5)

11, 32   *cf.* I, 557, 6 (60, 8, 1); *cf.* II, 442, 17 (118, 5, 5)

*11, 39-40   III, 168, 23 (129, 3, 6)

11, 39-40   *cf.* II, 462, 26 (119, 10, 1)

*12, 6   I, 206, 19 (22, 39, 4); I, 585, 12 (63, 2); I, 677, 6 (68, 1, 5); II, 442, 2 (118, 5, 3); III, 140, 7 (125, 19, 5);

III, 283, 27 (140, 14, 1)

12, 14   III, 191, 20 (130, 11, 2)

12, 20   II, 187, 7 (°98, 3, 3)

12, 22   cf. I, 47, 6 (14, 3, 1); cf. I, 125, 12 (21, 16); cf. I, 178, 13 (22, 24, 6); cf. I, 210, 6 (22, 41, 3); cf. I, 335, 21 (°46, 6, 3); cf. I, 338, 1 (°46, 7, 6); cf. I, 456, 6 (53, 8, 4); cf. II, 176, 18 (°96, 16, 4); cf. II, 185, 7 (°98, 1, 1); cf. II, 221, 18 (°100, 8); cf. II, 491, 22 (120, 8, 8); cf. III, 112, 26 (124, 11, 1); cf. III, 113, 27 (124, 11, 4)

*12, 22-23 III, 169, 1 (129, 3, 6)

12, 23   cf. II, 70, 3 (78, 24); cf. II, 186, 26 (°98, 3, 1)

13, 2   cf. II, 47, 9 (77, 10, 1)

*13, 4   I, 650, 5 (66, 3, 2); I, 685, 21 (69, 4, 3); I, 685, 22 (69, 4, 3); II, 178, 5 (°96, 18, 2); II, 225, 24 (°100, 12, 3)

13, 4   cf. I, 146, 5 (22, 2, 1); cf. I, 353, 6 (49, 2, 6); cf. II, 99, 20 (79, 10, 2); cf. II, 178, 1 (°96, 18, 1); cf. III, 192, 9 (130, 12, 2); cf. III, 350, 22 (148, 25)

*13, 5   II, 167, 23 (°96, 9, 5)

*13, 7   II, 221, 10 (°100, 8)

*13, 8   II, 162, 23 (°96, 5, 1); II, 188, 20 (°98, 4, 3)

13, 14   II, 186, 12 (°98, 2, 3)

Iac.

1, 17   cf. II, 472, 23 (120, praef. 2)

1, 19   cf. II, 344, 12 (108, 26, 1)

1, 20   II, 98, 22 (79, 9, 4)

*2, 1-6   III, 227, 21 (°132, 3, 2)

2, 3   cf. III, 227, 15 (°132, 3, 1)

*2, 4   III, 238, 24 (°132, 18, 2)

*2, 6-9   III, 228, 12 (°132, 3, 3)

2, 8-9   III, 239, 3 (°132, 19, 1)

2, 9   III, 229, 1 (°132, 3, 4)

*2, 10   I, 699, 20 (69, 10, 2); III, 226, 6 (°132, 1, 2)

2, 10   III, 227, 12 (°132, 3, 1); III, 233, 13 (°132, 10, 4); cf. III, 237, 10 (°132, 16, 1); III, 241, 9 (°132, 21, 3)

*2, 10-11 III, 228, 23 (°132, 3, 4)

*2, 11   I, 699, 18 (69, 10, 2)

2, 11   cf. I, 699, 19 (69, 10, 2)

2, 12   III, 239, 10 (°132, 19, 2)

*2, 13   III, 239, 18 (°132, 19,
          3); cf. III, 240, 8
          (°132, 20, 2)
2, 13   III, 239, 15 (°132, 19,
          2)
2, 20   cf. I, 358, 19 (49, 6, 2)
2, 23   cf. I, 155, 17 (22, 8,
          5); cf. II, 87, 17 (79,
          1, 2)
2, 26   cf. I, 358, 19 (49, 6, 2)
*3, 2   I, 391, 10 (50, 3, 4); I,
          515, 7 (57, 7, 7)
3, 2   II, 364, 14 (°110, 9,
          3); III, 233, 11 (°132,
          10, 4); III, 238, 9
          (°132, 17, 2); III, 239,
          13 (°132, 19, 2); III,
          240, 16 (°132, 20, 3)
*3, 7   I, 407, 6 (°51, 6, 5)
*3, 8-9   I, 408, 18 (°51, 6, 10)
*4, 6   II, 34, 16 (76, 1, 1);
          II, 70, 12 (78, 25, 1);
          III, 192, 12 (130, 12,
          2)
*4, 13-16 III, 251, 20 (133, 7, 2)
5, 2   cf. I, 193, 11 (22, 32,
          1)
5, 7   cf. I, 331, 1 (°46, 2, 2)
*5, 12   II, 412, 26 (°116, 21,
          2)
5, 16   cf. III, 240, 13 (°132,
          20, 3)

Petr.
I 1, 2   I, 680, 4 (69, 1, 4); cf.
          II, 30, 24 (75, 1, 4);
          cf. III, 361, 27 (149,
          5, 2)

I 1, 3   cf. III, 347, 19 (148,
          21, 3)
I 1, 13   I, 159, 1 (22, 11, 3)
*I 1, 24 I, 565, 2 (60, 13, 1)
I 2, 5   cf. III, 361, 11 (149,
          4, 3)
*I 2, 7   I, 520, 18 (57, 9, 7)
I 2, 9   cf. I, 303, 3 (39, 4, 6);
          cf. I, 592, 11 (64, 4,
          2); cf. II, 21, 17 (73,
          9, 2)
*I 2, 21-24 III, 339, 14 (148, 12,
          3)
*I 2, 23 I, 393, 19 (50, 5, 2)
I 2, 23   cf. I, 696, 20 (69, 9,
          1); cf. III, 338, 5 (148,
          11, 1)
*I 3, 1   III, 351, 2 (148, 26, 2)
*I 3, 3-6 III, 351, 9 (148, 27, 1)
*I 3, 7   I, 357, 2 (49, 4, 6)
I 3, 7   cf. I, 376, 16 (49, 15,
          3)
*I 3, 8-9 III, 345, 16 (148, 18,
          2)
I 3, 15   cf. I, 426, 17 (52, 7,
          1); III, 330, 14 (148,
          1, 3); cf. III, 357, 14
          (149, 1, 3)
I 3, 18   cf. II, 224, 26 (°100,
          11, 4)
I 3, 20-21 cf. III, 84, 27 (123,
          11, 4)
I 4, 8   III, 361, 8 (149, 4, 3)
I 4, 11   cf. II, 210, 23 (°98,
          25, 4); cf. II, 231, 27
          (°100, 17, 2); cf. II,
          181, 14 (°96, 20, 5)
*I 5, 1-2 III, 309, 15 (146, 1, 4)

I 5, 4   *cf.* I, 621, 20 (65, 4, 5)

*I 5, 2-4   I, 428, 1 (52, 7, 4)

*I 5, 5   I, 42, 3 (12, 2)

I 5, 8   *cf.* I, 49, 8 (14, 4, 1);
cf. I, 120, 12 (21, 11, 1); *cf.* I, 148, 6 (22, 4, 1); *cf.* II, 71, 9 (78, 26, 3); *cf.* II, 153, 25 (°92, 5, 2)

II 1, 13   *cf.* III, 193, 5 (130, 13, 2)

*II 2, 22   I, 469, 3 (54, 4, 1)

II 3, 8   *cf.* III, 277, 19 (140, 8, 1)

*II 3, 8-9   III, 278, 10 (140, 8, 4)

II 3, 8-9   *cf.* III, 278, 3 (140, 8, 3)

Ioh.

*I 1, 8   III, 233, 4 (°132, 10, 3); III, 236, 27 (°132, 15, 2)

I 1, 8   *cf.* III, 233, 18 (°132, 11, 1)

I 2, 1   *cf.* III, 361, 15 (149, 4, 3)

I 2, 2   I, 100, 22 (18 B, 3, 2); *cf.* I, 113, 21 (21, 2, 4); III, 362, 1 (149, 5, 2)

*I 2, 6   I, 54, 1 (14, 6, 5); I, 467, 15 (54, 2, 2); III, 339, 12 (148, 12, 2)

I 2, 12-14   *cf.* III, 288, 24 (140, 20, 2)

*I 2, 15-17   II, 333, 1 (108, 19, 3)

*I 2, 18   I, 140, 10 (21, 40, 4)

*I 3, 2   I, 410, 3 (°51, 7, 3); I, 542, 17 (59, 1, 3)

I 3, 5   *cf.* I, 139, 22 (21, 40, 3)

*I 3, 8   I, 144, 16 (22, 1, 3)

I 3, 8   *cf.* I, 125, 15 (21, 16)

*I 3, 15   I, 42, 18 (13, 1)

I 4, 16   II, 365, 14 (°110, 10, 2)

*I 4, 18   I, 124, 17 (21, 14, 2); II, 110, 6 (82, 3, 2); III, 180, 8 (130, 5, 3); III, 362, 26 (149, 6, 3)

I 4, 18   *cf.* III, 250, 19 (133, 6, 3)

I 5, 6   *cf.* II, 399, 29 (°116, 4, 2); *cf.* III, 210, 9 (°131, 9, 3)

I 5, 19   *cf.* I, 487, 11 (55, 1, 4); *cf.* II, 307, 5 (108, 1, 3)

*II 1   III, 84, 26 (123, 11, 3)

*II 1, 1   III, 310, 2 (146, 1, 5)

*II 10   II, 143, 8 (°89, 2)

*III 1, 1   III, 310, 4 (146, 1, 5)

Iudas

5   I, 337, 10 (°46, 7, 3)

6   I, 337, 13 (°46, 7, 4)

7   I, 337, 19 (°46, 7, 4)

Apoc.

1, 9-12   *cf.* I, 16, 18 (3, 4, 4)

1, 14   *cf.* I, 36, 10 (10, 2, 1)

1, 16   *cf.* I, 46, 6 (14, 2, 1); *cf.* I, 92, 1 (18 A, 14, 3)

2, 5   *cf.* I, 59, 3 (14, 9, 3)

2, 6	*cf.* I, 57, 15 (14, 9, 1)	11, 7-8	*cf.* I, 335, 22 (°46, 6, 3)
2, 9	*cf.* II, 123, 15 (84, 3, 3); *cf.* II, 382, 10 (112, 13, 3); *cf.* III, 84, 20 (123, 11, 2)	*11, 8	III, 45, 4 (121, 10, 10)
		11, 8	*cf.* I, 335, 6 (°46, 6, 1); *cf.* I, 335, 19 (°46, 6, 3); *cf.* I, 336, 25 (°46, 7, 1); *cf.* II, 492, 15 (120, 8, 10)
2, 17	*cf.* I, 99, 19 (18 B, 2, 4); *cf.* I, 693, 5 (69, 7, 4)		
2, 27	*cf.* I, 63, 13 (15, 1, 3)	12, 3 sqq.	*cf.* I, 120, 11 (21, 11, 1)
*3, 4	III, 187, 15 (130, 8, 3)		
*3, 7	III, 3, 22 (121, praef. 3)	14, 1-3	*cf.* I, 210, 10 (22, 41, 4)
3, 7	I, 451, 5 (53, 5, 1); I, 539, 4 (58, 9, 2)	14, 1-4	*cf.* I, 373, 19 (49, 14, 8)
3, 9	*cf.* II, 123, 15 (84, 3, 3); *cf.* II, 382, 10 (112, 13, 3)	14, 3	*cf.* II, 480, 16 (120, 2, 3)
		14, 3-5	*cf.* I, 365, 12 (49, 10, 2)
3, 15-16	I, 251, 11 (31, 3, 2)	*14, 4	I, 210, 13 (22, 41, 4); I, 210, 15 (22, 41, 4); II, 49, 1 (77, 12)
3, 16	*cf.* I, 472, 21 (54, 6, 5)		
*3, 20	I, 181, 9 (22, 26, 2)		
4, 6	*cf.* I, 611, 14 (64, 20, 3)	14, 4	*cf.* I, 591, 10 (64, 3, 1); *cf.* II, 338, 16 (108, 22, 1)
5, 1	*cf.* I, 451, 1 (53, 5, 1)		
7, 9	*cf.* I, 18, 4 (3, 5, 3)	14, 6	*cf.* III, 114, 7 (124, 12, 1); *cf.* III, 114, 24 (124, 12, 2)
c. 8	*cf.* II, 451, 16 (119, 5, 7)		
*8, 13	III, 167, 18 (129, 3, 2)	14, 17-20	*cf.* II, 140, 8 (°87, 1) 17, 1; *cf.* I, 151, 10 (22, 6, 3)
c. 9	*cf.* II, 451, 16 (119, 5, 7)		
10, 7	*cf.* II, 451, 19 (119, 5, 7)	17, 3	*cf.* III, 54, 8 (121, 11, 11)
10, 10	*cf.* I, 28, 12 (7, 3, 1)	17, 5	*cf.* III, 54, 8 (121, 11, 11)
*11, 1-2	I, 335, 13 (°46, 6, 2)		
11, 3-7	*cf.* I, 543, 18 (59, 3, 1); *cf.* I, 544, 8 (59, 3, 3)	17, 16	*cf.* I, 151, 10 (22, 6, 3)
		*18, 2	I, 342, 2 (°46, 12, 1)
		*18, 4	I, 341, 18 (°46, 12, 1)
*11, 7-8	I, 334, 25 (°46, 6, 1)	18, 9	*cf.* I, 63, 14 (15, 1, 3)

II. INDEX AUCTORUM

Hoc indice omnes auctores in apparatu editionis Hilbergianae laudati afferuntur, id est et ii, ad quorum opera Hieronymus allusit, et nonnulli, qui post eum verbis vel elocutionibus similibus usi sunt.

Acacius Caes.
Quaest. uar.
IV   II, 452, 24 (119, 6, 1)

Ambrosiaster
u. Ambrosius

Ambrosius
de uiduis
11, 69   I, 375, 3 (49, 14, 11); I, 375, 6 (49, 14,
                                            11)
13, 79   I, 374, 8 (49, 14, 9)
13, 81   I, 374, 18 (49, 14, 10)
in Pauli ep. ad Gal.
2, 11-14 (=Ambrosiaster)   *cf.* II, 414, 17 (°116, 24, 1)

Anthologia Latina
84, 3 Riese = 72, 3 Shackleton-Bailey   *cf.* I, 648, 7 (66, 1, 2)
84, 5 R. = 72, 5 S.-B.   *cf.* I, 648, 7 (66, 1, 2)

Apollinaris Laodicenus
in epist. Pauli   II, 449, 4 (119, 4)

Appendix sententiarum
u. 180 Ribbeck = Publil. Syr. A 52   II, 299, 5 (107, 8, 1); III, 161, 1 (128,
                                            4, 5)

Aratus
Phaen. 5 (Act. 17, 28)   I, 701, 18 (70, 2, 3)

Aristoteles
apud Diog. Laert. V 1, 11   *cf.* I, 24, 3 (6, 1, 1)

Augustinus

contra Faustum XIX 17	*cf.* II, 408, 25 (°116, 17, 2)

de libero arbitrio

III 59	*cf.* III, 207, 22 (°131, 7, 1)
III 62	*cf.* III, 207, 22 (°131, 7, 1)
III 63	*cf.* III, 207, 22 (°131, 7, 1)
III 68	III, 216, 25 (°131, 18, 2); III, 218, 18 (°131, 20, 1)

epist.

in Hieron. epist. LXVII c. 7

=Aug. epist. XL c. 7 (II, p. 69 Goldb.)	*cf.* II, 235, 4 (102, 1, 1)
CCII A, 3 (IV p. 303, 7 Goldb.)	*cf.* III, 261, 6 (134, 1, 1)

Ausonius

348, 9 p. 166 Peiper (technop. 13, 9)	*cf.* I, 661, 12 (66, 11, 2)

Babrius

72	*cf.* II, 325, 16 (108, 15, 1)
79	*cf.* I, 242, 8 (29, 7, 2)

Callimachus

hymn. I 8 (Tit. 1, 12)	*cf.* I, 701, 12 (70, 2, 2)

Cato

dicta memorab.

n. 69 Iordan (ap. Cic. Lael. 90)	II, 359, 17 (°110, 4, 1)
n. 80 Iordan	I, 659, 3 (66, 9, 2); I, 659, 6 (66, 9, 2)

sententia p. 80 Iordan

(= ad Marc. fil. frg. 14)	*cf.* I, 695, 2 (69, 8, 4)

Chrysippus

ap. Eustath. ad Hom. Il. XXIII 66	*cf.* II, 343, 9 (108, 24, 4)

Cicero

Acad.

II 74	*cf.* I, 462, 9 (53, 9, 1); *cf.* I, 525, 18 (57, 12, 4)
II 80	*cf.* II, 125, 4 (84, 4, 1)

ad Att. I 12, 4

cf. II, 29, 5 (74, 6, 2)

ad fam. IX 3, 2

cf. II, 125, 4 (84, 4, 1)

Brutus 12

cf. I, 26, 11-14 (7, 1, 2); *cf.* III, 181, 23 (130, 6, 4)

Catil.

I 1

cf. II, 208, 5 (°98, 22, 4)

II 1

II, 354, 7 (109, 2, 5)

Cato M.

13

cf. I, 417, 14 (52, 3, 5); *cf.* I, 418, 1 (52, 3, 5)

22

cf. I, 418, 7 (52, 3, 6)

24

cf. III, 286, 7 (140, 16, 2)

26

cf. I, 418, 12 (52, 3, 6)

diu. in Caec. 39

cf. I, 339, 14 (°46, 9, 2)

de fin.

V 87

cf. II, 35, 22 (76, 2, 2)

V 92

cf. I, 30, 3 (7, 5); *cf.* III, 193, 2 (130, 13, 2)

pro Flacco frg. 2 Mueller

I, 37, 14 (10, 3, 1)

frg. libr. inc.

38 p. 410 Mueller

I, 655, 8 (66, 7, 2)

de imp. Cn. Pompei

7

cf. II, 132, 20 (84, 10, 2)

37

cf. I, 441, 4 (52, 17, 2)

de inu.

I 2

I, 32, 1 (8, 1)

I 8

cf. I, 464, 8 (53, 11, 1)

Laelius

76

cf. I, 32, 12 (8, 2)

90 (Cato dict. mem. 69 Iordan)

cf. II, 359, 17 (°110, 4, 1)

101

cf. II, 2, 20 (71, 2, 1)

pro Milone 10 (11)

cf. III, 144, 15 (126, 2, 2)

pro Murena 12

cf. I, 529, 16 (58, 2, 3)

de off.

I 23

cf. II, 413, 7 (°116, 22, 1)

I 131

cf. III, 135, 5 (125, 16, 2)

II 23 (Enn. fab. inc. 19 V^2)

cf. II, 110, 4 (82, 3, 2)

II 52

cf. I, 537, 5 (58, 7, 1)

III 26   *cf.* III, 242, 13 (133, 1, 3)
de opt. gen. orat.
13-14   I, 508, 20 (57, 5, 2)
23   I, 509, 11 (57, 5, 4)
orator 39   *cf.* I, 515, 13 (57, 7, 7)
de oratore
I 32 sq.   *cf.* I, 266, 2 (°35, 1, 3)
I 132   *cf.* I, 695, 21 (69, 8, 7)
III 3   *cf.* I, 537, 17 (58, 8, 1)
III 4   *cf.* I, 427, 12 (52, 7, 3)
III 36   *cf.* III, 123, 8 (125, 6, 1)
III 91   *cf.* I, 420, 7 (52, 4, 1); *cf.* I, 532, 9 (58, 4, 1)
III 213   *cf.* I, 446, 3 (53, 2, 2)
Phil.
II 30   *cf.* I, 472, 4 (54, 6, 3)
II 43   *cf.* I, 525, 16 (57, 12, 4)
pro Q. Gallio
post red. in sen. 16   *cf.* I, 185, 14 (22, 28, 3)
de rep.
I 59   *cf.* II, 98, 22 (79, 9, 4)
VI 17-19   *cf.* I, 384, 17 (49, 19, 5)
inc. sedis frg. 5 Mueller   *cf.* III, 156, 13 (128, 1, 1); III, 176, 10 (130, 1, 2)
frg. 2 p. 400, 6-13 Schoell   I, 429, 15 (52, 8, 3)
pro Roscio Amer. 70   *cf.* III, 31, 12 (121, 8, 7)
Tusc.
I 27   *cf.* I, 32, 1 (8, 1)
I 52   *cf.* I, 525, 19 (57, 12, 4)
I 74   *cf.* I, 566, 9 (60, 14, 2)
I 109   II, 309, 8 (108, 3, 4)
II 60   *cf.* II, 137, 9 (85, 4, 1)
III 28   *cf.* I, 553, 16 (60, 5, 1)
III 30   *cf.* I, 553, 16 (60, 5, 1)
III 31   *cf.* I, 30, 3 (7, 5); *cf.* III, 193, 2 (130, 13, 2)
III 58   *cf.* I, 553, 16 (60, 5, 1)
III 69   *cf.* I, 417, 12 (52, 3, 5)

IV 33   *cf.* I, 59, 9 (14, 10, 1)
IV 75   *cf.* III, 132, 14 (125, 14, 1)
V 114   *cf.* II, 35, 22 (76, 2, 2)

Com. Att.
frg. 1234, III p. 613 Kock
= adesp. iamb. 16 D. Kassel - Austin   *cf.* I, 435, 4 (52, 11, 4)

Clitomachus
fragm.   I, 454, 11 (53, 7, 3)

Cyprianus
ad Demetr.
c. 25 (p. 370, 7 sq. Hartel)   *cf.* III, 324, 18 (147, 9, 2)
ad Donat.
c. 2 (p. 4, 13 H.)   I, 421, 1 (52, 4, 3)
14 (p. 15, 2 H.)   *cf.* I, 59, 16 (14, 10, 2)
de lapsis c. 30 (p. 259, 24 H.)   *cf.* I, 528, 16 (58, 1, 4)
de opere et eleemosynis
I p. 373-394 H.   I, 653, 12 (66, 5, 4)
p. 377, 1-9 H.   *cf.* I, 653, 13 (66, 5, 4)
epist.
4, 2 (p. 474, 7 H.)   *cf.* I, 249, 3 (30, 14, 2)
59, 13 (p. 681, 8 H.)   *cf.* I, 70, 11 (17, 1)
64, 2-6 (p. 718-21 H.)   *cf.* III, 221, 22 (°131, 23, 3)
71, 3   *cf.* II, 414, 17 (°116, 24, 1)
76, 2 (p. 829, 26 H.)   *cf.* I, 60, 6 (14, 10, 3)
76, 2 (p. 830, 2 H.)   *cf.* I, 60, 11 (14, 10, 3)
76, 2 (p. 830, 6 H.)   *cf.* I, 60, 8 (14, 10, 3)

Didymus
in epist. Pauli   II, 449, 8 (119, 5, 1); II, 450, 11 (119,
                                   5, 4)

Diodorus Tars.
in epist. Pauli   II, 448, 22 (119, 3, 1); II, 459, 6 (119,
                                   8, 2)

Diogenes Laertius

V 1, 11   *cf.* I, 24, 3 (6, 1, 1)

Ennius

Ann. 24 Vahlen^2 = 22 Skutsch   *cf.* I, 32, 1 (8, 1)
epigr. II p. 215 V^2 *cf.* I, 505, 1 (57, 2, 2)
fab. inc. frg. 19 V^2 ap. Cic. de off. II 23
  = 348 Jocelyn   *cf.* II, 110, 4 (82, 3, 2)
Iphig. frg. VII V^2 = 388 J.   I, 567, 15 (60, 14, 4)
Medea exul frg. 1, 1 Ribbeck, TRF
  = 103 J.   III, 149, 15 (127, 5, 2)
Telamo frg. II V^2
(cf. p. 394 J.)   *cf.* I, 553, 16 (60, 5, 1)

Epiphanius

IV 1, p. 141 sqq. ed. Dindorf   *cf.* I, 613, 2 (64, 21, 1)

Euagrius

prol. in uitam S. Antonii
XXVI 834 M   *cf.* I, 511, 14 (57, 6, 1)

Eucherius

p. 129, 21-130, 11   III, 171, 4-14 (129, 5, 1)
p. 130, 12-17   III, 172, 3-8 (129, 5, 2)

Eugenius Tolet.

carm. 87 Vollmer   *cf.* I, 30, 3 (7, 5)

Eusebius

Chron. can. ed. Schoene
II p. 1, 8   *cf.* I, 510, 10 (57, 5, 6)
II p. 2, 3   *cf.* I, 511, 4 (57, 5, 8)

Eustathius

ad Hom. Il. XXIII 66 (Chrysipp)   *cf.* II, 343, 9 (108, 24, 4)

Florus
Uerg. or. an poeta p. 184, 1 Rossb.
= I, 5 p. 210, 4 Malcovati   *cf.* I, 19, 16 (4, 1, 2)

Galenus
ὑγιεινῶν λόγων
I 11   *cf.* I, 475, 16 (54, 9, 4)
V 5   *cf.* I, 475, 16 (54, 9, 4)

Herodotus
I 104-106   *cf.* II, 45, 21 (77, 8, 2)
III 17-18   *cf.* I, 445, 2 (53, 1, 4)
VII 46   *cf.* I, 573, 6 (60, 18, 1)

Hesiodus
Op. et Dies 174 sq.   *cf.* I, 567, 13 (60, 14, 4)

Hieronymus
adu. Iouin.
I 3   I, 352, 17 (49, 2, 5); *cf.* I, 373, 18 (49, 14, 8); *cf.* II, 304, 9 (107, 13, 3); *cf.* III, 82, 8 (123, 8, 3)
I 4   I, 354, 22 (49, 3, 2)
*I 7   I, 373, 13 (49, 14, 7)
I 7   I, 355, 10 (49, 4, 1); I, 371, 12 (49, 14, 2); I, 372, 4 (49, 14, 4); I, 376, 4 (49, 15, 2)
I 8   I, 356, 4 (49, 4, 3); I, 357, 8 (49, 5, 1); I, 378, 5 (49, 16, 1)
I 9   I, 379, 12 (49, 17, 2); I, 380, 6 (49, 17, 4); I, 380, 15 (49, 17, 5)
I 10   I, 357, 17 (49, 5, 2); I, 357, 22 (49, 5, 3)
I 11   I, 358, 12 (49, 6, 2); I, 358, 23 (49, 6, 3)
I 12   I, 359, 15 (49, 7, 1); I, 360, 6 (49, 7, 2)
I 13   I, 360, 13 (49, 7, 3); I, 361, 1 (49, 7, 4); I, 381, 19 (49, 18, 1)

I 14   I, 361, 7 (49, 8, 1); I, 361, 23 (49, 8,
                    2); I, 362, 16 (49, 8, 4); I, 382, 17 (49,
                    18, 4); I, 382, 20 (49, 18, 4)
I 15   I, 363, 7 (49, 8, 5); I, 383, 3 (49, 18, 5)
I 16   I, 383, 12 (49, 19, 1)
I 23   I, 364, 4 (49, 9, 2)
I 33   I, 364, 13 (49, 9, 3)
I 37   I, 364, 21 (49, 10, 1)
I 40   I, 365, 12 (49, 10, 2); I, 366, 3 (49, 11,
                    1); cf. I, 373, 19 (49, 14, 8)
II 2   cf. III, 207, 11 (°131, 6, 2); III, 207, 14
                    (°131, 6, 2); cf. III, 233, 8 (°132, 10,
                    4)
II 7   cf. I, 684, 17 (69, 3, 6)
II 18   cf. I, 543, 9 (59, 2, 2)
II 21-34   cf. III, 229, 19 (°132, 4, 2)
II 22   cf. I, 543, 9 (59, 2, 2); cf. I, 543, 12
                    (59, 2, 2)

adu. Ruf.
I 3 (XXIII 418 M)   cf. II, 103, 17-25 (°80, 2, 1-3)
I 11   cf. II, 120, 15-16 (°83, 2)
I 30 (XXIII 441 M)   cf. I, 708, 12 (70, 6 2)
II 13 (XXIII 456 M)   cf. II, 114, 12 (82, 7, 2)
II 15 (XXIII 457 M)   cf. II, 104, 1-6 (°80, 2, 4)
II 28   cf. III, 214, 12 (°131, 15, 1)
comm. in Amos 5, 26   cf. III, 46, 12 (121, 10, 15)
comm. in Eccle. c. 12   cf. III, 283, 13 (140, 13, 5)
comm. ad Esaiam
III cap. 6   cf. II, 124, 1 (84, 3, 4)
XVI praef.   cf. I, 659, 7 (66, 9, 2)
XVII 64, 4-5   cf. II, 32, 6 (75, 3, 1)
comm. in epist. ad Eph. 4, 15-16   cf. III, 44, 5 (121, 10, 7)
comm. in Ionam
c. 3   cf. III, 207, 15 (°131, 6, 2)
4, 6 (XXV 1147 M)   cf. II, 392, 14 (112, 22, 2)
c. 5   cf. III, 207, 15 (°131, 6, 2)
comm. in Matth.
11, 3   cf. III, 4, 19 (121, 1, 1)

12, 20	*cf.* III, 12, 17 (121, 2, 14)
16, 24	III, 13, 17 (121, 3, 1)
24, 15-18	*cf.* III, 15, 19 (121, 4, 2)
dial. adu. Pelag. III 19	*cf.* III, 262, 6 (134, 1, 3); *cf.* III, 296, 1 (°144, 3, 4)
epist.	
XIV	*cf.* II, 46, 20 (77, 9, 2)
XIV 2, 3	I, 558, 2 (60, 9, 1)
XVIII A 6, 7	*cf.* II, 124, 1 (84, 3, 4)
XXII	*cf.* III, 95, 8 (123, 17, 3)
XXIX	*cf.* I, 601, 5 (64, 15, 2)
XXXIX	*cf.* II, 309, 22 (108, 4, 2)
XLIX (XLVIII) 2, 7	*cf.* III, 82, 8 (123, 8, 3)
°LI init.	I, 524, 14 (57, 12, 1)
LII	*cf.* III, 127, 14 (125, 8, 2)
LIV	*cf.* II, 479, 8 (120, 1, 15); *cf.* III, 95, 9 (123, 17, 3)
LIV 5	*cf.* I, 293, 4 (38, 5, 2)
LIV 9-10	*cf.* II, 301, 4 (107, 10, 1)
°LVI 2	*cf.* II, 389, 21 (112, 20, 1)
°LVI 3	*cf.* I, 668, 1 (°67, 3, 1)
°LVI 3, 2	*cf.* II, 412, 14 (°116, 21, 1)
°LVI 3-4	*cf.* II, 360, 14 (°110, 5, 2)
LXI	*cf.* III, 198, 12 (130, 17, 2)
LXIV	*cf.* II, 45, 10 (77, 7, 3)
LXVI	*cf.* II, 310, 2 (108, 4, 2)
°LXVII 2	*cf.* II, 369, 21 (112, 3, 1)
°LXVII 3	*cf.* II, 370, 15 (112, 4, 1)
°LXVII 4	*cf.* II, 408, 14 (°116, 17, 1)
°LXVII 4, 1-2	II, 380, 14-381, 7 (112, 12, 1-2); II, 382, 13-20 (112, 14, 1)
°LXVII 5, 1	II, 384, 18 (112, 15, 1)
°LXVII 6, 1-2	II, 385, 6 (112, 15, 3); II, 385, 9 (112, 15, 3)
°LXVII 6, 2	II, 386, 1 (112, 16, 1); II, 386, 20 (112, 16, 3)
°LXVII 6, 3	II, 387, 2 (112, 17, 1)

°LXVII 7   *cf.* II, 245, 4 (105, 4, 1); *cf.* II, 420, 11
                        (°116, 33, 2)
LXXI 2, 3   *cf.* II, 52, 11 (78, 2, 3)
LXXVIII   *cf.* II, 45, 8 (77, 7, 3)
LXXIX   *cf.* II, 479, 8 (120, 1, 15); *cf.* III, 95, 9
                        (123, 17, 3)
°CI 2   *cf.* II, 244, 20 (105, 4, 1); *cf.* II, 420, 1
                        (°116, 33, 1)
°CI 2 fin.   *cf.* II, 245, 21 (105, 5, 1)
CII 1   *cf.* II, 242, 14 (105, 1, 1)
CII 2   *cf.* II, 398, 22 (°116, 2, 2)
CII 2 fin.   II, 399, 17 (°116, 3, 3)
CII 3   *cf.* I, 708, 12 (70, 6 2)
°CIV 3   *cf.* II, 388, 24 (112, 18, 2); *cf.* II, 389,
                        1 (112, 19, 1)
°CIV 5   II, 391, 14-392, 6 (112, 21, 2-3)
°CIV 6   *cf.* II, 391, 3 (112, 20, 5)
CV 2   *cf.* II, 398, 25 (°116, 2, 2)
CV 2 init.   *cf.* II, 419, 12 (°116, 32, 2)
CV 4   *cf.* II, 418, 2 (°116, 30, 1); *cf.* II, 418,
                        9 (°116, 30, 2)
CV 5 fin.   *cf.* II, 421, 30 (°116, 36, 1)
CVII 6   *cf.* I, 661, 12 (66, 11, 2)
CVIII 10   *cf.* I, 661, 7 (66, 11, 1)
°CX 6-8   *cf.* II, 397, 17 (°116, 1, 2)
CXII 3   *cf.* I, 667, 11 (°67, 2, 1)
CXII 4   *cf.* I, 668, 1 (°67, 3, 1); *cf.* II, 414, 4
                        (°116, 23, 1)
CXII 4, 1   *cf.* II, 400, 29 (°116, 7, 1)
CXII 6 fin.   *cf.* II, 413, 29 (°116, 23, 1)
CXII 12   *cf.* I, 669, 4-19 (°67, 4, 1-2)
CXII 13   *cf.* II, 406, 27 (°116, 15, 2)
CXII 13, 1   *cf.* II, 407, 13 (°116, 16, 1)
CXII 14   *cf.* I, 669, 10-16 (°67, 4, 1-2); *cf.* II,
                        409, 6 (°116, 18, 1); *cf.* II, 410, 22
                        (°116, 19, 2); *cf.* II, 410, 28 (°116, 19,
                        3); *cf.* II, 412, 13 (°116, 21, 1)

CXII 15   *cf.* I, 670, 3-5 (°67, 5, 1); *cf.* I, 670, 18-671, 8 (°67, 6, 1-2)

CXII 16   *cf.* I, 671, 8-11 (°67, 6, 2); *cf.* II, 405, 3 (°116, 13, 1)

CXII 17   *cf.* I, 671, 11-19 (°67, 6, 3); *cf.* II, 415, 7 (°116, 25); *cf.* II, 415, 17 (°116, 26, 1)

CXII 17 fin.   *cf.* II, 415, 28 (°116, 26, 2)

CXII 19   *cf.* II, 420, 24 (°116, 34, 1)

CXII 22   *cf.* II, 397, 1 (115, 3); *cf.* II, 421, 21 (°116, 35, 2)

CXV fin.   *cf.* II, 397, 14 (°116, 1, 1); *cf.* II, 398, 6 (°116, 2, 1)

CXVII 6, 3   *cf.* II, 415, 25 (°116, 26, 2)

CXIX 3   *cf.* III, 261, 8 (134, 1, 1)

CXXI praef.   *cf.* II, 57, 16 (78, 7, 4)

CXXV 16   *cf.* I, 310, 8 (40, 2, 1)

CXXVI 1   *cf.* III, 208, 10 (°131, 7, 2); *cf.* III, 209, 4 (°131, 8, 1); *cf.* III, 209, 6 (°131, 8, 1); *cf.* III, 211, 17 (°131, 11, 1)

CXXX 18   *cf.* I, 161, 14 (22, 13, 5)

CXXXIV 1   III, 295, 9-296, 7 (°144, 3)

CXLVII 9   *cf.* II, 215, 14 (°100, 3, 1)

in Pauli epist. ad Gal.

prol. (XXVI 308 M)   II, 370, 22-371, 22 (112, 4, 2-5)

I 2, 11 sqq. (XXVI 338, 31-342, 16 M) *cf.* I, 498, 16 (°56, 3, 1); *cf.* I, 668, 1 (°67, 3, 1)

(XXVI 339 M)   *cf.* II, 400, 29 (°116, 7, 1)

(XXVI 340 M)   *cf.* II, 405, 12 (°116, 13, 2)

I 2, 14 (XXVI 342 M)   II, 372, 1-5 (112, 4, 6)

praef. ad libr. de interpr. nom. Hebr.

fin. (XXIII 816 M)   *cf.* II, 103, 9 (°80, 1, 2); *cf.* II, 121, 15 (84, 2, 1); *cf.* II, 129, 11 (84, 7, 4)

praef. ad Orig. hom. in Cant.

init. (XXIII 1173 M)   *cf.* II, 102, 11 (°80, 1, 1); *cf.* II, 121, 14 (84, 2, 1); *cf.* II, 129, 9 (84, 7, 4)

praef. ad Orig. hom. in Hierem.
et Ezech. init. (XXV 583 M)   *cf.* II, 103, 3 (°80, 1, 2); *cf.* II, 103, 9
                                      (°80, 1, 2); *cf.* II, 129, 11 (84, 7, 4)

Hilarius
comm. Matth. 21, 3   I, 104, 7 (20, 1)
tract. in psalm. CXXVI 19   *cf.* I, 261, 21 (34, 3, 1)

Hippocrates
apud Galenum ὑγιεινῶν λόγων
I 7 (VI 34 Kuehn)   *cf.* III, 4, 10 (121, praef. 5)
uol. I, p. 1 Kuehn   *cf.* I, 438, 14 (52, 15, 2)

Homerus
Il. VI 181   *cf.* III, 138, 10 (125, 18, 3)
Odyss.
XII 166 sqq.   *cf.* II, 429, 14 (117, 6, 4)
XII 166-200   *cf.* II, 112, 9 (82, 5, 1)

Horatius
ars poetica
21 sq.   *cf.* II, 292, 19 (107, 3, 1)
21-22   I, 225, 13 (27, 3, 1)
94   I, 467, 8 (54, 2, 1)
133 sq.   I, 510, 1 (57, 5, 5)
147   I, 36, 9 (10, 2, 1)
359 sq.   II, 131, 5 (84, 8, 2)
390   I, 347, 18 (48, 2, 1)
carm.
I 3, 18   *cf.* I, 47, 3 (14, 2, 3); *cf.* II, 311, 14
                                      (108, 6, 3)
I 12, 7 sqq.   *cf.* II, 429, 15 (117, 6, 4)
I 27, 18   *cf.* II, 18, 4 (73, 5, 2)
II 10, 11 sq.   I, 570, 1 (60, 16, 1)
II 10, 11-12   II, 329, 5 (108, 18, 1)
II 15, 15   *cf.* I, 52, 4 (14, 6, 1)
II 17, 5   *cf.* I, 72, 13 (17, 3, 2)
III 3, 7-8   III, 183, 14 (130, 7, 3)

Iosephus
Ant. Iud.
I 6, 1   *cf.* I, 288, 3 (37, 2, 2)
I 10, 2   *cf.* II, 20, 13 (73, 7, 1)
III 7   *cf.* I, 241, 17 (29, 7, 1)
III 7, 1   *cf.* I, 597, 16 (64, 10, 2)
III 7, 2   *cf.* I, 598, 5 (64, 11, 1)
III 7, 3   *cf.* I, 599, 11 (64, 13)
III 7, 4   *cf.* I, 600, 4 (64, 14, 1)
III 7, 5   *cf.* I, 600, 20 (64, 15, 1); *cf.* I, 602, 13
                                         (64, 16, 1)
XX 2, 6   *cf.* II, 314, 16 (108, 9, 1)
XX 4, 3   *cf.* II, 314, 16 (108, 9, 1)
Bell. Iud.
II 8, 2-13   *cf.* I, 200, 8 (22, 35, 8)
VI 5, 3   *cf.* I, 86, 13 (18 A, 9, 2); *cf.* I, 333, 17
                                         (°46, 4, 2); *cf.* II, 489, 25 (120, 8, 2)
VI 10   *cf.* II, 20, 13 (73, 7, 1)

Irenaeus
adu. haer. I cap. 8 sqq.   *cf.* II, 32, 14 (75, 3, 2)

Isidorus
orig. I 37, 24   *cf.* I, 311, 1 (40, 2, 3)

Isocrates
X 64   *cf.* I, 672, 8 (°67, 7, 1); *cf.* II, 235, 4
                                         (102, 1, 1)

Iuuenalis
I 15   I, 393, 15 (50, 5, 2); I, 525, 6 (57, 12,
                                         2)

Lactantius
diuin. inst.
V 4, 3-7   *cf.* I, 703, 6 (70, 3, 1)
VI 18, 26   *cf.* II, 447, 3 (119, 1, 3); *cf.* III, 135, 6
                                         (125, 16, 2); *cf.* III, 261, 8 (134, 1, 1);

Liuius

I 58	*cf.* III, 80, 21 (123, 7, 2)
V 27, 1-9	*cf.* I, 506, 12 (57, 3, 2)
XIII perioch.	*cf.* I, 506, 15 (57, 3, 2)
XXII c. 12-18	*cf.* II, 244, 9 (105, 3, 2)
LI perioch.	*cf.* III, 80, 19 (123, 7, 2)

Lucanus

I 313	*cf.* I, 537, 7 (58, 7, 2)
V 274	III, 94, 4 (123, 16, 4)

Lucilius

1299 Marx = 1315 Krenkel	I, 30, 3 (7, 5); *cf.* III, 193, 2 (130, 13, 2)
1300 Marx = 1316 Krenkel	*cf.* III, 193, 2 (130, 13, 2)

Lucretius

I 935-937	*cf.* III, 246, 15 (133, 3, 7)
II 23	*cf.* II, 48, 12 (77, 11, 2)

Martialis

II 12, 4	III, 199, 17 (130, 19, 1)
V 61	*cf.* II, 97, 18 (79, 9, 1)
VI 41, 2	*cf.* I, 581, 6 (61, 4, 1); *cf.* I, 681, 19 (69, 2, 5); *cf.* III, 198, 12 (130, 17, 2)

Menander

fr. 218 Kock (*I Cor. 15, 33)	I, 701, 15 (70, 2, 3); III, 198, 26 (130, 18, 1)

Naeuius

inc. fab. fr. I Ribbeck	I, 567, 10 (60, 14, 4)

Onom. sacra (ed. Lagarde)

2, 22	*cf.* II, 81, 25 (78, 40, 3)
3, 7	*cf.* II, 318, 11 (108, 10, 8)
3, 15	*cf.* II, 315, 15 (108, 9, 3)
3, 18	*cf.* II, 492, 12 (120, 8, 10)

4, 4	*cf.* II, 76, 7 (78, 35, 2)
5, 21	*cf.* II, 319, 2 (108, 11, 2)
5, 24	*cf.* II, 316, 22 (108, 10, 3)
6, 27	*cf.* II, 318, 11 (108, 10, 8)
7, 20	*cf.* II, 83, 21 (78, 42, 2)
8, 17	*cf.* II, 81, 26 (78, 40, 4)
9, 30	*cf.* II, 53, 5 (78, 3, 2)
10, 14	*cf.* III, 3, 15 (121, praef. 2)
10, 25	*cf.* III, 57, 5 (122, 1, 3)
12, 6	*cf.* II, 62, 3 (78, 13, 3)
12, 16	*cf.* II, 56, 1 (78, 6, 1)
12, 18	*cf.* II, 76, 7 (78, 35, 2)
13, 4	*cf.* II, 57, 24 (78, 8, 1)
14, 6	*cf.* II, 81, 26 (78, 40, 4)
14, 8	*cf.* II, 56, 14 (78, 7, 1)
14, 19	*cf.* II, 54, 18 (78, 4, 1)
14, 20	*cf.* II, 53, 5 (78, 3, 2)
14, 22	*cf.* II, 61, 16 (78, 13, 1)
14, 30	*cf.* II, 59, 21 (78, 10, 2)
15, 1	*cf.* II, 64, 4 (78, 14, 5); *cf.* II, 76, 5 (78, 35, 1)
15, 4	*cf.* II, 70, 8 (78, 25, 1)
15, 5	*cf.* II, 62, 3 (78, 13, 3)
15, 14	*cf.* II, 62, 3 (78, 13, 3)
15, 19	*cf.* II, 65, 15 (78, 16, 1)
15, 29	*cf.* II, 315, 15 (108, 9, 3)
16, 5	*cf.* II, 83, 13 (78, 42, 1)
16, 7	*cf.* II, 61, 6 (78, 12, 2)
16, 8	*cf.* II, 69, 20 (78, 23)
16, 9	*cf.* II, 72, 2 (78, 28)
16, 10	*cf.* II, 74, 3 (78, 31, 1)
16, 12	*cf.* II, 86, 14 (78, 43, 8)
16, 17	*cf.* II, 82, 7 (78, 40, 4)
16, 24	*cf.* II, 56, 1 (78, 6, 1)
16, 27	*cf.* II, 56, 1 (78, 6, 1)
17, 1	*cf.* II, 73, 3 (78, 30, 1)
17, 3	*cf.* II, 76, 7 (78, 35, 2)
17, 5	*cf.* II, 69, 2 (78, 21)

17, 20	*cf.* II, 81, 3 (78, 40, 1); *cf.* II, 82, 15 (78, 40, 5)
17, 21	*cf.* II, 60, 7 (78, 11, 1); *cf.* II, 82, 24 (78, 41, 1)
17, 29	*cf.* II, 74, 25 (78, 33)
18, 1	*cf.* II, 319, 2 (108, 11, 2)
18, 17	*cf.* II, 82, 10 (78, 40, 4)
18, 21	*cf.* II, 79, 3 (78, 37, 2)
19, 3	*cf.* II, 74, 18 (78, 32)
19, 5	*cf.* II, 68, 3 (78, 19, 1)
19, 11	*cf.* II, 70, 2 (78, 24); *cf.* II, 71, 12 (78, 27, 1)
19, 12	*cf.* II, 72, 10 (78, 29, 1)
19, 14	*cf.* III, 56, 12 (122, 1, 1)
19, 18	*cf.* II, 83, 15 (78, 42, 1)
19, 29	*cf.* II, 77, 15 (78, 36, 2); *cf.* II, 79, 14 (78, 38, 1)
20, 5	*cf.* II, 66, 14 (78, 17, 3)
20, 6	*cf.* II, 67, 18 (78, 18)
21, 1	*cf.* II, 54, 18 (78, 4, 1)
21, 2	*cf.* II, 59, 21 (78, 10, 2)
21, 9	*cf.* II, 70, 8 (78, 25, 1); *cf.* II, 70, 22 (78, 26, 1)
21, 13	*cf.* II, 81, 23 (78, 40, 3)
21, 22	*cf.* II, 65, 15 (78, 16, 1)
22, 16	*cf.* II, 82, 10 (78, 40, 4)
22, 18	*cf.* II, 318, 19 (108, 11, 1)
23, 13	*cf.* II, 59, 21 (78, 10, 2); *cf.* II, 64, 4 (78, 14, 5)
23, 27	*cf.* II, 81, 24 (78, 40, 3)
23, 29	*cf.* II, 318, 11 (108, 10, 8)
24, 5	*cf.* II, 322, 1 (108, 13, 1)
24, 10	*cf.* II, 72, 2 (78, 28)
25, 9	*cf.* II, 82, 7 (78, 40, 4)
26, 4	*cf.* II, 76, 7 (78, 35, 1)
26, 9	*cf.* III, 12, 1 (121, 2, 11)
27, 24	*cf.* II, 318, 19 (108, 11, 1)
28, 11	*cf.* III, 326, 5 (147, 9, 5)

28, 18	*cf.* II, 68, 3 (78, 19, 1)
30, 7	*cf.* II, 59, 21 (78, 10, 2)
30, 13	*cf.* II, 324, 7 (108, 14, 1); *cf.* III, 4, 2 (121, praef. 4)
32, 10	*cf.* II, 316, 22 (108, 10, 3)
32, 23	*cf.* II, 318, 19 (108, 11, 1)
33, 24	*cf.* II, 480, 13 (120, 2, 3); *cf.* III, 10, 19 (121, 2, 8)
36, 20	*cf.* III, 45, 23 (121, 10, 13)
37, 19	*cf.* II, 315, 15 (108, 9, 3)
39, 1	*cf.* III, 326, 5 (147, 9, 5)
39, 17	*cf.* II, 82, 6 (78, 40, 4)
39, 25	*cf.* II, 31, 2 (75, 1, 4); *cf.* II, 315, 12 (108, 9, 3)
42, 2 (6)	*cf.* II, 75, 13 (78, 34, 1)
43, 12	*cf.* II, 31, 2 (75, 1, 4); *cf.* II, 315, 12 (108, 9, 3)
44, 17	*cf.* II, 315, 15 (108, 9, 3)
46, 18	*cf.* II, 82, 5 (78, 40, 4)
48, 12	*cf.* II, 76, 7 (78, 35, 1)
48, 17	*cf.* II, 316, 22 (108, 10, 3)
48, 28	*cf.* II, 79, 2 (78, 37, 2)
49, 19	*cf.* II, 322, 1 (108, 13, 1)
50, 5	*cf.* II, 57, 24 (78, 8, 1)
50, 24	*cf.* II, 480, 13 (120, 2, 3); *cf.* III, 10, 19 (121, 2, 8)
50, 25	*cf.* II, 31, 2 (75, 1, 4); *cf.* II, 315, 12 (108, 9, 3); *cf.* III, 45, 23 (121, 10, 13)
51, 11	*cf.* III, 326, 5 (147, 9, 5)
51, 24	*cf.* II, 318, 19 (108, 11, 1)
54, 5	*cf.* II, 82, 24 (78, 41, 1)
54, 25	*cf.* II, 82, 5 (78, 40, 4)
55, 13	*cf.* II, 324, 7 (108, 14, 1); *cf.* III, 4, 2 (121, praef. 4)
56, 27	*cf.* II, 315, 15 (108, 9, 3)
57, 6	*cf.* II, 76, 7 (78, 35, 2)
58, 4	*cf.* II, 34, 8 (75, 5, 2); *cf.* II, 355, 20 (109, 3, 5)

60, 2	*cf.* III, 3, 15 (121, praef. 2)
60, 24	*cf.* II, 320, 15 (108, 12, 2)
62, 21	*cf.* III, 149, 22 (127, 5, 3)
63, 16	*cf.* II, 321, 6 (108, 12, 3)
64, 3	*cf.* II, 62, 3 (78, 13, 3)
64, 27	*cf.* II, 83, 21 (78, 42, 2)
66, 3	*cf.* II, 321, 2 (108, 12, 3)
66, 14	*cf.* III, 56, 11 (122, 1, 1)
66, 20	*cf.* II, 322, 15 (108, 13, 3)
66, 28	*cf.* II, 51, 19 (78, 1, 6)
69, 13	*cf.* II, 318, 19 (108, 11, 1)
71, 9	*cf.* II, 76, 5 (78, 35, 1)
72, 17	*cf.* III, 45, 23 (121, 10, 13)
72, 31	*cf.* III, 57, 7 (122, 1, 3)
73, 14	*cf.* II, 51, 19 (78, 1, 6)
73, 19	*cf.* III, 57, 7 (122, 1, 3)
74, 13	*cf.* III, 57, 7 (122, 1, 3)
75, 1	*cf.* III, 45, 23 (121, 10, 13)
75, 2	*cf.* II, 31, 2 (75, 1, 4); *cf.* II, 315, 12 (108, 9, 3)
75, 15	*cf.* III, 56, 11 (122, 1, 1)
77, 25	*cf.* II, 51, 19 (78, 1, 6)
77, 26	*cf.* II, 62, 3 (78, 13, 3)
78, 15	*cf.* II, 31, 2 (75, 1, 4); *cf.* II, 315, 12 (108, 9, 3)
81, 17	*cf.* II, 31, 2 (75, 1, 4); *cf.* II, 76, 5 (78, 35, 1); *cf.* II, 315, 12 (108, 9, 3)
84, 9	*cf.* II, 319, 8 (108, 11, 3)
86, 18	*cf.* II, 82, 14 (78, 40, 5)
89, 7	*cf.* II, 82, 10 (78, 40, 4)
89, 31	*cf.* II, 322, 1 (108, 13, 1)
92, 9	*cf.* II, 321, 4 (108, 12, 3)
98, 15	*cf.* II, 315, 15 (108, 9, 3)
99, 17	*cf.* II, 55, 8 (78, 5, 1)
100, 23	*cf.* II, 320, 4 (108, 11, 5)
101, 9	*cf.* II, 318, 11 (108, 10, 8)
108, 32	*cf.* II, 319, 8 (108, 11, 3)
118, 14	*cf.* II, 322, 1 (108, 13, 1)

131, 13   *cf.* II, 82, 10 (78, 40, 4)
148, 20   *cf.* II, 322, 15 (108, 13, 3)
149, 6   *cf.* II, 320, 4 (108, 11, 5)
149, 28   *cf.* II, 320, 4 (108, 11, 5)
149, 32   *cf.* II, 54, 18 (78, 4, 1)
159, 23   *cf.* II, 320, 4 (108, 11, 5)
160, 16   *cf.* III, 45, 23 (121, 10, 13)
173, 57   *cf.* II, 316, 20 (108, 10, 3)
182, 93   *cf.* II, 316, 20 (108, 10, 3)
188, 78   *cf.* II, 316, 20 (108, 10, 3)
197, 27   *cf.* II, 53, 5 (78, 3, 2)
201, 55   *cf.* II, 316, 20 (108, 10, 3)

Optatus Mileu.
epist. ad Augustinum   III, 297, 19 (°144, 6, 3); III, 297, 28
    (°144, 7, 1); III, 298, 4 (°144, 7, 3);
    III, 298, 22 (°144, 8, 2)
epist. ad Caesarienses   III, 299, 8 (°144, 9, 2); III, 300, 2
    (°144, 11, 1); III, 301, 14 (°144, 13,
    2); III, 301, 18 (°144, 13, 2)

Origenes
Comm. ep. I ad Thessal.
III   II, 460, 8 (119, 9, 1)
de oratione
c. 15 init.   II, 149, 7 (°92, 2, 1); *cf.* II, 173, 5
    (°96, 14, 1)
de resurrect.
fragm.   II, 152, 4 (°92, 4, 1); II, 175, 24 (°96,
    16, 1)
homilia XXVII   *cf.* II, 49, 8ff. (78)
περὶ ἀρχῶν
I fragm.   I, 401, 5 (°51, 4, 2); I, 401, 8 (°51, 4,
    3); I, 401, 15 (°51, 4, 4); I, 401, 20
    (°51, 4, 4); I, 403, 5 (°51, 5, 1); I, 403,
    14 (°51, 5, 2); II, 149, 2 (°92, 2, 1); II,
    149, 3 (°92, 2, 1); II, 149, 15 (°92, 2,

2); II, 149, 27 (°92, 2, 3); II, 156, 4
(93, 3)

I praef. 4, p. 10 Koetschau   *cf*. III, 97, 9 (124, 2, 1)

I praef. 4, p. 11   *cf*. III, 97, 23 (124, 2, 2)

I 2, 6   *cf*. II, 148, 27 (°92, 2, 1)

I 2, 6 p. 35   *cf*. III, 97, 26 (124, 2, 3)

I 2, 6 p. 36   *cf*. III, 97, 10 (124, 2, 1)

I 2, 6 p. 37   *cf*. III, 97, 14 (124, 2, 1)

I 2, 8 p. 38   *cf*. III, 97, 17 (124, 2, 2)

I 2, 13 p. 46   *cf*. III, 97, 20 (124, 2, 2)

I 3, 5 p. 55   *cf*. III, 98, 1 (124, 2, 3)

I 4, 1 p. 64   III, 98, 9 (124, 3, 1)

I 5, 5 p. 78   III, 98, 13 (124, 3, 2)

I 6, 2 p. 79 sq.   *cf*. III, 98, 18 (124, 3, 2)

I 6, 2 p. 81   III, 98, 23 (124, 3, 3)

I 6, 3 p. 82   III, 99, 4 (124, 3, 4)

I 6, 3 p. 83   *cf*. III, 99, 9 (124, 3, 5)

I 6, 4 p. 85   *cf*. III, 99, 19 (124, 4, 1)

I 7, 4 p. 90   *cf*. III, 99, 22 (124, 4, 1)

I 7, 5 p. 91   *cf*. III, 99, 27 (124, 4, 2)

I 7, 5 p. 93   III, 100, 3 (124, 4, 2)

I 8, 1 p. 96   III, 100, 19 (124, 4, 4)

I 8, 3 p. 99   III, 100, 17 (124, 4, 4)

I 8, 4 p. 104   III, 100, 21 (124, 4, 4)

I 8, 4 p. 105   III, 101, 1 (124, 4, 5)

II 3, 1 p. 113   III, 101, 5 (124, 5, 1)

II 3, 2 p. 114   III, 101, 13 (124, 5, 2)

II 3, 3 p. 117   III, 101, 19 (124, 5, 3); III, 101, 25
(124, 5, 4)

II 3, 3 p. 118   III, 102, 4 (124, 5, 5)

II 3, 7 p. 125   III, 102, 16 (124, 5, 6)

II 4, 3 p. 130   III, 103, 9 (124, 6, 1)

II 6, 3 p. 142   III, 103, 12 (124, 6, 2)

II 8, 3 (Rufinus)   *cf*. I, 401, 16 (°51, 4, 4); *cf*. II, 177, 7
(°96, 17, 2)

II 8, 3 p. 155   III, 103, 17 (124, 6, 3)

II 8, 3 p. 161   III, 104, 2 (124, 6, 5)

II 9, 1   II, 202, 16 (°98, 17, 5)

II 10, 4 p. 177   *cf.* III, 104, 17 (124, 7, 1)

II 10, 8 p. 182   III, 104, 25 (124, 7, 2)

II 11, 7 p. 191   III, 105, 4 (124, 7, 3)

III 1, 22 (20) p. 238   III, 105, 11 (124, 8, 1)

III 1, 22 (21) p. 239   III, 105, 19 (124, 8, 2)

III 1, 23 (21) p. 240   III, 105, 22 (124, 8, 3)

III 1, 23 (21) p. 242   III, 106, 5 (124, 8, 4)

III 3, 5 p. 261   III, 106, 23 (124, 8, 6); III, 107, 1
                                    (124, 8, 7)

III 5, 3 p. 273   III, 107, 10 (124, 9, 1)

III 5, 4 p. 274   III, 107, 27 (124, 9, 3)

III 5, 4 p. 275   III, 108, 20 (124, 9, 6)

III 5, 5 p. 276   III, 108, 23 (124, 9, 7); III, 109, 4
                                    (124, 9, 8)

III 6, 1 p. 281   III, 109, 19 (124, [9], 9); III, 110, 1
                                    (124, [9], 10)

III 6, 1 p. 282   III, 110, 12 (124, [9], 11)

III 6, 3 p. 284   III, 111, 13 (124, 10, 2)

III 6, 9 p. 290 sq.   III, 112, 17 (124, 10, 6)

IV 3, 10 (26 [23]) p. 337   III, 112, 22 (124, 11, 1)

IV 3, 11 (27 [23]) p. 339   III, 113, 4 (124, 11, 2)

IV 3, 12 (24) p. 342   III, 113, 26 (124, 11, 4)

IV 3, 13 (25) p. 343 sq.   III, 114, 16 (124, 12, 2)

IV 3, 13 (25) p. 344   III, 114, 27 (124, 12, 3)

IV 4, 4 p. 353, 18   II, 200, 23 (°98, 16, 3)

IV 4, 4 p. 354, 15   II, 200, 5 (°98, 16, 1)

IV 4, 8 (35) p. 359   III, 115, 9 (124, 13, 1)

IV 4, 8 (35) p. 360   III, 115, 23 (124, 13, 3)

IV 4, 8 (35) p. 361   III, 116, 6 (124, 14, 1)

IV 4, 8 (35) p. 362   III, 116, 19 (124, 14, 2)

Philocalia c. 9, 1-2   *cf.* III, 31, 19 (121, 8, 8)

Ouidius

am. III 2, 83   III, 75, 19 (123, 4, 2)

Metam.

VIII 568   *cf.* II, 123, 3 (84, 3, 1)

XV 211   *cf.* II, 123, 3 (84, 3, 1)

Persius

I 29	*cf.* I, 392, 20 (50, 4, 3)
I 32-33	I, 471, 1 (54, 5, 3)
I 35	I, 471, 1 (54, 5, 3)
I 58-60	*cf.* III, 137, 11 (125, 18, 1)
I 115	*cf.* I, 393, 14 (50, 5, 2); *cf.* II, 325, 15 (108, 15, 1)
II 16	*cf.* I, 377, 11 (49, 15, 6)
II 37-38	I, 311, 5 (40, 2, 3)
III 18	*cf.* I, 48, 2 (14, 3, 3)
III 30	*cf.* I, 537, 7 (58, 7, 2); I, 537, 8 (58, 7, 2); III, 171, 2 (129, 4, 4)
III 56-57	*cf.* II, 297, 19 (107, 6, 3)
III 80	*cf.* III, 135, 8 (125, 16, 2)
III 82	*cf.* III, 135, 8 (125, 16, 2)
IV 24	*cf.* II, 236, 3 (102, 2, 1)
V 12	*cf.* III, 135, 7 (125, 16, 2)
V 153	III, 150, 17 (127, 6, 2)

Petronius

119 u. 36	*cf.* I, 426, 1 (52, 6, 4)

Phaedrus

I 3	*cf.* II, 325, 16 (108, 15, 1)
I 4	*cf.* I, 242, 8 (29, 7, 2)

Philo

de monarchia 2, 5-6	*cf.* I, 241, 17 (29, 7, 1)
de somniis I 14	*cf.* II, 53, 5 (78, 3, 2)
περὶ τοῦ πάντα σπουδαῖον εἶναι ἐλεύθερον c. 12	*cf.* I, 200, 7 (22, 35, 8)

Philostratus
Apoll. Tyan.

I 13	*cf.* II, 441, 17 (118, 5, 2)
I c. 18 sqq.	*cf.* I, 444, 6 (53, 1, 4)
I c. 41	*cf.* I, 445, 4 (53, 1, 4)
II c. 4 sqq.	*cf.* I, 444, 8 (53, 1, 4)

III c. 15   *cf.* I, 444, 10 (53, 1, 4)
III c. 16   *cf.* I, 444, 11 (53, 1, 4)
III c. 16-49   *cf.* I, 444, 12 (53, 1, 4)
III c. 25   *cf.* I, 444, 11 (53, 1, 4)
III c. 50-V c. 24   *cf.* I, 444, 13 (53, 1, 4)
V c. 43 sqq.   *cf.* I, 445, 1 (53, 1, 4)
VI c. 6 sqq.   *cf.* I, 445, 1 (53, 1, 4)

Plato
Crat. 400 B   *cf.* I, 401, 21 (°51, 4, 4)
Gorg. 493 A   *cf.* I, 401, 21 (°51, 4, 4)
Phaedo p. 64 A   *cf.* I, 566, 9 (60, 14, 2); *cf.* III, 150, 7 (127, 6, 1)
Phaedrus 266 E   *cf.* I, 515, 13 (57, 7, 7)
Res publ. V 457 C-461 E   *cf.* I, 684, 18 (69, 3, 6)
Tim. 69 D sqq.   *cf.* I, 587, 15 (64, 1, 3)

Plautus
Aul. 195   *cf.* I, 368, 16 (49, 13, 1); *cf.* II, 107, 8 (81, 1, 4)
Curc. 55   *cf.* I, 538, 16 (58, 9, 1)
Poen. 790   *cf.* II, 427, 18 (117, 5, 1)

Plinius mai.
nat. hist.
V 19   *cf.* II, 46, 4 (77, 8, 3)
V 69   *cf.* II, 313, 13 (108, 8, 2)
XIII 69   *cf.* I, 32, 3-6 (8, 1)
XIII 70   *cf.* I, 27, 14 (7, 2, 2)
XV 126   *cf.* II, 306, 8 (108, 1, 1)

Plinius min.
epist.
I 8, 14   *cf.* II, 309, 9 (108, 3, 4)
II 3, 8   *cf.* I, 443, 16 (53, 1, 3)
II 3, 10   *cf.* I, 446, 3 (53, 2, 2)
III 7, 13   *cf.* I, 573, 6 (60, 18, 1)
IV 7, 3   *cf.* II, 22, 19 (73, 10, 1)

Plutarchus
uit. Aemilii Pauli c. 5, 1   *cf.* II, 306, 8 (108, 1, 1)

Prudentius
Perist. carm. XIV   *cf.* III, 179, 23 (130, 5, 2)

Publilius Syrus
sent. 628 Woelfflin = p. 57, 6 Meyer   I, 464, 17 (53, 11, 2); *cf.* II, 229, 15
                                                   (°100, 15, 2)

Quintilianus
inst. or.
I 1, 6   *cf.* II, 295, 9 (107, 4, 6)
I 1, 9   *cf.* II, 295, 13 (107, 4, 7)
I 1, 13   *cf.* II, 300, 3 (107, 9, 1)
I 1, 20   *cf.* II, 294, 17 (107, 4, 4)
I 1, 23   *cf.* II, 295, 1 (107, 4, 5)
I 1, 25   *cf.* II, 294, 4 (107, 4, 2)
I 1, 26   *cf.* II, 294, 4 (107, 4, 2)
I 1, 27   *cf.* II, 294, 9 (107, 4, 3)
II 8, 11   *cf.* III, 123, 8 (125, 6, 1)
II 17, 21   *cf.* I, 390, 6 (50, 2, 3)
IV 1, 61   *cf.* I, 525, 6 (57, 12, 2)
VIII prooem. 23   *cf.* I, 511, 15 (57, 6, 1); *cf.* III, 42, 1
                                                   (121, 10, 3)
VIII prooem. 31   *cf.* I, 537, 19 (58, 8, 2)
VIII 3, 89   *cf.* I, 427, 12 (52, 7, 3)
VIII 5, 18   *cf.* I, 681, 19 (69, 2, 5); *cf.* III, 198, 12
                                                   (130, 17, 2)
X 1, 32   *cf.* I, 443, 16 (53, 1, 3)
X 7, 27   *cf.* II, 394, 17 (114, 1, 2)
XI 1, 37   *cf.* I, 427, 12 (52, 7, 3)
XII 1, 35   *cf.* I, 389, 16 (50, 2, 1)
XII 9, 9   *cf.* III, 135, 6 (125, 16, 2)
XII 10, 50   *cf.* I, 659, 7 (66, 9, 2)

Rufinus
Apolog.
I 7   *cf.* II, 127, 18-22 (84, 6, 1)
I 14 (XXI 551 M)   *cf.* II, 103, 23-104, 1 (°80, 2, 3)
I 15 (XXI 551 M)   *cf.* II, 104, 1-20 (°80, 2, 4-6)
I 16 (XXI 552 M)   *cf.* II, 104, 20-105, 14 (°80, 2, 6-3, 2)

Sallustius
Catil.
5, 3   III, 231, 11 (°132, 7, 1); III, 231, 28
        (°132, 8, 2)
20, 4   III, 192, 4 (130, 12, 1)
20, 10   *cf.* I, 540, 15 (58, 11, 2)
26, 2   III, 230, 21 (°132, 6, 2)
hist.
fragm. I 95 Maurenbr.   *cf.* I, 708, 12 (70, 6, 2)
II 37 Dietsch = IV 54 Maurenbr.   *cf.* II, 447, 3 (119, 1, 3); *cf.* III, 135, 6
        (125, 16, 2); *cf.* III, 261, 8 (134, 1, 1);
        cf. III, 295, 12 (°144, 3, 1)
Iug.
2, 3   III, 214, 6 (°131, 14)
19, 2   *cf.* II, 67, 14 (78, 17, 5)
19, 6   *cf.* I, 152, 16 (22, 7, 1)

Seneca
de tranquill. animi 14, 3   *cf.* III, 323, 6 (147, 8, 1)
epist. 79, 13   *cf.* II, 309, 8 (108, 3, 4)

Seruius
Aen. VI 136   *cf.* I, 661, 12 (66, 11, 2)

Tacitus
Ann. XV 60   *cf.* II, 40, 14 (77, 4, 1)
dial. 9   *cf.* II, 125, 4 (84, 4, 1)

Terentius
Andria
prol. 17   I, 508, 8 (57, 5, 1)

20-21	*cf.* I, 232, 1 (28, 7)
20 sq.	*cf.* I, 376, 2 (49, 15, 1)
61	II, 337, 19 (108, 21, 4); III, 191, 15 (130, 11, 2)
68	II, 419, 2 (°116, 31, 2)
381	*cf.* II, 47, 14 (77, 10, 2)
Eun.	
236	*cf.* I, 194, 4 (22, 32, 2)
264	*cf.* I, 393, 4 (50, 4, 4)
732	I, 476, 8 (54, 9, 5)
Heaut.	
222	*cf.* II, 424, 16 (117, 2, 1)
796	I, 8, 15 (1, 14)
Phormio	
342	*cf.* I, 164, 14 (22, 16, 3)
541	*cf.* I, 668, 21 (°67, 3, 3)
594	II, 447, 6 (119, 1, 3)
780	*cf.* III, 293, 11 (143, 2, 1)

Tertullianus

Apolog.	
c. 33	*cf.* I, 298, 9 (39, 2, 8)
c. 39	*cf.* III, 91, 8 (123, 14, 6); *cf.* III, 161, 13 (128, 5, 1)
de cult. fem.	
II 7	*cf.* I, 18, 7 (3, 5, 3)
II 12	*cf.* I, 51, 6 (14, 5, 3)
de exhort. cast.	
c. 7 extr.	*cf.* III, 79, 4 (123, 5, 9)
c. 13	*cf.* III, 80, 12 (123, 7, 1)
adu. Hermog. c. 8 fin.	III, 243, 1 (133, 2, 1)
ad mart. c. 3	*cf.* I, 46, 4 (14, 2, 1); *cf.* I, 46, 8 (14, 2, 1)
de praescr. haeret. c. 7	*cf.* III, 243, 1 (133, 2, 1)
de pudic. c. 9	*cf.* I, 115, 18 (21, 3, 2)
de spect. 30	*cf.* I, 61, 11 (14, 11, 2)

Theodoretus
dial.
II c. 4 (LXXXIII 197 M)　　　　　II, 200, 4 ff. (°98, 16)

Theodorus Heracl.
comm. Paul.　　　　　　　　　　II, 447, 20 (119, 2, 2)

Theophilus Antioch.
comm. in euang.　　　　　　　　III, 25, 1 (121, 6, 16)

Thukydides
II 40, 3　　　　　　　　　　　　*cf.* II, 22, 19 (73, 10, 1)

Tibullus
I 7, 62　　　　　　　　　　　　*cf.* II, 45, 4 (77, 7, 2)

Turpilius
inc. fab. frg. 1 Ribbeck　　　　I, 31, 8 (8, 1); *cf.* I, 232, 7 (29, 1, 1)

Ualerius Maximus
V 10, ext. 1. 2　　　　　　　　*cf.* I, 554, 7 (60, 5, 2); *cf.* I, 554, 14
　　　　　　　　　　　　　　　(60, 5, 3)
VI 1, ext. 3　　　　　　　　　*cf.* III, 81, 6 (123, 7, 3)
VI 2, 2　　　　　　　　　　　*cf.* I, 427, 12 (52, 7, 3)

Uarro
ap. Plin. nat. hist. XIII 69　　*cf.* I, 32, 3-6 (8, 1)
ap. Plin. nat. hist. XIII 70　　*cf.* I, 27, 14 (7, 2, 2)

Uergilius
Aen.
I 37　　　　　　　　　　　　　I, 109, 10 (20, 5, 2)
I 173　　　　　　　　　　　　II, 312, 15 (108, 7, 2)
I 288　　　　　　　　　　　　II, 309, 15 (108, 4, 1)
I 364　　　　　　　　　　　　*I, 650, 11 (66, 3, 3); II, 445, 12 (118,
　　　　　　　　　　　　　　　7, 4); III, 70, 9 (122, 4, 3)
I 539-541　　　　　　　　　　I, 71, 1 (17, 2, 1)
I 664　　　　　　　　　　　　I, 454, 7 (53, 7, 3)

II 361-365	III, 155, 3 (127, 12, 3)
II 368 sq.	I, 571, 2 (60, 16, 3)
II 369	III, 155, 3 (127, 12, 3)
II 650	I, 454, 9 (53, 7, 3)
II 677-678	cf. I, 47, 13 (14, 3, 2)
II 755	II, 276, 16 (106, 57, 1)
II 774	cf. III, 180, 20 (130, 5, 5)
III 29-30	II, 276, 13 (106, 57, 1)
III 126-127	II, 312, 16 (108, 7, 2)
III 193	I, 2, 2 (1, 2, 1); I, 12, 2 (2, 4)
III 194	I, 14, 15 (3, 3, 1)
III 195	cf. I, 2, 3 (1, 2, 1)
III 426	II, 182, 18 (97, 1, 3)
III 428	II, 182, 18 (97, 1, 3)
III 435-436	III, 185, 22 (130, 7, 12)
III 436	I, 422, 7 (52, 5, 3)
III 490	II, 93, 21 (79, 6, 2)
III 658	II, 276, 18 (106, 57, 1)
IV 20-29	cf. III, 80, 18 (123, 7, 2)
IV 28-29	II, 96, 19 (79, 7, 8)
IV 32-33	I, 470, 7 (54, 5, 1)
IV 32-34	III, 87, 20 (123, 13, 1)
IV 42 sq.	III, 144, 9 (126, 2, 2); III, 170, 12 (129, 4, 3)
IV 67	III, 125, 1 (125, 7, 2)
IV 298	cf. I, 29, 12 (7, 4, 1); cf. I, 248, 14 (30, 14, 1); cf. I, 388, 4 (50, 1, 1); cf. I, 480, 14 (54, 13, 5); cf. III, 186, 27 (130, 8, 1)
IV 336	cf. I, 308, 8 (39, 8, 1)
IV 366-367	cf. I, 47, 10 (14, 3, 2); cf. I, 648, 4 (66, 1, 2)
IV 548-552	III, 88, 2 (123, 13, 1)
V 9	cf. I, 12, 2 (2, 4); I, 14, 16 (3, 3, 1)
V 11	cf. I, 2, 3 (1, 2, 1)
V 217	I, 385, 15 (49, 20, 2)
V 368 sqq.	II, 357, 3 (°110, 1, 1); II, 359, 11 (°110, 4, 1)

V 368-484   *cf.* II, 236, 9 (102, 2, 2)
V 547   *cf.* I, 242, 1 (29, 7, 1)
VI 266   III, 155, 13 (127, 13, 1)
VI 497   I, 310, 7 (40, 2, 1)
VI 625   I, 653, 1 (66, 5, 2)
VI 625-627   I, 571, 16 (60, 16, 5); II, 43, 23 (77, 6, 4); III, 94, 7 (123, 16, 4)
VI 627   I, 653, 2 (66, 5, 2)
VI 733 sq.   III, 242, 19 (133, 1, 4)
VI 846   II, 38, 12 (77, 2, 3)
VI 847   *cf.* II, 429, 18 (117, 7, 1)
VII 115   *cf.* I, 661, 6 (66, 11, 1)
VII 337-338   I, 50, 2 (14, 4, 2)
VII 417   *cf.* I, 414, 8 (52, 1, 2); I, 481, 12 (54, 14, 2)
VII 809   *cf.* II, 112, 18 (82, 5, 2)
VIII 287-288   II, 48, 13 (77, 11, 2)
VIII 389   *cf.* I, 152, 12 (22, 6, 6)
VIII 517   II, 304, 6 (107, 13, 3)
VIII 723   I, 552, 16 (60, 4, 1)
VIII 727   III, 92, 9 (123, 15, 3)
IX 496   *cf.* I, 3, 9 (1, 3, 4)
X 79   III, 184, 21 (130, 7, 8)
X 861 sq.   III, 280, 5 (140, 10, 2)
XI 139   II, 48, 10 (77, 11, 2)
XI 159   *cf.* III, 177, 24 (130, 3, 2)
XI 283   *cf.* II, 124, 8 (84, 3, 5)
XI 283 sq.   I, 392, 12 (50, 4, 2)
XI 374 sq.   I, 367, 19 (49, 12, 3)
XII 50 sq.   I, 394, 20 (50, 5, 5)
XII 59   I, 48, 3 (14, 3, 3)
XII 603   I, 528, 14 (58, 1, 3)
XII 611   I, 6, 20 (1, 10, 2)
Bucol.
IV 6 sq.   I, 454, 4 (53, 7, 3)
IV 60   *cf.* II, 295, 20 (107, 4, 8); *cf.* III, 196, 29 (130, 16, 3)
IV 61   *cf.* I, 114, 4 (21, 2, 5)

VIII 63   I, 431, 6 (52, 9, 3)
VIII 75   I, 384, 20 (49, 19, 5)
VIII 80   cf. II, 504, 10 (120, 10, 12)
IX 51   I, 414, 12 (52, 1, 2)
IX 51-54   II, 244, 11 (105, 3, 3)
IX 53-54   I, 414, 14 (52, 1, 2)
Georg.
I 108-110   III, 130, 15 (125, 11, 3)
I 111 sq.   cf. I, 564, 8 (60, 12, 3)
II 256   cf. III, 43, 1 (121, 10, 5)
II 325-327   III, 245, 20 (133, 3, 4)
II 462   cf. I, 652, 12 (66, 5, 1)
II 470   cf. I, 49, 14 (14, 4, 1)
II 484   I, 414, 10 (52, 1, 2)
III 53   cf. I, 414, 8 (52, 1, 2)
III 66-68   I, 567, 7 (60, 14, 4)
III 67 sq.   cf. I, 540, 16 (58, 11, 2)
III 261 sq.   cf. I, 16, 12 (3, 4, 4)
III 284   III, 280, 3 (140, 10, 2)
IV 83   cf. I, 480, 16 (54, 13, 5); II, 93, 23 (79,
                            6, 2); cf. II, 304, 13 (107, 13, 4)
IV 147-148   I, 9, 5 (1, 15, 3)

III. INDEX NOMINUM

Aaron: I, 85, 5 (18 A, 8, 1); I, 237, 20 (29, 4, 3); I, 238, 4 (29, 4, 4); I, 238, 6
(29, 4, 4); I, 277, 13 (36, 11, 2) (*bis*); I, 277, 16 (36, 11, 2); I, 301, 2
(39, 4, 1); I, 301, 12 (39, 4, 3); I, 302, 8 (39, 4, 4); I, 303, 5 (39, 4, 7);
I, 334, 16 (°46, 5, 2); I, 364, 4 (49, 9, 2); I, 427, 13 (52, 7, 3); I, 454,
19 (53, 8, 1); I, 587, 12 (64, 1, 2); I, 595, 12 (64, 8, 1); I, 609, 15 (64,
19, 2); I, 610, 13 (64, 20, 1); I, 614, 2 (64, 21, 3); I, 615, 12 (64, 22,
3); I, 635, 6 (65, 14, 4); I, 641, 17 (65, 19, 3); II, 15, 5 (73, 2, 2); II,
16, 18 (73, 4, 2); II, 17, 11 (73, 4, 3); II, 19, 16 (73, 6, 1); II, 40, 19
(77, 4, 2); II, 52, 2 (78, 2, 1); II, 52, 17 (78, 2, 4); II, 62, 3 (78, 13, 3);
II, 65, 16 (78, 16, 1); II, 67, 6 (78, 17, 5); II, 67, 9 (78, 17, 5); II, 76,
15 (78, 35, 3); II, 76, 20 (78, 35, 4); II, 77, 7 (78, 36, 1); II, 77, 11
(78, 36, 1); II, 77, 19 (78, 36, 2); II, 78, 1 (78, 36, 4); II, 79, 3 (78, 37,
2); II, 79, 17 (78, 38, 1); II, 322, 9 (108, 13, 2); III, 161, 16 (128, 5,
2); III, 272, 24 (140, 4, 3); III, 312, 4 (146, 2, 3)
Abacuc: I, 255, 21 (33, 4, 2); II, 114, 21 (81, 8, 1)
Abarim: II, 83, 12 (78, 42, 1); II, 84, 1 (78, 43, 1)
Abdia/Abdias: I, 343, 23 (°46, 13, 2); I, 458, 9 (53, 8, 9); II, 323, 1 (108, 13,
4); II, 323, 10 (108, 13, 5)
Abel: I, 140, 6 (21, 40, 4); I, 206, 16 (22, 39, 4); I, 270, 7 (36, 2, 2); II, 15, 6
(73, 2, 2); III, 168, 13 (129, 3, 5)
Abel Sattim: II, 84, 4 (78, 43, 1); II, 86, 13 (78, 43, 8)
Abessalom: *u.* Abessalon
Abessalon: I, 300, 20 (39, 4, 1); I, 300, 21 (39, 4, 1) (*bis*); I, 301, 1 (39, 4, 1);
III, 326, 2 (147, 9, 4)
Abiathar: I, 234, 11 (29, 2, 4); I, 234, 17 (29, 3, 2); I, 234, 21 (29, 3, 2); I,
519, 7 (57, 9, 4); I, 519, 11 (57, 9, 5)
Abigea: I, 415, 6 (52, 2, 2)
Abiram (*u. et* Abiron): II, 321, 11 (108, 12, 4)
Abiron (*u. et* Abiram): II, 67, 5 (78, 17, 5); II, 170, 22 (°96, 12, 2)
Abisag: I, 415, 2 (52, 2, 1); I, 419, 1 (52, 3, 7); I, 420, 11 (52, 4, 1)
Abraham: I, 76, 14 (18 A, 2, 2); I, 140, 6 (21, 40, 4); I, 144, 3 (22, 1, 1); I,
168, 19 (22, 19, 3); I, 172, 3 (22, 21, 3); I, 206, 16 (22, 39, 4); I, 213,
5 (23, 3, 1); I, 267, 5 (°35, 2, 4); I, 267, 10 (°35, 2, 5); I, 275, 15 (36,
10, 1); I, 276, 8 (36, 10, 3); I, 289, 11 (38, 1); I, 298, 14 (39, 3, 1); I,
301, 9 (39, 4, 2); I, 304, 6 (39, 5, 1); I, 306, 5 (39, 6, 2); I, 330, 11
(°46, 2, 1); I, 343, 19 (°46, 13, 2); I, 408, 3 (°51, 6, 8) (*bis*); I, 415, 9

(52, 2, 2); I, 450, 13 (53, 4, 4); I, 521, 6 (57, 10, 1); I, 521, 8 (57, 10, 2); I, 521, 16 (57, 10, 3); I, 522, 4 (57, 10, 3); I, 530, 7 (58, 3, 1); I, 530, 16 (58, 3, 2); I, 551, 7 (60, 3, 2); I, 551, 15 (60, 3, 2); I, 551, 16 (60, 3, 3); I, 557, 4 (60, 8, 1); I, 617, 3 (65, 1, 3); I, 627, 19 (65, 10, 2); I, 638, 13 (65, 16, 3); I, 639, 17 (65, 17, 1); I, 639, 18 (65, 17, 2); I, 639, 19 (65, 17, 2); I, 645, 1 (65, 21, 3); I, 645, 6 (65, 21, 4); I, 645, 9 (65, 21, 4); I, 645, 11 (65, 21, 4) (*bis*); I, 645, 12 (65, 21, 4) (*bis*); I, 645, 16 (65, 21, 5); I, 661, 4 (66, 11, 1); I, 661, 16 (66, 11, 3); I, 690, 12 (69, 6, 5); II, 1, 10 (71, 1, 1); II, 3, 9 (71, 2, 2); II, 13, 10 (73, 1, 2); II, 13, 12 (73, 1, 2); II, 16, 16 (73, 4, 1); II, 17, 14 (73, 4, 3); II, 18, 13 (73, 5, 3); II, 18, 17 (73, 5, 4); II, 19, 10 (73, 5, 4); II, 19, 12 (73, 5, 5); II, 19, 13 (73, 5, 5); II, 19, 14 (73, 5, 5); II, 20, 2 (73, 6, 2); II, 20, 9 (73, 6, 3); II, 20, 10 (73, 6, 3); II, 21, 3 (73, 8, 1); II, 22, 6 (73, 9, 2); II, 47, 9 (77, 10, 1); II, 52, 6 (78, 2, 2); II, 70, 26 (78, 26, 2); II, 71, 3 (78, 26, 3); II, 87, 15 (79, 1, 2); II, 168, 18 (°96, 10, 2); II, 282, 14 (106, 66, 3); II, 319, 7 (108, 11, 3); II, 319, 9 (108, 11, 3); II, 320, 1 (108, 11, 5); II, 349, 17 (108, 31, 2); II, 442, 14 (118, 5, 4); II, 444, 4 (118, 6, 3); II, 491, 13 (120, 8, 7); II, 501, 20 (120, 10, 4); III, 32, 15 (121, 8, 10); III, 57, 8 (122, 1, 3); III, 68, 23 (122, 3, 15); III, 87, 12 (123, 12, 5); III, 142, 6 (125, 20, 5); III, 163, 12 (129, 1, 3); III, 164, 26 (129, 2, 1); III, 165, 1 (129, 2, 1); III, 167, 18 (129, 3, 2); III, 168, 5 (129, 3, 4); III, 183, 22 (130, 7, 4); III, 224, 9 (°131, 27, 3); III, 288, 5 (140, 19, 1); III, 351, 17 (148, 27, 1)

Abram: *u.* Abraham
Abraxan: II, 32, 9 (75, 3, 1)
Abundantius: I, 570, 5 (60, 16, 1)
Acacius: I, 260, 5 (34, 1, 1); II, 452, 20 (119, 6, 1); II, 459, 4 (119, 8, 2); II, 460, 7 (119, 9, 1); II, 468, 11 (119, 11, 4)
Academia: I, 443, 10 (53, 1, 2)
Academicus: III, 242, 11 (133, 1, 3)
Accaron: III, 170, 4 (129, 4, 2)
Accho: II, 313, 11 (108, 8, 1)
Achab: II, 41, 7 (77, 4, 3) (*bis*); II, 41, 16 (77, 4, 3); III, 64, 23 (122, 3, 5); III, 65, 5 (122, 3, 5); III, 65, 9 (122, 3, 5); III, 65, 10 (122, 3, 6); III, 65, 11 (122, 3, 6); III, 326, 9 (147, 9, 5)
Achaia: I, 259, 7 (33, 5); I, 546, 21 (59, 5, 4)
Achar: III, 255, 11 (133, 9, 3)

Achaz: I, 516, 14 (57, 8, 2); II, 8, 12 (72, 1, 2); II, 9, 1 (72, 1, 3); II, 9, 5 (72, 1, 3); II, 10, 11 (72, 3, 1); II, 11, 20 (72, 4, 2); II, 11, 24 (72, 4, 3); II, 12, 4 (72, 4, 3)

†Acheus: II, 232, 5 (°100, 18)

Achilleus: III, 204, 20 (°131, 3, 4)

Achimelech: I, 234, 11 (29, 2, 4); I, 234, 18 (29, 3, 2); I, 236, 16 (29, 3, 7); I, 519, 11 (57, 9, 5)

Achitob: I, 234, 11 (29, 2, 4)

Achitofel: II, 150, 20 (°92, 3, 1)

Achiuus: III, 80, 16 (123, 7, 1)

Achor: II, 322, 1 (108, 13, 1)

Adam: I, 127, 16 (21, 23); I, 140, 6 (21, 40, 4); I, 272, 2 (36, 4, 1); I, 272, 5 (36, 4, 1); I, 272, 14 (36, 5, 1); I, 302, 14 (39, 4, 5); I, 302, 16 (39, 4, 5); I, 332, 3 (°46, 3, 2); I, 332, 5 (°46, 3, 2); I, 332, 6 (°46, 3, 2); I, 402, 5 (°51, 4, 5); I, 403, 16 (°51, 5, 2); I, 403, 19 (°51, 5, 3); I, 403, 23 (°51, 5, 3); I, 404, 1 (°51, 5, 3); I, 404, 11 (°51, 5, 5); I, 405, 6 (°51, 5, 6); I, 407, 3 (°51, 6, 5); I, 407, 5 (°51, 6, 5); I, 407, 10 (°51, 6, 6); I, 407, 15 (°51, 6, 6); I, 407, 16 (°51, 6, 6); I, 409, 11 (°51, 7, 2); I, 551, 5 (60, 3, 1); I, 551, 7 (60, 3, 1); I, 551, 9 (60, 3, 2); I, 581, 13 (61, 4, 2); I, 609, 10 (64, 19, 1); I, 609, 21 (64, 19, 2); II, 99, 21 (79, 10, 2); II, 172, 16 (°96, 13, 2); II, 179, 13 (°96, 18, 6); II, 179, 17 (°96, 19, 1); II, 225, 19 (°100, 12, 3); II, 226, 15 (°100, 12, 6); II, 294, 21 (107, 4, 4); II, 319, 10 (108, 11, 3); II, 344, 2 (108, 25, 3); II, 450, 1 (119, 5, 3); II, 453, 6 (119, 6, 2); II, 491, 23 (120, 8, 8); II, 491, 24 (120, 8, 9); III, 33, 15 (121, 8, 13); III, 84, 10 (123, 11, 1); III, 84, 16 (123, 11, 2); III, 158, 15 (128, 3, 1); III, 165, 7 (129, 2, 2); III, 165, 8 (129, 2, 2); III, 165, 10 (129, 2, 2); III, 206, 25 (°131, 5, 2); III, 207, 7 (°131, 6, 1); III, 207, 15 (°131, 6, 2); III, 210, 17 (°131, 10, 1); III, 219, 15 (°131, 21, 1); III, 219, 18 (°131, 21, 2); III, 219, 21 (°131, 21, 2); III, 219, 24 (°131, 21, 3); III, 223, 26 (°131, 27, 2); III, 223, 27 (°131, 27, 2); III, 224, 11 (°131, 27, 4); III, 224, 13 (°131, 27, 4) (bis); III, 224, 14 (°131, 27, 4); III, 255, 17 (133, 9, 3); III, 276, 11 (140, 7, 1); III, 276, 20 (140, 7, 1); III, 297, 25 (°144, 6, 3); III, 297, 26 (°144, 6, 3); III, 300, 11 (°144, 11, 1); III, 300, 24 (°144, 12, 1); III, 304, 14 (°144, 17, 2); III, 305, 2 (°144, 18, 1); III, 305, 26 (°144, 20, 2)

Adama: I, 337, 4 (°46, 7, 2); II, 320, 2 (108, 11, 5); III, 63, 4 (122, 2, 4)

Adamantius: I, 255, 11 (33, 4, 1); I, 260, 10 (34, 1, 2); I, 318, 4 (43, 1)

Adar: II, 329, 10 (108, 18, 2)

Ader: II, 318, 11 (108, 10, 8)
Adiabeni: II, 314, 17 (108, 9, 1)
Adommim: II, 321, 4 (108, 12, 3)
Adonai: III, 314, 4 (147, 1, 5)
Adonibezec: II, 36, 19 (76, 3, 2)
Adonis: I, 532, 7 (58, 3, 5)
Adria: *u*. Hadria
Adrianus: *u*. Hadrianus
Adriaticus: *u*. Hadriaticus
Aegeus: I, 675, 6 (68, 1, 1)
Aegyptius: I, 13, 17 (3, 2, 1); I, 64, 7 (15, 2, 2); I, 77, 6 (18 A, 2, 4); I, 95,,9
        (18 A, 15, 9); I, 279, 2 (36, 12); I, 302, 7 (39, 4, 4); I, 553, 7 (60, 4,
        2); I, 592, 15 (64, 4, 2); I, 676, 20 (68, 1, 4); II, 4, 7 (71, 3, 1); II, 45,
        22 (77, 8, 2); II, 53, 2 (78, 3, 1) (*bis*); II, 54, 1 (78, 3, 4); II, 54, 3 (78,
        3, 4); II, 54, 4 (78, 3, 5); II, 64, 17 (78, 15, 2); II, 65, 5 (78, 15, 4); II,
        65, 6 (78, 15, 4); II, 65, 22 (78, 16, 2); II, 68, 5 (78, 19, 2); II, 91, 5
        (79, 3, 3); II, 92, 14 (79, 5, 1); II, 181, 4 (°96, 20, 4); II, 292, 11 (107,
        2, 3); II, 299, 14 (107, 8, 3); II, 355, 17 (109, 3, 5); II, 440, 8 (118, 4,
        4); II, 501, 3 (120, 10, 2); III, 12, 5 (121, 2, 12); III, 36, 8 (121, 8, 21);
        III, 80, 15 (123, 7, 1); III, 131, 4 (125, 11, 5); III, 157, 21 (128, 2, 3);
        III, 174, 7 (129, 7, 2); III, 188, 24 (130, 9, 1); III, 260, 6 (133, 13, 2);
        III, 307, 2 (145, 3)
Aegyptus: I, 13, 3 (3, 1, 1); I, 20, 2 (4, 2, 1); I, 27, 13 (7, 2, 2); I, 61, 12 (14,
        11, 2); I, 71, 12 (17, 2, 2); I, 105, 5 (20, 2, 1); I, 158, 17 (22, 11, 3); I,
        177, 8 (22, 24, 3); I, 196, 8 (22, 33, 2); I, 196, 12 (22, 34, 1); I, 233,
        19 (29, 2, 3); I, 267, 6 (°35, 2, 4); I, 267, 8 (°35, 2, 4); I, 275, 16 (36,
        10, 1); I, 275, 18 (36, 10, 1); I, 276, 13 (36, 10, 3); I, 277, 12 (36, 11,
        2); I, 277, 15 (36, 11, 2); I, 277, 16 (36, 11, 2); I, 278, 2 (36, 11, 3); I,
        278, 5 (36, 11, 4); I, 278, 16 (36, 12); I, 278, 17 (36, 12); I, 278, 18
        (36, 12); I, 280, 1 (36, 13, 3); I, 289, 12 (38, 1); I, 302, 2 (39, 4, 4); I,
        327, 17 (45, 6, 2); I, 330, 22 (°46, 2, 2); I, 335, 4 (°46, 6, 1); I, 335, 6
        (°46, 6, 1); I, 335, 7 (°46, 6, 1); I, 335, 20 (°46, 6, 3); I, 335, 21 (°46,
        6, 3); I, 336, 25 (°46, 7, 1); I, 337, 5 (°46, 7, 2); I, 337, 8 (°46, 7, 3);
        I, 337, 11 (°46, 7, 3); I, 337, 17 (°46, 7, 4); I, 338, 8 (°46, 7, 6); I,
        340, 5 (°46, 10, 2); I, 404, 20 (°51, 5, 6); I, 443, 7 (53, 1, 2); I, 454,
        15 (53, 8, 1); I, 514, 16 (57, 7, 6); I, 514, 18 (57, 7, 6); I, 515, 1 (57,
        7, 6); I, 515, 3 (57, 7, 6); I, 521, 4 (57, 10, 1); I, 531, 9 (58, 3, 4); I,
        559, 3 (60, 10, 2); I, 571, 15 (60, 16, 5); I, 576, 16 (61, 1, 3); I, 592,

14 (64, 4, 2); I, 628, 8 (65, 10, 3); I, 679, 4 (69, 1, 2); I, 679, 5 (69, 1, 2); I, 690, 4 (69, 6, 4); II, 36, 16 (76, 3, 2); II, 45, 2 (77, 7, 2); II, 47, 23 (77, 10, 3); II, 49, 13 (78, 1, 1); II, 50, 9 (78, 1, 3); II, 51, 11 (78, 1, 5); II, 51, 19 (78, 1, 6); II, 52, 1 (78, 2, 1); II, 52, 12 (78, 2, 3); II, 53, 4 (78, 3, 1); II, 53, 7 (78, 3, 2); II, 53, 22 (78, 3, 4); II, 53, 25 (78, 3, 4); II, 54, 10 (78, 3, 5); II, 54, 12 (78, 3, 5); II, 54, 20 (78, 4, 1); II, 54, 22 (78, 4, 2); II, 55, 1 (78, 4, 2); II, 55, 3 (78, 4, 2); II, 55, 10 (78, 5, 1); II, 55, 12 (78, 5, 2); II, 55, 14 (78, 5, 2); II, 59, 11 (78, 9, 3); II, 62, 21 (78, 14, 1); II, 63, 12 (78, 14, 2); II, 72, 3 (78, 28); II, 77, 10 (78, 36, 1); II, 86, 20 (78, 43, 8); II, 100, 10 (79, 11, 1); II, 100, 14 (79, 11, 1); II, 110, 17 (82, 3, 3); II, 145, 7 (°90, 4); II, 148, 10 (°92, 1, 3); II, 155, 20 (93, 2); II, 182, 10 (97, 1, 2); II, 278, 21 (106, 63, 1); II, 316, 19 (108, 10, 2); II, 318, 17 (108, 10, 8); II, 324, 1 (108, 14, 1); II, 324, 7 (108, 14, 1); II, 324, 8 (108, 14, 1); II, 349, 22 (108, 31, 2); II, 355, 17 (109, 3, 5); II, 383, 21 (112, 14, 4); II, 446, 15 (119, 1, 2); II, 492, 15 (120, 8, 10); III, 9, 25 (121, 2, 6); III, 9, 26 (121, 2, 6); III, 12, 3 (121, 2, 12); III, 36, 9 (121, 8, 21); III, 45, 5 (121, 10, 10); III, 57, 9 (122, 1, 3); III, 132, 1 (125, 13, 1); III, 144, 12 (126, 2, 2); III, 162, 15 (129, 1, 1); III, 163, 4 (129, 1, 2); III, 169, 22 (129, 4, 1); III, 170, 16 (129, 4, 3); III, 171, 6 (129, 5, 1); III, 188, 23 (130, 9, 1); III, 197, 11 (130, 16, 5); III, 292, 4 (142, 2); III, 321, 1 (147, 5, 2)

Aelia (=Hierusalem): II, 147, 11 (°92, praef.); II, 315, 2 (108, 9, 1); III, 172, 12 (129, 5, 3)

Aeliensis: II, 115, 1 (82, 8, 1)

Aelius Adrianus (*u. et* Hadrianus): II, 315, 1 (108, 9, 1)

Aeneas: I, 661, 5 (66, 11, 1); II, 309, 13 (108, 4, 1)

Aeneas (Act. 9, 33-34): II, 314, 1 (108, 8, 2)

Aenon: II, 21, 7 (73, 8, 1)

Aeschines: I, 446, 3 (53, 2, 2); I, 508, 14 (57, 5, 2); I, 509, 4 (57, 5, 2); II, 250, 6 (106, 3, 3)

Aesopicus: I, 242, 8 (29, 7, 2)

Aesopus: II, 91, 7 (79, 3, 3); II, 325, 16 (108, 15, 1)

Aetham: II, 55, 4 (78, 5, 1); II, 55, 8 (78, 5, 1); II, 55, 10 (78, 5, 1); II, 55, 19 (78, 6, 1); II, 56, 13 (78, 7, 1); II, 57, 4 (78, 7, 3)

Aethiopia: I, 445, 1 (53, 1, 4); I, 451, 12 (53, 5, 2); II, 201, 9 (°98, 17, 1); II, 292, 13 (107, 2, 3)

Aethiopicus: I, 153, 2 (22, 7, 1); II, 183, 26 (97, 2, 3)

Aethiopissa: I, 145, 10 (22, 1, 5); II, 65, 16 (78, 16, 1); II, 71, 6 (78, 26, 3)

Aethiops: I, 136, 4 (21, 35, 3); I, 311, 3 (40, 2, 3); I, 340, 5 (°46, 10, 2); I,
 691, 13 (69, 6, 7); II, 45, 23 (77, 8, 2); II, 170, 5 (°96, 11, 4); II, 318,
 20 (108, 11, 1); III, 367, 11 (154, 1, 1)
Aetnaeus: I, 474, 19 (54, 9, 1)
Afer: III, 170, 14 (129, 4, 3)
Africa: II, 88, 21 (79, 2, 1); II, 236, 14 (102, 3, 1); II, 243, 8 (105, 1, 2); II,
 361, 7 (°110, 6, 1); II, 391, 12 (112, 21, 1); II, 393, 8 (112, 22, 4); II,
 396, 7 (115, 1); III, 95, 10 (123, 17, 3); III, 143, 1 (126, 1, 1); III, 170,
 16 (129, 4, 3); III, 179, 8 (130, 4, 4); III, 181, 13 (130, 6, 2); III, 181,
 15 (130, 6, 3); III, 184, 15 (130, 7, 7); III, 209, 7 (°131, 8, 1); III, 209,
 10 (°131, 8, 2); III, 248, 9 (133, 4, 3); III, 262, 15 (134, 2, 2); III, 262,
 16 (134, 2, 2); III, 292, 11 (143, 1, 1); III, 310, 15 (146, 1, 7)
Africanus (adi.): I, 497, 14 (°56, 2, 1); I, 706, 6 (70, 4, 4)
Africanus: u. et Scipio, Publius: II, 306, 8 (108, 1, 1)
Agabus: I, 312, 22 (41, 2); II, 511, 23 (120, 12, 2)
Agamemnon: II, 308, 13 (108, 3, 1); II, 350, 16 (108, 33, 2)
Agameştor: I, 75, 18 (18 A, 1, 4)
Agape: III, 248, 11 (133, 4, 3)
Agapetus: II, 147, 15 (°92, praef.)
Agar: I, 276, 13 (36, 10, 4); II, 17, 3 (73, 4, 2); III, 86, 22 (123, 12, 4); III,
 288, 8 (140, 19, 2)
Agarenus: III, 170, 6 (129, 4, 2)
Agatho: II, 140, 4 (°87, 1); II, 141, 5 (88, 1)
Aggeus: I, 128, 5 (21, 24, 2); I, 255, 21 (33, 4, 2); I, 459, 11 (53, 8, 13); II,
 491, 10 (120, 8, 7)
Agnes: III, 179, 23 (130, 5, 2)
Agrippa: I, 503, 13 (57, 1, 1); I, 504, 2 (57, 1, 1)
Ahiel: II, 321, 10 (108, 12, 4)
Aialon: II, 314, 10 (108, 8, 3)
Alamanni: III, 92, 5 (123, 15, 2)
†Alanes: II, 147, 9 (°92, praef.)
Alanus: I, 570, 16 (60, 16, 2)
Albanus: I, 444, 8 (53, 1, 4)
Albina: I, 252, 20 (32, 2); I, 328, 13 (45, 7); III, 146, 10 (127, 2, 1); III, 293,
 22 (143, 2, 3)
Albinus: II, 291, 1 (107, 1, 3)
Alcaeus: I, 461, 6 (53, 8, 17)
Alentius: III, 266, 15 (138, 3)

Alethius: III, 4, 4 (121, praef. 4)

Alexander (Magnus): II, 45, 18 (77, 8, 1); II, 182, 14 (97, 1, 2); II, 295, 13 (107, 4, 7)

Alexander: I, 203, 3 (22, 38, 1); I, 389, 4 (50, 1, 3); II, 371, 9 (112, 4, 4); II, 414, 6 (°116, 23, 2)

Alexandria: I, 445, 1 (53, 1, 4); I, 677, 19 (68, 2, 1); I, 705, 13 (70, 4, 2); II, 121, 6 (84, 1); II, 123, 4 (84, 3, 1); II, 130, 19 (84, 8, 1); II, 139, 5 (86, 1); II, 145, 7 (°90, 4); II, 146, 3 (°91, 1); II, 150, 15 (°92, 3, 1); II, 324, 11 (108, 14, 1); III, 310, 8 (146, 1, 6); III, 310, 19 (146, 1, 7)

Alexandrinus: I, 13, 17 (3, 2, 1); I, 64, 12 (15, 3, 1); I, 586, 4 (63, 2); I, 704, 9 (70, 3, 3); I, 705, 15 (70, 4, 3); I, 706, 9 (70, 4, 4); I, 706, 12 (70, 4, 4); II, 33, 9 (75, 4, 1); II, 124, 11 (84, 3, 5); II, 146, 8 (°91, 2); II, 182, 3 (97, 1, 1); II, 390, 8 (112, 20, 2); III, 149, 8 (127, 5, 1)

Alexandrus (Paris): III, 161, 6 (128, 4, 6)

Allia: III, 93, 13 (123, 16, 2)

Almon-Deblathaim: II, 82, 23 (78, 41, 1); II, 83, 11 (78, 42, 1)

Alpes: I, 2, 13 (1, 3, 1); II, 354, 8 (109, 2, 5); III, 92, 2 (123, 15, 2); III, 328, 4 (147, 11, 2)

Alpes Iuliae: I, 570, 13 (60, 16, 2); III, 93, 2 (123, 16, 1)

Alpinus: II, 478, 14 (120, 1, 14)

Altinus: I, 559, 5 (60, 10, 2)

Alypius: I, 496, 11 (°56, 1, 2); II, 238, 2 (103, 2, 2); II, 396, 16 (115, 2); III, 292, 1 (142, 2); III, 292, 9 (143, praef.)

Amabilis: II, 8, 5 (72, 1, 1)

Amalec: u. Amalech

Amalech: I, 572, 14 (60, 17, 2); II, 61, 23 (78, 13, 2); II, 62, 8 (78, 13, 4); II, 67, 4 (78, 17, 5); II, 146, 4 (°91, 2); II, 146, 11 (°91, 2)

Aman: I, 173, 10 (22, 21, 8); I, 461, 12 (53, 8, 18)

Ambacum: I, 13, 6 (3, 1, 2); I, 148, 13 (22, 4, 2); I, 157, 6 (22, 9, 4); I, 459, 1 (53, 8, 11); I, 649, 6 (66, 2, 2); II, 170, 2 (°96, 11, 4)

Ambiani: III, 92, 9 (123, 15, 3)

Ambram (=Amram): I, 277, 13 (36, 11, 2) (bis); I, 277, 17 (36, 11, 3)

Ambrosius (episc.): I, 66, 7 (15, 4, 3); I, 175, 3 (22, 22, 3); I, 318, 3 (43, 1); I, 374, 7 (49, 14, 9); I, 382, 10 (49, 18, 3); II, 130, 8 (84, 7, 6); II, 132, 25 (84, 10, 2); II, 152, 2 (°92, 4, 1); II, 390, 12 (112, 20, 3); II, 412, 21 (°116, 21, 2); II, 414, 17 (°116, 24, 1); III, 26, 26 (121, 6, 22)

Ambrosius (libellarius): I, 442, 3 (53, 1, 1)

Aminadab: I, 278, 4 (36, 11, 3) (bis)

Ammanites: I, 156, 6 (22, 8, 5); II, 320, 7 (108, 11, 5); III, 173, 25 (129, 7, 1); III, 316, 19 (147, 3, 2)

Ammon: I, 458, 2 (53, 8, 8)

Ammonites: *u*. Ammanites

Ammonius: II, 144, 17 (°90, 3); II, 147, 10 (°92, praef.); III, 246, 11 (133, 3, 6)

Amnon: I, 160, 1 (22, 12, 2)

Amorraeus: II, 81, 8 (78, 40, 1); II, 81, 9 (78, 40, 1); II, 81, 17 (78, 40, 2); II, 81, 24 (78, 40, 3); II, 82, 16 (78, 40, 5)

Amos: I, 58, 6 (14, 9, 1); I, 255, 19 (33, 4, 2); I, 289, 7 (37, 4, 2); I, 309, 14 (40, 1, 2); I, 343, 18 (°46, 13, 2); I, 386, 8 (49, 21, 1); I, 457, 15 (53, 8, 8); I, 523, 3 (57, 11, 1); II, 320, 10 (108, 12, 1); III, 45, 9 (121, 10, 11); III, 46, 12 (121, 10, 15); III, 188, 17 (130, 8, 6); III, 316, 16 (147, 3, 1)

Amphilochius: I, 706, 15 (70, 4, 4)

Amulius: I, 75, 17 (18 A, 1, 4)

Anablata: I, 411, 6 (°51, 9, 1)

Anania/Ananias: I, 537, 2 (58, 7, 1); I, 557, 12 (60, 8, 2); I, 618, 21 (65, 2, 1); I, 656, 16 (66, 8, 2); I, 691, 10 (69, 6, 7); II, 220, 20 (°100, 7, 2); II, 354, 14 (109, 3, 1); II, 439, 23 (118, 4, 3); II, 478, 24 (120, 1, 14); II, 500, 5 (120, 9, 20); III, 25, 17 (121, 6, 17); III, 194, 9 (130, 14, 5)

Anapsychia: III, 142, 13 (126, praef.)

Anastasius: II, 141, 14 (88, 2); II, 157, 24 (°95, praef.); II, 184, 25 (97, 4); III, 143, 18 (126, 1, 3); III, 153, 7 (127, 10, 2); III, 196, 12 (130, 16, 1)

Anatolius: I, 706, 9 (70, 4, 4)

Anaxagoras: I, 553, 16 (60, 5, 1)

Andreas: I, 546, 21 (59, 5, 4); III, 56, 7 (122, 1, 1)

Andromeda: II, 314, 5 (108, 8, 2)

Anicius: III, 177, 18 (130, 3, 1)

Anna (uxor Elcanae, 1 Rg. 1-2): II, 178, 8 (°96, 18, 2); II, 293, 5 (107, 3, 2); II, 305, 2 (107, 13, 5); III, 87, 3 (123, 12, 4); III, 87, 18 (123, 13, 1); III, 126, 14 (125, 7, 6)

Anna (prophetissa, filia Fanuhelis, Lk. 2, 36): I, 30, 12 (7, 6, 2); I, 210, 3 (22, 41, 3); I, 307, 18 (39, 7, 2); I, 483, 7 (54, 16, 1); I, 483, 8 (54, 16, 1); I, 485, 10 (54, 18, 2); I, 617, 16 (65, 1, 4); I, 618, 5 (65, 1, 5); II, 100, 24 (79, 11, 3); III, 73, 5 (123, 1, 2); III, 146, 17 (127, 2, 2); III, 178, 17 (130, 4, 2)

Annanias: *u*. Ananias

Annas: I, 507, 4 (57, 3, 3)

Annianus: III, 293, 6 (143, 2, 1)

Antimus: I, 185, 5 (22, 28, 1)

Antiochia: I, 23, 6 (5, 3); I, 67, 9 (15, 5, 2); I, 571, 13 (60, 16, 5); II, 46, 4
(77, 8, 3); II, 123, 1 (84, 3, 1); II, 313, 2 (108, 7, 3); II, 374, 25 (112,
7, 5); II, 376, 16 (112, 8, 4); II, 401, 21 (°116, 8, 1); II, 403, 26 (°116,
10, 2); II, 404, 7 (°116, 11, 1); III, 171, 10 (129, 5, 1)

Antiochenus: I, 706, 11 (70, 4, 4); II, 14, 15 (73, 2, 2); II, 310, 24 (108, 6, 1);
III, 24, 24 (121, 6, 15); III, 150, 24 (127,.7, 1); III, 248, 2 (133, 4, 2);
III, 319, 16 (147, 4, 1)

Antiochus Epiphanes: III, 174, 8 (129, 7, 2)

Antipatris: II, 313, 17 (108, 8, 2)

Antisthenes: I, 657, 12 (66, 8, 3); II, 4, 19 (71, 3, 3)

Antoninus Pius: I, 705, 4 (70, 4, 1)

Antonius (eremita): I, 200, 14 (22, 36, 1); I, 511, 13 (57, 6, 1); I, 511, 19 (57,
6, 2); I, 531, 9 (58, 3, 4); I, 534, 7 (58, 5, 3); I, 677, 18 (68, 2, 1); I,
678, 3 (68, 2, 2); II, 311, 6 (108, 6, 2); III, 149, 11 (127, 5, 1)

Antonius (Marcus, rhetor): I, 351, 7 (49, 1)

Aonius: I, 538, 8 (58, 8, 3)

Apelles: III, 248, 4 (133, 4, 2)

Apicius: I, 232, 17 (29, 1, 2); I, 255, 6 (33, 3)

Apion: I, 704, 8 (70, 3, 3)

Apodemius: II, 472, 13 (120,, praef. 1); III, 3, 2 (121, praef. 1)

Apollinaris: I, 348, 20 (48, 3, 2); I, 369, 10 (49, 13, 4); I, 576, 1 (61, 1, 1); I,
583, 18 (62, 2, 1); I, 703, 12 (70, 3, 1); I, 703, 14 (70, 3, 2); I, 705, 8
(70, 4, 2); II, 14, 15 (73, 2, 2); II, 122, 14 (84, 2, 2); II, 122, 24 (84, 3,
1); II, 123, 10 (84, 3, 2); II, 128, 23 (84, 7, 2); II, 146, 1 (°91, 1); II,
155, 11 (93, 1); II, 156, 11 (93, 3); II, 184, 14 (97, 3, 1); II, 184, 18
(97, 3, 2); II, 189, 2 (°98, 4, 5); II, 190, 30 (°98, 6, 2); II, 390, 7 (112,
20, 2); II, 449, 4 (119, 4); II, 459, 5 (119, 8, 2); II, 468, 11 (119, 11,
4); III, 143, 13 (126, 1, 2)

Apollo: II, 126, 10 (84, 4, 5); III, 80, 16 (123, 7, 1)

Apollo (Iudaeus): I, 618, 12 (65, 1, 6)

Apollonius: I, 346, 20 (47, 3, 2); I, 444, 6 (53, 1, 4); I, 706, 5 (70, 4, 3)

Appelles: II, 232, 7 (°100, 18)

Appius: II, 447, 3 (119, 1, 3); III, 261, 8 (134, 1, 1); III, 295, 12 (°144, 3, 1)

Appollo: II, 232, 5 (°100, 18)

Aproditus: II, 147, 17 (°92, praef.)

Aquae Sextiae: III, 81, 5 (123, 7, 3)
Aquila: I, 84, 7 (18 A, 7, 5); I, 84, 15 (18 A, 7, 6); I, 97, 4 (18 B, 1, 1); I, 97,
    12 (18 B, 1, 2); I, 98, 17 (18 B, 2, 1); I, 100, 16 (18 B, 3, 1); I, 100, 18
    (18 B, 3, 1); I, 101, 5 (18 B, 4, 1); I, 102, 11 (18 B, 5, 1); I, 106, 5
    (20, 3, 1); I, 107, 3 (20, 3, 4); I, 218, 7 (25, 1); I, 218, 13 (25, 2); I,
    219, 4 (25, 2); I, 222, 4 (26, 4, 1); I, 228, 1 (28, 2, 2); I, 230, 14 (28,
    6, 2); I, 231, 4 (28, 6, 3); I, 231, 11 (28, 6, 4); I, 238, 20 (29, 4, 6); I,
    240, 7 (29, 6, 1); I, 252, 8 (32, 1, 2); I, 260, 19 (34, 2, 1); I, 261, 4
    (34, 2, 2); I, 361, 14 (34, 2, 3); I, 262, 24 (34, 4, 1); I, 269, 22 (36, 2,
    1); I, 271, 21 (36, 4, 1); I, 278, 13 (36, 12); I, 279, 6 (36, 13, 1); I,
    280, 3 (36, 13, 3); I, 287, 1 (37, 1, 2); I, 383, 22 (49, 19, 2); I, 523, 13
    (57, 11, 2); I, 601, 2 (64, 15, 1); I, 602, 5 (64, 15, 4); I, 602, 6 (64, 15,
    4); I, 605, 10 (64, 18, 2); I, 618, 13 (65, 1, 6); I, 631, 10 (65, 13, 2); I,
    632, 22 (65, 13, 5); I, 636, 16 (65, 15, 1); I, 637, 1 (65, 15, 2); I, 640,
    6 (65, 18, 2); II, 250, 16 (106, 4, 1); II, 257, 15 (106, 19, 1); II, 262,
    16 (106, 31, 2); II, 266, 16 (106, 41, 4); II, 268, 25 (106, 45, 5); II,
    269, 20 (106, 46, 4); II, 270, 11 (106, 46, 6); II, 270, 15 (106, 46, 7);
    II, 272, 7 (106, 50, 1); II, 272, 9 (106, 50, 2); II, 274, 6 (106, 51); II,
    279, 11 (106, 63, 2); II, 281, 4 (106, 65, 3); II, 287, 9 (106, 78); II,
    289, 15 (106, 86, 2); II, 378, 12 (112, 9, 4); II, 392, 16 (112, 22, 2);
    III, 8, 8 (121, 2, 1); III, 32, 24 (121, 8, 11); III, 279, 24 (140, 10, 1);
    III, 280, 15 (140, 11, 1); III, 284, 18 (140, 14, 3); III, 285, 20 (140, 16,
    1)
Aquileia: II, 107, 10 (81, 2)
Aquitania: III, 92, 11 (123, 15, 3)
Arabae: I, 444, 14 (53, 1, 4); III, 170, 5 (129, 4, 2)
Arabia: I, 259, 6 (33, 5); I, 445, 9 (53, 2, 1); I, 571, 10 (60, 16, 4); I, 571, 15
    (60, 16, 5)
Arad: II, 77, 12 (78, 36, 1)
Arada: II, 69, 19 (78, 23); II, 70, 1 (78, 24)
Aram: I, 278, 3 (36, 11, 3) (bis); II, 19, 10 (73, 5, 4)
Aran: u. Aram
Aratus: I, 701, 17 (70, 2, 3)
Arbiter: III, 199, 17 (130, 19, 1)
Arboc: I, 522, 2 (57, 10, 3); I, 522, 3 (57, 10, 3)
Arcades: I, 571, 6 (60, 16, 4)
Archytas: I, 384, 16 (49, 19, 5); I, 443, 8 (53, 1, 2); II, 98, 21 (79, 9, 4)
Arfaxat: II, 19, 2 (73, 5, 4); II, 19, 3 (73, 5, 4)

Argentoratus: III, 92, 10 (123, 15, 3)

Argus: I, 475, 11 (54, 9, 3)

Arihel: II, 315, 14 (108, 9, 3)

Arimathia: II, 314, 1 (108, 8, 2)

Ariminensis: I, 680, 15 (69, 2, 2)

Aristaenetus: II, 351, 5 (108, 34)

Aristarchus: I, 389, 13 (50, 2, 1); I, 525, 4 (57, 12, 2)

Aristides: I, 705, 1 (70, 4, 1)

Aristippus: I, 259, 15 (33, 6); I, 394, 18 (50, 5, 5)

Aristo: II, 147, 16 (°92, praef.)

Aristoteles: I, 61, 8 (14, 11, 1); I, 280, 14 (36, 14, 1); I, 369, 6 (49, 13, 3); I,
388, 14 (50, 1, 2); I, 389, 13 (50, 2, 1); I, 526, 2 (57, 12, 4); I, 533, 23
(58, 5, 2); I, 706, 3 (70, 4, 3); II, 295, 1 (107, 4, 5); III, 242, 11 (133,
1, 3)

Aristotelius: I, 368, 10 (49, 13, 1)

Armazel: II, 32, 9 (75, 3, 1)

Armenia: I, 251, 4 (31, 3, 1); I, 531, 10 (58, 3, 4)

Armenius: I, 340, 4 (°46, 10, 2); II, 292, 14 (107, 2, 3)

Arnobius: I, 539, 16 (58, 10, 2); I, 561, 16 (60, 10, 9); I, 583, 17 (62, 2, 1); I,
707, 10 (70, 5, 2)

Arnon: II, 81, 8 (78, 40, 1); II, 81, 9 (78, 40, 1); II, 81, 23 (78, 40, 3)

Arrianus: I, 30, 18 (7, 6, 2); I, 64, 14 (15, 3, 1); I, 65, 9 (15, 4, 1); I, 69, 10
(16, 2, 2); I, 71, 9 (17, 2, 2); I, 490, 12 (55, 3, 2); I, 568, 17 (60, 15,
2); II, 133, 25 (84, 11, 3); II, 191, 2 (°98, 6, 2); III, 149, 9 (127, 5, 1);
III, 258, 8 (133, 11, 4)

Arrius: I, 66, 5 (15, 4, 3); I, 400, 9 (°51, 3, 3); I, 632, 25 (65, 13, 6); II, 14, 16
(73, 2, 2); II, 122, 16 (84, 2, 2); II, 125, 15 (84, 4, 2); II, 125, 19 (84,
4, 3); II, 126, 1 (84, 4, 3); II, 126, 2 (84, 4, 3); II, 157, 19 (94, 2, 2);
III, 27, 18 (121, 7, 2); III, 117, 13 (124, 15, 2); III, 248, 8 (133, 4, 3)

Arsetis: II, 324, 17 (108, 14, 2)

Arsintheus: II, 232, 4 (°100, 18)

Artemia: III, 56, 4 (122, 1, 1)

Asaph: I, 211, 12 (23, 1, 1); I, 620, 7 (65, 3, 2)

Ascalon: III, 170, 3 (129, 4, 2)

Asella: I, 214, 13 (24, 1, 2); I, 327, 10 (45, 6, 1); I, 619, 5 (65, 1, 2)

Aser: I, 483, 8 (54, 16, 1); I, 483, 10 (54, 16, 1); III, 146, 18 (127, 2, 2)

Aseroth: II, 65, 14 (78, 16, 1); II, 66, 3 (78, 17, 1); II, 66, 5 (78, 17, 1); II, 85,
18 (78, 43, 6)

Asia: II, 507, 4 (120, 11, 3)
Asianus: III, 123, 9 (125, 6, 1)
Asiaticus: II, 147, 16 (°92, praef.)
Asinius Pollio: II, 392, 13 (112, 22, 1)
Asion-Gaber: II, 66, 9 (78, 17, 2); II, 75, 11 (78, 34, 1); II, 76, 1 (78, 35, 1)
Asmona: u. Esmona
Asor: II, 36, 19 (76, 3, 2)
Assur: III, 92, 6 (123, 15, 3)
Assyrius: I, 148, 12 (22, 4, 2); I, 176, 5 (22, 23, 3) (bis); I, 309, 10 (40, 1, 2);
     I, 444, 14 (53, 1, 4); I, 456, 15 (53, 8, 5); I, 572, 12 (60, 17, 2); I, 661,
     2 (66, 10, 2); II, 10, 17 (72, 3, 2); II, 171, 6 (°96, 12, 4)
Asterius (hypodiaconus): II, 234, 13 (102, 1, 1); II, 237, 5 (103, 1); II, 357, 6
     (°110, 1, 1); II, 397, 11 (°116, 1, 1)
Asterius (Scythopolita): I, 706, 13 (70, 4, 4); II, 390, 7 (112, 20, 2)
Asuerus: III, 132, 15 (125, 14, 1)
Atellanus: I, 415, 4 (52, 2, 1); III, 320, 22 (147, 5, 1)
Athanasius: I, 677, 19 (68, 2, 1); I, 706, 12 (70, 4, 4); II, 303, 9 (107, 12, 3);
     III, 149, 8 (127, 5, 1)
Athanasius (diaconus): II, 140, 4 (°87, 1); II, 141, 6 (88, 1)
Athanasius (episc. Athribit.): II, 232, 6 (°100, 18)
Athenae: I, 220, 5 (25, 4); I, 318, 6 (43, 1); I, 339, 15 (°46, 9, 2); I, 339, 18
     (°46, 9, 2); I, 443, 10 (53, 1, 2); I, 529, 11 (58, 2, 2); III, 80, 13 (123,
     7, 1)
Athenaeum: I, 659, 6 (66, 9, 2)
Atheniensis: I, 75, 18 (18 A, 1, 4); I, 571, 5 (60, 16, 4); I, 701, 17 (70, 2, 3); I,
     704, 16 (70, 4, 1); III, 31, 13 (121, 8, 7)
Athribis: II, 232, 5 (°100, 18)
Aticottus: I, 684, 17 (69, 3, 6)
Atlanticus: I, 552, 14 (60, 4, 1)
Atrabatae: III, 92, 9 (123, 15, 3)
Attalus: I, 27, 14 (7, 2, 2)
Atticus: I, 509, 2 (57, 5, 2); I, 525, 12 (57, 12, 3); III, 123, 9 (125, 6, 1)
Auentinus: I, 346, 14 (47, 3, 1)
Aufidius: I, 554, 19 (60, 5, 3)
Augusta: II, 88, 19 (79, 2, 1)
Augusta (Samaria): II, 323, 1 (108, 13, 4)
Augustinus: I, 496, 5 (°56, praef.); I, 666, 5 (°67, praef.); II, 232, 12 (°101,
     praef.); II, 234, 11 (102, praef.); II, 237, 3 (103, praef.); II, 238, 10

(°104, praef.); II, 242, 12 (105, praef.); II, 356, 12 (°110, praef.); II, 366, 16 (°111, praef.); II, 367, 12 (112, praef.); II, 396, 3 (115, praef.); II, 397, 9 (°116, praef.); II, 420, 22 (°116, 33, 3); III, 143, 23 (126, 1, 3); III, 261, 4 (134, praef.); III, 290, 3 (141, praef.); III, 292, 9 (143, praef.); III, 294, 9 (°144, praef.)

Augustodunensis: I, 22, 2 (5, 2, 2); I, 286, 3 (37, 1, 1)

Augustus: II, 313, 14 (108, 8, 2); II, 322, 22 (108, 13, 4)

Augustus (= "imperator"): II, 92, 19 (79, 5, 2); II, 94, 5 (79, 6, 2)

Auitus: II, 88, 13 (79, 1, 4)

Auitus[1]: II, 248, 25 (106, 2, 2); II, 289, 5 (106, 86, 1); III, 97, 3 (124, 1, 2)

Aulon: II, 22, 11 (73, 9, 3)

Aurelius: III, 263, 7 (°135)

Aurelius Uictor: I, 38, 3 (10, 3, 2)

Ausonius: II, 434, 17 (118, 1, 1); II, 445, 7 (118, 7, 3)

Ausonius (adi.): I, 661, 4 (66, 11, 1)

Auster: II, 77, 13 (78, 36, 1); II, 182, 4 (97, 1, 1)

Auxentius: I, 9, 1 (1, 15, 2); I, 66, 7 (15, 4, 3); II, 147, 8 (°92, praef.)

Azarias: I, 618, 22 (65, 2, 1); II, 220, 20 (°100, 7, 2)

Azotus: III, 170, 4 (129, 4, 2)

Baalim (Baal): II, 10, 25 (72, 3, 2); II, 462, 11 (119, 9, 6); III, 10, 1 (121, 2, 6); III, 172, 1 (129, 5, 1)

Babel: I, 119, 8 (21, 8, 2)

Babylon: I, 29, 2 (7, 3, 2); I, 87, 3 (18 A, 10, 2); I, 151, 1 (22, 6, 2); I, 152, 8 (22, 6, 6); I, 327, 13 (45, 6, 1); I, 341, 18 (°46, 12, 1); I, 342, 1 (°46, 12, 1); I, 342, 3 (°46, 12, 1); I, 595, 21 (64, 8, 2); I, 618, 21 (65, 2, 1); I, 621, 4 (65, 4, 3); II, 52, 8 (78, 2, 2); II, 52, 9 (78, 2, 2); II, 92, 13 (79, 5, 1); II, 176, 22 (°96, 16, 5); II, 176, 24 (°96, 16, 5); II, 177, 1 (°96, 17, 1); II, 204, 8 (°98, 19, 1); II, 206, 22 (°98, 21, 1); II, 206, 24 (°98, 21, 1); II, 208, 2 (°98, 22, 3); II, 221, 17 (°100, 8); II, 297, 11 (107, 6, 2); II, 349, 20 (108, 31, 2); II, 394, 2 (°113, 1, 2); III, 36, 10 (121, 8, 21); III, 86, 3 (123, 12, 2); III, 247, 3 (133, 3, 8)

Babylonia: I, 87, 5 (18 A, 10, 2); II, 90, 2 (79, 2, 5); II, 302, 17 (107, 12, 1); III, 19, 6 (121, 5, 4); III, 174, 2 (129, 7, 1)

Babylonius: I, 152, 6 (22, 6, 5); I, 444, 13 (53, 1, 4); I, 477, 4 (54, 10, 3); I, 598, 18 (64, 12, 1); I, 619, 1 (65, 2, 1); II, 112, 16 (82, 5, 2); II, 170, 18 (°96, 12, 2); II, 171, 6 (°96, 12, 4); II, 205, 6 (°98, 19, 4); II, 220,

---

[1]Cf. Rebenich, Hieronymus und sein Kreis, 125.

13 (°100, 7, 1); II, 221, 14 (°100, 8); II, 291, 21 (107, 2, 1); II, 305, 12
(107, 13, 6); III, 188, 9 (130, 8, 5); III, 190, 20 (130, 10, 5)
Bacchae: I, 225, 4 (27, 2, 1)
Bahal: *u.* Baalim (Baal)
Baiae: I, 326, 2 (45, 4, 1)
Bala: II, 320, 4 (108, 11, 5)
Balaam: I, 455, 2 (53, 8, 2); II, 44, 21 (77, 7, 2); II, 84, 6 (78, 43, 1); II, 85, 3
(78, 43, 4)
Balac: II, 84, 7 (78, 43, 1)
Baldad: I, 373, 4 (49, 14, 6)
Balsamus: II, 32, 10 (75, 3, 1)
Baltasar: I, 176, 8 (22, 23, 3)
Bamoth: II, 82, 6 (78, 40, 4); II, 82, 8 (78, 40, 4)
Banaias/Banaia: I, 76, 19 (18 A, 2, 3)
Baneiacan: II, 73, 2 (78, 30, 1); II, 74, 1 (78, 31, 1)
Baptista Iohannes: *u. et* Iohannes Baptista, Iohannes (Baptista): II, 500, 17 (120,
10, 1)
Barac: I, 484, 7 (54, 17, 1)
Bárach: I, 616, 8 (65, 1, 1); II, 323, 19 (108, 13, 6)
Barachibas: III, 49, 2 (121, 10, 20)
Baranina: II, 123, 8 (84, 3, 2)
Barbelon: II, 32, 9 (75, 3, 1)
Barca: III, 170, 13 (129, 4, 3)
Barcaeus: III, 144, 10 (126, 2, 2); III, 170, 13 (129, 4, 3)
Bardesanes: I, 705, 9 (70, 4, 2)
Baricianus: III, 170, 14 (129, 4, 3)
Barnabas: I, 445, 14 (53, 2, 1); I, 668, 12 (°67, 3, 2); II, 95, 2 (79, 7, 3); II,
374, 25 (112, 7, 5); II, 375, 4 (112, 7, 6); II, 376, 6 (112, 8, 2); II, 376,
24 (112, 8, 4); II, 399, 23 (°116, 4, 1); II, 400, 2 (°116, 4, 2); II, 474,
23 (120, 1, 3); II, 496, 13 (120, 9, 10); III, 154, 4 (127, 11, 1); III, 169,
10 (129, 3, 7)
Baruch: I, 250, 8 (31, 2, 1); I, 250, 13 (31, 2, 2)
Basan: II, 82, 16 (78, 40, 5)
Basilides: II, 32, 7 (75, 3, 1); II, 32, 16 (75, 3, 2); II, 501, 3 (120, 10, 2); III,
245, 23 (133, 3, 4)
Basilius: I, 706, 14 (70, 4, 4); II, 130, 9 (84, 7, 6)
Bathuel: I, 457, 8 (53, 8, 7)
†Becos Abacuc: II, 114, 21 (82, 8, 1)

Beelphegor: III, 172, 1 (129, 5, 1)

Beelsephon: II, 55, 20 (78, 6, 1); II, 56, 1 (78, 6, 1); II, 56, 4 (78, 6, 2)

Beelzebub: I, 293, 7 (38, 5, 2); I, 316, 9 (42, 1, 4); I, 317, 9 (42, 2, 3); I, 317,
    10 (42, 2, 4); II, 168, 14 (°96, 10, 1); II, 333, 23 (108, 19, 6); III, 172,
    1 (129, 5, 1); III, 315, 16 (147, 2, 2)

Belial: I, 120, 12 (21, 11, 1); I, 189, 2 (22, 29, 6); I, 495, 1 (55, 5, 2); II, 4, 16
    (71, 3, 2); III, 77, 1 (123, 5, 3); III, 336, 9 (148, 8, 2)

Belzebub: u. Beelzebub

Belzebul: u. Beelzebub

Beniamin: I, 290, 1 (38, 1); I, 557, 11 (60, 8, 2); I, 651, 4 (66, 4, 1); I, 691, 10
    (69, 6, 7); II, 9, 3 (72, 1, 3); II, 314, 14 (108, 8, 3); II, 316, 5 (108, 10,
    1); III, 285, 26 (140, 16, 1)

Beniamiticus: II, 322, 14 (108, 13, 2)

Benigna: III, 73, 6 (123, 1, 2)

Benoni: II, 316, 6 (108, 10, 1)

Bersabee: I, 159, 12 (22, 12, 1); I, 415, 6 (52, 2, 2); I, 690, 13 (69, 6, 5); III,
    169, 23 (129, 4, 1)

Berytus: II, 313, 8 (108, 8, 1)

Berzelli: II, 244, 17 (105, 3, 3)

Beselehel: I, 564, 5 (60, 12, 3)

Bessus: I, 553, 8 (60, 4, 2)

Bethel: I, 344, 13 (°46, 13, 4); I, 411, 5 (°51, 9, 1); II, 322, 3 (108, 13, 1); II,
    444, 22 (118, 7, 2); II, 492, 12 (120, 8, 10)

Bethfage: II, 320, 15 (108, 12, 2)

Bethleem: u. Bethlehem

Bethlehem: I, 440, 9 (52, 17, 1); I, 481, 3 (54, 13, 6); I, 516, 20 (57, 8, 3); I,
    517, 1 (57, 8, 3); I, 517, 4 (57, 8, 3); I, 517, 8 (57, 8, 4); I, 517, 11
    (57, 8, 4); I, 532, 4 (58, 3, 5); I, 617, 13 (65, 1, 4); I, 665, 4 (66, 14,
    1); II, 114, 19 (82, 8, 1); II, 118, 3 (82, 11, 1); II, 123, 7 (84, 3, 2); II,
    306, 9 (108, 1, 1); II, 308, 25 (108, 3, 3); II, 316, 4 (108, 10, 1); II,
    316, 20 (108, 10, 3); II, 317, 1 (108, 10, 3); II, 325, 7 (108, 14, 4); II,
    329, 20 (108, 18, 3); II, 349, 24 (108, 31, 2); II, 350, 13 (108, 33, 1);
    II, 351, 6 (108, 34); III, 3, 4 (121, praef. 1); III, 170, 9 (129, 4, 3); III,
    293, 23 (143, 2, 3)

Bethlem: u. Bethlehem

Bethleemiticus: u. Bethlehemiticus

Bethlehemiticus: I, 595, 21 (64, 8, 2); II, 33, 17 (75, 4, 2); II, 38, 15 (77, 2, 3);
      II, 350, 19 (108, 33, 2); II, 350, 24 (108, 33, 3); II, 472, 11 (120, praef.
      1)
Bethlemiticus: *u*. Bethlehemiticus
Bethoron: II, 314, 8 (108, 8, 3)
Bethsabee: II, 138, 2 (85, 5, 2); III, 63, 24 (122, 3, 2)
Bethsur: II, 319, 1 (108, 11, 2)
Bithynia: I, 14, 18 (3, 3, 1); III, 93, 22 (123, 16, 3)
Blesilla: I, 162, 17 (22, 15, 1); I, 248, 11 (30, 14, 1); I, 290, 4 (38, 2, 1); I,
      290, 11 (38, 2, 2); I, 293, 6 (38, 5, 2); I, 295, 5 (39, 1, 4); I, 295, 20
      (39, 2, 2); I, 299, 10 (39, 3, 3); I, 307, 11 (39, 7, 1); I, 308, 11 (39, 8,
      1); I, 467, 3 (54, 2, 1); I, 665, 15 (66, 15); II, 37, 3 (77, 1, 1); II, 308,
      10 (108, 3, 1); II, 309, 22 (108, 4, 2)
Boethius: II, 147, 15 (°92, praef.)
Bonifatius: III, 365, 17 (153, praef.); III, 367, 14 (154, 1, 2)
Bonosus: I, 15, 10 (3, 4, 1); I, 18, 12 (3, 6); I, 28, 4 (7, 3, 1); I, 28, 15 (7, 3, 2)
Bostrensis: I, 706, 14 (70, 4, 4)
Bragmanae: I, 444, 10 (53, 1, 4); I, 705, 14 (70, 4, 2); II, 299, 14 (107, 8, 3)
Brennus: III, 93, 14 (123, 16, 2); III, 185, 2 (130, 7, 9)
Britannia: I, 531, 8 (58, 3, 3); I, 552, 13 (60, 4, 1); II, 47, 23 (77, 10, 3); III,
      310, 15 (146, 1, 7)
Britannus: I, 340, 2 (°46, 10, 2); III, 255, 19 (133, 9, 4)
Brittania: *u*. Britannia
Brutus: I, 554, 18 (60, 5, 3)
Burgundiones: III, 92, 4 (123, 15, 2)
Caaltha: II, 69, 1 (78, 21); II, 69, 5 (78, 22, 1)
Caath: I, 277, 12 (36, 11, 2); I, 277, 13 (36, 11, 2); I, 277, 14 (36, 11, 2); I,
      277, 16 (36, 11, 3)
Cades: II, 76, 2 (78, 35, 1); II, 76, 6 (78, 35, 1); II, 77, 5 (78, 35, 5); II, 77, 6
      (78, 36, 1)
Cades-Barne: II, 85, 19 (78, 43, 6); III, 171, 6 (129, 5, 1)
Caecilius: I, 510, 3 (57, 5, 5); II, 250, 7 (106, 3, 3)
Caelestinus: III, 293, 1 (143, 1, 2)
Caesar (="imperator"): II, 39, 12 (77, 3, 3); II, 468, 1 (119, 11, 2); III, 54, 18
      (121, 11, 12); III, 175, 3 (129, 7, 4); III, 175, 4 (129, 7, 4)
Caesar Augustus: II, 313, 14 (108, 8, 2)
Caesar (Iulius): I, 655, 8 (66, 7, 2)

Caesarea: II, 89, 5 (79, 2, 2); II, 313, 15 (108, 8, 2); II, 373, 25 (112, 7, 2); II, 379, 22 (112, 10, 5); II, 452, 20 (119, 6, 1)

Caesarianus: II, 40, 14 (77, 4, 1)

Caesariensis: I, 259, 18 (34, 1, 1); I, 260, 4 (34, 1, 1); I, 706, 11 (70, 4, 4); II, 14, 14 (73, 2, 2); II, 248, 20 (106, 2, 2); II, 390, 6 (112, 20, 2); II, 468, 10 (119, 11, 4); III, 247, 8 (133, 3, 9); III, 298, 21 (°144, 8, 2); III, 299, 7 (°144, 9, 2); III, 300, 2 (°144, 11, 1); III, 301, 24 (°144, 13, 3); III, 302, 16 (°144, 14, 3)

Caiafas: *u.* Caiphas

Cain: I, 119, 1 (21, 8, 1); I, 266, 16 (°35, 2, 2); I, 269, 18 (36, 2, 1); I, 270, 1 (36, 2, 1); I, 270, 3 (36, 2, 1); I, 270, 5 (36, 2, 1); I, 270, 6 (36, 2, 2); I, 271, 8 (36, 2, 4); I, 271, 9 (36, 2, 4); I, 272, 2 (36, 4, 1) (*bis*); I, 272, 3 (36, 4, 1); I, 272, 6 (36, 4, 1); I, 272, 8 (36, 4, 2); I, 272, 9 (36, 4, 2); I, 272, 16 (36, 5, 2); I, 273, 14 (36, 6, 1); I, 274, 12 (36, 7); I, 285, 2 (36, 16, 5); I, 336, 21 (°46, 7, 1); II, 99, 22 (79, 10, 3); III, 33, 14 (121, 8, 13); III, 325, 17 (147, 9, 4)

Cainus: I, 679, 6 (69, 1, 2)

Caiphas: I, 507, 5 (57, 3, 3); I, 591, 12 (64, 3, 1); II, 129, 6 (84, 7, 3)

Callimachus: I, 701, 12 (70, 2, 2)

Calpurnius: I, 708, 12 (70, 6, 2); II, 236, 13 (102, 3, 1)

Caluaria: I, 332, 4 (°46, 3, 2)

Camillus: I, 466, 10 (54, 1, 2); I, 533, 21 (58, 5, 2)

Campenses: I, 64, 14 (15, 3, 1); I, 67, 10 (15, 5, 2)

Cana: I, 344, 4 (°46, 13, 3); I, 366, 2 (49, 11, 1); II, 323, 12 (108, 13, 5)

Candace: I, 691, 12 (69, 6, 7)

Candidus Ualentinianus: *u. et* Ualentinianus: I, 256, 21 (33, 4, 4)

Cane: III, 12, 1 (121, 2, 11)

Caninus: II, 29, 6 (74, 6, 2)

Cannae: III, 181, 22 (130, 6, 4)

Cannensis: I, 26, 13 (7, 1, 2)

Caphar-barucha: II, 319, 19 (108, 11, 5)

Capharnaum: I, 344, 11 (°46, 13, 3); II, 51, 6 (78, 1, 5); II, 323, 12 (108, 13, 5)

Capitolinus: I, 213, 10 (23, 3, 2)

Capitolium: I, 554, 14 (60, 5, 3); II, 291, 10 (107, 1, 4)

Cappadocia: I, 14, 19 (3, 3, 1); I, 340, 6 (°46, 10, 2); I, 531, 10 (58, 3, 4)

Cappadox; I, 706, 14 (70, 4, 4)

Carmelius: III, 129, 12 (125, 10, 2)

Carneades: I, 554, 3 (60, 5, 2)
Carneadeus: I, 389, 16 (50, 2, 1)
Carterius: I, 680, 6 (69, 2, 1)
Carthago: III, 80, 18 (123, 7, 2)
Cassius: III, 174, 10 (129, 7, 2)
Cataphrygas: II, 126, 3 (84, 4, 4)
Catilina: III, 231, 9 (°132, 7, 1); III, 231, 25 (°132, 8, 2); III, 266, 2 (138, 1)
Cato: I, 300, 3 (39, 3, 5); I, 418, 12 (52, 3, 6); I, 537, 7 (58, 7, 2); I, 554, 17
        (60, 5, 3); I, 579, 16 (61, 3, 3); I, 659, 3 (66, 9, 2); III, 138, 7 (125,
        18, 3); III, 192, 27 (130, 13, 2)
Catullus: I, 461, 7 (53, 8, 17)
Caucasus: I, 444, 8 (53, 1, 4); I, 571, 10 (60, 16, 4); II, 45, 17 (77, 8, 1)
Cedar: I, 299, 6 (39, 3, 2); I, 299, 7 (39, 3, 3); II, 50, 12 (78, 1, 3); II, 307, 3
        (108, 1, 2); II, 307, 4 (108, 1, 3); III, 167, 13 (129, 3, 1)
Ceila: I, 234, 18 (29, 3, 2); I, 234, 20 (29, 3, 2)
Celedensis: III, 293, 6 (143, 2, 1)
Celerinus: III, 73, 8 (123, 1, 2)
Celestius: III, 364, 23 (152, 1)
Celsus: I, 369, 11 (49, 13, 4); I, 518, 6 (57, 9, 1); I, 703, 11 (70, 3, 1)
Cenchrae: II, 378, 12 (112, 9, 4); II, 378, 15 (112, 9, 4); II, 401, 24 (°116, 8,
        2)
Cenereth: III, 171, 10 (129, 5, 1)
Cenez: II, 319, 15 (108, 11, 4)
Cephas: I, 286, 10 (37, 1, 1); III, 56, 11 (122, 1, 1)
Cerasuntum: I, 251, 4 (31, 3, 1)
Cerberus: III, 184, 20 (130, 7, 7)
Cerealis: III, 146, 5 (127, 2, 1)
Cerealis (adi.): II, 301, 11 (107, 10, 2)
Ceres: I, 476, 8 (54, 9, 5); III, 81, 8 (123, 7, 3)
Cerinthus: II, 381, 19 (112, 13, 1)
Cetheus: III, 63, 24 (122, 3, 2)
Cettura: I, 172, 3 (22, 21, 3)
Chalcenterus: I, 253, 7 (33, 1, 1); I, 255, 10 (33, 4, 1); I, 255, 11 (33, 4, 1)
Chaldaea: I, 638, 13 (65, 16, 3); II, 3, 12 (71, 2, 3); II, 349, 22 (108, 31, 2)
Chaldaeus: I, 86, 17 (18 A, 10, 1); I, 144, 4 (22, 1, 1); I, 151, 2 (22, 6, 2); I,
        304, 7 (39, 5, 1); I, 309, 11 (40, 1, 2); I, 330, 15 (°46, 2, 2); I, 444, 13
        (53, 1, 4); I, 639, 18 (65, 17, 2); II, 176, 24 (°96, 16, 5); II, 220, 18
        (°100, 7, 1); III, 126, 18 (125, 7, 6); III, 167, 23 (129, 3, 3)

Chaldaicus: I, 535, 2 (58, 5, 4)

Chaleb: II, 319, 11 (108, 11, 3)

Chamos: III, 172, 1 (129, 5, 1)

Chanaan: I, 195, 10 (22, 32, 5); I, 459, 10 (53, 8, 12); I, 521, 14 (57, 10, 2); II, 21, 2 (73, 7, 2); II, 77, 13 (78, 36, 1)

Chananaeus: I, 116, 10 (21, 3, 2); II, 15, 2 (73, 2, 2); II, 15, 17 (73, 3, 1); II, 67, 4 (78, 17, 5); II, 77, 12 (78, 36, 1); II, 78, 3 (78, 36, 4); II, 354, 14 (109, 3, 1); III, 71, 1 (122, 4, 5)

Chananitis: II, 324, 9 (108, 14, 1)

Chariath-arbe: II, 319, 8 (108, 11, 3)

Chariath-sepher: II, 319, 12 (108, 11, 4)

Charmi: III, 255, 11 (133, 9, 3)

Charran: III, 167, 23 (129, 3, 3)

Charybdis: I, 52, 9 (14, 6, 2); II, 312, 12 (108, 7, 2); III, 121, 1 (125, 2, 3); III, 184, 25 (130, 7, 8)

Chebron: I, 521, 9 (57, 10, 2); I, 522, 1 (57, 10, 3); II, 319, 8 (108, 11, 3); II, 354, 2 (109, 2, 4)

Chetheus: I, 521, 8 (57, 10, 2)

Chobar: I, 330, 20 (°46, 2, 2); II, 74, 20 (78, 32)

Chodollagomor: II, 22, 7 (73, 9, 2)

Choreb: II, 85, 19 (78, 43, 6); III, 46, 11 (121, 10, 15)

Chorraeus: II, 324, 5 (108, 14, 1)

Chremes: I, 467, 8 (54, 2, 1)

Christianus: I, 22, 11 (5, 2, 3); I, 34, 4 (9, 2); I, 42, 12 (12, 4); I, 49, 7 (14, 4, 1); I, 52, 1 (14, 6, 1); I, 53, 2 (14, 6, 4); I, 55, 5 (14, 8, 1); I, 58, 4 (14, 9, 1); I, 70, 10 (17, 1); I, 72, 15 (17, 3, 2); I, 116, 18 (21, 3, 3); I, 123, 17 (21, 13, 8); I, 124, 6 (21, 13, 9); I, 187, 4 (22, 29, 1); I, 190, 11 (22, 30, 4); I, 190, 12 (22, 30, 4); I, 225, 4 (27, 2, 1); I, 253, 3 (32, 2); I, 255, 7 (33, 3); I, 263, 3 (34, 4, 2); I, 290, 19 (38, 2, 3); I, 290, 20 (38, 2, 3); I, 291, 4 (38, 3, 2); I, 291, 12 (38, 3, 2); I, 303, 22 (39, 4, 8); I, 304, 3 (39, 5, 1); I, 304, 15 (39, 5, 2) (bis); I, 305, 10 (39, 5, 4); I, 315, 10 (42, 1, 1); I, 316, 17 (42, 2, 1) (bis); I, 317, 12 (42, 2, 4); I, 324, 17 (45, 2, 2); I, 326, 9 (45, 4, 2); I, 331, 16 (°46, 2, 4); I, 338, 12 (°46, 8, 1); I, 340, 12 (°46, 10, 3); I, 342, 7 (°46, 12, 2); I, 346, 22 (47, 3, 2); I, 347, 5 (48, 1); I, 358, 1 (49, 5, 3); I, 358, 19 (49, 6, 2); I, 377, 17 (49, 15, 7); I, 391, 20 (50, 4, 1); I, 396, 22 (°51, 1, 5); I, 410, 24 (°51, 8); I, 425, 6 (52, 6, 1); I, 439, 1 (52, 15, 2); I, 454, 3 (53, 7, 3); I, 465, 1 (53, 11, 3); I, 466, 13 (54, 1, 2); I, 468, 1 (54, 3, 1); I,

470, 12 (54, 5, 2); I, 470, 18 (54, 5, 3); I, 471, 11 (54, 5, 4); I, 472, 5 (54, 6, 3); I, 472, 11 (54, 6, 4); I, 473, 5 (54, 7, 1); I, 476, 19 (54, 10, 2); I, 502, 6 (°56, 5, 1); I, 524, 10 (57, 12, 1); I, 525, 17 (57, 12, 4); I, 536, 13 (58, 6, 4); I, 537, 8 (58, 7, 2); I, 543, 6 (59, 2, 1); I, 550, 2 (60, 2, 1); I, 555, 7 (60, 6, 1); I, 569, 3 (60, 15, 2); I, 579, 2 (61, 3, 1); I, 579, 6 (61, 3, 2); I, 579, 7 (61, 3, 2); I, 582, 1 (61, 4, 3); I, 586, 2 (63, 2); I, 633, 19 (65, 13, 7); I, 646, 11 (65, 22, 3); I, 646, 12 (65, 22, 3); I, 651, 16 (66, 4, 3); I, 669, 11 (°67, 4, 1); I, 671, 6 (°67, 6, 1); I, 672, 6 (°67, 7, 1); I, 672, 9 (°67, 7, 1); I, 674, 4 (°67, 9, 3); I, 698, 14 (69, 9, 6); I, 702, 2 (70, 2, 4); I, 705, 2 (70, 4, 1); I, 706, 1 (70, 4, 3); II, 4, 20 (71, 3, 3); II, 33, 16 (75, 4, 2); II, 37, 16 (77, 2, 1); II, 39, 5 (77, 3, 1); II, 40, 6 (77, 3, 5); II, 88, 10 (79, 1, 4); II, 92, 3 (79, 4, 2); II, 96, 23 (79, 7, 8); II, 99, 1 (79, 9, 5); II, 124, 8 (84, 3, 5) (bis); II, 128, 2 (84, 6, 2); II, 131, 24 (84, 9, 3); II, 163, 19 (°96, 6, 1); II, 176, 16 (°96, 16, 4); II, 184, 5 (97, 3, 1); II, 224, 31 (°100, 11, 4); II, 236, 18 (102, 3, 1); II, 245, 10 (105, 4, 2); II, 248, 3 (106, 1, 2); II, 291, 10 (107, 1, 4); II, 292, 12 (107, 2, 3); II, 297, 21 (107, 6, 3); II, 312, 9 (108, 7, 1); II, 325, 17 (108, 15, 2); II, 338, 10 (108, 21, 5) (bis); II, 365, 11 (°110, 10, 2); II, 380, 23 (112, 12, 2); II, 381, 23 (112, 13, 2); II, 382, 2 (112, 13, 2) (bis); II, 382, 11 (112, 13, 3); II, 382, 12 (112, 14, 1); II, 382, 13 (112, 14, 1); II, 382, 26 (112, 14, 2); II, 384, 23 (112, 15, 2); II, 384, 27 (112, 15, 2); II, 385, 20 (112, 15, 5); II, 387, 16 (112, 17, 2); II, 389, 13 (112, 19, 2); II, 401, 26 (°116, 8, 2); II, 403, 25 (°116, 10, 2); II, 406, 2 (°116, 14, 2); II, 406, 6 (°116, 14, 3); II, 406, 8 (°116, 14, 3); II, 406, 13 (°116, 15, 1); II, 406, 28 (°116, 15, 2) (bis); II, 407, 10 (°116, 15, 4); II, 407, 25 (°116, 16, 2); II, 408, 1 (°116, 16, 2); II, 408, 10 (°116, 16, 3); II, 408, 20 (°116, 17, 1); II, 409, 1 (°116, 17, 3); II, 409, 8 (°116, 18, 1); II, 411, 6 (°116, 20, 1); II, 411, 8 (°116, 20, 1); II, 412, 11 (°116, 20, 5); II, 412, 25 (°116, 21, 2); II, 413, 27 (°116, 22, 3); II, 418, 9 (°116, 30, 2); II, 418, 17 (°116, 30, 2); II, 419, 1 (°116, 31, 2); II, 421, 1 (°116, 34, 1); II, 427, 11 (117, 4, 4); II, 475, 8 (120, 1, 4); II, 475, 9 (120, 1, 4); II, 475, 17 (120, 1, 5) (bis); II, 500, 21 (120, 10, 2); III, 25, 21 (121, 6, 18); III, 44, 16 (121, 10, 8); III, 84, 18 (123, 11, 2); III, 103, 8 (124, 6, 1); III, 118, 3 (125, 1, 1); III, 124, 7 (125, 6, 3); III, 136, 3 (125, 16, 4); III, 147, 16 (127, 3, 2); III, 162, 13 (129, 1, 1); III, 182, 2 (130, 6, 4); III, 182, 8 (130, 6, 6); III, 182, 20 (130, 7, 1); III, 193, 10 (130, 13, 2); III, 196, 25 (130, 16, 3); III, 207, 20 (°131, 6, 2); III, 211, 1 (°131, 10, 2);

III, 215, 9 (°131, 16, 1); III, 219, 3 (°131, 20, 2); III, 253, 9 (133, 8, 3); III, 253, 11 (133, 8, 3); III, 299, 20 (°144, 10, 2); III, 323, 9 (147, 8, 1); III, 335, 7 (148, 7, 3); III, 335, 17 (148, 7, 4); III, 335, 22 (148, 8, 1); III, 336, 3 (148, 8, 2); III, 351, 7 (148, 26, 2); III, 363, 3 (149, 6, 4)

Christianissimus: I, 524, 10 (57, 12, 1); III, 162, 14 (129, 1, 1)

Christus: I, 7, 9 (1, 11); I, 8, 19 (1, 15, 1); I, 16, 3 (3, 4, 3); I, 16, 7 (3, 4, 3); I, 17, 4 (3, 5, 1); I, 17, 8 (3, 5, 1); I, 17, 9 (3, 5, 1); I, 19, 10 (4, 1, 2); I, 21, 9 (5, 1); I, 25, 8 (6, 2, 1); I, 25, 16 (6, 2, 2); I, 27, 1 (7, 1, 2); I, 29, 9 (7, 4, 1); I, 30, 15 (7, 6, 2); I, 36, 10 (10, 2, 1); I, 40, 7 (11, 4); I, 44, 2 (13, 4); I, 45, 14 (14, 1, 3); I, 45, 17 (14, 1, 3); I, 46, 13 (14, 2, 2); I, 46, 16 (14, 2, 3); I, 48, 4 (14, 3, 3); I, 48, 6 (14, 3, 4); I, 48, 9 (14, 3, 4); I, 49, 3 (14, 3, 6); I, 49, 16 (14, 4, 2); I, 50, 10 (14, 5, 1); I, 51, 6 (14, 5, 3); I, 52, 5 (14, 6, 1); I, 53, 8 (14, 6, 4) (bis); I, 53, 9 (14, 6, 4); I, 53, 16 (14, 6, 5); I, 54, 1 (14, 6, 5); I, 54, 2 (14, 6, 5); I, 55, 4 (14, 8, 1); I, 59, 2 (14, 9, 3); I, 59, 13 (14, 10, 2); I, 60, 4 (14, 10, 3); I, 60, 9 (14, 10, 3); I, 60, 12 (14, 10, 3); I, 60, 17 (14, 10, 4); I, 62, 7 (15, 1, 1); I, 63, 3 (15, 1, 1); I, 63, 19 (15, 2, 1); I, 64, 11 (15, 2, 2); I, 65, 5 (15, 3, 2); I, 68, 9 (16, 1, 2); I, 68, 11 (16, 1, 2); I, 69, 2 (16, 1, 2); I, 69, 3 (16, 1, 2); I, 69, 4 (16, 2, 1); I, 69, 22 (16, 2, 3); I, 71, 5 (17, 2, 1); I, 72, 20 (17, 3, 3); I, 73, 4 (17, 4); I, 78, 10 (18 A, 4, 2); I, 78, 18 (18 A, 4, 3); I, 78, 19 (18 A, 4, 3); I, 78, 20 (18 A, 4, 3); I, 79, 7 (18 A, 4, 4); I, 80, 2 (18 A, 5, 3); I, 107, 13 (20, 4, 1); I, 108, 5 (20, 4, 2); I, 123, 10 (21, 13, 7); I, 124, 5 (21, 13, 9); I, 127, 21 (21, 24, 1); I, 129, 19 (21, 27); I, 132, 6 (21, 33); I, 136, 9 (21, 36); I, 144, 12 (22, 1, 2); I, 145, 4 (22, 1, 4); I, 148, 12 (22, 4, 2); I, 149, 12 (22, 5, 1); I, 150, 16 (22, 6, 1); I, 152, 14 (22, 6, 6); I, 154, 13 (22, 8, 1); I, 159, 10 (22, 12, 1); I, 160, 14 (22, 13, 2); I, 161, 3 (22, 13, 3); I, 165, 2 (22, 17, 1); I, 165, 19 (22, 17, 3); I, 166, 10 (22, 17, 4); I, 167, 16 (22, 18, 3); I, 168, 2 (22, 18, 3); I, 169, 11 (22, 19, 5); I, 176, 13 (22, 24, 1); I, 177, 2 (22, 24, 2); I, 178, 8 (22, 24, 6); I, 182, 2 (22, 26, 3); I, 182, 16 (22, 27, 2); I, 187, 7 (22, 29, 2); I, 187, 14 (22, 29, 3); I, 188, 9 (22, 29, 5); I, 189, 2 (22, 29, 6); I, 189, 7 (22, 29, 7); I, 193, 15 (22, 32, 1); I, 195, 13 (22, 33, 1); I, 201, 7 (22, 36, 3); I, 204, 14 (22, 38, 6); I, 205, 5 (22, 38, 7); I, 205, 9 (22, 39, 1); I, 205, 11 (22, 39, 1); I, 205, 13 (22, 39, 1); I, 206, 14 (22, 39, 3); I, 207, 9 (22, 40, 1); I, 212, 22 (23, 2, 2); I, 213, 16 (23, 3, 3); I, 214, 1 (23, 4); I, 224, 15 (27, 1, 3); I, 246, 19 (30, 7); I, 247, 4 (30, 8); I, 247, 18 (30, 12); I, 250, 3 (31,

1); I, 251, 18 (31, 3, 3); I, 252, 9 (32, 1, 2); I, 272, 14 (36, 5, 1); I,
273, 4 (36, 5, 2); I, 275, 1 (36, 8); I, 282, 1 (36, 15, 3); I, 283, 12 (36,
16, 2); I, 283, 19 (36, 16, 3); I, 283, 22 (36, 16, 3); I, 284, 9 (36, 16,
4); I, 285, 9 (36, 16, 6); I, 290, 18 (38, 2, 3); I, 291, 14 (38, 3, 2); I,
292, 17 (38, 4, 4); I, 292, 18 (38, 4, 4); I, 298, 1 (39, 2, 7); I, 298, 2
(39, 2, 7); I, 299, 2 (29, 3, 2); I, 299, 15 (39, 3, 4); I, 301, 7 (39, 4, 2);
I, 303, 3 (39, 4, 6); I, 303, 21 (39, 4, 8); I, 305, 2 (39, 5, 3); I, 305, 14
(39, 5, 4); I, 305, 17 (39, 5, 5); I, 305, 23 (39, 6, 1); I, 306, 15 (39, 6,
3); I, 307, 12 (39, 7, 1); I, 308, 3 (39, 7, 3); I, 308, 15 (39, 8, 2); I,
314, 12 (41, 4, 1); I, 316, 15 (42, 2, 1); I, 316, 18 (42, 2, 1); I, 316, 19
(42, 2, 2); I, 317, 3 (42, 2, 3); I, 317, 10 (42, 2, 4); I, 317, 12 (42, 2,
4); I, 323, 12 (45, 1, 1); I, 326, 8 (45, 4, 2); I, 328, 13 (45, 7); I, 328,
15 (45, 7); I, 330, 14 (°46, 2, 2); I, 331, 13 (°46, 2, 4); I, 331, 16 (°46,
2, 4); I, 332, 5 (°46, 3, 2); I, 332, 9 (°46, 3, 2); I, 332, 17 (°46, 3, 4);
I, 333, 16 (°46, 4, 1); I, 338, 12 (°46, 8, 1); I, 338, 20 (°46, 8, 2); I,
339, 5 (°46, 8, 3); I, 339, 12 (°46, 9, 1); I, 341, 1 (°46, 11, 1); I, 342,
6 (°46, 12, 2); I, 342, 15 (°46, 12, 3); I, 344, 13 (°46, 13, 4); I, 345,
16 (47, 2, 1); I, 349, 23 (48, 4, 3); I, 353, 3 (49, 2, 5); I, 356, 20 (49,
4, 5) (bis); I, 357, 13 (49, 5, 2); I, 358, 15 (49, 6, 2); I, 362, 2 (49, 8,
2); I, 363, 21 (49, 9, 2); I, 372, 19 (49, 14, 5); I, 375, 15 (49, 14, 12);
I, 375, 17 (49, 14, 13); I, 376, 6 (49, 15, 2); I, 376, 20 (49, 15, 4); I,
376, 22 (49, 15, 4) (bis); I, 377, 8 (49, 15, 6); I, 377, 13 (49, 15, 6); I,
377, 15 (49, 15, 7); I, 377, 18 (49, 15, 7); I, 377, 20 (49, 15, 7); I, 386,
3 (49, 21, 1); I, 386, 19 (49, 21, 3); I, 387, 6 (49, 21, 4); I, 391, 8 (50,
3, 3); I, 396, 16 (°51, 1, 4); I, 397, 9 (°51, 1, 5); I, 397, 25 (°51, 2, 1);
I, 398, 11 (°51, 2, 2); I, 401, 12 (°51, 4, 3); I, 402, 4 (°51, 4, 5); I,
406, 22 (°51, 6, 4); I, 411, 10 (°51, 9, 1); I, 411, 12 (°51, 9, 2); I, 411,
23 (°51, 9, 3); I, 412, 1 (°51, 9, 3); I, 413, 6 (52, 1, 1); I, 421, 5 (52,
4, 4); I, 421, 10 (52, 5, 1); I, 422, 9 (52, 5, 3); I, 422, 12 (52, 5, 3); I,
423, 5 (52, 5, 4); I, 425, 10 (52, 6, 2); I, 526, 11 (52, 6, 5); I, 427, 4
(52, 7, 2); I, 428, 15 (52, 7, 5); I, 431, 6 (52, 9, 3); I, 431, 16 (52, 10,
1); I, 432, 8 (52, 10, 2); I, 432, 12 (52, 10, 3); I, 433, 18 (52, 11, 2); I,
436, 7 (52, 13, 1); I, 436, 8 (52, 13, 1); I, 536, 9 (52, 13, 1); I, 437, 4
(52, 13, 3); I, 443, 1 (53, 1, 1); I, 445, 9 (53, 2, 1); I, 447, 5 (53, 3, 2);
I, 447, 15 (53, 3, 4); I, 450, 6 (53, 4, 3) (bis); I, 454, 2 (53, 7, 3); I,
458, 15 (53, 8, 10); I, 459, 3 (53, 8, 11); I, 461, 7 (53, 8, 17); I, 461,
10 (53, 8, 17); I, 464, 12 (53, 11, 1); I, 465, 5 (53, 11, 3); I, 467, 15
(54, 2, 2); I, 468, 17 (54, 3, 3); I, 469, 14 (54, 4, 3); I, 469, 16 (54, 4,

3); I, 471, 10 (54, 5, 4); I, 471, 12 (54, 6, 1); I, 472, 1 (54, 6, 2); I, 472, 6 (54, 6, 3); I, 474, 1 (54, 8, 1); I, 479, 1 (54, 12, 2); I, 480, 22 (54, 13, 6); I, 481, 9 (54, 14, 1); I, 481, 19 (54, 15, 1); I, 485, 11 (54, 18, 2); I, 488, 5 (55, 2, 2) (*bis*); I, 489, 9 (55, 2, 5); I, 491, 1 (55, 3, 3); I, 491, 7 (55, 3, 4); I, 491, 8 (55, 3, 4); I, 491, 9 (55, 3, 4); I, 491, 23 (55, 3, 5); I, 493, 12 (55, 4, 4) (*bis*); I, 494, 8 (55, 5, 2); I, 494, 17 (55, 5, 2); I, 500, 10 (°56, 3, 4); I, 500, 14 (°56, 3, 4); I, 506, 20 (57, 3, 3); I, 513, 20 (57, 7, 4); I, 515, 5 (57, 7, 7); I, 516, 19 (57, 8, 3); I, 521, 2 (57, 10, 1); I, 523, 11 (57, 11, 2); I, 528, 7 (58, 1, 3); I, 529, 13 (58, 2, 2); I, 530, 1 (58, 2, 3); I, 531, 3 (58, 3, 3); I, 532, 7 (58, 3, 5); I, 532, 17 (58, 4, 2); I, 535, 10 (58, 6, 1); I, 536, 19 (58, 7, 1); I, 536, 20 (58, 7, 1); I, 536, 21 (58, 7, 1); I, 537, 3 (58, 7, 1); I, 537, 10 (58, 7, 2); I, 538, 4 (58, 8, 2); I, 543, 16 (59, 3, 1); I, 549, 3 (60, 1, 1) (*bis*); I, 551, 1 (60, 3, 1); I, 551, 16 (60, 3, 3); I, 551, 17 (60, 3, 3); I, 551, 21 (60, 3, 3); I, 552, 5 (60, 3, 4); I, 552, 10 (60, 4, 1); I, 553, 1 (60, 4, 1); I, 553, 11 (60, 4, 2); I, 555, 6 (60, 6, 1); I, 555, 16 (60, 7, 1); I, 556, 4 (60, 7, 2) (*bis*); I, 557, 10 (60, 8, 2); I, 561, 1 (60, 10, 7); I, 561, 19 (60, 10, 9); I, 562, 17 (60, 11, 3); I, 563, 3 (60, 11, 3); I, 563, 16 (60, 12, 1); I, 564, 19 (60, 13, 1); I, 565, 18 (60, 13, 3); I, 566, 5 (60, 14, 1); I, 569, 3 (60, 15, 2); I, 571, 2 (60, 16, 3); I, 574, 9 (60, 19, 2); I, 575, 9 (61, 1, 1); I, 581, 12 (61, 4, 2); I, 582, 6 (61, 4, 3); I, 582, 17 (61, 4, 4); I, 583, 6 (62, 1); I, 587, 15 (64, 1, 3); I, 591, 8 (64, 3, 1); I, 592, 6 (64, 4, 1); I, 593, 4 (64, 5, 1); I, 593, 11 (64, 5, 2) (*bis*); I, 593, 23 (64, 6, 1); I, 594, 10 (64, 7, 1); I, 594, 14 (64, 7, 1); I, 595, 4 (64, 7, 2); I, 595, 6 (64, 7, 2); I, 595, 8 (64, 7, 3); I, 609, 18 (64, 19, 2); I, 610, 2 (64, 19, 3); I, 611, 1 (64, 20, 2); I, 616, 3 (65, 1, 1); I, 617, 5 (65, 1, 3); I, 619, 12 (65, 2, 2); I, 622, 3 (65, 5, 1); I, 622, 14 (65, 5, 2); I, 623, 6 (65, 6, 1); I, 625, 6 (65, 8, 2); I, 625, 18 (65, 8, 3); I, 627, 13 (65, 10, 1); I, 629, 8 (65, 11, 2); I, 629, 18 (65, 11, 3); I, 632, 5 (65, 13, 3); I, 633, 6 (65, 13, 6); I, 634, 7 (65, 14, 2); I, 634, 8 (65, 14, 2); I, 634, 19 (65, 14, 3); I, 635, 9 (65, 14, 4); I, 637, 6 (65, 15, 3); I, 640, 24 (65, 18, 3); I, 642, 20 (65, 20, 3); I, 648, 15 (66, 2, 1); I, 649, 1 (66, 2, 1); I, 649, 17 (66, 3, 2); I, 650, 20 (66, 3, 3); I, 653, 3 (66, 5, 3); I, 654, 7 (66, 6, 1); I, 655, 2 (66, 7, 2); I, 655, 10 (66, 7, 3); I, 656, 2 (66, 7, 4); I, 656, 15 (66, 8, 2); I, 657, 13 (66, 8, 3); I, 657, 16 (66, 8, 4) (*bis*); I, 658, 1 (66, 8, 4); I, 658, 10 (66, 8, 5); I, 658, 11 (66, 8, 5); I, 658, 12 (66, 8, 5) (*bis*); I, 660, 1 (66, 9, 3); I, 662, 13 (66, 12, 1); I, 663, 7 (66, 12, 2); I, 663, 11 (66, 12, 3); I, 663, 19 (66, 13, 1); I,

665, 18 (66, 15); I, 669, 14 (°67, 4, 2); I, 669, 16 (°67, 4, 2); I, 670,
22 (°67, 6, 1); I, 671, 8 (°67, 6, 2); I, 674, 11 (°67, 9, 4); I, 676, 18
(68, 1, 4); I, 679, 8 (69, 1, 2); I, 679, 9 (69, 1, 2); I, 679, 12 (69, 1, 2);
I, 679, 14 (69, 1, 3); I, 679, 16 (69, 1, 3); I, 679, 17 (69, 1, 3); I, 679,
19 (69, 1, 3); I, 680, 2 (69, 1, 4); I, 684, 9 (69, 3, 5); I, 685, 1 (69, 3,
6); I, 686, 15 (69, 5, 1); I, 686, 19 (69, 5, 1); I, 688, 3 (69, 5, 5); I,
690, 2 (69, 6, 3); I, 690, 18 (69, 6, 5); I, 691, 12 (69, 6, 7); I, 692, 5
(69, 6, 9); I, 693, 10 (69, 7, 4); I, 693, 13 (69, 7, 5); I, 693, 20 (69, 7,
6); I, 694, 1 (69, 7, 6); I, 698, 1 (69, 9, 4); I, 699, 6 (69, 9, 7); I, 699,
15 (69, 10, 1); I, 702, 3 (70, 2, 4); I, 702, 15 (70, 2, 6); I, 704, 1 (70,
3, 2); I, 705, 6 (70, 4, 1); I, 705, 14 (70, 4, 2); II, 3, 21 (71, 2, 3); II,
4, 16 (71, 3, 2); II, 15, 14 (73, 3, 1); II, 16, 7 (73, 3, 2); II, 16, 14 (73,
4, 1); II, 16, 19 (73, 4, 2); II, 17, 15 (73, 4, 3); II, 21, 15 (73, 9, 2); II,
25, 2 (74, 3, 1); II, 27, 9 (74, 4, 5); II, 27, 23 (74, 5, 2); II, 28, 16 (74,
5, 3); II, 31, 6 (75, 2, 1); II, 31, 16 (75, 2, 2); II, 33, 17 (75, 4, 2); II,
36, 11 (76, 3, 1); II, 38, 18 (77, 3, 3); II, 39, 12 (77, 3, 3); II, 44, 22
(77, 7, 2); II, 47, 3 (77, 9, 3); II, 47, 7 (77, 10, 1); II, 48, 9 (77, 11, 2);
II, 49, 4 (77, 12); II, 50, 9 (78, 1, 2); II, 52, 9 (78, 2, 2); II, 55, 16 (78,
5, 2); II, 58, 15 (78, 8, 3); II, 60, 13 (78, 11, 1); II, 67, 2 (78, 17, 5);
II, 69, 11 (78, 22, 2); II, 69, 23 (78, 23); II, 70, 10 (78, 25, 1); II, 72,
20 (78, 29, 2); II, 73, 21 (78, 30, 3); II, 74, 20 (78, 32); II, 82, 8 (78,
40, 4); II, 88, 8 (79, 1, 3); II, 88, 24 (79, 2, 1); II, 94, 25 (79, 7, 3); II,
95, 13 (79, 7, 5); II, 99, 3 (79, 9, 5); II, 100, 17 (79, 11, 2); II, 100, 22
(79, 11, 3); II, 108, 5 (82, 1, 1); II, 109, 3 (82, 2, 2); II, 109, 17 (82, 2,
3); II, 109, 18 (82, 2, 3); II, 113, 21 (82, 6, 3); II, 115, 4 (82, 8, 2); II,
117, 3 (82, 10, 1); II, 117, 18 (82, 10, 3); II, 118, 8 (82, 11, 2); II, 119,
1 (82, 11, 4); II, 119, 5 (82, 11, 4); II, 119, 9 (82, 11, 5); II, 122, 15
(84, 2, 2); II, 127, 23 (84, 6, 1); II, 128, 3 (84, 6, 2); II, 132, 2 (84, 9,
4); II, 132, 9 (84, 9, 4); II, 141, 8 (88, 1); II, 142, 5 (88, 2); II, 142, 8
(88, 3); II, 143, 17 (°90, praef.); II, 144, 5 (°90, 1); II, 149, 3 (°92, 2,
1); II, 149, 6 (°92, 2, 1); II, 153, 5 (°92, 4, 5); II, 153, 7 (°92, 4, 5); II,
155, 10 (93, 1); II, 155, 17 (93, 1); II, 155, 24 (93, 2); II, 155, 26 (93,
2); II, 155, 30 (93, 2); II, 157, 5 (94, 1, 1); II, 157, 10 (94, 1, 2); II,
157, 17 (94, 2, 1); II, 158, 13 (°95, 2); II, 160, 13 (°96, 2, 2); II, 161,
14 (°96, 3, 3); II, 161, 16 (°96, 3, 4); II, 163, 2 (°96, 5, 2); II, 163, 27
(°96, 6, 2); II, 164, 5 (°96, 6, 2); II, 164, 21 (°96, 6, 3); II, 164, 24
(°96, 6, 3); II, 165, 2 (°96, 7, 1); II, 165, 7 (°96, 7, 2); II, 165, 9 (°96,
7, 2); II, 165, 20 (°96, 8, 2); II, 165, 28 (°96, 8, 3); II, 166, 4 (°96, 8,

4); II, 166, 14 (°96, 8, 5); II, 167, 2 (°96, 9, 2); II, 167, 4 (°96, 9, 2);
II, 167, 8 (°96, 9, 3); II, 167, 26 (°96, 9, 5); II, 168, 8 (°96, 10, 1); II,
168, 13 (°96, 10, 1); II, 168, 15 (°96, 10, 1); II, 168, 23 (°96, 10, 2);
II, 169, 2 (°96, 10, 3); II, 169, 12 (°96, 11, 1); II, 170, 5 (°96, 11, 4);
II, 170, 22 (°96, 12, 2); II, 171, 21 (°96, 12, 5); II, 172, 12 (°96, 13,
2); II, 172, 14 (°96, 13, 2); II, 172, 17 (°96, 13, 2); II, 172, 19 (°96,
13, 2); II, 172, 22 (°96, 13, 3); II, 174, 4 (°96, 14, 4); II, 175, 18 (°96,
15, 5); II, 176, 2 (°96, 16, 2); II, 176, 7 (°96, 16, 3); II, 177, 17 (°96,
16, 4); II, 177, 22 (°96, 17, 5); II, 177, 24 (°96, 17, 5) (*bis*); II, 181, 13
(°96, 20, 4); II, 182, 11 (97, 1, 2); II, 183, 19 (97, 2, 3); II, 188, 3
(°98, 4, 1); II, 193, 7 (°98, 8, 2); II, 193, 30 (°98, 9, 2); II, 193, 31
(°98, 9, 2); II, 195, 10 (°98, 11, 1); II, 195, 14 (°98, 11, 2); II, 195, 17
(°98, 11, 2); II, 195, 18 (°98, 12, 1); II, 195, 25 (°98, 12, 2); II, 196,
19 (°98, 12, 4); II, 197, 17 (°98, 13, 3); II, 197, 22 (°98, 13, 4); II,
197, 25 (°98, 13, 4); II, 198, 28 (°98, 14, 3); II, 210, 9 (°98, 25, 3); II,
217, 21 (°100, 5, 1); II, 217, 26 (°100, 5, 1); II, 221, 24 (°100, 9, 1);
II, 227, 18 (°100, 13, 2); II, 230, 11 (°100, 16, 1); II, 232, 11 (°101,
praef.); II, 234, 3 (°101, 3, 1); II, 237, 4 (103, praef.); II, 237, 11 (103,
1); II, 238, 5 (103, 2, 2); II, 243, 11 (105, 2, 1); II, 290, 4 (107, 1, 1);
II, 291, 3 (107, 1, 3); II, 291, 7 (107, 1, 3); II, 291, 15 (107, 2, 1); II,
292, 7 (107, 2, 2); II, 293, 3 (107, 3, 1); II, 296, 6 (107, 5, 1); II, 296,
16 (107, 5, 2); II, 296, 21 (107, 5, 3); II, 299, 15 (107, 8, 3); II, 300,
19 (107, 9, 3); II, 302, 7 (107, 11, 1); II, 305, 12 (107, 13, 6); II, 306,
6 (108, 1, 1); II, 307, 10 (108, 1, 3); II, 308, 7 (108, 2, 2); II, 308, 20
(108, 3, 2); II, 309, 7 (108, 3, 4); II, 309, 13 (108, 4, 1); II, 310, 18
(108, 5, 2); II, 310, 23 (108, 6, 1); II, 311, 15 (108, 6, 3); II, 313, 15
(108, 8, 2); II, 313, 15 (108, 8, 2); II, 315, 20 (108, 9, 3); II, 317, 10
(108, 10, 4); II, 318, 9 (108, 10, 7); II, 319, 7 (108, 11, 3); II, 323, 8
(108, 13, 5); II, 324, 17 (108, 14, 2); II, 324, 19 (108, 14, 2); II, 326,
14 (108, 15, 4); II, 327, 18 (108, 15, 7); II, 332, 8 (108, 19, 1); II, 332,
9 (108, 19, 1); II, 333, 18 (108, 19, 5); II, 334, 17 (108, 19, 8); II, 341,
16 (108, 23, 6); II, 344, 1 (108, 25, 3); II, 345, 15 (108, 26, 5); II, 345,
16 (108, 26, 5); II, 346, 16 (108, 27, 3); II, 350, 9 (108, 33, 1); II, 350,
19 (108, 33, 2); II, 351, 1 (108, 33, 3); II, 358, 21 (°110, 3, 1); II, 363,
17 (°110, 8, 2); II, 368, 7 (112, 2, 1); II, 369, 10 (112, 2, 4); II, 369,
17 (112, 2, 5); II, 372, 10 (112, 5, 1); II, 373, 21 (112, 7, 1); II, 375,
10 (112, 7, 6); II, 377, 12 (112, 8, 6); II, 378, 23 (112, 10, 1); II, 379,
25 (112, 10, 5); II, 381, 1 (112, 12, 2); II, 381, 4 (112, 12, 2); II, 381,

16 (112, 13, 1); II, 381, 20 (112, 13, 1); II, 381, 22 (112, 13, 1); II,
381, 26 (112, 13, 2); II, 382, 10 (112, 13, 3); II, 382, 18 (112, 14, 1);
II, 382, 22 (112, 14, 2); II, 383, 2 (112, 14, 2); II, 384, 2 (112, 14, 4);
II, 384, 3 (112, 14, 4); II, 384, 22 (112, 15, 2); II, 385, 12 (112, 15, 4);
II, 385, 23 (112, 15, 5); II, 387, 21 (112, 17, 2); II, 388, 6 (112, 17, 4);
II, 388, 14 (112, 18, 1); II, 389, 15 (112, 19, 2); II, 395, 9 (114, 2); II,
396, 4 (115, praef.); II, 396, 15 (115, 2); II, 396, 18 (115, 3); II, 397, 8
(°116, praef.); II, 399, 29 (°116, 4, 2); II, 400, 8 (°116, 5, 1); II, 401,
19 (°116, 8, 1); II, 402, 2 (°116, 8, 3) (bis); II, 402, 3 (°116, 8, 3); II,
402, 8 (°116, 9, 1); II, 402, 26 (°116, 9, 3); II, 402, 27 (°116, 9, 3); II,
403, 3 (°116, 9, 3); II, 404, 17 (°116, 12, 1); II, 405, 17 (°116, 13, 2);
II, 406, 12 (°116, 15, 1); II, 406, 19 (°116, 15, 2); II, 407, 14 (°116,
16, 1); II, 407, 26 (°116, 16, 2); II, 408, 16 (°116, 17, 1); II, 409, 19
(°116, 18, 3); II, 410, 8 (°116, 19, 1); II, 410, 10 (°116, 19, 1); II,
410, 13 (°116, 19, 1); II, 410, 17 (°116, 19, 2); II, 410, 19 (°116, 19,
2); II, 410, 20 (°116, 19, 2); II, 410, 22 (°116, 19, 2); II, 413, 4 (°116,
22, 1); II, 417, 6 (°116, 28, 2); II, 419, 13 (°116, 32, 2); II, 419, 26
(°116, 32, 3); II, 421, 19 (°116, 35, 1); II, 426, 13 (117, 4, 2); II, 432,
13 (117, 9, 4); II, 436, 8 (118, 2, 2); II, 440, 6 (118, 4, 4); II, 440, 13
(118, 4, 5); II, 441, 11 (118, 5, 1); II, 441, 13 (118, 5, 1); II, 442, 12
(118, 5, 4); II, 442, 13 (118, 5, 4); II, 443, 20 (118, 6, 2); II, 444, 13
(118, 7, 1); II, 445, 9 (118, 7, 4); II, 445, 11 (118, 7, 4); II, 447, 3
(119, 1, 3); II, 448, 2 (119, 2, 3); II, 449, 6 (119, 4); II, 452, 5 (119, 5,
8); II, 453, 7 (119, 6, 2); II, 454, 19 (119, 7, 2); II, 456, 10 (119, 7, 6);
II, 456, 17 (119, 7, 7); II, 456, 24 (119, 7, 8); II, 457, 4 (119, 7, 9); II,
457, 8 (119, 7, 9); II, 457, 11 (119, 7, 9); II, 457, 17 (119, 7, 10); II,
457, 22 (119, 7, 11); II, 457, 25 (119, 7, 11); II, 458, 8 (119, 7, 11); II,
458, 23 (119, 8, 1); II, 459, 2 (119, 8, 1); II, 459, 10 (119, 8, 2); II,
459, 12 (119, 8, 2); II, 459, 15 (119, 8, 3); II, 461, 4 (119, 9, 3); II,
461, 8 (119, 9, 4); II, 461, 10 (119, 9, 4); II, 461, 20 (119, 9, 5); II,
462, 16 (119, 9, 7) (bis); II, 462, 20 (119, 9, 7); II, 462, 25 (119, 10,
1); II, 463, 4 (119, 10, 2); II, 463, 21 (119, 10, 4); II, 464, 5 (119, 10,
5); II, 464, 14 (119, 10, 6); II, 464, 25 (119, 10, 7); II, 465, 2 (119, 10,
8); II, 465, 5 (119, 10, 8); II, 466, 7 (119, 10, 11); II, 466, 9 (119, 10,
11); II, 466, 16 (119, 10, 12); II, 467, 2 (119, 10, 13); II, 467, 8 (119,
10, 14); II, 467, 12 (119, 10, 14); II, 468, 2 (119, 11, 2); II, 474, 13
(120, 1, 2); II, 475, 1 (120, 1, 3); II, 477, 20 (120, 1, 11); II, 479, 14
(120, 2, 1); II, 480, 20 (120, 2, 4); II, 480, 21 (120, 2, 4); II, 481, 1

(120, 2, 4); II, 483, 21 (120, 4, 6); II, 491, 15 (120, 8, 7); II, 491, 21
(120, 8, 8); II, 492, 19 (120, 8, 10); II, 494, 18 (120, 9, 4); II, 495, 26
(120, 9, 7); II, 496, 4 (120, 9, 8); II, 496, 12 (120, 9, 9); II, 497, 12
(120, 9, 12); II, 499, 25 (120, 9, 19); II, 500, 2 (120, 9, 20); II, 501, 11
(120, 10, 3); II, 501, 13 (120, 10, 3); II, 501, 17 (120, 10, 4); II, 502, 6
(120, 10, 5); II, 505, 5 (120, 10, 14); II, 505, 13 (120, 10, 15); II, 505,
16 (120, 10, 15); II, 506, 14 (120, 11, 1); II, 506, 20 (120, 11, 2); II,
506, 26 (120, 11, 2); II, 507, 4 (120, 11, 3); II, 508, 5 (120, 11, 5); II,
509, 2 (120, 11, 9); II, 509, 13 (120, 11, 10); II, 510, 1 (120, 11, 11);
II, 510, 9 (120, 11, 12) (bis); II, 510, 16 (120, 11, 13); II, 510, 22 (120,
11, 14) (bis); II, 510, 23 (120, 11, 14); II, 510, 26 (120, 11, 14); II,
512, 21 (120, 12, 5); II, 513, 5 (120, 12, 6); II, 513, 8 (120, 12, 6); II,
513, 12 (120, 12, 7); II, 514, 9 (120, 12, 9); III, 2, 18 (121, cap. 9); III,
3, 21 (121, praef. 3); III, 13, 19 (121, 3, 1); III, 14, 16 (121, 3, 3); III,
14, 20 (121, 3, 3); III, 14, 24 (121, 3, 4); III, 14, 27 (121, 3, 4); III, 15,
3 (121, 3, 5); III, 15, 13 (121, 4, 1); III, 17, 3 (121, 4, 5); III, 17, 11
(121, 4, 6); III, 17, 18 (121, 4, 7); III, 23, 27 (121, 6, 12); III, 25, 6
(121, 6, 16); III, 25, 22 (121, 6, 18); III, 26, 25 (121, 6, 21); III, 27, 15
(121, 7, 1); III, 27, 18 (121, 7, 1); III, 27, 19 (121, 7, 2); III, 28, 1
(121, 7, 3); III, 28, 18 (121, 7, 4); III, 29, 2 (121, 7, 5); III, 29, 9 (121,
7, 6); III, 29, 17 (121, 8, 1); III, 32, 8 (121, 8, 9); III, 34, 17 (121, 8,
16) (bis); III, 34, 19 (121, 8, 16); III, 36, 16 (121, 8, 21); III, 38, 5
(121, 9, 1); III, 38, 10 (121, 9, 1); III, 38, 13 (121, 9, 2); III, 38, 22
(121, 9, 2); III, 38, 27 (121, 9, 2); III, 39, 7 (121, 9, 3); III, 39, 8 (121,
9, 3); III, 39, 9 (121, 9, 4); III, 39, 13 (121, 9, 4); III, 39, 21 (121, 9,
5); III, 39, 25 (121, 9, 5); III, 40, 2 (121, 9, 5); III, 40, 24 (121, 9, 8);
III, 40, 25 (121, 9, 9); III, 43, 11 (121, 10, 5); III, 43, 21 (121, 10, 6);
III, 43, 25 (121, 10, 7); III, 44, 13 (121, 10, 8); III, 44, 19 (121, 10, 8);
III, 44, 23 (121, 10, 9); III, 46, 19 (121, 10, 16); III, 47, 5 (121, 10,
17); III, 47, 6 (121, 10, 17) (bis); III, 51, 14 (121, 11, 2); III, 51, 22
(121, 11, 3); III, 52, 9 (121, 11, 5); III, 53, 6 (121, 11, 7); III, 53, 18
(121, 11, 9); III, 53, 23 (121, 11, 9); III, 53, 25 (121, 11, 10); III, 54, 3
(121, 11, 10); III, 55, 1 (121, 11, 14); III, 55, 6 (121, 11, 14); III, 55,
13 (121, 11, 15); III, 55, 23 (121, 11, 16); III, 56, 4 (122, 1, 1); III, 56,
9 (122, 1, 1); III, 56, 13 (122, 1, 1); III, 66, 6 (122, 3, 8); III, 73, 4
(123, 1, 2); III, 74, 24 (123, 3, 2); III, 75, 3 (123, 3, 3); III, 77, 1 (123,
5, 3); III, 80, 11 (123, 7, 1); III, 83, 11 (123, 10, 1); III, 84, 15 (123,
11, 2); III, 84, 21 (123, 11, 2); III, 87, 9 (123, 12, 5); III, 94, 14 (123,

17, 1); III, 97, 9 (124, 2, 1); III, 97, 15 (124, 2, 1); III, 102, 1 (124, 5, 4); III, 102, 2 (124, 5, 4); III, 102, 20 (124, 5, 6); III, 102, 21 (124, 5, 6); III, 102, 22 (124, 5, 6); III, 112, 22 (124, 11, 1); III, 114, 9 (124, 12, 1); III, 114, 11 (124, 12, 1); III, 122, 9 (125, 4); III, 125, 7 (125, 7, 2); III, 126, 4 (125, 7, 5); III, 126, 14 (125, 7, 6); III, 127, 10 (125, 8, 2); III, 127, 17 (125, 8, 2); III, 136, 20 (125, 17, 2); III, 139, 3 (125, 19, 2); III, 140, 20 (125, 20, 1); III, 141, 17 (125, 20, 3); III, 142, 8 (125, 20, 5); III, 142, 13 (126, praef.); III, 144, 14 (126, 2, 2); III, 145, 5 (126, 3); III, 145, 10 (127, 1, 1); III, 146, 25 (127, 2, 3); III, 149, 13 (127, 5, 1); III, 149, 22 (127, 5, 3); III, 155, 21 (127, 13, 2); III, 155, 27 (127, 13, 3); III, 161, 16 (128, 5, 1); III, 164, 12 (129, 1, 5); III, 165, 4 (129, 2, 1); III, 167, 21 (129, 3, 2); III, 169, 20 (129, 4, 1); III, 175, 8 (129, 8); III, 175, 17 (130, 1, 1); III, 177, 2 (130, 2, 3); III, 179, 1 (130, 4, 3); III, 182, 3 (130, 6, 5); III, 182, 7 (130, 6, 5); III, 182, 21 (130, 7, 1); III, 183, 11 (130, 7, 3); III, 184, 2 (130, 7, 5); III, 184, 24 (130, 7, 8); III, 186, 22 (130, 7, 14); III, 192, 5 (130, 12, 1); III, 192, 22 (130, 13, 1); III, 193, 20 (130, 14, 2); III, 194, 19 (130, 14, 6); III, 195, 3 (130, 14, 8); III, 196, 7 (130, 15, 4); III, 201, 3 (130, 19, 6); III, 201, 21 (130, 20); III, 206, 25 (°131, 5, 2); III, 207, 5 (°131, 6, 1); III, 208, 12 (°131, 7, 2); III, 210, 6 (°131, 9, 2); III, 210, 16 (°131, 10, 1); III, 211, 5 (°131, 10, 2); III, 211, 8 (°131, 10, 3); III, 214, 10 (°131, 14); III, 218, 24 (°131, 20, 2); III, 218, 25 (°131, 20, 2); III, 219, 16 (°131, 21, 1); III, 219, 19 (°131, 21, 2); III, 219, 22 (°131, 21, 2); III, 219, 25 (°131, 21, 3); III, 219, 27 (°131, 21, 3); III, 220, 1 (°131, 21, 3); III, 220, 5 (°131, 21, 3); III, 220, 6 (°131, 21, 4); III, 220, 19 (°131, 22, 1); III, 220, 21 (°131, 22, 2); III, 220, 25 (°131, 22, 2); III, 221, 8 (°131, 23, 1); III, 222, 12 (°131, 25); III, 223, 28 (°131, 27, 2); III, 224, 1 (°131, 27, 2); III, 225, 8 (°131, 28, 2); III, 225, 9 (°131, 28, 2); III, 225, 14 (°132, 1, 1); III, 225, 17 (°132, 1, 1); III, 226, 21 (°132, 2, 2); III, 233, 13 (°132, 10, 4); III, 233, 18 (°132, 11, 1); III, 246, 22 (133, 3, 8); III, 247, 5 (133, 3, 9) (bis); III, 252, 7 (133, 7, 3); III, 253, 1 (133, 8, 2); III, 255, 18 (133, 9, 3); III, 259, 16 (133, 12, 3); III, 260, 9 (133, 13, 2); III, 260, 18 (133, 13, 3); III, 261, 4 (134, praef.); III, 262, 20 (133, 2, 2); III, 265, 15 (138, praef.); III, 265, 16 (138, 1); III, 266, 1 (138, 1); III, 266, 9 (138, 2); III, 266, 11 (138, 3); III, 266, 17 (138, 3); III, 267, 7 (139, 1); III, 267, 12 (139, 2); III, 268, 6 (139, 3); III, 270, 15 (140, 2, 2); III, 270, 17 (140, 2, 2); III, 270, 24 (140, 2, 3); III, 271, 19 (140, 3, 2); III, 272, 7 (140, 3, 3); III, 275, 8

(140, 6, 4); III, 291, 2 (141, 2); III, 292, 9 (143, praef.); III, 294, 3 (143, 2, 3); III, 303, 7 (°144, 15, 3); III, 304, 16 (°144, 17, 2); III, 306, 16 (145, 3); III, 307, 14 (145, 5); III, 307, 19 (145, 5); III, 308, 8 (146, 1, 1); III, 309, 17 (146, 1, 4); III, 309, 18 (146, 1, 4); III, 310, 7 (146, 1, 5); III, 310, 16 (146, 1, 7); III, 313, 12 (147, 1, 3); III, 320, 10 (147, 4, 4); III, 322, 2 (147, 6, 2); III, 322, 5 (147, 6, 2); III, 322, 13 (147, 6, 4); III, 322, 18 (147, 6, 4); III, 327, 12 (147, 10, 3); III, 328, 13 (147, 11, 3); III, 332, 18 (148, 4, 2); III, 333, 8 (148, 4, 4); III, 336, 9 (148, 8, 2); III, 336, 18 (148, 9, 2); III, 336, 21 (148, 9, 2); III, 339, 3 (148, 12, 1); III, 339, 13 (148, 12, 2); III, 339, 14 (148, 12, 3); III, 347, 10 (148, 21, 2); III, 347, 16 (148, 21, 3); III, 347, 17 (148, 21, 3); III, 348, 23 (148, 22, 3); III, 348, 24 (148, 22, 3); III, 358, 5 (149, 2, 2); III, 359, 11 (149, 3, 2); III, 359, 23 (149, 3, 4); III, 359, 27 (149, 3, 5); III, 359, 30 (149, 3, 5); III, 362, 9 (149, 6, 1); III, 362, 18 (149, 6, 2); III, 363, 4 (149, 6, 4); III, 364, 3 (151, 2); III, 364, 5 (151, 2); III, 364, 13 (151, 3); III, 366, 2 (153, 2); III, 366, 6 (153, 2); III, 367, 12 (154,'1, 2); III, 367, 14 (154, 1, 2); III, 367, 20 (154, 1, 2)

Christus Iesus: I, 175, 13 (22, 23, 2); I, 206, 2 (22, 39, 2); I, 497, 11 (°56, 1, 3); I, 693, 1 (69, 7, 3); I, 693, 8 (69, 7, 4); II, 159, 3 (°96, 1, 1); II, 161, 24 (°96, 3, 4); II, 181, 13 (°96, 20, 5); II, 188, 27 (°98, 4, 4); II, 198, 11 (°98, 14, 2); II, 210, 22 (°98, 25, 4); II, 231, 27 (°100, 17, 2); II, 388, 8 (112, 17, 4); II, 506, 19 (120, 11, 2); II, 508, 10 (120, 11, 6); II, 508, 25 (120, 11, 8); III, 32, 11 (121, 8, 9); III, 38, 21 (121, 9, 2); III, 39, 6 (121, 9, 3); III, 206, 21 (°131, 5, 1); III, 308, 9 (146, 1, 1); III, 308, 10 (146, 1, 1); III, 365, 13 (152, 3)

Chromatius: I, 32, 9 (8, 2); I, 574, 17 (60, 19, 3); II, 107, 10 (81, 2)

Chrysippeus: I, 681, 8 (69, 2, 4)

Chrysippus: I, 526, 3 (57, 12, 4); I, 579, 2 (61, 3, 1)

Cicero: u. et Tullius, Marcus Tullius: I, 32, 2 (8, 1); I, 189, 3 (22, 29, 7); I, 350, 1 (48, 4, 3); I, 388, 15 (50, 1, 2); I, 469, 10 (54, 4, 2); I, 554, 3 (60, 5, 2); I, 707, 12 (70, 5, 2); II, 127, 15 (84, 6, 1); III, 131, 13 (125, 12, 1)

Ciceronianus: I, 190, 12 (22, 30, 4)

Cilices: I, 14, 19 (3, 3, 1); III, 42, 16 (121, 10, 4)

Cilicia: II, 377, 18 (112, 9, 1); III, 41, 22 (121, 10, 3); III, 171, 8 (129, 5, 1)

Cimbri: I, 655, 17 (66, 7, 3)

Cinaeus: I, 420, 1 (52, 3, 9)

Cison: II, 323, 19 (108, 13, 6)

Cissa: I, 675, 4 (68, 1, 1)
Cleanthes: I, 418, 4 (52, 3, 5)
Clemens: I, 384, 11 (49, 19, 4); I, 705, 15 (70, 4, 3); II, 130, 20 (84, 8, 1); III,
     169, 10 (129, 3, 7)
Cleombrotus: I, 300, 3 (39, 3, 5)
Cleopas: I, 630, 8 (65, 12, 2); II, 314, 7 (108, 8, 2); II, 483, 14 (120, 4, 5)
Cleopatris: II, 232, 6 (°100, 18)
Cleophas: u. Cleopas
Clitomachus: I, 454, 11 (53, 7, 3); I, 554, 3 (60, 5, 2)
Coele: I, 340, 6 (°46, 10, 2); II, 313, 6 (108, 8, 1); III, 170, 17 (129, 4, 3); III,
     171, 8 (129, 5, 1)
Colosensis: u. Colossensis
Colossensis: I, 257, 4 (33, 4, 5); III, 2, 20 (121,, cap. 10); III, 41, 6 (121, 10,
     1); III, 176, 17 (130, 2, 1)
Communis: II, 236, 22 (102, 3, 2)
Constantia: II, 311, 1 (108, 6, 1)
Constantinopolis: I, 570, 6 (60, 16, 1); I, 570, 12 (60, 16, 2); II, 144, 18 (°90,
     3); II, 145, 1 (°90, 4); III, 310, 18 (146, 1, 7)
Constantinopolitanus: II, 144, 14 (°90, 2); II, 373, 6 (112, 6, 2); II, 393, 19
     (°113, 1, 1); II, 414, 14 (°116, 23, 3)
Constantinus: I, 286, 4 (37, 1, 1); I, 531, 16 (58, 3, 5); I, 707, 20 (70, 5, 3)
Constantius: I, 568, 17 (60, 15, 2)
Core: I, 619, 15 (65, 3, 1); I, 619, 19 (65, 3, 1); I, 620, 7 (65, 3, 2); I, 621, 10
     (65, 4, 4); I, 621, 11 (65, 4, 4); I, 644, 11 (65, 21, 1); II, 67, 6 (78, 17,
     5)
Corinthius: I, 136, 21 (21, 37, 2); I, 207, 18 (22, 40, 3); I, 258, 15 (33, 4, 8); I,
     288, 19 (37, 4, 1); I, 431, 9 (52, 9, 3); I, 487, 16 (55, 2, 1); I, 519, 13
     (57, 9, 5); I, 571, 5 (60, 16, 4); I, 631, 24 (65, 13, 3); I, 651, 9 (66, 4,
     2); I, 705, 9 (70, 4, 2); II, 164, 19 (°96, 6, 3); II, 290, 3 (107, 1, 1); II,
     447, 13 (119, 2, 1); II, 456, 1 (119, 7, 5); II, 456, 8 (119, 7, 6); II, 461,
     13 (119, 9, 4); II, 461, 18 (119, 9, 5); II, 462, 1 (119, 9, 5); II, 464, 4
     (119, 10, 5); II, 472, 1 (120, cap. 11); II, 493, 4 (120, 9, 1); II, 506, 8
     (120, 11, 1); II, 507, 1 (120, 11, 3); II, 510, 11 (120, 11, 13); III, 57,
     12 (122, 1, 4); III, 67, 21 (122, 11, 12); III, 76, 2 (123, 4, 3); III, 312,
     10 (147, 1, 1); III, 353, 2 (148, 29, 1)
Cornelia: I, 469, 11 (54, 4, 2)
Cornelius (Gallus?): II, 392, 13 (112, 22, 1)

Cornelius (centurio, Act. 10): I, 58, 4 (14, 9, 1); I, 558, 9 (60, 9, 2); II, 1, 10 (71, 1, 2); II, 88, 25 (79, 2, 2); II, 89, 5 (79, 2, 2); II, 313, 15 (108, 8, 2); II, 373, 25 (112, 7, 2); II, 404, 5 (°116, 11, 1); III, 120, 11 (125, 2, 2); III, 210, 7 (°131, 9, 3)

Cornutus: I, 706, 3 (70, 4, 3)

Cottius: II, 354, 8 (109, 2, 5)

Crantor: I, 554, 1 (60, 5, 2)

Crassus (M.): I, 30, 3 (7, 5); I, 554, 18 (60, 5, 3); III, 193, 2 (130, 13, 2)

Crates: I, 529, 10 (58, 2, 2); I, 657, 12 (66, 8, 3); II, 4, 19 (71, 3, 3)

Cremonensis: I, 504, 23 (57, 2, 2)

Creta: I, 546, 21 (59, 5, 4); I, 683, 7 (69, 3, 2); III, 309, 6 (146, 1, 3)

Cretensis: I, 701, 10 (70, 2, 2)

Croesus: I, 465, 8 (53, 11, 3); I, 526, 4 (57, 12, 5); I, 562, 9 (60, 11, 2); II, 126, 11 (84, 4, 5); II, 442, 9 (118, 5, 4); III, 129, 4 (125, 10, 1); III, 148, 21 (127, 4, 2)

Currentius: I, 252, 14 (32, 1, 3)

Cybele: I, 320, 6 (43, 2, 4); II, 301, 9 (107, 10, 2)

Cyclades: II, 312, 17 (108, 7, 2)

Cydnus: I, 571, 13 (60, 16, 5)

Cymbricus: III, 92, 17 (123, 15, 4)

Cyprianus (presbyter): III, 269, 3 (140, 1, 1)

Cyprianus (diaconus, libellarius): II, 238, 14 (°104, 1, 1); II, 357, 1 (°110, 1, 1); II, 367, 13 (112, 1, 1); II, 417, 30 (°116, 30, 1); II, 421, 27 (°116, 36, 1)

Cyprianus (martyr, episc. Carthag.): I, 38, 5 (10, 3, 2); I, 175, 2 (22, 22, 3); I, 249, 3 (30, 14, 2); I, 369, 15 (49, 13, 4); I, 382, 10 (49, 18, 3); I, 384, 13 (49, 19, 4); I, 384, 14 (49, 19, 4); I, 420, 18 (52, 4, 3); I, 539, 10 (58, 10, 1); I, 561, 15 (60, 10, 9); I, 653, 12 (66, 5, 4); I, 703, 6 (70, 3, 1); I, 707, 14 (70, 5, 2); II, 122, 11 (84, 2, 2); II, 303, 9 (107, 12, 3); II, 414, 17 (°116, 24, 1); III, 200, 13 (130, 19, 5); III, 221, 22 (°131, 23, 3); III, 222, 1 (°131, 24)

Cyprius: I, 706, 13 (70, 4, 4); II, 147, 4 (°92, praef.); II, 147, 13 (°92, praef.)

Cyprus: I, 398, 2 (°51, 2, 1); I, 398, 9 (°51, 2, 2); I, 411, 20 (°51, 9, 2); II, 311, 1 (108, 6, 1); II, 312, 18 (108, 7, 2); III, 150, 24 (127, 7, 1)

Cyrenaeus: III, 15, 7 (121, 3, 5)

Cyrillus: I, 73, 3 (17, 4)

Cyrus: I, 287, 6 (37, 1, 3); III, 174, 3 (129, 7, 2)

Cythera: II, 312, 16 (108, 7, 2)

Dacia: I, 570, 14 (60, 16, 2)

Dalila: I, 159, 9 (22, 12, 1); II, 15, 13 (73, 3, 1)

Dalmatia: I, 559, 4 (60, 10, 2); I, 570, 15 (60, 16, 2); II, 443, 2 (118, 5, 6)

Damascus: I, 445, 9 (53, 2, 1); I, 458, 1 (53, 8, 8); I, 617, 1 (65, 1, 2); I, 661, 2 (66, 10, 2); II, 10, 19 (72, 3, 2); III, 316, 19 (147, 3, 2)

Damasus: I, 71, 12 (17, 2, 2); I, 103, 8 (°19); I, 175, 2 (22, 22, 3); I, 265, 3 (°35, praef.); I, 268, 3 (36, praef.); I, 325, 8 (45, 3, 1); I, 382, 2 (49, 18, 2); II, 102, 8 (°80, 1, 1); II, 121, 14 (84, 2, 1); III, 82, 15 (123, 9, 1)

Dan: I, 662, 3 (66, 11, 3); II, 21, 4 (73, 8, 1); II, 86, 6 (78, 43, 7); III, 169, 23 (129, 4, 1)

Danae: I, 507, 13 (57, 4, 2); III, 160, 18 (128, 4, 3)

Daniel: u. Danihel

Danihel: I, 6, 8 (1, 9, 1); I, 13, 6 (3, 1, 2); I, 58, 5 (14, 9, 1); I, 77, 10 (18 A, 3, 1); I, 157, 5 (22, 9, 4); I, 182, 4 (22, 26, 4); I, 239, 15 (29, 5, 2); I, 282, 14 (36, 15, 5); I, 286, 13 (37, 1, 2); I, 287, 6 (37, 1, 3); I, 289, 6 (37, 4, 2); I, 346, 2 (47, 2, 1); I, 448, 8 (53, 3, 5); I, 460, 12 (53, 8, 16); I, 477, 2 (54, 10, 3); I, 491, 19 (55, 3, 5); I, 528, 4 (58, 1, 2); I, 581, 11 (61, 4, 2); I, 618, 21 (65, 2, 1); I, 653, 13 (66, 5, 4); II, 34, 8 (75, 5, 2); II, 69, 12 (78, 22, 2); II, 90, 2 (79, 2, 5); II, 136, 16 (85, 3, 1); II, 176, 19 (°96, 16, 4); II, 218, 8 (°100, 5, 2); II, 220, 10 (°100, 7, 1); II, 220, 20 (°100, 7, 2); II, 220, 22 (°100, 7, 2); II, 328, 5 (108, 16, 2); II, 453, 24 (119, 6, 5); II, 499, 16 (120, 9, 18); III, 15, 15 (121, 4, 1); III, 36, 22 (121, 8, 22); III, 52, 4 (121, 11, 4); III, 53, 3 (121, 11, 7)

Danubius: III, 93, 3 (123, 16, 1)

Dardania: I, 570, 14 (60, 16, 2)

Dardanus: III, 162, 13 (129, 1, 1)

Dares: II, 236, 9 (102, 2, 2); II, 357, 4 (°110, 1, 1)

Dareus: u. Darius

Darius: I, 562, 9 (60, 11, 2); II, 45, 21 (77, 8, 2); II, 442, 9 (118, 5, 4); III, 174, 5 (129, 7, 2)

Dathan: II, 67, 5 (78, 17, 5); II, 170, 21 (°96, 12, 2)

Dauid: I, 43, 5 (13, 1); I, 58, 6 (14, 9, 1); I, 75, 14 (18 A, 1, 3); I, 103, 13 (°19); I, 104, 8 (20, 1); I, 105, 10 (20, 2, 1); I, 105, 14 (20, 2, 2); I, 107, 16 (20, 4, 1); I, 107, 17 (20, 4, 1); I, 108, 6 (20, 4, 2); I, 118, 13 (21, 7, 1); I, 132, 19 (21, 34, 2); I, 134, 3 (21, 34, 6); I, 148, 8 (22, 4, 1); I, 158, 15 (22, 11, 3); I, 159, 9 (22, 12, 1); I, 211, 11 (23, 1, 1); I, 234, 12 (29, 2, 4); I, 234, 18 (29, 3, 2) (bis); I, 234, 20 (29, 3, 2); I,

234, 21 (29, 3, 2); I, 236, 15 (29, 3, 7); I, 240, 10 (29, 6, 2); I, 277, 4 (36, 11, 1); I, 282, 5 (36, 15, 3); I, 300, 20 (39, 4, 1); I, 301, 10 (39, 4, 2); I, 331, 10 (°46, 2, 3); I, 332, 19 (°46, 3, 4); I, 343, 17 (°46, 13, 2); I, 377, 2 (49, 15, 5); I, 408, 4 (°51, 6, 8); I, 408, 9 (°51, 6, 9); I, 414, 17 (52, 2, 1); I, 415, 9 (52, 2, 2); I, 415, 11 (52, 2, 2); I, 423, 7 (52, 5, 4); I, 433, 2 (52, 10, 3); I, 448, 6 (53, 3, 5); I, 450, 15 (53, 4, 4); I, 451, 5 (53, 5, 1); I, 456, 12 (53, 8, 5); I, 461, 6 (53, 8, 17); I, 468, 7 (54, 3, 2); I, 491, 18 (55, 3, 5); I, 519, 5 (57, 9, 4); I, 538, 17 (58, 9, 1); I, 539, 4 (58, 9, 2); I, 546, 4 (59, 5, 2); I, 555, 6 (60, 6, 1); I, 587, 4 (64, 1, 2); I, 601, 10 (64, 15, 2); I, 610, 5 (64, 19, 3); I, 617, 18 (65, 1, 4); I, 620, 6 (65, 3, 2); I, 631, 21 (65, 13, 3); I, 632, 17 (65, 13, 5); I, 635, 4 (65, 14, 4); I, 702, 4 (70, 2, 4); II, 3, 14 (71, 2, 3); II, 10, 12 (72, 3, 1); II, 11, 5 (72, 4, 1); II, 11, 7 (72, 4, 1); II, 35, 5 (76, 1, 2); II, 35, 6 (76, 1, 2); II, 40, 21 (77, 4, 2); II, 52, 7 (78, 2, 2) (bis); II, 55, 9 (78, 5, 1); II, 74, 10 (78, 31, 2); II, 74, 21 (78, 32); II, 75, 20 (78, 34, 2); II, 95, 18 (79, 7, 5); II, 108, 8 (82, 1, 1); II, 110, 15 (82, 3, 3); II, 124, 20 (84, 3, 6); II, 178, 22 (°96, 18, 4); II, 179, 23 (°96, 19, 2); II, 186, 8 (°98, 2, 3); II, 186, 28 (°98, 3, 2); II, 197, 4 (°98, 13, 2); II, 213, 15 (°100, 1, 1); II, 244, 18 (105, 3, 3); II, 315, 13 (108, 9, 3); II, 315, 15 (108, 9, 3); II, 317, 19 (108, 10, 5); II, 329, 15 (108, 18, 2); II, 355, 18 (109, 3, 5); II, 368, 16 (112, 2, 2); II, 443, 17 (118, 6, 2); II, 499, 15 (120, 9, 18); II, 499, 17 (120, 9, 18); II, 510, 6 (120, 11, 12); II, 512, 12 (120, 12, 4); III, 3, 22 (121, praef. 3); III, 37, 13 (121, 8, 23); III, 63, 7 (122, 2, 5); III, 63, 24 (122, 3, 2); III, 85, 10 (123, 12, 1); III, 162, 19 (129, 1, 1); III, 163, 1 (129, 1, 2); III, 164, 18 (129, 1, 6); III, 165, 20 (129, 2, 4); III, 169, 24 (129, 4, 1); III, 188, 5 (130, 8, 5); III, 189, 21 (130, 10, 1); III, 244, 2 (133, 2, 5); III, 252, 12 (133, 7, 4); III, 255, 14 (133, 9, 3); III, 271, 7 (140, 2, 5); III, 271, 12 (140, 3, 1); III, 271, 14 (140, 3, 1); III, 271, 18 (140, 3, 2); III, 273, 5 (140, 4, 4); III, 273, 7 (140, 4, 5); III, 273, 8 (140, 4, 5); III, 286, 12 (140, 16, 3); III, 314, 7 (147, 1, 6); III, 325, 7 (147, 9, 2); III, 331, 23 (148, 3, 3); III, 343, 9 (148, 16, 3); III, 360, 29 (149, 4, 1)

Dauiticus: I, 22, 9 (5, 2, 3); I, 343, 2 (°46, 12, 3); II, 317, 9 (108, 10, 4); III, 367, 18 (154, 1, 2)

Debbora: I, 484, 6 (54, 17, 1); I, 484, 7 (54, 17, 1); I, 616, 8 (65, 1, 1)

Debelaim: I, 702, 16 (70, 2, 6)

Deblathaim: u. Almon-Deblathaim (Ios. 21, 17)

Delphicus: II, 126, 10 (84, 4, 5)

Delphidius: II, 472, 17 (120, praef. 2)
Demetrianus: I, 703, 7 (70, 3, 1); II, 128, 18 (84, 7, 1)
Demetrias: III, 175, 17 (130, 1, 1); III, 177, 25 (130, 3, 2); III, 178, 1 (130, 3, 2); III, 179, 18 (130, 5, 1)
Demetrius?: II, 182, 14 (97, 1, 2)
Demetrius (episcopus Alexandr.): I, 259, 6 (33, 5); I, 705, 13 (70, 4, 2)
Demetrius (Phalereus): I, 260, 1 (34, 1, 1)
Democritus: I, 418, 3 (52, 3, 5); I, 553, 6 (60, 4, 2)
Demosthenes: I, 233, 3 (29, 1, 3); I, 369, 4 (49, 13, 3); I, 429, 13 (52, 8, 3); I, 446, 4 (53, 2, 2); I, 449, 17 (53, 4, 2); I, 508, 15 (57, 5, 2); I, 509, 4 (57, 5, 2); I, 526, 16 (57, 13, 2); I, 534, 3 (58, 5, 2); I, 694, 11 (69, 8, 2); II, 127, 16 (84, 6, 1); II, 212, 12 (99, 2, 1); II, 250, 6 (106, 3, 3); III, 180, 25 (130, 6, 1); III, 320, 19 (147, 5, 1)
Dephca: II, 59, 20 (78, 10, 1); II, 60, 4 (78, 11, 1); II, 60, 20 (78, 11, 2); II, 60, 23 (78, 12, 1)
Derbe: II, 377, 19 (112, 9, 1)
Desiderius: II, 12, 22 (72, 5, 2)
Diana: III, 80, 16 (123, 7, 1)
Dibon-Gad: II, 81, 2 (78, 40, 1); II, 82, 14 (78, 40, 5); II, 82, 15 (78, 40, 5); II, 82, 22 (78, 41, 1)
Dictenius: II, 147, 9 (°92, praef.)
Didymus: I, 269, 9 (36, 1, 4); I, 348, 19 (48, 3, 2); I, 384, 12 (49, 19, 4); I, 389, 7 (50, 1, 3); I, 389, 14 (50, 2, 1); I, 677, 20 (68, 2, 1); II, 6, 5 (71, 5, 2); II, 14, 12 (73, 2, 1); II, 123, 4 (84, 3, 1); II, 123, 11 (84, 3, 2); II, 123, 17 (84, 3, 3); II, 132, 14 (84, 10, 1); II, 132, 18 (84, 10, 1); II, 134, 1 (84, 11, 3); II, 371, 8 (112, 4, 4); II, 390, 8 (112, 20, 2); II, 414, 7 (°116, 23, 2); II, 449, 8 (119, 5, 1); III, 26, 27 (121, 6, 22)
Dina: I, 179, 6 (22, 25, 2); II, 297, 11 (107, 6, 2)
Diodorus: II, 448, 19 (119, 3, 1); II, 459, 5 (119, 8, 2); II, 459, 6 (119, 8, 2)
Diogenes: I, 554, 3 (60, 5, 2)
Dionysius (episc. Alexandrin.): I, 348, 19 (48, 3, 2); I, 384, 12 (49, 19, 4); I, 706, 8 (70, 4, 4); III, 310, 9 (146, 1, 6)
Dionysius (episc. Corinth.): I, 705, 8 (70, 4, 2);
Dionysius (episc. Liddensis): II, 147, 8 (°92, praef.); II, 156, 26 (94, praef.)
Dionysius (philosophus): II, 137, 9 (85, 4, 1)
Dioscorus: I, 707, 19 (70, 5, 3)
Diospolis: II, 313, 18 (108, 8, 2)
Diospolitanus: III, 293, 15 (143, 2, 2)

Doec: I, 234, 2 (29, 2, 4); I, 234, 3 (29, 2, 4); I, 519, 12 (57, 9, 5)

Domitianus: II, 312, 8 (108, 7, 1)

Domitius: I, 427, 12 (52, 7, 3)

Domnio: I, 346, 15 (47, 3, 1); I, 349, 18 (48, 4, 2); I, 393, 5 (50, 5, 1)

Donatus: III, 248, 9 (133, 4, 3); III, 367, 3 (154, praef.)

Dor: II, 313, 13 (108, 8, 2)

Dorcas: II, 313, 18 (108, 8, 2); II, 348, 10 (108, 29, 2)

Dormitantius: II, 352, 2 (109, 1, 1); II, 353, 5 (109, 1, 4)

Dositheus: II, 322, 19 (108, 13, 3)

Eden: I, 404, 16 (°51, 5, 5) (*bis*); I, 689, 17 (69, 6, 3)

Edem: *u.* Eden

Edom: I, 273, 6 (36, 5, 2); I, 458, 10 (53, 8, 9); II, 76, 17 (78, 35, 3); II, 77, 1 (78, 35, 4); II, 77, 7 (78, 36, 1); II, 78, 20 (78, 37, 1) (*bis*); II, 84, 12 (78, 43, 2)

Effraim: *u.* Ephraim

Effrata: *u.* Ephrata

Effratha: *u.* Ephrata

Efron: I, 521, 8 (57, 10, 2); I, 521, 17 (57, 10, 3)

Egubium: III, 310, 18 (146, 1, 7)

Elamites: I, 444, 13 (53, 1, 4)

Elcana: II, 178, 8 (°96, 18, 2)

Eleazar: I, 277, 14 (36, 11, 2); I, 277, 15 (36, 11, 2); I, 277, 16 (36, 11, 3); I, 277, 18 (36, 11, 3); I, 303, 5 (39, 4, 7); I, 364, 5 (49, 9, 2); II, 77, 25 (78, 36, 3); II, 84, 13 (78, 43, 2); II, 322, 9 (108, 13, 2)

Eleusinus: I, 704, 17 (70, 4, 1)

Eleutheropolitanus: II, 115, 1 (82, 8, 1)

Elisabeth: I, 618, 5 (65, 1, 5); III, 35, 14 (121, 8, 18); III, 35, 23 (121, 8, 19); III, 106, 29 (124, 8, 6); III, 259, 23 (133, 13, 1)

Elpidius: III, 248, 11 (133, 4, 3)

Elymas (magus): II, 175, 28 (°96, 16, 2); II, 354, 15 (109, 3, 1)

Emath: III, 171, 9 (129, 5, 1)

Emisenus: I, 706, 12 (70, 4, 4); II, 14, 14 (73, 2, 2); II, 371, 11 (112, 4, 4); II, 414, 13 (°116, 23, 3)

Emmanuel: *u.* Emmanuhel

Emmanuhel: I, 516, 8 (57, 8, 1); I, 516, 10 (57, 8, 1); I, 516, 14 (57, 8, 2); II, 161, 7 (°96, 3, 3); II, 188, 10 (°98, 4, 2)

Emmaus: II, 314, 6 (108, 8, 2)

Emmor: I, 521, 7 (57, 10, 1); I, 521, 15 (57, 10, 2); I, 521, 17 (57, 10, 3)

Empedocles: II, 128, 3 (84, 6, 2)
Enac: I, 661, 15 (66, 11, 2)
Encratitae: I, 352, 19 (49, 2, 5); I, 364, 7 (49, 9, 2); I, 364, 8 (49, 9, 2)
Endor: I, 344, 11 (°46, 13, 3); II, 79, 17 (78, 38, 1)
Engaddi: II, 320, 3 (108, 11, 5)
Ennianus: III, 149, 14 (127, 5, 2)
Ennius: I, 32, 1 (8, 1); I, 567, 14 (60, 14, 4)
Ennom: II, 10, 25 (72, 3, 2)
Enoch: I, 272, 3 (36, 4, 1) (bis); I, 274, 19 (36, 8); I, 543, 18 (59, 3, 1); I, 544,
    8 (59, 3, 3); II, 15, 6 (73, 2, 2); II, 447, 21 (119, 2, 2); II, 449, 7 (119,
    4); II, 457, 24 (119, 7, 11); III, 168, 13 (129, 3, 5)
Entellinus: II, 357, 3 (°110, 1, 1)
Entellus: II, 236, 10 (102, 2, 2); II, 359, 12 (°110, 4, 1); II, 364, 2 (°110, 9, 1)
Epaphras: I, 556, 5 (60, 7, 2)
Ephesius: I, 257, 3 (33, 4, 5); I, 289, 3 (37, 4, 2); I, 370, 3 (49, 13, 5); I, 578,
    11 (61, 2, 5); II, 122, 8 (84, 2, 2); II, 368, 8 (112, 2, 1); III, 43, 25
    (121, 10, 7)
Ephraim: I, 235, 3 (29, 3, 3); I, 250, 14 (31, 2, 2); I, 255, 18 (33, 4, 2); I, 457,
    4 (53, 8, 6); I, 460, 3 (53, 8, 14); I, 676, 19 (68, 1, 4); II, 86, 7 (78, 43,
    7); II, 189, 13 (°98, 4, 5); II, 322, 8 (108, 13, 2); III, 63, 2 (122, 2, 4)
Ephrata: I, 517, 4 (57, 8, 3); I, 517, 9 (57, 8, 4); I, 517, 12 (57, 8, 4); I, 517,
    13 (57, 8, 4); I, 596, 1 (64, 8, 2); I, 617, 13 (65, 1, 4); II, 316, 21 (108,
    10, 3); II, 317, 2 (108, 10, 3); II, 317, 27 (108, 10, 6)
Epicureus: III, 229, 21 (°132, 4, 2)
Epicurus: I, 259, 15 (33, 6); I, 394, 18 (50, 5, 5); I, 430, 3 (52, 8, 3); I, 708, 7
    (70, 6, 1); II, 450, 17 (119, 5, 5); III, 101, 6 (124, 5, 1)
Epimenides: I, 254, 3 (33, 1, 2); I, 701, 9 (70, 2, 2)
Epiphania: III, 171, 9 (129, 5, 1)
Epiphanius: I, 395, 7 (°51, praef.); I, 399, 6 (°51, 2, 5); I, 504, 15 (57, 1, 2); I,
    504, 19 (57, 2, 1); I, 613, 2 (64, 21, 1); II, 111, 16 (82, 4, 2); II, 114,
    21 (82, 8, 1); II, 143, 16 (°90, praef.); II, 145, 14 (°91, praef.); II, 147,
    14 (°92, praef.); II, 310, 24 (108, 6, 1); II, 311, 1 (108, 6, 1); II, 312,
    19 (108, 7, 2); II, 337, 6 (108, 21, 2); II, 393, 24 (°113, 1, 2); III, 150,
    23 (127, 7, 1)
Epirota: I, 506, 15 (57, 3, 2)
Epirus: I, 570, 14 (60, 16, 2)
Erythrus: II, 211, 1 (°98, 26)

Esaias: I, 75, 19 (18 A, 1, 4); I, 76, 5 (18 A, 2, 1); I, 77, 17 (18 A, 3, 2); I, 78,
    13 (18 A, 4, 2); I, 78, 16 (18 A, 4, 3); I, 78, 22 (18 A, 4, 4); I, 79, 18
    (18 A, 5, 2); I, 83, 10 (18 A, 7, 2); I, 86, 18 (18 A, 10, 1); I, 87, 20
    (18 A, 11, 1); I, 88, 3 (18 A, 11, 2); I, 88, 9 (18 A, 11, 3); I, 89, 16
    (18 A, 12, 3); I, 89, 22 (18 A, 12, 4); I, 90, 8 (18 A, 13, 1); I, 90, 18
    (18 A, 13, 2); I, 90, 20 (18 A, 13, 3); I, 91, 2 (18 A, 13, 3); I, 91, 4
    (18 A, 13, 3); I, 92, 13 (18 A, 14, 4); I, 93, 7 (18 A, 15, 2); I, 93, 11
    (18 A, 15, 2); I, 93, 21 (18 A, 15, 4); I, 95, 3 (18 A, 15, 8); I, 96, 1
    (18 A, 15, 10); I, 99, 2 (18 B, 2, 2); I, 101, 7 (18 B, 4, 1); I, 126, 19
    (21, 21, 1); I, 128, 2 (21, 24, 2); I, 181, 3 (22, 26, 1); I, 202, 10 (22,
    37, 4); I, 210, 7 (22, 41, 3); I, 226, 9 (27, 3, 3); I, 255, 17 (33, 4, 2); I,
    255, 18 (33, 4, 2); I, 257, 14 (33, 4, 6); I, 298, 14 (39, 3, 1); I, 309, 8
    (40, 1, 2); I, 334, 22 (°46, 5, 3); I, 396, 2 (°51, 1, 2); I, 403, 9 (°51, 5,
    1); I, 451, 8 (53, 5, 2); I, 456, 8 (53, 8, 4); I, 460, 12 (53, 8, 16); I,
    484, 17 (54, 17, 2); I, 504, 6 (57, 1, 1); I, 515, 14 (57, 7, 7); I, 518, 11
    (57, 9, 2); I, 518, 16 (57, 9, 2); I, 518, 20 (57, 9, 3); I, 518, 22 (57, 9,
    3); I, 519, 1 (57, 9, 3); I, 520, 2 (57, 9, 6); I, 520, 12 (57, 9, 7); I, 523,
    1 (57, 11, 1); I, 621, 7 (65, 4, 4); I, 624, 13 (65, 7, 3); I, 624, 21 (65,
    8, 1); I, 630, 6 (65, 12, 2); I, 632, 8 (65, 13, 4); I, 687, 15 (69, 5, 4); I,
    703, 2 (70, 2, 6); II, 7, 12 (71, 7, 1); II, 11, 23 (72, 4, 3); II, 33, 24
    (75, 5, 1); II, 69, 15 (78, 22, 2); II, 72, 13 (78, 29, 1); II, 73, 14 (78,
    30, 3); II, 91, 2 (79, 3, 3); II, 122, 17 (84, 2, 3); II, 123, 22 (84, 3, 4);
    II, 162, 14 (°96, 4, 3); II, 168, 21 (°96, 10, 2); II, 182, 8 (97, 1, 2); II,
    248, 3 (106, 1, 2); II, 279, 6 (106, 63, 1); II, 322, 5 (108, 13, 1); II,
    330, 21 (108, 18, 7); II, 339, 6 (108, 22, 2) (bis); II, 492, 21 (120, 8,
    10); II, 495, 24 (120, 9, 7); II, 495, 26 (120, 9, 8); II, 504, 26 (120, 10,
    14); II, 505, 6 (120, 10, 15); II, 511, 21 (120, 12, 2); III, 8, 6 (121, 2,
    1); III, 8, 7 (121, 2, 1); III, 8, 14 (121, 2, 2); III, 8, 23 (121, 2, 3); III,
    12, 6 (121, 2, 12); III, 13, 11 (121, 2, 15); III, 16, 19 (121, 4, 4); III,
    32, 20 (121, 8, 11); III, 32, 24 (121, 8, 11); III, 48, 2 (121, 10, 18); III,
    53, 3 (121, 11, 7); III, 57, 18 (122, 1, 5); III, 58, 17 (122, 1, 7); III, 62,
    9 (122, 2, 2); III, 99, 4 (124, 3, 3); III, 107, 14 (124, 9, 1); III, 140, 9
    (125, 19, 5); III, 165, 15 (129, 2, 4); III, 173, 14 (129, 6, 2); III, 184, 6
    (130, 7, 6); III, 248, 26 (133, 5, 1); III, 279, 12 (140, 9, 4); III, 281, 24
    (140, 12, 3); III, 308, 3 (146, 1, 1); III, 318, 21 (147, 3, 8)
Esau: I, 283, 3 (36, 15, 6); I, 283, 11 (36, 16, 2); I, 284, 7 (36, 16, 4); I, 284,
    17 (36, 16, 5); I, 285, 2 (36, 16, 5); I, 557, 5 (60, 8, 1); II, 15, 10 (73,
    2, 2); II, 20, 1 (73, 6, 1); II, 329, 14 (108, 18, 2); II, 500, 17 (120, 10,

1); II, 502, 2 (120, 10, 5); II, 502, 4 (120, 10, 5); II, 502, 8 (120, 10,
 6); II, 502, 10 (120, 10, 6); II, 502, 13 (120, 10, 6); III, 104, 5 (124, 6,
 5); III, 105, 18 (124, 8, 1); III, 133, 14 (125, 15, 1); III, 255, 9 (133, 9,
 3); III, 255, 10 (133, 9, 3); III, 298, 31 (°144, 8, 3)
Eschol: II, 319, 2 (108, 11, 2)
Esdra: u. Esdras
Esdras: I, 263, 14 (34, 4, 4); I, 327, 14 (45, 6, 1); I, 461, 19 (53, 8, 19); II, 36,
 9 (76, 3, 1); II, 303, 2 (107, 12, 2); III, 174, 4 (129, 7, 2)
Esmona: II, 72, 1 (78, 28); II, 72, 8 (78, 29, 1)
Esrom: I, 278, 3 (36, 11, 3) (bis); I, 278, 9 (36, 11, 4)
Essenus: I, 200, 9 (22, 35, 8)
Esther: u. Hester
Etruscus: II, 44, 6 (77, 6, 5)
Eua: I, 169, 2 (22, 19, 4); I, 173, 2 (22, 21, 6); I, 173, 5 (22, 21, 7); I, 403, 16
 (°51, 5, 2); I, 404, 1 (°51, 5, 3); I, 404, 11 (°51, 5, 5); I, 405, 7 (°51,
 5, 6); I, 407, 17 (°51, 6, 6); II, 179, 14 (°96, 18, 6); II, 179, 17 (°96,
 19, 2); II, 225, 19 (°100, 12, 3); II, 226, 15 (°100, 12, 6); III, 33, 15
 (121, 8, 13); III, 84, 10 (123, 11, 1); III, 84, 17 (123, 11, 2); III, 189,
 24 (130, 10, 2)
Euagrius: I, 8, 18 (1, 15, 1); I, 15, 2 (3, 3, 2); I, 20, 14 (4, 2, 2); I, 23, 5 (5, 3);
 I, 23, 12 (5, 3); I, 26, 9 (7, 1, 2); I, 67, 8 (15, 5, 1)
Euagrius (Ponticus): III, 246, 1 (133, 3, 5); III, 246, 12 (133, 3, 6)
Eubulus: II, 139, 1 (86, 1)
Eudemon: II, 232, 4 (°100, 18)
Eufrates: u. Euphrates
Eugenius: I, 569, 17 (60, 15, 4)
Euilat: III, 121, 18 (125, 3, 2)
Eulogius: II, 147, 7 (°92, praef.); II, 155, 6 (93, 1)
Eumenides: I, 311, 2 (40, 2, 3)
Eunomianus: II, 191, 2 (°98, 6, 2); III, 258, 8 (133, 11, 4)
Eunomius: III, 117, 13 (124, 15, 2)
Euodius: III, 292, 2 (142, 2)
Euphrates: I, 28, 17 (7, 3, 2); I, 309, 9 (40, 1, 2); I, 404, 21 (°51, 5, 6); I, 571,
 14 (60, 16, 5); III, 163, 4 (129, 1, 2)
Euripides: I, 430, 2 (52, 8, 3)
Eusebius (Caes.): I, 259, 18 (34, 1, 1); I, 348, 19 (48, 3, 2); I, 369, 10 (49, 13,
 4); I, 384, 12 (49, 19, 4); I, 510, 9 (57, 5, 6); I, 703, 12 (70, 3, 1); I,
 703, 14 (70, 3, 2); I, 706, 11 (70, 4, 4); II, 14, 14 (73, 2, 2); II, 122, 14

(84, 2, 2); II, 132, 13 (84, 10, 1); II, 133, 18 (84, 11, 3); II, 133, 22
(84, 11, 3); II, 133, 24 (84, 11, 3); II, 144, 18 (°90, 3); II, 147, 10
(°92, praef.); II, 248, 20 (106, 2, 2); II, 390, 6 (112, 20, 2); II, 390, 11
(112, 20, 3); II, 452, 21 (119, 6, 1); II, 468, 10 (119, 11, 4); III, 247, 8
(133, 3, 9)

Eusebius (Cremonensis): I, 464, 9 (53, 11, 1); I, 504, 23 (57, 2, 2); I, 579, 16
(61, 3, 3)

Eusebius (diaconus): I, 32, 10 (8, 2)

Eusebius (Emisenus): I, 706, 12 (70, 4, 4); II, 14, 14 (73, 2, 2); II, 371, 10
(112, 4, 4); II, 414, 13 (°116, 23, 3)

Eusebius (monachus): III, 246, 12 (133, 3, 6)

Eusebius (presbyter): II, 23, 11 (74, 1, 1); II, 158, 20 (°95, 3); III, 293, 8 (143,
2, 1)

Eusebius (Uercellensis): I, 577, 16 (61, 2, 3); II, 390, 10 (112, 20, 3)

Eustathius: I, 706, 11 (70, 4, 4); II, 14, 15 (73, 2, 2)

Eustochia: *u. et* Eustochium: I, 181, 1 (22, 26, 1); I, 305, 24 (39, 6, 1); I, 308,
18 (39, 8, 2); I, 440, 8 (52, 17, 1); II, 296, 11 (107, 5, 2); II, 346, 6
(108, 27, 2); II, 350, 18 (108, 33, 2); III, 293, 10 (143, 2, 1); III, 364, 5
(151, 2); III, 366, 3 (153, 2); III, 367, 22 (154, 2)

Eustochium: *u. et* Eustochia: I, 145, 15 (22, 2, 1); I, 248, 11 (30, 14, 1); I, 252,
16 (32, 1, 3); I, 328, 12 (45, 7); I, 382, 7 (49, 18, 3); I, 467, 1 (54, 2,
1); I, 648, 15 (66, 2, 1); I, 650, 1 (66, 3, 2); I, 664, 6 (66, 13, 2); II,
213, 2 (99, 2, 3); II, 304, 4 (107, 13, 3); II, 308, 6 (108, 2, 2); II, 309,
14 (108, 4, 1); II, 312, 1 (108, 6, 4); II, 345, 4 (108, 26, 4); II, 348, 19
(108, 29, 3); II, 349, 10 (108, 31, 1); III, 95, 8 (123, 17, 3); III, 149, 16
(127, 5, 2); III, 262, 11 (134, 2, 1); III, 264, 18 (°137, 1)

Eutasius: II, 147, 15 (°92, praef.)

Euthymius: II, 144, 18 (°90, 3); III, 246, 12 (133, 3, 6)

Euxinus: I, 2, 1 (1, 2, 1)

Euzoius: I, 260, 5 (34, 1, 1)

Exsuperius: I, 478, 15 (54, 11, 2); III, 92, 15 (123, 15, 4); III, 141, 14 (125, 20,
3)

Exuperius: *u.* Exsuperius

Ezechias/Ezechia: I, 87, 11 (18 A, 10, 3); I, 176, 4 (22, 23, 3); I, 274, 3 (36, 6,
1); I, 289, 12 (38, 1); I, 572, 11 (60, 17, 2); II, 9, 3 (72, 1, 3); II, 9, 6
(72, 1, 3); II, 11, 21 (72, 4, 2); II, 12, 4 (72, 4, 3)

Ezechiel: I, 75, 13 (18 A, 1, 3); I, 76, 18 (18 A, 2, 3); I, 81, 12 (18 A, 6, 5); I,
82, 14 (18 A, 6, 8); I, 121, 7 (21, 13, 1); I, 159, 3 (22, 11, 4); I, 219,

18 (25, 4); I, 250, 8 (31, 2, 1); I, 255, 23 (33, 4, 2); I, 257, 14 (33, 4, 6); I, 261, 8 (34, 2, 2); I, 286, 11 (37, 1, 2); I, 309, 12 (40, 1, 2); I, 330, 20 (°46, 2, 2); I, 386, 11 (49, 21, 2); I, 450, 14 (53, 4, 4); I, 460, 12 (53, 8, 16); I, 472, 13 (54, 6, 4); I, 608, 18 (64, 18, 10); I, 613, 15 (64, 21, 3); I, 640, 3 (65, 18, 1); I, 649, 3 (66, 2, 2); I, 677, 4 (68, 1, 5); I, 689, 13 (69, 6, 2); I, 692, 15 (69, 7, 2); I, 703, 3 (70, 2, 6); II, 24, 22 (74, 3, 1); II, 25, 6 (74, 3, 2); II, 58, 2 (78, 8, 1); II, 68, 7 (78, 19, 2); II, 69, 14 (78, 22, 2); II, 74, 20 (78, 32); II, 283, 10 (106, 67, 3); II, 320, 13 (108, 12, 1); III, 18, 15 (121, 5, 2); III, 46, 5 (121, 10, 14); III, 57, 14 (122, 1, 4); III, 58, 1 (122, 1, 6); III, 58, 21 (122, 1, 8); III, 86, 3 (123, 12, 2); III, 144, 3 (126, 2, 1); III, 163, 15 (129, 1, 3); III, 166, 8 (129, 2, 6); III, 176, 20 (130, 2, 2); III, 247, 27 (133, 4, 1); III, 285, 13 (140, 15, 3); III, 317, 19 (147, 3, 5)

Ezechihel: *u.* Ezechiel

Fabia: II, 40, 4 (77, 3, 5)

Fabianus: II, 132, 23 (84, 10, 2)

Fabiola: I, 595, 12 (64, 8, 1); II, 37, 16 (77, 2, 1); II, 38, 15 (77, 2, 3); II, 43, 26 (77, 6, 4); II, 44, 4 (77, 6, 5); II, 48, 8 (77, 11, 2); II, 48, 23 (77, 12); III, 144, 18 (126, 2, 3)

Fabius?: I, 659, 7 (66, 9, 2)

Fabius (Quintus): *u. et* Maximus, Quintus Fabius, Quintus Maximus: I, 564, 3 (60, 12, 3)

Fabius (Fabiorum gens): II, 38, 13 (77, 2, 3)

Fabricius: I, 506, 17 (57, 3, 2); I, 533, 22 (58, 5, 2)

Faleg: II, 19, 5 (73, 5, 4); II, 19, 6 (73, 5, 4)

Faliscus: I, 506, 12 (57, 3, 2)

Famenoth: II, 181, 4 (°96, 20, 4); II, 231, 16 (°100, 17, 1)

Fanuel: *u.* Phanuel

Fanuhel: *u.* Phanuel

Faran: *u.* Pharan

Farao: *u.* Pharao

Farmuth: *u.* Pharmuth

Fasis: *u.* Phasis

Faustina: II, 435, 22 (118, 2, 1)

Faustinus: I, 583, 14 (62, 2, 1)

Faustus (Manicheus): II, 408, 25 (°116, 17, 2)

Februarius: II, 351, 3 (108, 34)

Feliciana: I, 248, 12 (30, 14, 1)

Felicitas: I, 328, 14 (45, 7)

Fennenna: III, 87, 3 (123, 12, 4)

Finees: I, 277, 14 (36, 11, 2); I, 277, 18 (36, 11, 3); I, 364, 5 (49, 9, 2); I, 486, 11 (55, 1, 2); I, 491, 20 (55, 3, 5); I, 587, 9 (64, 1, 2); I, 651, 1 (66, 4, 1); II, 84, 13 (78, 43, 2); II, 322, 11 (108, 13, 2); II, 354, 13 (109, 3, 1); III, 325, 19 (147, 9, 4)

Firmianus: I, 258, 20 (33, 4, 9); I, 703, 6 (70, 3, 1)

Firmus (presbyter, libellarius): II, 249, 1 (106, 2, 2); II, 269, 17 (106, 46, 4); II, 396, 5 (115, 1)[2]; II, 397, 14 (°116, 1, 1); II, 421, 28 (°116, 36, 1)

Firmus[3]: III, 262, 14 (133, 2, 2); III, 262, 18 (134, 2, 2)

Flaccus (Horatius): *u. et* Horatius: I, 25, 4 (6, 2, 1); I, 225, 13 (27, 3, 1); I, 461, 7 (53, 8, 17); III, 242, 24 (133, 1, 4)

Flaccus (Cicero pro Flacco): I, 37, 13 (10, 3, 1)

Flauia Domitilla: II, 312, 9 (108, 7, 1)

Formionicus: I, 393, 4 (50, 4, 4)

Fortunatianus: I, 38, 2 (10, 3, 2)

Fortunatus: I, 384, 15 (49, 19, 4)

Fretela: II, 247, 4 (106, praef.)

Fronto: III, 131, 14 (125, 12, 1)

Furia: II, 479, 9 (120, 1, 15); III, 95, 9 (123, 17, 3)

Furiae: I, 311, 2 (40, 2, 3)

Furianus: I, 469, 6 (54, 4, 2); I, 654, 1 (66, 6, 1)

Furius: II, 48, 15 (77, 11, 3)

Gaas: II, 322, 11 (108, 13, 2)

Gabaa: II, 314, 13 (108, 8, 3)

Gabaath: II, 322, 11 (108, 13, 2)

Gabaon: II, 314, 10 (108, 8, 3)

Gabaonites: II, 314, 11 (108, 8, 3)

Gabinius: III, 174, 9 (129, 7, 2)

Gabriel: I, 203, 15 (22, 38, 3); II, 129, 5 (84, 7, 3); II, 155, 25 (93, 2); II, 298, 13 (107, 7, 2)

Gabrihel: *u.* Gabriel

Gad: I, 486, 10 (55, 1, 2); II, 85, 4 (78, 43, 4); III, 171, 13 (129, 5, 1)

Gadgad: II, 74, 2 (78, 31, 1); II, 74, 16 (78, 32)

Gaditanus: I, 444, 2 (53, 1, 3)

---

[2]Cf. Index criticus.

[3]Cf. Rebenich, Hieronymus und sein Kreis, 126 Anm. 624.

Gai: II, 36, 19 (76, 3, 2)

Gaidad: I, 272, 3 (36, 4, 1) (*bis*)

Gaius: III, 310, 4 (146, 1, 5)

Galaad: II, 86, 6 (78, 43, 7); II, 91, 4 (79, 3, 3)

Galaadites: II, 244, 17 (105, 3, 3)

Galata: I, 412, 2 (°51, 9, 3)

Galatae: I, 257, 2 (33, 4, 5); I, 258, 16 (33, 4, 8); I, 364, 19 (49, 10, 1); I, 370,
2 (49, 13, 5); I, 498, 17 (°56, 3, 1); I, 668, 1 (°67, 3, 1); II, 27, 6 (74,
4, 5); II, 360, 14 (°110, 5, 2); II, 370, 16 (112, 4, 1); II, 371, 3 (112, 4,
3); II, 372, 26 (112, 6, 1); II, 373, 12 (112, 6, 2); II, 405, 13 (°116, 13,
2); II, 414, 28 (°116, 24, 2); II, 417, 13 (°116, 29, 1); III, 31, 25 (121,
8, 9)

Galatia: I, 14, 18 (3, 3, 1)

Galenus: I, 475, 16 (54, 9, 4)

Galgala: II, 36, 17 (76, 3, 2); II, 321, 12 (108, 12, 4)

Galilaea: I, 285, 10 (36, 16, 6); I, 344, 3 (°46, 13, 3); I, 344, 12 (°46, 13, 3); I,
366, 2 (49, 11, 1); II, 323, 18 (108, 13, 6); II, 394, 13 (114, 1, 1); II,
471, 11 (120, cap. 7); II, 487, 7 (120, 5, 10); II, 488, 13 (120, 7, 1)

Galileus: I, 704, 6 (70, 3, 2)

Galla: III, 248, 13 (133, 4, 3)

Gallia: I, 340, 1 (°46, 10, 2); I, 569, 4 (60, 15, 2); II, 32, 17 (75, 3, 2); II, 422,
10 (117, 1, 1); II, 472, 11 (120, praef. 1); II, 472, 19 (120, praef. 2);
III, 3, 4 (121, praef. 1); III, 81, 4 (123, 7, 3); III, 92, 2 (123, 15, 2); III,
93, 15 (123, 16, 2); III, 123, 4 (125, 6, 1); III, 179, 7 (130, 4, 4); III,
310, 15 (146, 1, 7); III, 363, 18 (151, 1)

Gallicanus: I, 288, 6 (37, 3, 1); I, 539, 17 (58, 10, 2)

Gallicus: I, 226, 6 (27, 3, 3); III, 123, 6 (125, 6, 1)

Gallius (Quintus): I, 429, 14 (52, 8, 3)

Gallograecia: III, 93, 15 (123, 16, 2)

Gallus (Cornelius?): I, 554, 17 (60, 5, 3)

Gallus: II, 48, 15 (77, 11, 3); III, 93, 13 (123, 16, 2); III, 93, 15 (123, 16, 2);
III, 181, 25 (130, 6, 4)

Gamalihel: *u.* Gamaliel

Gamaliel: I, 446, 14 (53, 3, 2); I, 506, 9 (57, 3, 2); II, 507, 15 (120, 11, 4); III,
25, 4 (121, 6, 16); III, 41, 19 (121, 10, 2)

Ganges: III, 121, 16 (125, 3, 2)

Garizim: *u.* Garizin

Garizin: I, 530, 11 (58, 3, 1); II, 322, 16 (108, 13, 3)

Garunna: II, 32, 18 (75, 3, 2)

Gaudentius: III, 162, 8 (128, 5, 4)

Gaza: I, 458, 1 (53, 8, 8); II, 292, 12 (107, 2, 3); II, 318, 19 (108, 11, 1); III, 170, 3 (129, 4, 2); III, 316, 19 (147, 3, 2)

Gedeon: I, 628, 9 (65, 10, 4)

Genesar: u. Gennesareth

Genius: II, 150, 24 (°92, 3, 2)

Gennadius (episc.): II, 147, 8 (°92, praef.)

Gennesareth: I, 344, 7 (°46, 13, 3); III, 127, 5 (125, 8, 1)

Geon: I, 404, 18 (°51, 5, 5); I, 404, 18 (°51, 5, 6); I, 404, 19 (°51, 5, 6); I, 404, 21 (°51, 5, 6)

Gephan: II, 91, 2 (79, 3, 3)

Geras: II, 232, 4 (°100, 18)

Germania: II, 247, 10 (106, 1, 1); III, 81, 4 (123, 7, 3); III, 92, 11 (123, 15, 3)

Geruchia: III, 73, 1 (123, 1, 2); III, 73, 8 (123, 1, 2)

Gesen: II, 51, 14 (78, 1, 6); II, 324, 9 (108, 14, 1)

Getae: II, 247, 9 (106, 1, 1); II, 292, 16 (107, 2, 3)

Geth: III, 170, 4 (129, 4, 2)

Gethaeus: II, 324, 5 (108, 14, 1)

Giezi: I, 282, 8 (36, 15, 4)

Gildo: III, 95, 10 (123, 17, 3)

Gnaeus Pompeius: III, 174, 9 (129, 7, 2)

Gnathonicus: I, 393, 4 (50, 4, 4)

Gnosticus: I, 402, 25 (°51, 4, 7); II, 32, 16 (75, 3, 2); III, 245, 23 (133, 3, 4)

Godolias/Godolia: I, 87, 4 (18 A, 10, 2)

Gog: III, 144, 24 (126, 2, 3)

Golias: I, 236, 20 (29, 3, 7); I, 702, 5 (70, 2, 4); II, 368, 20 (112, 2, 2)

Goliath: u. Golias

Gomorra: I, 337, 4 (°46, 7, 2); I, 337, 18 (°46, 7, 4); I, 337, 19 (°46, 7, 4); II, 320, 2 (108, 11, 5); II, 500, 11 (120, 10, 1); II, 505, 8 (120, 10, 15); III, 56, 16 (122, 1, 2); III, 57, 7 (122, 1, 3); III, 85, 15 (123, 12, 1)

Gorgias: I, 368, 11 (49, 13, 1)

Gothicus: I, 569, 9 (60, 15, 3)

Gothonihel: II, 319, 15 (108, 11, 4)

Gothus: I, 553, 7 (60, 4, 2); I, 570, 15 (60, 16, 2); III, 181, 20 (130, 6, 3)

Gracchi: I, 469, 12 (54, 4, 2); I, 534, 3 (58, 5, 2); II, 306, 7 (108, 1, 1); II, 308, 11 (108, 3, 1); II, 350, 16 (108, 33, 2)

Gracchus: II, 292, 3 (107, 2, 2)

Graecia: I, 417, 12 (52, 3, 5); I, 538, 12 (58, 8, 3); I, 539, 18 (58, 10, 2); I,
    571, 6 (60, 16, 4); II, 248, 21 (106, 2, 2); II, 308, 12 (108, 3, 1); II,
    481, 14 (120, 3, 2); III, 123, 8 (125, 6, 1)
Graecus: I, 15, 14 (3, 4, 1); I, 37, 13 (10, 3, 1); I, 72, 2 (17, 2, 4); I, 75, 23 (18
    A, 1, 4); I, 78, 3 (18 A, 4, 1); I, 85, 12 (18 A, 8, 2); I, 86, 2 (18 A, 9,
    1); I, 98, 1 (18 B, 1, 2); I, 102, 19 (18 B, 5, 2); I, 103, 10 (°19); I, 105,
    2 (20, 2, 1); I, 107, 8 (20, 3, 4); I, 108, 13 (20, 4, 3); I, 108, 16 (20, 4,
    4); I, 108, 18 (20, 4, 4); I, 118, 1 (21, 6); I, 200, 8 (22, 35, 8); I, 219,
    16 (25, 3); I, 224, 11 (27, 1, 2); I, 226, 4 (27, 3, 2); I, 226, 5 (27, 3, 2);
    I, 230, 6 (28, 6, 1); I, 230, 7 (28, 6, 1); I, 237, 12 (29, 4, 2); I, 253, 7
    (33, 1, 1); I, 254, 1 (33, 1, 2); I, 159, 3 (33, 5); I, 262, 14 (34, 3, 2); I,
    264, 13 (34, 5, 2); I, 278, 19 (36, 12); I, 288, 4 (37, 2, 2); I, 293, 4
    (38, 5, 2); I, 294, 8 (39, 1, 2); I, 294, 11 (39, 1, 3); I, 339, 15 (°46, 9,
    2); I, 346, 20 (47, 3, 2); I, 349, 15 (48, 4, 2); I, 354, 16 (49, 3, 1); I,
    357, 3 (49, 4, 6); I, 401, 15 (°51, 4, 4); I, 401, 18 (°51, 4, 4); I, 401,
    20 (°51, 4, 4); I, 418, 13 (52, 3, 6); I, 421, 12 (52, 5, 1); I, 435, 3 (52,
    11, 4); I, 449, 14 (53, 4, 1); I, 487, 7 (55, 1, 3); I, 487, 8 (55, 1, 3); I,
    489, 10 (55, 2, 6); I, 491, 14 (55, 3, 4); I, 497, 16 (°56, 2, 1); I, 505, 5
    (57, 2, 2); I, 508, 11 (57, 5, 2); I, 509, 15 (57, 5, 4); I, 512, 3 (57, 6,
    3); I, 524, 3 (57, 11, 3); I, 524, 5 (57, 11, 4); I, 524, 12 (57, 12, 1); I,
    526, 12 (57, 13, 1); I, 553, 3 (60, 4, 2); I, 564, 11 (60, 12, 4); I, 577,
    14 (61, 2, 3); I, 578, 7 (61, 2, 5); I, 581, 7 (61, 4, 2); I, 583, 18 (62, 2,
    1); I, 597, 15 (64, 10, 1); I, 599, 13 (64, 13); I, 602, 15 (64, 16, 1); I,
    636, 5 (65, 14, 7); I, 672, 9 (°67, 7, 1); I, 688, 4 (69, 5, 5); I, 701, 18
    (70, 2, 3); I, 704, 11 (70, 3, 3); II, 6, 6 (71, 5, 2); II, 6, 11 (71, 5, 3);
    II, 6, 12 (71, 5, 3); II, 8, 8 (72, 1, 1); II, 9, 19 (72, 2, 3); II, 16, 10 (73,
    4, 1); II, 17, 16 (73, 5, 1); II, 20, 14 (73, 7, 1); II, 22, 19 (73, 10, 1);
    II, 24, 13 (74, 2, 2); II, 31, 16 (75, 2, 2); II, 52, 2 (78, 2, 1); II, 60, 16
    (78, 11, 2); II, 66, 15 (78, 17, 3); II, 67, 17 (78, 18); II, 68, 16 (78, 20,
    2); II, 75, 14 (78, 34, 1); II, 75, 15 (78, 34, 1); II, 92, 3 (79, 4, 2); II,
    98, 4 (79, 9, 2); II, 102, 5 (°80, 1, 1); II, 102, 9 (°80, 1, 1); II, 103, 21
    (°80, 2, 2); II, 131, 8 (84, 9, 1); II, 134, 18 (84, 12, 2); II, 137, 1 (85,
    3, 2); II, 137, 3 (85, 3, 2); II, 166, 23 (°96, 9, 1); II, 177, 7 (°96, 17,
    2); II, 184, 5 (97, 3, 1); II, 184, 21 (97, 4); II, 199, 18 (°98, 15, 1); II,
    212, 8 (99, 1, 2); II, 239, 23 (°104, 3, 1); II, 239, 25 (°104, 3, 1) (bis);
    II, 240, 3 (°104, 3, 1); II, 240, 7 (°104, 3, 2); II, 240, 14 (°104, 4, 1);
    II, 240, 17 (°104, 4, 1); II, 240, 18 (°104, 4, 1); II, 240, 23 (°104, 4,
    2); II, 241, 8 (°104, 5, 1); II, 241, 11 (°104, 5, 2); II, 241, 18 (°104, 6,

1); II, 241, 19 (°104, 6, 1); II, 241, 25 (°104, 6, 2); II, 242, 2 (°104, 6, 2); II, 242, 4 (°104, 6, 2); II, 247, 10 (106, 1, 1); II, 248, 18 (106, 2, 1); II, 249, 6 (106, 2, 3); II, 249, 7 (106, 2, 3); II, 249, 18 (106, 3, 1); II, 249, 22 (106, 3, 1); II, 250, 7 (106, 3, 3); II, 250, 10 (106, 3, 3); II, 250, 14 (106, 4, 1); II, 251, 5 (106, 5); II, 251, 10 (106, 6, 1); II, 252, 2 (106, 7, 1); II, 252, 6 (106, 7, 2); II, 252, 9 (106, 7, 2); II, 252, 13 (106, 7, 2); II, 252, 15 (106, 8, 1); II, 252, 19 (106, 8, 1); II, 252, 22 (106, 8, 2); II, 253, 6 (106, 9, 1); II, 253, 10 (106, 9, 2); II, 253, 15 (106, 9, 3); II, 253, 18 (106, 9, 4); II, 253, 21 (106, 9, 5); II, 253, 25 (106, 9, 6); II, 254, 8 (106, 10); II, 254, 12 (106, 11, 1); II, 255, 4 (106, 12, 2); II, 255, 5 (106, 12, 2); II, 255, 9 (106, 12, 2); II, 255, 14 (106, 13); II, 255, 19 (106, 14, 1); II, 255, 22 (106, 14, 2); II, 256, 3 (106, 15); II, 256, 9 (106, 17, 1); II, 257, 6 (106, 18, 2); II, 257, 12 (106, 19, 1); II, 257, 18 (106, 19, 2); II, 257, 22 (106, 20); II, 258, 1 (106, 21); II, 258, 5 (106, 22); II, 258, 11 (106, 23, 1); II, 258, 16 (106, 23, 2); II, 258, 19 (106, 24); II, 259, 11 (106, 25, 3); II, 259, 17 (106, 26, 1); II, 259, 20 (106, 26, 2); II, 259, 25 (106, 26, 3); II, 260, 2 (106, 27); II, 260, 7 (106, 28, 1); II, 260, 13 (106, 28, 2); II, 260, 18 (106, 28, 3); II, 260, 23 (106, 29, 1); II, 261, 1 (106, 29, 2); II, 261, 7 (106, 29, 3); II, 261, 11 (106, 30, 1); II, 261, 25 (106, 30, 3); II, 262, 5 (106, 30, 4); II, 262, 7 (106, 30, 4); II, 262, 12 (106, 31, 1); II, 262, 14 (106, 31, 2); II, 262, 21 (106, 31, 3); II, 263, 3 (106, 32, 1); II, 263, 7 (106, 32, 2); II, 263, 14 (106, 33, 1); II, 263, 17 (106, 33, 2); II, 263, 21 (106, 33, 3); II, 264, 1 (106, 33, 4); II, 264, 5 (106, 33, 5); II, 264, 9 (106, 34); II, 264, 12 (106, 35, 1); II, 264, 16 (106, 35, 2); II, 264, 19 (106, 36); II, 264, 22 (106, 37); II, 265, 2 (106, 38); II, 265, 8 (106, 39, 1); II, 265, 13 (106, 39, 2); II, 265, 22 (106, 40, 2); II, 265, 25 (106, 41, 1); II, 266, 4 (106, 41, 2); II, 266, 11 (106, 41, 3); II, 266, 14 (106, 41, 4); II, 267, 2 (106, 41, 5); II, 267, 18 (106, 42); II, 267, 21 (106, 43, 1); II, 267, 23 (106, 43, 2); II, 267, 25 (106, 43, 3); II, 268, 2 (106, 44, 1); II, 268, 4 (106, 44, 2); II, 268, 8 (106, 44, 3); II, 268, 9 (106, 44, 3); II, 268, 12 (106, 45, 1); II, 268, 15 (106, 45, 2); II, 268, 18 (106, 45, 3); II, 268, 23 (106, 45, 5); II, 269, 5 (106, 46, 1); II, 269, 11 (106, 46, 3); II, 270, 14 (106, 46, 7); II, 270, 26 (106, 47); II, 271, 5 (106, 48, 2); II, 272, 1 (106, 49, 3); II, 272, 5 (106, 50, 1); II, 272, 18 (106, 50, 4); II, 273, 12 (106, 50, 6); II, 274, 1 (106, 51); II, 274, 5 (106, 51); II, 274, 9 (106, 52); II, 274, 13 (106, 53); II, 274, 18 (106, 54, 1); II, 274, 25 (106, 54, 2); II, 275, 6 (106, 54, 3); II, 275, 11 (106,

Γραῖκος: I, 470, 12 (54, 5, 2)
Gratianus: I, 569, 10 (60, 15, 3)
Gregorius (Nazianzenus): I, 258, 20 (33, 4, 9); I, 389, 7 (50, 1, 3); I, 429, 4
     (52, 8, 2); I, 706, 14 (70, 4, 4)
Gregorius (presbyter et abbas): I, 398, 18 (°51, 2, 3); I, 399, 1 (°51, 2, 4); I,
     399, 2 (°51, 2, 4)
Gregorius (Theodorus): I, 706, 7 (70, 4, 4)
Grunnius: III, 137, 16 (125, 18, 2)
Gypedes: III, 92, 4 (123, 15, 2)
Hadria: II, 243, 8 (105, 1, 2); II, 354, 8 (109, 2, 5)
Hadrianus: u. et Aelius Adrianus: I, 531, 15 (58, 3, 5); I, 704, 16 (70, 4, 1); II,
     315, 1 (108, 9, 1); III, 174, 13 (129, 7, 3)
Hadriaticus: I, 675, 5 (68, 1, 1); II, 312, 12 (108, 7, 2)
Halani: III, 92, 4 (123, 15, 2)
Halus: II, 59, 20 (78, 10, 1); II, 60, 23 (78, 12, 1); II, 61, 6 (78, 12, 2); II, 61,
     13 (78, 13, 1); II, 62, 12 (78, 13, 4)
Halys: I, 571, 13 (60, 16, 5)
Hannibal: I, 26, 13 (7, 1, 2); II, 244, 9 (105, 3, 2); III, 93, 17 (123, 16, 3); III,
     328, 4 (147, 11, 2)
Hasdrubal: III, 80, 19 (123, 7, 2)
Heber: II, 19, 5 (73, 5, 4)
Hebion: II, 381, 20 (112, 13, 1); II, 386, 18 (112, 16, 3); II, 407, 18 (°116, 16,·
     1)
Hebionita: I, 402, 25 (°51, 4, 7); II, 381, 23 (112, 13, 2)
Hebraeus: I, 81, 3 (18 A, 6, 4); I, 82, 3 (18 A, 6, 7); I, 84, 12 (18 A, 7, 6); I,
     84, 14 (18 A, 7, 6); I, 86, 16 (18 A, 10, 1); I, 93, 6 (18 A, 15, 2); I,
     95, 15 (18 A, 15, 9); I, 98, 1 (18 B, 1, 2); I, 99, 12 (18 B, 2, 3); I, 101,
     11 (18 B, 4, 2); I, 103, 2 (18 B, 5, 3); I, 104, 2 (°19); I, 104, 9 (20, 1);
     I, 105, 6 (20, 2, 1); I, 105, 20 (20, 2, 3); I, 106, 3 (20, 3, 1); I, 107, 4
     (20, 3, 4); I, 108, 15 (20, 4, 3); I, 109, 3 (20, 5, 1); I, 109, 16 (20, 5,
     3); I, 110, 4 (20, 5, 4); I, 218, 6 (25, 1); I, 221, 1 (26, 1); I, 221, 17
     (26, 3); I, 222, 2 (26, 3); I, 222, 7 (26, 4, 1); I, 222, 8 (26, 4, 1); I,
     222, 13 (26, 4, 2); I, 222, 14 (26, 4, 2); I, 223, 2 (26, 5); I, 223, 11
     (27, 1, 1); I, 228, 1 (28, 2, 2); I, 228, 6 (28, 4, 1); I, 229, 11 (28, 4, 2);
     I, 229, 15 (28, 5); I, 230, 5 (28, 6, 1); I, 230, 6 (28, 6, 1); I, 230, 17
     (28, 6, 2); I, 231, 8 (28, 6, 3); I, 233, 5 (29, 1, 3); I, 234, 6 (29, 2, 4);
     I, 234, 15 (29, 3, 1); I, 238, 16 (29, 4, 5); I, 239, 2 (29, 4, 6); I, 239, 8
     (29, 5, 1); I, 239, 14 (29, 5, 2); I, 240, 13 (29, 6, 2); I, 241, 1 (29, 6,

3); I, 244, 1 (30, 1); I, 244, 16 (30, 3, 1); I, 252, 7 (32, 1, 2); I, 258, 18 (33, 4, 8); I, 260, 18 (34, 2, 1); I, 261, 10 (34, 2, 3); I, 261, 14 (34, 2, 3); I, 262, 13 (34, 3, 2); I, 262, 22 (34, 4, 1); I, 263, 9 (34, 4, 3); I, 264, 15 (34, 5, 2); I, 268, 8 (36, 1, 1); I, 272, 5 (36, 4, 1); I, 273, 9 (36, 5, 3); I, 278, 12 (36, 12); I, 279, 6 (36, 13, 1); I, 279, 15 (36, 13, 2); I, 280, 13 (36, 14, 1); I, 284, 7 (36, 16, 4); I, 286, 6 (37, 1, 1); I, 287, 10 (37, 1, 3); I, 288, 11 (37, 3, 2); I, 294, 12 (39, 1, 3); I, 328, 5 (45, 6, 2); I, 349, 11 (48, 4, 1); I, 383, 22 (49, 19, 2); I, 389, 8 (50, 1, 3); I, 434, 6 (52, 11, 3); I, 454, 16 (53, 8, 1); I, 461, 1 (53, 8, 16); I, 462, 19 (53, 9, 3); I, 498, 2 (°56, 2, 2); I, 498, 9 (°56, 2, 3); I, 5i2, 12 (57, 7, 1); I, 513, 9 (57, 7, 3); I, 514, 9 (57, 7, 5); I, 515, 16 (57, 7, 8); I, 516, 12 (57, 8, 2); I, 517, 15 (57, 8, 4); I, 520, 17 (57, 9, 7); I, 522, 7 (57, 10, 4); I, 523, 2 (57, 11, 1); I, 523, 18 (57, 11, 3); I, 553, 3 (60, 4, 2); I, 597, 14 (64, 10, 1); I, 598, 6 (64, 11, 1); I, 601, 4 (64, 15, 1); I, 602, 6 (64, 15, 4); I, 605, 4 (64, 18, 1); I, 605, 12 (64, 18, 2); I, 607, 6 (64, 18, 6); I, 627, 10 (65, 10, 1); I, 628, 19 (65, 11, 1); I, 628, 22 (65, 11, 1); I, 635, 13 (65, 14, 5); I, 636, 15 (65, 15, 1); I, 637, 14 (65, 15, 4); I, 639, 17 (65, 17, 1); I, 640, 1 (65, 18, 1); I, 641, 2 (65, 19, 1); I, 704, 10 (70, 3, 3); II, 3, 16 (71, 2, 3); II, 6, 11 (71, 5, 3); II, 11, 22 (72, 4, 3); II, 15, 10 (73, 2, 2); II, 16, 9 (73, 4, 1); II, 18, 4 (73, 5, 2); II, 20, 10 (73, 6, 3); II, 20, 14 (73, 7, 1); II, 21, 9 (73, 8, 2); II, 22, 3 (73, 9, 2); II, 51, 5 (78, 1, 4); II, 51, 23 (78, 2, 1); II, 52, 11 (78, 2, 3); II, 54, 9 (78, 3, 5); II, 59, 4 (78, 9, 2); II, 60, 5 (78, 11, 1); II, 64, 10 (78, 15, 1); II, 68, 15 (78, 20, 2); II, 72, 4 (78, 28); II, 75, 1 (78, 33); II, 79, 18 (78, 38, 1); II, 81, 2 (78, 40, 1); II, 100, 24 (79, 11, 3); II, 153, 12 (°92, 4, 5); II, 239, 22 (°104, 3, 1); II, 239, 24 (°104, 3, 1); II, 240, 1 (°104, 3, 1); II, 240, 3 (°104, 3, 1); II, 240, 4 (°104, 3, 2); II, 240, 7 (°104, 3, 2); II, 240, 8 (°104, 3, 2); II, 240, 10 (°104, 3, 3); II, 240, 20 (°104, 4, 2); II, 240, 21 (°104, 4, 2); II, 240, 24 (°104, 4, 2); II, 241, 10 (°104, 5, 2); II, 241, 24 (°104, 6, 2); II, 248, 18 (106, 2, 1); II, 249, 16 (106, 2, 4); II, 250, 17 (106, 4, 2); II, 251, 7 (106, 5); II, 251, 12 (106, 6, 1); II, 252, 3 (106, 7, 1); II, 252, 9 (106, 7, 2); II, 252, 20 (106, 8, 1); II, 253, 12 (106, 9, 2); II, 253, 16 (106, 9, 3); II, 254, 2 (106, 9, 7); II, 254, 4 (106, 9, 7); II, 254, 9 (106, 10); II, 255, 20 (106, 14, 1); II, 257, 19 (106, 19, 2); II, 257, 23 (106, 20); II, 258, 12 (106, 23, 1); II, 258, 20 (106, 24); II, 259, 5 (106, 25, 1); II, 259, 9 (106, 25, 2); II, 259, 12 (106, 25, 3); II, 260, 11 (106, 28, 1); II, 260, 14 (106, 28, 2); II, 262, 18 (106, 31, 2); II, 263, 10 (106, 32, 2); II, 263, 15

(106, 33, 1); II, 263, 19 (106, 33, 2); II, 264, 2 (106, 33, 4); II, 264, 13
(106, 35, 1); II, 264, 16 (106, 35, 2); II, 265, 5 (106, 38); II, 265, 13
(106, 39, 2); II, 265, 19 (106, 40, 1); II, 266, 15 (106, 41, 4); II, 267, 6
(106, 41, 5); II, 268, 10 (106, 44, 3); II, 268, 17 (106, 45, 2); II, 268,
24 (106, 45, 5); II, 269, 19 (106, 46, 4); II, 270, 15 (106, 46, 7); II,
271, 10 (106, 49, 1); II, 272, 6 (106, 50, 1); II, 272, 8 (106, 50, 2); II,
272, 14 (106, 50, 3); II, 273, 10 (106, 50, 6); II, 273, 16 (106, 50, 6);
II, 273, 26 (106, 50, 7); II, 274, 5 (106, 51); II, 275, 19 (106, 55, 1); II,
275, 23 (106, 55, 2); II, 276, 6 (106, 56, 2); II, 276, 21 (106, 57, 2); II,
277, 18 (106, 59); II, 278, 4 (106, 60, 2); II, 279, 10 (106, 63, 2); II,
279, 16 (106, 63, 2); II, 279, 20 (106, 63, 3); II, 279, 24 (106, 63, 4);
II, 280, 24 (106, 65, 2); II, 281, 2 (106, 65, 3); II, 281, 14 (106, 65, 5);
II, 281, 19 (106, 65, 5); II, 281, 21 (106, 65, 6); II, 282, 16 (106, 66,
3); II, 282, 23 (106, 67, 1); II, 283, 22 (106, 68, 2); II, 284, 3 (106, 69,
1); II, 284, 13 (106, 70, 1); II, 284, 16 (106, 70, 2); II, 286, 4 (106, 75,
6); II, 286, 13 (106, 75, 7); II, 286, 19 (106, 75, 8); II, 287, 2 (106,
77); II, 287, 7 (106, 78); II, 288, 4 (106, 81); II, 289, 8 (106, 86, 1); II,
289, 18 (106, 86, 3); II, 319, 10 (108, 11, 3); II, 344, 25 (108, 26, 3);
II, 389, 7 (112, 19, 1); II, 390, 23 (112, 20, 4); II, 391, 7 (112, 20, 5);
II, 391, 7 (112, 20, 5); II, 391, 9 (112, 21, 1); II, 391, 11 (112, 21, 1);
II, 391, 25 (112, 21, 3); II, 392, 17 (112, 22, 2); II, 393, 3 (112, 22, 2);
II, 393, 4 (112, 22, 2); II, 420, 25 (°116, 34, 1); II, 421, 17 (°116, 35,
2); II, 421, 22 (°116, 35, 2); III, 9, 7 (121, 2, 4); III, 9, 18 (121, 2, 5);
III, 9, 19 (121, 2, 5); III, 9, 20 (121, 2, 5); III, 10, 8 (121, 2, 7); III, 10,
14 (121, 2, 7); III, 24, 5 (121, 6, 13); III, 41, 19 (121, 10, 2) (bis); III,
131, 12 (125, 12, 1); III, 168, 5 (129, 3, 4); III, 169, 8 (129, 3, 7); III,
183, 18 (130, 7, 4); III, 190, 11 (130, 10, 4); III, 272, 12 (140, 4, 2);
III, 275, 15 (140, 6, 5); III, 287, 15 (140, 18, 1); III, 326, 16 (147, 10,
1); III, 361, 20 (149, 5, 1)

Hebraicus: I, 104, 7 (20, 1); I, 231, 12 (28, 6, 4); I, 232, 14 (29, 1, 2); I, 238,
20 (29, 4, 5); I, 239, 3 (°19, 4, 6); I, 239, 11 (29, 5, 1); I, 242, 1 (29,
7, 2); I, 269, 20 (36, 2, 1); I, 383, 10 (49, 19, 1); I, 448, 12 (53, 3, 6);
I, 513, 17 (57, 7, 4); I, 513, 23 (57, 7, 4); I, 514, 20 (57, 7, 6); I, 517,
8 (57, 8, 4); I, 517, 12 (57, 8, 4); I, 517, 17 (57, 8, 4); I, 520, 2 (57, 9,
6); I, 520, 13 (57, 9, 7); I, 523, 12 (57, 11, 2); I, 600, 20 (64, 15, 1); I,
602, 4 (64, 15, 4); I, 602, 15 (64, 16, 1); I, 604, 17 (64, 17, 1); I, 605,
10 (64, 18, 2); I, 609, 6 (64, 19, 1); I, 619, 16 (65, 3, 1); I, 623, 14
(65, 6, 2); I, 624, 16 (65, 8, 1); I, 625, 23 (65, 9, 1); I, 629, 18 (65, 11,

3); I, 629, 21 (65, 12, 1); I, 631, 4 (65, 13, 1); I, 631, 10 (65, 13, 2); I,
633, 22 (65, 14, 1); I, 634, 14 (65, 14, 3); I, 636, 13 (65, 15, 1); I, 637,
20 (65, 16, 1); I, 640, 3 (65, 18, 1); I, 640, 8 (65, 18, 2); I, 642, 3 (65,
19, 5); I, 642, 14 (65, 20, 2); I, 644, 7 (65, 21, 1); I, 645, 24 (65, 22,
1); I, 689, 10 (69, 6, 2); II, 6, 7 (71, 5, 3); II, 9, 8 (72, 2, 1); II, 18, 5
(73, 5, 2); II, 20, 7 (73, 6, 3); II, 32, 12 (75, 3, 1); II, 58, 20 (78, 9, 1);
II, 60, 7 (78, 11, 1); II, 60, 10 (78, 11, 1); II, 60, 15 (78, 11, 2); II, 60,
18 (78, 11, 2); II, 61, 16 (78, 13, 1); II, 66, 16 (78, 17, 3); II, 76, 8
(78, 35, 2); II, 82, 11 (78, 40, 4); II, 115, 7 (82, 8, 2); II, 121, 15 (84,
2, 1); II, 166, 22 (°96, 9, 1); II, 247, 9 (106, 1, 1); II, 249, 8 (106, 2,
3); II, 250, 10 (106, 3, 3); II, 252, 6 (106, 7, 2); II, 253, 7 (106, 9, 1);
II, 253, 22 (106, 9, 5); II, 254, 19 (106, 11, 2); II, 255, 16 (106, 13)
(bis); II, 257, 3 (106, 18, 1); II, 257, 9 (106, 18, 2); II, 257, 15 (106,
19, 1); II, 257, 16 (106, 19, 1); II, 257, 18 (106, 19, 2); II, 259, 18
(106, 26, 2); II, 260, 17 (106, 28, 3); II, 260, 19 (106, 28, 3); II, 267,
12 (106, 41, 6); II, 268, 5 (106, 44, 2); II, 270, 2 (106, 46, 5); II, 270,
11 (106, 46, 6); II, 273, 6 (106, 50, 5); II, 277, 9 (106, 58, 1); II, 277,
11 (106, 58, 1); II, 280, 3 (106, 64); II, 281, 1 (106, 65, 3); II, 281, 6
(106, 65, 3); II, 284, 10 (106, 69, 2); II, 286, 6 (106, 75, 6); II, 288, 13
(106, 82); II, 288, 14 (106, 82); II, 289, 13 (106, 86, 2); II, 318, 1
(108, 10, 6); II, 345, 2 (108, 26, 3); II, 352, 20 (109, 1, 3); II, 389, 9
(112, 19, 1); II, 393, 1 (122, 22, 2); II, 482, 21 (120, 4, 3); II, 490, 1
(120, 8, 2); II, 514, 22 (120, 12, 11); III, 8, 8 (121, 2, 1); III, 9, 18
(121, 2, 5); III, 9, 27 (121, 2, 6); III, 10, 14 (121, 2, 7); III, 32, 24
(121, 8, 11); III, 45, 23 (121, 10, 13); III, 62, 6 (122, 2, 1); III, 270, 6
(140, 2, 1); III, 271, 7 (140, 2, 5); III, 273, 15 (140, 5, 1); III, 275, 6
(140, 6, 3); III, 275, 25 (140, 6, 6); III, 276, 3 (140, 6, 7); III, 276, 14
(140, 7, 1); III, 278, 21 (140, 9, 1); III, 279, 29 (140, 10, 2); III, 280,
11 (140, 11, 1); III, 280, 13 (140, 11, 1); III, 282, 7 (140, 13, 2); III,
284, 17 (140, 14, 3); III, 284, 25 (140, 15, 1); III, 284, 27 (140, 15, 1)

Hebrona: II, 74, 24 (78, 33); II, 75, 11 (78, 34, 1)
Hecuba: I, 567, 12 (60, 14, 4)
Hedybia: III, 56, 4 (122, 1, 1)
Heldad: II, 64, 21 (78, 15, 3)
Helena: I, 672, 9 (°67, 7, 1); II, 235, 6 (102, 1, 1); II, 314, 16 (108, 9, 1); III,
    161, 5 (128, 4, 6)
Helena (meretrix): III, 248, 1 (133, 4, 2)

Heli (sacerdos): I, 233, 17 (29, 2, 3); I, 456, 10 (53, 8, 5); I, 697, 17 (69, 9, 3);
        II, 95, 4 (79, 7, 4); II, 297, 1 (107, 6, 1); III, 255, 13 (133, 9, 3); III,
        326, 15 (147, 10, 1); III, 327, 2 (147, 10, 2); III, 331, 24 (148, 3, 3)
Heliab: I, 281, 18 (36, 15, 3)
Helianus: II, 147, 10 (°92, praef.)
Helias: I, 89, 19 (18 A, 12, 3); I, 147, 17 (22, 3, 4); I, 156, 9 (22, 9, 1); I, 167,
        10 (22, 18, 2); I, 172, 6 (22, 21, 3); I, 194, 11 (22, 32, 3); I, 344, 6
        (°46, 13, 3); I, 410, 11 (°51, 7, 4); I, 483, 16 (54, 16, 2); I, 520, 1 (57,
        9, 6); I, 534, 8 (58, 5, 3); I, 543, 19 (59, 3, 1); I, 544, 8 (59, 3, 3); II,
        4, 9 (71, 3, 1); II, 41, 10 (77, 4, 3); II, 41, 15 (77, 4, 3); II, 71, 6 (78,
        26, 3); II, 313, 9 (108, 8, 1); II, 321, 20 (108, 12, 5); II, 354, 14 (109,
        3, 1); II, 440, 9 (118, 4, 4); II, 447, 22 (119, 2, 2); II, 449, 7 (119, 4);
        II, 457, 24 (119, 7, 11); III, 7, 18 (121, 1, 9); III, 7, 20 (121, 1, 9); III,
        7, 21 (121, 1, 9); III, 7, 22 (121, 1, 9); III, 7, 23 (121, 1, 9); III, 20, 9
        (121, 5, 7); III, 20, 12 (121, 5, 7); III, 20, 17 (121, 5, 8); III, 64, 25
        (122, 3, 5); III, 65, 8 (122, 3, 5); III, 91, 4 (123, 14, 5); III, 178, 13
        (130, 4, 2); III, 178, 15 (130, 4, 2); III, 189, 25 (130, 10, 2); III, 270,
        10 (140, 2, 1); III, 326, 6 (147, 9, 5)
Helicon: I, 538, 8 (58, 8, 3)
Helim: II, 57, 21 (78, 8, 1); II, 58, 18 (78, 9, 1); II, 58, 22 (78, 9, 1); II, 59, 10
        (78, 9, 3)
Heliodorus: I, 13, 13 (3, 2, 1); I, 19, 10 (4, 1, 2); I, 23, 1 (5, 2, 4); I, 25, 1 (6,
        2, 1); I, 33, 7 (9, 1); I, 262, 15 (34, 3, 2); I, 264, 4 (34, 5, 1); I, 414, 3
        (52, 1, 1); I, 421, 5 (52, 4, 4); II, 37, 5 (77, 1, 1); II, 46, 20 (77, 9, 2)
Helisabet: u. Elisabeth
Helisabeth: u. Elisabeth
Helisaeus: u. Heliseus
Heliseus: I, 147, 13 (22, 3, 4); I, 156, 13 (22, 9, 2); I, 172, 6 (22, 21, 3); I,
        282, 6 (36, 15, 4); I, 343, 23 (°46, 13, 2); I, 534, 9 (58, 5, 3); II, 4, 10
        (71, 3, 1); II, 321, 16 (108, 12, 4); II, 321, 20 (108, 12, 5); II, 323, 1
        (108, 13, 4); II, 353, 22 (109, 2, 3); II, 473, 9 (120, praef. 4); II, 492,
        11 (120, 8, 10)
Heliu: II, 79, 15 (78, 38, 1)
Helles: III, 49, 2 (121, 10, 20)
Helpidius: II, 147, 15 (°92, praef.)
Heluidius: I, 174, 10 (22, 22, 1); I, 382, 2 (49, 18, 2)
Heopemptus: II, 232, 3 (°100, 18)
Heraclas: III, 310, 8 (146, 1, 6)

Heracleotes: II, 371, 11 (112, 4, 4); II, 391, 6 (112, 20, 2); II, 414, 13 (°116, 23, 3); II, 447, 18 (119, 2, 2)
Heraclides: II, 147, 16 (°92, praef.)
Heraclius: I, 675, 3 (68, 1, 1); II, 8, 10 (72, 1, 2)
Hercules: I, 320, 5 (43, 2, 4); I, 704, 4 (70, 3, 2)
Hermagoras: I, 464, 8 (53, 11, 1)
Hermogenes: I, 590, 11 (64, 2, 4)
Hermon: I, 344, 10 (°46, 13, 3); II, 323, 17 (108, 13, 6) (bis)
Hermonim: u. Hermon
Hermonin: u. Hermon
Herodes: I, 514, 17 (57, 7, 6); I, 516, 17 (57, 8, 3); II, 182, 13 (97, 1, 2); II, 313, 14 (108, 8, 2); II, 313, 18 (108, 8, 2); II, 316, 19 (108, 10, 2); II, 322, 22 (108, 13, 4); III, 82, 10 (123, 8, 3); III, 215, 26 (°131, 16, 4); III, 217, 28 (°131, 18, 5); III, 320, 7 (147, 4, 3)
Herodias: III, 7, 22 (121, 1, 9)
Herodotus: I, 534, 2 (58, 5, 2); II, 45, 21 (77, 8, 2)
Heron: II, 211, 1 (°98, 26)
Heruli: III, 92, 4 (123, 15, 2)
Hesdra: u. Esdras
Hesiodus: I, 418, 5 (52, 3, 5); I, 567, 13 (60, 14, 4)
Hester: I, 373, 1 (49, 14, 6); I, 461, 11 (53, 8, 18); I, 617, 15 (65, 1, 4); II, 90, 4 (79, 2, 5); II, 303, 2 (107, 12, 2); III, 179, 2 (130, 4, 3)
Hesychius: I, 506, 9 (57, 3, 2)
Hiarca: I, 444, 11 (53, 1, 4)
Hiberus: I, 25, 11 (6, 2, 2); II, 501, 3 (120, 10, 2)
Hiborita: III, 246, 2 (133, 3, 5)
Hicabod: I, 651, 3 (66, 4, 1)
Hieabarim: II, 80, 11 (78, 39, 1); II, 81, 1 (78, 40, 1); II, 81, 5 (78, 40, 1)
Hierapolitanus: I, 705, 8 (70, 4, 2)
Hieremias/Hieremia: I, 94, 5 (18 A, 15, 6); I, 99, 4 (18 B, 2, 2); I, 118, 12 (21, 7, 1); I, 172, 7 (22, 21, 3); I, 200, 15 (22, 36, 2); I, 215, 6 (24, 2); I, 245, 7 (30, 3, 2); I, 250, 9 (31, 2, 1); I, 256, 17 (33, 4, 4); I, 257, 14 (33, 4, 6); I, 279, 4 (36, 13, 1); I, 293, 11 (39, 1, 1); I, 309, 9 (40, 1, 2); I, 341, 21 (°46, 12, 1); I, 391, 22 (50, 4, 1); I, 403, 9 (°51, 5, 1); I, 404, 19 (°51, 5, 6); I, 460, 12 (53, 8, 16); I, 478, 8 (54, 11, 1); I, 512, 17 (57, 7, 2); I, 512, 21 (57, 7, 2); I, 513, 19 (57, 7, 4); I, 534, 12 (58, 5, 3); I, 616, 9 (65, 1, 2); I, 642, 8 (65, 19, 5); I, 644, 15 (65, 21, 2); II, 162, 10 (°96, 4, 2); II, 349, 19 (108, 31, 2); II, 383, 15 (112, 14, 3);

II, 409, 25 (°116, 18, 3); II, 431, 23 (117, 9, 2); II, 500, 17 (120, 10, 1); II, 511, 21 (120, 12, 2); III, 58, 13 (122, 1, 7); III, 60, 22 (122, 1, 14); III, 61, 21 (122, 1, 17); III, 63, 18 (122, 3, 1); III, 67, 1 (122, 3, 10); III, 86, 2 (123, 12, 2); III, 153, 11 (127, 10, 2); III, 163, 22 (129, 1, 3); III, 186, 6 (130, 7, 12); III, 252, 7 (133, 7, 3); III, 260, 6 (133, 13, 2); III, 273, 2 (140, 4, 4); III, 292, 3 (142, 2); III, 357, 18 (149, 2, 1)

Hiericho: I, 204, 16 (22, 38, 6); I, 419, 17 (52, 3, 8); I, 593, 13 (64, 5, 2); II, 36, 18 (76, 3, 2); II, 84, 2 (78, 43, 1); II, 86, 5 (78, 43, 7); II, 86, 9 (78, 43, 8); II, 320, 18 (108, 12, 3); II, 321, 10 (108, 12, 4); III, 19, 12 (121, 5, 5); III, 325, 5 (147, 9, 2)

Hierichuntinus: III, 255, 11 (133, 9, 3)

Hierichus: u. Hiericho

Hiericus: u. Hiericho

Hieroboam: I, 456, 14 (53, 8, 5); II, 170, 20 (°96, 12, 2)

Hieronymus: I, 20, 14 (4, 2, 2); I, 28, 15 (7, 3, 1); I, 103, 8 (°19); I, 265, 3 (°35, praef.); I, 268, 3 (36, praef.); I, 396, 20 (°51, 1, 5); I, 496, 4 (°56, praef.); I, 666, 4 (°67, praef.); II, 119, 14 (°83, praef.); II, 121, 3 (84, praef.); II, 138, 12 (86, praef.); II, 140, 2 (°87, praef.); II, 141, 3 (88, praef.); II, 142, 14 (°89, praef.); II, 145, 13 (°91, praef.); II, 211, 6 (99, praef.); II, 232, 12 (°101, praef.); II, 234, 11 (102, praef.); II, 237, 3 (103, praef.); II, 238, 10 (°104, praef.); II, 242, 12 (105, praef.); II, 247, 5 (106, praef.); II, 356, 12 (°110, praef.); II, 362, 1 (°110, 6, 3); II, 366, 18 (°111); II, 367, 12 (112, praef.); II, 394, 10 (114, praef.); II, 396, 3 (115, praef.); II, 397, 9 (°116, praef.); II, 420, 22 (°116, 33, 3); III, 142, 13 (126, praef.); III, 202, 5 (°131, 1, 1); III, 225, 14 (°132, 1, 1); III, 261, 4 (134, praef.); III, 263, 9 (°135); III, 263, 15 (°136, praef.); III, 265, 15 (138, praef.); III, 290, 3 (141, praef.); III, 292, 9 (143, praef.); III, 363, 15 (151, praef.); III, 364, 18 (152, praef.); III, 365, 17 (153, praef.); III, 367, 3 (154, praef.)

Hierosolyma: u. et Hierusalem, Iebus, Salem, Aelia: I, 20, 2 (4, 2, 1); I, 21, 5 (5, 1); I, 47, 6 (14, 3, 1); I, 48, 11 (14, 3, 5); I, 189, 11 (22, 30, 1); I, 301, 15 (39, 4, 3); I, 305, 22 (39, 5, 5); I, 324, 21 (45, 2, 2); I, 327, 13 (45, 6, 1); I, 330, 20 (°46, 2, 2); I, 338, 1 (°46, 7, 6); I, 338, 5 (°46, 7, 6); I, 338, 23 (°46, 8, 2); I, 339, 5 (°46, 8, 3); I, 339, 10 (°46, 9, 1); I, 445, 10 (53, 2, 1); I, 505, 12 (57, 2, 3); I, 529, 16 (58, 2, 3); I, 529, 17 (58, 2, 3); I, 530, 11 (58, 3, 1); I, 531, 7 (58, 3, 3); I, 531, 11 (58, 3, 4); I, 531, 13 (58, 3, 4); I, 532, 10 (58, 4, 1); I, 597, 17 (64, 10, 2); I,

630, 13 (65, 12, 3); II, 1, 15 (71, 1, 2); II, 15, 2 (73, 2, 2); II, 33, 9
(75, 4, 1); II, 44, 10 (77, 7, 1); II, 46, 2 (77, 8, 3); II, 123, 7 (84, 3, 2);
II, 155, 7 (93, 1); II, 243, 12 (105, 2, 1); II, 248, 24 (106, 2, 2); II,
312, 10 (108, 7, 1); II, 314, 18 (108, 9, 1); II, 315, 11 (108, 9, 3); II,
320, 9 (108, 12, 1); II, 345, 18 (108, 26, 5); II, 374, 14 (112, 7, 3); II,
375, 7 (112, 7, 6); II, 375, 8 (112, 7, 6); II, 376, 3 (112, 8, 2); II, 376,
6 (112, 8, 2); II, 378, 19 (112, 10, 1); II, 394, 14 (114, 1, 1); II, 401,
24 (°116, 8, 2); II, 403, 22 (°116, 10, 1); II, 403, 30 (°116, 10, 2); II,
489, 1 (120, 7, 1); II, 490, 10 (120, 8, 4); II, 493, 23 (120, 9, 3); II,
499, 2 (120, 9, 17); III, 53, 21 (121, 11, 9); III, 152, 1 (127, 8, 1); III,
170, 5 (129, 4, 2); III, 170, 6 (129, 4, 2); III, 172, 11 (129, 5, 3); III,
174, 11 (129, 7, 2); III, 320, 7 (147, 4, 3); III, 324, 18 (147, 9, 2); III,
328, 7 (147, 11, 2)
Hierosolymus (-orum urbs): II, 347, 18 (108, 28, 3)
Hierosolymita: II, 132, 1 (84, 9, 4)
Hierosolymitanus: II, 404, 1 (°116, 11, 1)
Hierusalem: u. et Hierosolyma, Iebus, Salem, Aelia: I, 48, 14 (14, 3, 5); I, 86,
9 (18 A, 9, 1); I, 86, 20 (18 A, 10, 1); I, 87, 16 (18 A, 10, 3); I, 94, 15
(18 A, 15, 6); I, 94, 17 (18 A, 15, 7); I, 99, 1 (18 B, 2, 2); I, 121, 8
(21, 13, 1); I, 125, 12 (21, 16); I, 127, 4 (21, 21, 2); I, 128, 6 (21, 24,
2); I, 128, 9 (21, 24, 3); I, 138, 2 (21, 39, 2); I, 145, 3 (22, 1, 3); I,
159, 2 (22, 11, 4); I, 171, 13 (22, 21, 1); I, 178, 14 (22, 24, 6); I, 182,
6 (22, 26, 4); I, 210, 6 (22, 41, 3); I, 250, 8 (31, 2, 1); I, 276, 18 (36,
10, 4); I, 280, 10 (36, 13, 4); I, 293, 12 (39, 1, 1); I, 309, 9 (40, 1, 2);
I, 312, 8 (41, 1, 2); I, 327, 18 (45, 6, 2); I, 332, 12 (°46, 3, 3); I, 333,
9 (°46, 4, 1) (bis); I, 333, 15 (°46, 4, 1); I, 335, 7 (°46, 6, 1); I, 335,
18 (°46, 6, 3); I, 335, 20 (°46, 6, 3); I, 337, 5 (°46, 7, 2); I, 338, 4
(°46, 7, 6); I, 339, 2 (°46, 8, 3); I, 456, 6 (53, 8, 4); I, 460, 4 (53, 8,
14); I, 478, 13 (54, 11, 2); I, 485, 14 (54, 18, 2); I, 523, 2 (57, 11, 1);
I, 544, 13 (59, 3, 3); I, 551, 19 (60, 3, 3); I, 593, 13 (64, 5, 2); I, 603,
16 (64, 16, 3); I, 660, 10 (66, 10, 1); I, 677, 4 (68, 1, 5); I, 703, 3 (70,
2, 6); II, 8, 14 (72, 1, 2); II, 10, 23 (72, 3, 2); II, 15, 3 (73, 2, 2); II,
17, 4 (73, 4, 2); II, 20, 14 (73, 7, 1); II, 21, 5 (73, 8, 1); II, 24, 22 (74,
3, 1); II, 36, 9 (76, 3, 1); II, 42, 7 (77, 4, 5); II, 68, 7 (78, 19, 2); II,
100, 9 (79, 11, 1); II, 149, 24 (°92, 2, 3); II, 167, 9 (°96, 9, 3); II, 167,
22 (°96, 9, 5); II, 170, 19 (°96, 12, 2); II, 176, 18 (°96, 16, 4); II, 176,
25 (°96, 16, 5); II, 178, 24 (°96, 18, 4); II, 185, 7 (°98, 1, 1); II, 205,
7 (°98, 19, 4); II, 208, 1 (°98, 22, 3); II, 209, 1 (°98, 23, 3); II, 221,

18 (°100, 8); II, 273, 27 (106, 51); II, 315, 18 (108, 9, 1); II, 471, 12
  (120, cap. 7); II, 488, 14 (120, 7, 1); II, 489, 7 (120, 7, 2); II, 491, 8
  (120, 8, 6); II, 491, 22 (120, 8, 8); II, 492, 1 (120, 8, 9); II, 492, 4
  (120, 8, 9); II, 492, 13 (120, 8, 10); II, 494, 24 (120, 9, 5); III, 2, 10
  (121, cap. 5); III, 13, 24 (121, 3, 2); III, 16, 2 (121, 4, 2); III, 18, 6
  (121, 5, 1); III, 18, 7 (121, 5, 1); III, 18, 13 (121, 5, 1); III, 19, 3 (121,
  5, 4); III, 19, 12 (121, 5, 5); III, 19, 15 (121, 5, 5); III, 19, 21 (121, 5,
  6); III, 20, 4 (121, 5, 7); III, 20, 5 (121, 5, 7); III, 60, 19 (122, 1, 13);
  III, 112, 26 (124, 11, 1); III, 113, 27 (124, 11, 4); III, 131, 7 (125, 11,
  5); III, 154, 24 (127, 12, 2); III, 155, 1 (127, 12, 2); III, 169, 2 (129, 3,
  6); III, 285, 14 (140, 15, 3); III, 292, 3 (142, 2)
Hiesus (filius Naue): *u.* Iesus (filius Naue, =Iosua)
Hieu: I, 534, 18 (58, 5, 4)
Hiezechiel: *u.* Ezechiel
Hiezechihel: *u.* Ezechiel
Hiezrahel: III, 65, 4 (122, 3, 5); III, 326, 4 (147, 9, 5)
Hihim: II, 81, 2 (78, 40, 1)
Hilarion: I, 531, 12 (58, 3, 4); I, 534, 7 (58, 5, 3)
Hilarius: I, 22, 9 (5, 2, 3); I, 104, 7 (20, 1); I, 261, 21 (34, 3, 1); I, 264, 4 (34,
  5, 1); I, 369, 16 (49, 13, 4); I, 384, 14 (49, 19, 4); I, 490, 11 (55, 3, 2);
  I, 512, 2 (57, 6, 3); I, 539, 17 (58, 10, 2); I, 561, 15 (60, 10, 9); I, 577,
  13 (61, 2, 3); I, 707, 17 (70, 5, 3); II, 113, 23 (82, 7, 1); II, 130, 6 (84,
  7, 6); II, 303, 10 (107, 12, 3); II, 390, 10 (112, 20, 3)
Hippocrates: I, 438, 14 (52, 15, 2); II, 354, 7 (109, 2, 5); III, 4, 10 (121, praef.
  5); III, 135, 12 (125, 16, 3)
Hippolytus: I, 283, 7 (36, 16, 1); I, 384, 12 (49, 19, 4); I, 706, 4 (70, 4, 3); II,
  6, 16 (71, 6, 1); II, 14, 14 (73, 2, 2); II, 130, 9 (84, 7, 6)
Hir: II, 34, 7 (75, 5, 2); II, 355, 20 (109, 2, 5)
Hiram: I, 564, 7 (60, 12, 3)
Hispania: I, 630, 15 (65, 12, 3); I, 680, 6 (69, 2, 1); II, 1, 12 (71, 1, 2); II, 6,
  15 (71, 6, 1); II, 495, 1 (120, 9, 5); III, 92, 15 (123, 15, 4); III, 93, 17
  (123, 16, 3); III, 245, 16 (133, 3, 4); III, 248, 10 (133, 4, 3)
Hispaniae: II, 495, 1 (120, 9, 5); III, 92, 15 (123, 15, 4)
Hispanius: I, 630, 15 (65, 12, 3)
Hispanus: III, 143, 8 (126, 1, 2); III, 203, 8 (°131, 2, 1)
Holda: I, 616, 10 (65, 1, 2)
Holofernes: I, 484, 2 (54, 16, 3)

Homerus: I, 418, 5 (52, 3, 5); I, 418, 14 (52, 3, 6); I, 511, 5 (57, 5, 8); I, 534,
    1 (58, 5, 2); I, 701, 14 (70, 2, 3); II, 131, 5 (84, 8, 2); III, 42, 18 (121,
    10, 5)
Honorius: II, 351, 5 (108, 34)
Horatianus: I, 36, 8 (10, 2, 1)
Horatius: *u. et* Flaccus: I, 189, 2 (22, 29, 7); I, 509, 17 (57, 5, 5)
Horma: II, 78, 7 (78, 36, 4)
Hortensia: II, 295, 10 (107, 4, 6)
Hunus: I, 570, 16 (60, 16, 2); II, 45, 18 (77, 8, 1); II, 292, 15 (107, 2, 3)
Hylas: I, 15, 4 (3, 3, 2)
Hymetius: II, 296, 11 (107, 5, 2)
Hyrcanus: I, 47, 11 (14, 3, 2); I, 648, 5 (66, 1, 2)
Iaboc: I, 628, 3 (65, 10, 3)
Iacob: I, 15, 11 (3, 4, 1); I, 76, 14 (18 A, 2, 2); I, 91, 20 (18 A, 14, 3); I, 149,
    3 (22, 4, 3); I, 158, 18 (22, 11, 3); I, 172, 3 (22, 21, 3); I, 195, 4 (22,
    32, 5); I, 207, 4 (22, 40, 1); I, 207, 5 (22, 40, 1); I, 283, 3 (36, 15, 6);
    I, 283, 12 (36, 16, 2); I, 283, 22 (36, 16, 3); I, 284, 11 (36, 16, 4); I,
    285, 1 (36, 16, 5); I, 285, 6 (36, 16, 6); I, 285, 9 (36, 16, 6); I, 285, 18
    (36, 17); I, 300, 17 (39, 4, 1); I, 301, 4 (39, 4, 2); I, 301, 18 (39, 4, 4);
    I, 333, 5 (°46, 4, 1); I, 343, 20 (°46, 13, 2); I, 458, 11 (53, 8, 9); I,
    472, 17 (54, 6, 5); I, 486, 8 (55, 1, 2); I, 521, 3 (57, 10, 1); I, 521, 12
    (57, 10, 2); I, 522, 4 (57, 10, 3); I, 529, 5 (58, 2, 1); I, 551, 8 (60, 3,
    2); I, 555, 5 (60, 6, 1); I, 602, 10 (64, 15, 4); I, 628, 2 (65, 10, 3); I,
    631, 22 (65, 13, 3); I, 645, 2 (65, 21, 3); I, 645, 6 (65, 21, 4); I, 676,
    16 (68, 1, 4); II, 20, 1 (73, 6, 1); II, 20, 19 (73, 7, 2); II, 47, 15 (77,
    10, 2); II, 69, 16 (78, 22, 2); II, 84, 9 (78, 43, 2); II, 130, 16 (84, 7, 7);
    II, 155, 27 (93, 2); II, 186, 23 (°98, 3, 1); II, 251, 27 (106, 6, 2); II,
    255, 3 (106, 12, 2); II, 264, 5 (106, 33, 5); II, 264, 7 (106, 33, 5); II,
    278, 11 (106, 61) (*bis*); II, 287, 15 (106, 79); II, 315, 18 (108, 9, 3); II,
    317, 16 (108, 10, 5); II, 317, 25 (108, 10, 5); II, 318, 11 (108, 10, 8);
    II, 319, 9 (108, 11, 3); II, 322, 4 (108, 13, 1); II, 322, 17 (108, 13, 3);
    II, 329, 14 (108, 18, 2); II, 354, 2 (109, 2, 4); II, 444, 16 (118, 7, 2);
    II, 464, 15 (119, 10, 6); II, 464, 19 (119, 10, 6); II, 480, 17 (120, 2, 4);
    II, 491, 13 (120, 8, 7); II, 500, 17 (120, 10, 1); II, 502, 2 (120, 10, 5);
    II, 502, 5 (120, 10, 5); II, 502, 8 (120, 10, 6); II, 502, 10 (120, 10, 6);
    II, 502, 13 (120, 10, 6); III, 8, 24 (121, 2, 3); III, 9, 21 (121, 2, 5); III,
    9, 23 (121, 2, 5); III, 10, 19 (121, 2, 8); III, 69, 1 (122, 3, 15); III, 87,
    2 (123, 12, 4); III, 90, 10 (123, 14, 4); III, 105, 17 (124, 8, 1); III, 133,

15 (125, 15, 1); III, 163, 12 (129, 1, 3); III, 164, 26 (129, 2, 1); III,
165, 2 (129, 2, 1); III, 165, 22 (129, 2, 4); III, 168, 10 (129, 3, 4); III,
173, 16 (129, 6, 2); III, 186, 8 (130, 7, 12); III, 255, 9 (133, 9, 3) (*bis*);
III, 298, 31 (°144, 8, 3)

Iacobus (maior, apostolus): I, 42, 2 (12, 2); I, 173, 11 (22, 21, 8); I, 298, 14
(39, 3, 1); I, 463, 6 (53, 9, 5); II, 375, 26 (112, 7, 8); II, 401, 29 (°116,
8, 3)

Iacobus (minor, apostolus): I, 337, 9 (°46, 7, 3); I, 407, 6 (°51, 6, 5); I, 408, 15
(°51, 6, 10); I, 515, 7 (57, 7, 7); II, 376, 20 (112, 8, 4); II, 377, 9 (112,
8, 6); II, 378, 3 (112, 9, 3); II, 378, 20 (112, 10, 1); II, 379, 20 (112,
10, 4); II, 401, 24 (°116, 8, 2); II, 402, 6 (°116, 9, 1); II, 402, 25
(°116, 9, 3); II, 403, 19 (°116, 10, 1); II, 483, 15 (120, 4, 5); II, 483,
16 (120, 4, 5); III, 226, 6 (°132, 1, 2); III, 227, 9 (°132, 2, 4); III, 240,
12 (°132, 20, 3); III, 251, 20 (133, 7, 2)

Iambra: II, 176, 1 (°96, 16, 2)

Ianna: II, 176, 1 (°96, 16, 2)

Ianuarius: III, 368, 6 (154, 3)

Iarbas: III, 80, 19 (123, 7, 2)

Iconium: II, 377, 23 (112, 9, 2)

Ididia: II, 10, 16 (72, 3, 2)

Idumaeus: I, 234, 2 (29, 2, 4); II, 76, 23 (78, 35, 4); II, 77, 24 (78, 36, 3); II,
78, 23 (78, 37, 2); II, 80, 21 (78, 39, 2); II, 329, 10 (108, 18, 2); III,
170, 4 (129, 4, 2); III, 316, 19 (147, 3, 2)

Idumaea: I, 458, 2 (53, 8, 8); II, 68, 6 (78, 19, 2); II, 264, 9 (106, 34); II, 324,
5 (108, 14, 1); III, 163, 5 (129, 1, 2)

Idumea: *u.* Idumaea

Iebus: *u. et* Hierosolyma, Hierusalem, Salem, Aelia: I, 332, 12 (°46, 3, 3); II,
15, 3 (73, 2, 2); II, 314, 18 (108, 9, 1); III, 154, 13 (127, 12, 1); III,
172, 11 (129, 5, 3)

Iebusaeus: I, 331, 12 (°46, 2, 4); III, 172, 12 (129, 5, 3); III, 172, 14 (129, 5,
3)

Iechonia: I, 456, 14 (53, 8, 5)

Iephone: II, 319, 15 (108, 11, 4)

Iephte: I, 557, 6 (60, 8, 1); II, 442, 16 (118, 5, 4)

Iepthe: *u.* Iephte

Iesse: I, 169, 8 (22, 19, 4); I, 211, 11 (23, 1, 1); I, 281, 18 (36, 15, 3); I, 515,
16 (57, 7, 8); I, 515, 18 (57, 7, 8); I, 632, 9 (65, 13, 4); II, 30, 6 (75, 1,
2)

Iesus: I, 3, 18 (1, 5, 1); I, 17, 10 (3, 5, 2); I, 29, 10 (7, 4, 1); I, 58, 7 (14, 9, 1);
I, 72, 8 (17, 3, 1); I, 99, 18 (18 B, 2, 4); I, 108, 7 (20, 4, 2); I, 112, 22
(21, 2, 2); I, 113, 22 (21, 2, 4); I, 139, 5 (21, 40, 1); I, 153, 12 (22, 7,
3); I, 166, 1 (22, 17, 3); I, 170, 4 (22, 19, 6); I, 177, 13 (22, 24, 4); I,
180, 6 (22, 25, 5); I, 182, 11 (22, 27, 1); I, 192, 13 (22, 31, 3); I, 274,
16 (36, 8); I, 288, 18 (37, 4, 1); I, 290, 7 (38, 2, 1); I, 290, 10 (38, 2,
2); I, 293, 12 (39, 1, 1); I, 295, 4 (39, 1, 4); I, 295, 17 (39, 2, 1); I,
295, 20 (39, 2, 2); I, 302, 18 (39, 4, 5); I, 307, 2 (39, 6, 4); I, 337, 11
(°46, 7, 3); I, 339, 3 (°46, 8, 3); I, 374, 16 (49, 14, 10); I, 386, 4 (49,
21, 1); I, 386, 14 (49, 21, 2); I, 390, 9 (50, 2, 3); I, 451, 18 (53, 5, 3);
I, 459, 17 (53, 8, 14); I, 532, 18 (58, 4, 2); I, 542, 15 (59, 1, 3); I, 588,
7 (64, 1, 5); I, 594, 5 (64, 6, 2); I, 625, 23 (65, 9, 1); I, 633, 11 (65,
13, 7); I, 649, 6 (66, 2, 2); I, 660, 4 (66, 10, 1); I, 669, 18 (°67, 4, 2);
I, 685, 5 (69, 4, 1); II, 2, 6 (71, 1, 3); II, 4, 8 (71, 3, 1); II, 25, 9 (74,
3, 2); II, 44, 13 (77, 7, 1); II, 45, 23 (77, 8, 2); II, 51, 7 (78, 1, 5); II,
64, 11 (78, 15, 1); II, 65, 25 (78, 16, 2); II, 78, 1 (78, 36, 4); II, 164,
11 (°96, 6, 2); II, 166, 20 (°96, 9, 1); II, 303, 17 (107, 13, 1); II, 307,
23 (108, 2, 1); II, 338, 9 (108, 21, 5); II, 348, 22 (108, 30, 1); II, 381,
6 (112, 12, 2); II, 425, 1 (117, 2, 2); II, 461, 2 (119, 9, 3); II, 473, 13
(120, praef. 4); II, 473, 22 (120, 1, 1); II, 480, 10 (120, 2, 3); II, 484, 7
(120, 5, 1); II, 484, 20 (120, 5, 3); II, 485, 9 (120, 5, 5); II, 485, 10
(120, 5, 5); II, 486, 2 (120, 5, 7); II, 489, 10 (120, 8, 1); II, 490, 14
(120, 8, 5); II, 497, 8 (120, 9, 12); III, 8, 10 (121, 2, 2); III, 9, 23 (121,
2, 5); III, 54, 22 (121, 11, 13); III, 91, 19 (123, 15, 1); III, 148, 18
(127, 4, 2); III, 149, 25 (127, 5, 4); III, 181, 7 (130, 6, 2); III, 187, 8
(130, 8, 2); III, 245, 8 (133, 3, 2); III, 259, 20 (133, 12, 3); III, 310, 1
(146, 1, 5); III, 363, 20 (151, 1)
Iesus (filius Iosedech): I, 327, 14 (45, 6, 1); II, 36, 8 (76, 3, 1); III, 174, 6 (129,
7, 2)
Iesus (filius Naue, =Iosua): I, 170, 1 (22, 19, 6); I, 257, 10 (33, 4, 6); I, 302,
12 (39, 4, 5); I, 337, 13 (°46, 7, 4); I, 456, 2 (53, 8, 4); I, 555, 10 (60,
6, 2); II, 61, 23 (78, 13, 2); II, 84, 19 (78, 43, 3); II, 86, 17 (78, 43, 8);
II, 314, 10 (108, 8, 3); II, 319, 10 (108, 11, 3); II, 322, 8 (108, 13, 2);
III, 12, 1 (121, 2, 11); III, 172, 7 (129, 5, 2)
Iesus Christus: I, 13, 5 (3, 1, 2); I, 48, 15 (14, 3, 5); I, 72, 22 (17, 3, 3); I, 78,
6 (18 A, 4, 1); I, 104, 3 (°19); I, 113, 19 (21, 2, 4); I, 137, 1 (21, 37,
2); I, 182, 17 (22, 27, 2); I, 194, 16 (22, 32, 4); I, 222, 15 (26, 4, 2); I,
374, 3 (49, 14, 8); I, 518, 11 (57, 9, 2); I, 686, 5 (69, 4, 4); II, 30, 25

(75, 1, 4); II, 72, 15 (78, 29, 1); II, 123, 14 (84, 3, 3); II, 144, 24 (°90, 3); II, 152, 25 (°92, 4, 4); II, 156, 12 (93, 3); II, 162, 23 (°96, 5, 1); II, 173, 22 (°96, 14, 3); II, 188, 20 (°98, 4, 3); II, 206, 18 (°98, 20, 3); II, 218, 4 (°100, 5, 2); II, 374, 10 (112, 7, 3); II, 374, 20 (112, 7, 4); II, 375, 24 (112, 7, 8); II, 383, 12 (112, 14, 2); II, 383, 15 (112, 14, 3); II, 403, 9 (°116, 9, 4); II, 406, 9 (°116, 14, 3); II, 409, 24 (°116, 18, 3); II, 455, 7 (119, 7, 4); II, 472, 8 (120, cap. 12); II, 511, 14 (120, 12, 1); III, 15, 2 (121, 3, 4); III, 30, 27 (121, 8, 5); III, 36, 19 (121, 8, 21); III, 47, 9 (121, 10, 17); III, 51, 24 (121, 11, 3); III, 91, 3 (123, 14, 5); III, 206, 18 (°131, 5, 1); III, 208, 24 (°131, 7, 3); III, 217, 28 (°131, 18, 5); III, 222, 5 (°131, 24); III, 226, 28 (°132, 2, 3); III, 227, 23 (°132, 3, 2); III, 238, 18 (°132, 18, 1); III, 254, 2 (133, 8, 5); III, 278, 2 (140, 8, 3); III, 358, 18 (149, 2, 4); III, 361, 12 (149, 4, 3); III, 362, 1 (149, 5, 2)

Ietabatha: II, 74, 17 (78, 32); II, 74, 24 (78, 33)

Iethro: II, 62, 4 (78, 13, 3)

Iezabel: I, 156, 9 (22, 9, 1); III, 7, 23 (121, 1, 9); III, 64, 24 (122, 3, 5); III, 65, 3 (122, 3, 5); III, 65, 11 (122, 3, 6); III, 65, 12 (122, 3, 6)

Iezrahel: I, 457, 5 (53, 8, 6); I, 703, 1 (70, 2, 6)

Illyricum: I, 546, 20 (59, 5, 4); I, 630, 14 (65, 12, 3); II, 1, 15 (71, 1, 2); II, 494, 24 (120, 9, 5)

India: I, 287, 18 (37, 2, 2); I, 340, 4 (°46, 10, 2); I, 444, 9 (53, 1, 4); I, 546, 20 (59, 5, 4); I, 552, 13 (60, 4, 1); I, 637, 13 (65, 15, 4); I, 705, 14 (70, 4, 2); II, 51, 2 (78, 1, 4); II, 292, 13 (107, 2, 3); III, 121, 16 (125, 3, 2); III, 170, 18 (129, 4, 3); III, 310, 15 (146, 1, 7)

Indus: I, 553, 7 (60, 4, 2); II 299, 14 (107, 8, 3); III, 311, 8 (146, 2, 1)

Innocentius (presbyter): I, 1, 4 (1, 1); I, 15, 1 (3, 3, 1)

Innocentius (presbyter, libellarius): III, 267, 4 (139, 1); III, 292, 10 (143, 1, 1); III, 294, 1 (143, 2, 3); III, 364, 19 (152, 1); III, 365, 19 (153, 1); III, 366, 16 (153, 4)

Innocentius (papa): III, 196, 20 (130, 16, 2); III, 263, 7 (°135); III, 263, 15 (°136, praef.); III, 264, 16 (°137, praef.)

Ioab: I, 540, 10 (58, 11, 2); I, 617, 21 (65, 1, 5)

Ioatham: I, 87, 10 (18 A, 10, 3); II, 9, 1 (72, 1, 3); II, 11, 17 (72, 4, 2); II, 11, 21 (72, 4, 2)

Iob: I, 148, 14 (22, 4, 2); I, 158, 11 (22, 11, 2); I, 158, 21 (22, 11, 3); I, 257, 12 (33, 4, 6); I, 305, 2 (39, 5, 3); I, 349, 13 (48, 4, 2); I, 373, 4 (49, 14, 6); I, 455, 8 (53, 8, 3); I, 491, 19 (55, 3, 5); I, 497, 21 (°56, 2, 2);

I, 512, 2 (57, 6, 3); I, 577, 14 (61, 2, 3); I, 578, 4 (61, 2, 4); I, 607, 4
(64, 18, 6); I, 677, 13 (68, 1, 6); II, 15, 7 (73, 2, 2); II, 15, 9 (73, 2, 2);
II, 228, 29 (°100, 14, 2); II, 239, 21 (°104, 3, 1); II, 302, 20 (107, 12,
1); II, 328, 14 (108, 17, 1); II, 330, 5 (108, 18, 4); II, 436, 10 (118, 2,
2); II, 437, 8 (118, 3, 1); III, 68, 21 (122, 3, 14); III, 183, 16 (130, 7,
4); III, 190, 13 (130, 10, 4); III, 207, 12 (°131, 6, 2); III, 215, 26
(°131, 16, 4); III, 259, 23 (133, 13, 1); III, 260, 2 (133, 13, 2); III, 334,
18 (148, 7, 1)

Iohannes (bapt.): I, 116, 6 (21, 3, 2); I, 135, 18 (21, 35, 3); I, 158, 21 (22, 11,
3); I, 200, 15 (22, 36, 1); I, 215, 7 (24, 2); I, 291, 1 (38, 3, 1); I, 343,
22 (°46, 13, 2); I, 403, 8 (°51, 5, 1); I, 551, 21 (60, 3, 3); I, 552, 2
(60, 3, 4); I, 679, 14 (69, 1, 3); I, 691, 14 (69, 6, 8); II, 21, 7 (73, 8,
1); II, 293, 9 (107, 3, 2); II, 293, 13 (107, 3, 3); II, 323, 2 (108, 13, 4);
II, 341, 20 (108, 23, 7); II, 356, 5 (109, 4, 2); II, 383, 5 (112, 14, 2);
II, 409, 18 (°116, 18, 3); II, 465, 11 (119, 10, 9); II, 467, 5 (119, 10,
13); II, 494, 2 (120, 9, 3); II, 500, 1 (120, 9, 20); II, 500, 18 (120, 10,
1); III, 1, 3 (121, cap. 1); III, 4, 15 (121, 1, 1); III, 5, 3 (121, 1, 1); III,
5, 21 (121, 1, 3); III, 5, 26 (121, 1, 4); III, 6, 2 (121, 1, 4); III, 6, 6
(121, 1, 4); III, 6, 8 (121, 1, 4); III, 6, 9 (121, 1, 5); III, 6, 10 (121, 1,
5); III, 7, 5 (121, 1, 7); III, 7, 10 (121, 1, 7); III, 7, 15 (121, 1, 8); III,
7, 16 (121, 1, 8); III, 7, 17 (121, 1, 8); III, 7, 17 (121, 1, 9); III, 7, 20
(121, 1, 9); III, 7, 24 (121, 1, 9); III, 11, 1 (121, 2, 9); III, 18, 24 (121,
5, 3); III, 25, 15 (121, 6, 17); III, 68, 20 (122, 3, 14); III, 106, 27 (124,
8, 6); III, 125, 4 (125, 7, 2); III, 178, 13 (130, 4, 2)

Iohannes (Chrysostomus): II, 373, 6 (112, 6, 2); II, 393, 19 (°113, 1, 1); II,
414, 14 (°116, 23, 3)

Iohannes (episcopus Hierosolym.): I, 395, 7 (°51, praef.); I, 399, 18 (°51, 3,
1); I, 504, 18 (57, 2, 1); II, 147, 8 (°92, praef.); II, 155, 7 (93, 1); III,
264, 11 (°136, 3); III, 264, 16 (°137, praef.)

Iohannes (eu.): I, 16, 17 (3, 4, 4); I, 28, 12 (7, 3, 1); I, 42, 17 (13, 1); I, 78, 9
(18 A, 4, 2); I, 105, 15 (20, 2, 2); I, 126, 11 (21, 20); I, 140, 10 (21,
40, 4); I, 173, 11 (22, 21, 8); I, 256, 22 (33, 4, 5); I, 256, 23 (33, 4, 5);
I, 298, 15 (39, 3, 1); I, 311, 12 (41, 1, 1); I, 334, 25 (°46, 6, 1); I, 335,
18 (°46, 6, 3); I, 341, 16 (°46, 12, 1); I, 403, 9 (°51, 5, 1); I, 410, 2
(°51, 7, 3); I, 449, 2 (53, 3, 7); I, 449, 9 (53, 4, 1); I, 449, 11 (53, 4,
1); I, 462, 12 (53, 9, 1); I, 463, 6 (53, 9, 5); I, 463, 10 (53, 9, 6); I,
491, 20 (55, 3, 5); I, 513, 22 (57, 7, 4); I, 542, 17 (59, 1, 3); I, 543, 19
(59, 3, 1); I, 544, 15 (59, 4, 1); I, 603, 15 (64, 16, 3); I, 643, 21 (65,

20, 6); II, 32, 15 (75, 3, 2); II, 152, 20 (°92, 4, 3); II, 164, 22 (°96, 6, 3); II, 188, 13 (°98, 4, 3); II, 198, 16 (°98, 14, 2); II, 316, 17 (108, 10, 2); II, 328, 9 (108, 16, 3); II, 451, 17 (119, 5, 7); II, 456, 20 (119, 7, 7); II, 462, 11 (119, 9, 7); II, 471, 2 (120, cap. 4); II, 471, 5 (120, cap. 5); II, 471, 8 (120, cap. 6); II, 471, 12 (120, cap. 7); II, 471, 19 (120, cap. 9); II, 481, 24 (120, 3, 3); II, 482, 2 (120, 4, 1); II, 482, 9 (120, 4, 2); II, 482, 16 (120, 4, 2); II, 483, 12 (120, 4, 4); II, 483, 26 (120, 5, 1); II, 484, 14 (120, 5, 2); II, 486, 20 (120, 5, 10); II, 486, 22 (120, 5, 10); II, 487, 8 (120, 6, 1); II, 488, 14 (120, 7, 1); II, 489, 5 (120, 7, 2); II, 492, 23 (120, 9, 1); II, 494, 5 (120, 9, 3); II, 496, 5 (120, 9, 9); III, 15, 5 (121, 3, 5); III, 54, 8 (121, 11, 11); III, 84, 20 (123, 11, 2); III, 84, 26 (123, 11, 3); III, 114, 7 (124, 12, 1); III, 114, 23 (124, 12, 2); III, 149, 25 (127, 5, 4); III, 167, 17 (129, 3, 2); III, 169, 14 (129, 3, 8); III, 288, 23 (140, 20, 2); III, 339, 12 (148, 12, 2)
Iohannes (monachus): III, 246, 18 (133, 3, 7)
Iohannes (pater Simonis): III, 56, 10 (122, 1, 1)
Iohannes Baptista: u. et Iohannes (Baptista), Baptista Iohannes: I, 551, 21 (60, 3, 3); I, 552, 2 (60, 3, 4); I, 679, 14 (69, 1, 3); II, 323, 2 (108, 13, 4); II, 341, 20 (108, 23, 7); II, 356, 5 (109, 4, 2); II, 383, 5 (112, 14, 2); II, 409, 18 (°116, 18, 3); II, 467, 5 (119, 10, 13); II, 500, 17 (120, 10, 1); III, 11, 1 (121, 2, 9); III, 25, 15 (121, 6, 17); III, 125, 4 (125, 7, 2); III, 178, 13 (130, 4, 2)
Iohel: I, 255, 19 (33, 4, 2); I, 312, 12 (41, 1, 2); I, 457, 8 (53, 8, 7); II, 316, 2 (108, 9, 4); II, 495, 15 (120, 9, 6); III, 62, 20 (122, 2, 3)
Ionadab: I, 534, 15 (58, 5, 4); I, 534, 17 (58, 5, 4); III, 126, 15 (125, 7, 6)
Ionas: I, 17, 13 (3, 5, 2); I, 255, 20 (33, 4, 2); I, 287, 15 (37, 2, 1); I, 300, 9 (39, 3, 6); I, 458, 12 (53, 8, 10); I, 550, 12 (60, 2, 2); II, 241, 5 (°104, 5, 1); II, 314, 4 (108, 8, 2); II, 391, 18 (112, 21, 2); II, 392, 7 (112, 22, 1); II, 392, 14 (112, 22, 2); II, 397, 1 (115, 3); II, 421, 21 (°116, 35, 2); III, 65, 16 (122, 3, 6); III, 207, 16 (°131, 6, 2); III, 220, 10 (°131, 21, 4); III, 259, 17 (133, 12, 3)
Ionathan: II, 83, 7 (78, 41, 2)
Ionicus: II, 95, 22 (79, 7, 6)
Ionius: I, 675, 6 (68, 1, 1)
Ioppe: II, 314, 3 (108, 8, 2); III, 170, 8 (129, 4, 3); III, 266, 4 (138, 1)
Iordanes: I, 343, 16 (°46, 13, 2); I, 456, 3 (53, 8, 4); I, 534, 11 (58, 5, 3); I, 557, 14 (60, 8, 2); I, 590, 22 (64, 2, 5); I, 591, 1 (64, 2, 5); I, 690, 2 (69, 6, 3); I, 690, 19 (69, 6, 6); II, 2, 18 (71, 1, 4); II, 36, 17 (76, 3, 2);

II, 45, 3 (77, 7, 2); II, 52, 15 (78, 2, 3); II, 76, 16 (78, 35, 3); II, 77, 26 (78, 36, 3); II, 83, 21 (78, 42, 2); II, 84, 2 (78, 43, 1); II, 85, 5 (78, 43, 4); II, 85, 13 (78, 43, 5); II, 85, 14 (78, 43, 5); II, 86, 17 (78, 43, 8); II, 162, 4 (°96, 4, 1); II, 321, 14 (108, 12, 4); II, 321, 18 (108, 12, 5); III, 6, 3 (121, 1, 4); III, 12, 2 (121, 2, 12); III, 90, 18 (123, 14, 4); III, 125, 11 (125, 7, 3); III, 171, 11 (129, 5, 1); III, 171, 12 (129, 5, 1); III, 200, 22 (130, 19, 6)

Iosaphat: I, 77, 15 (18 A, 3, 2); I, 287, 16 (37, 2, 1); I, 572, 13 (60, 17, 2); III, 259, 23 (133, 13, 1); III, 260, 3 (133, 13, 2)

Iosedech: I, 327, 14 (45, 6, 1); II, 36, 8 (76, 3, 1); III, 174, 6 (129, 7, 2)

Ioseph (Aegyptius): I, 289, 11 (38, 1); I, 300, 18 (39, 4, 1); I, 301, 19 (39, 4, 4); I, 302, 3 (39, 4, 4); I, 356, 21 (49, 4, 6); I, 357, 11 (49, 5, 2); I, 457, 5 (53, 8, 6); I, 478, 12 (54, 11, 2); I, 628, 7 (65, 10, 3); I, 642, 1 (65, 19, 4); II, 4, 6 (71, 3, 1); II, 89, 25 (79, 2, 5); II, 91, 6 (79, 3, 3); II, 320, 9 (108, 12, 1); II, 353, 25 (109, 2, 3); II, 353, 26 (109, 2, 4); III, 57, 9 (122, 1, 3); III, 177, 5 (130, 2, 3); III, 307, 1 (145, 3)

Ioseph (Arimath.): I, 334, 22 (°46, 5, 3); II, 314, 2 (108, 8, 2)

Ioseph (frater Iacobi): II, 483, 15 (120, 4, 5); II, 483, 16 (120, 4, 5)

Ioseph (pater Iesu): I, 514, 15 (57, 7, 6); I, 665, 4 (66, 14, 1); II, 316, 19 (108, 10, 2); II, 325, 9 (108, 14, 4)

Iosephus (Flauius): I, 86, 13 (18 A, 9, 2); I, 200, 8 (22, 35, 8); I, 241, 17 (29, 7, 1); I, 288, 3 (37, 2, 2); I, 333, 17 (°46, 4, 2); I, 597, 16 (64, 10, 2); I, 598, 5 (64, 11, 1); I, 602, 6 (64, 15, 4); I, 704, 7 (70, 3, 3); II, 6, 2 (71, 5, 2); II, 20, 13 (73, 7, 1); II, 489, 24 (120, 8, 2)

Iosias: I, 87, 11 (18 A; 10, 3); I, 134, 22 (21, 35, 1); I, 676, 20 (68, 1, 4); II, 313, 12 (108, 8, 1); III, 259, 23 (133, 13, 1); III, 260, 3 (133, 13, 2); III, 273, 5 (140, 4, 4)

Iosua: u. Iesus (filius Naue)

Iothor: III, 210, 7 (°131, 9, 3)

Iouianus: I, 569, 5 (60, 15, 3)

Iouinianus: I, 347, 13 (48, 2, 1); I, 351, 10 (49, 2, 1); I, 351, 14 (49, 2, 2); I, 351, 22 (49, 2, 2); I, 352, 15 (49, 2, 4); I, 355, 2 (49, 3, 2); I, 370, 20 (49, 14, 1); I, 388, 12 (50, 1, 2); I, 390, 9 (50, 2, 3); I, 392, 4 (50, 4, 1); I, 392, 7 (50, 4, 2); I, 485, 18 (54, 18, 3); I, 535, 13 (58, 6, 2); I, 543, 9 (59, 2, 2); III, 80, 23 (123, 7, 2); III, 207, 11 (°131, 6, 2); III, 220, 10 (°131, 21, 4); III, 229, 19 (°132, 4, 2); III, 247, 19 (133, 3, 10); III, 352, 23 (148, 28, 5)

Irenaeus: I, 705, 9 (70, 4, 2); II, 14, 14 (73, 2, 2); II, 32, 14 (75, 3, 2)

Isaac: I, 76, 14 (18 A, 2, 2); I, 267, 12 (°35, 2, 6); I, 281, 4 (36, 15, 1); I, 282, 17 (36, 15, 6); I, 283, 10 (36, 16, 2); I, 283, 12 (36, 16, 2); I, 284, 10 (36, 16, 4); I, 343, 19 (°46, 13, 2); I, 415, 10 (52, 2, 2); I, 551, 7 (60, 3, 2); I, 557, 5 (60, 8, 1); I, 627, 19 (65, 10, 2); I, 645, 1 (65, 21, 3); I, 645, 6 (65, 21, 4); I, 656, 2 (66, 7, 4); I, 676, 14 (68, 1, 4); I, 690, 12 (69, 6, 5); II, 303, 16 (107, 13, 1); II, 319, 6 (108, 11, 3); II, 319, 9 (108, 11, 3); II, 491, 13 (120, 8, 7); II, 501, 21 (120, 10, 4); II, 501, 22 (120, 10, 4); II, 501, 24 (120, 10, 4); II, 502, 1 (120, 10, 5); II, 502, 5 (120, 10, 5); III, 69, 1 (122, 3, 15); III, 87, 4 (123, 12, 4); III, 163, 12 (129, 1, 3); III, 164, 26 (129, 2, 1); III, 168, 10 (129, 3, 4)

Isaias: u. Esaias

Isauri: II, 394, 12 (114, 1, 1)

Isauria: II, 144, 21 (°90, 3)

Isidorus (Alexandr.): II, 116, 14 (82, 9, 3); II, 150, 16 (°92, 3, 1); II, 150, 21 (°92, 3, 2); II, 150, 30 (°92, 3, 3); II, 151, 23 (°92, 3, 5)

Isidorus (episc.): II, 232, 6 (°100, 18); II, 324, 13 (108, 14, 2)

Isidorus (monachus): I, 196, 4 (22, 33, 2); III, 246, 13 (133, 3, 6)

Isidorus (presbyter, libellarius): II, 116, 14 (82, 9, 3)

Isimun: II, 82, 12 (78, 40, 4)

Isis: II, 301, 9 (107, 10, 2)

Ismahel: I, 87, 5 (18 A, 10, 2); I, 276, 14 (36, 10, 4); I, 557, 5 (60, 8, 1); II, 501, 21 (120, 10, 4) (bis); II, 502, 1 (120, 10, 5); II, 502, 4 (120, 10, 5); III, 144, 10 (126, 2, 2)

Ismahelita: II, 91, 3 (79, 3, 3)

Isocrates: I, 418, 1 (52, 3, 5)

Israhel: I, 76, 12 (18 A, 2, 2); I, 76, 15 (18 A, 2, 3); I, 77, 1 (18 A, 2, 3); I, 86, 12 (18 A, 9, 2); I, 105, 17 (20, 2, 2); I, 107, 17 (20, 4, 1); I, 110, 3 (20, 5, 3); I, 116, 1 (21, 3, 2); I, 116, 4 (21, 3, 2); I, 116, 10 (21, 3, 2); I, 117, 10 (21, 4, 2); I, 131, 9 (21, 30); I, 131, 17 (21, 31); I, 131, 20 (21, 32); I, 133, 6 (21, 34, 3); I, 134, 20 (21, 35, 1); I, 135, 8 (21, 35, 2); I, 136, 7 (21, 36); I, 150, 3 (22, 5, 2); I, 156, 6 (22, 8, 5); I, 179, 5 (22, 25, 2); I, 233, 21 (29, 2, 3); I, 240, 20 (29, 6, 3); I, 267, 6 (°35, 2, 4); I, 267, 7 (°35, 2, 4); I, 275, 16 (36, 10, 1); I, 275, 17 (36, 10, 1); I, 277, 11 (36, 11, 2); I, 278, 1 (36, 11, 3); I, 278, 16 (36, 12); I, 278, 17 (36, 12); I, 278, 18 (36, 12); I, 280, 1 (36, 13, 3); I, 284, 16 (36, 16, 5); I, 285, 14 (36, 17); I, 285, 21 (36, 17); I, 331, 13 (°46, 2, 4); I, 415, 2 (52, 2, 1); I, 456, 16 (53, 8, 5); I, 458, 3 (53, 8, 8); I, 458, 16 (53, 8, 10); I, 460, 7 (53, 8, 15); I, 462, 2 (53, 8, 19); I, 486, 11 (55, 1,

2); I, 512, 19 (57, 7, 2); I, 514, 20 (57, 7, 6); I, 515, 3 (57, 7, 6); I, 517, 3 (57, 8, 3); I, 517, 6 (57, 8, 3); I, 517, 10 (57, 8, 4); I, 518, 1 (57, 8, 5); I, 518, 4 (57, 8, 5); I, 521, 16 (57, 10, 2); I, 530, 17 (58, 3, 2); I, 552, 11 (60, 4, 1); I, 587, 13 (64, 1, 2); I, 589, 13 (64, 2, 2); I, 605, 13 (64, 18, 2); I, 616, 10 (65, 1, 2); I, 618, 5 (65, 1, 5); I, 618, 22 (65, 2, 1); I, 628, 4 (65, 10, 3); I, 628, 12 (65, 10, 4); I, 640, 17 (65, 18, 2); I, 640, 20 (65, 18, 3); I, 640, 21 (65, 18, 3); I, 686, 20 (69, 5, 1); I, 688, 2 (69, 5, 5); II, 8, 13 (72, 1, 2); II, 10, 24 (72, 3, 2); II, 11, 2 (72, 3, 2); II, 12, 17 (72, 5, 2); II, 24, 8 (74, 2, 1); II, 24, 15 (74, 2, 2); II, 34, 7 (75, 5, 2); II, 47, 16 (77, 10, 2); II, 49, 13 (78, 1, 1); II, 51, 12 (78, 1, 5); II, 51, 20 (78, 1, 6); II, 52, 1 (78, 2, 1); II, 53, 1 (78, 3, 1); II, 53, 25 (78, 3, 4); II, 54, 6 (78, 3, 5); II, 54, 14 (78, 4, 1); II, 61, 3 (78, 12, 1); II, 62, 9 (78, 13, 4); II, 62, 21 (78, 14, 1); II, 63, 2 (78, 14, 1); II, 63, 12 (78, 14, 2); II, 64, 12 (78, 15, 2); II, 65, 1 (78, 15, 3); II, 65, 22 (78, 16, 2); II, 71, 3 (78, 26, 3); II, 77, 9 (78, 36, 1); II, 77, 14 (78, 36, 1); II, 78, 3 (78, 36, 4); II, 78, 5 (78, 36, 4); II, 78, 24 (78, 37, 2); II, 79, 19 (78, 38, 1); II, 81, 10 (78, 40, 2); II, 84, 10 (78, 43, 2); II, 86, 3 (78, 43, 7); II, 89, 24 (79, 2, 5); II, 100, 13 (79, 11, 1); II, 146, 6 (°91, 2); II, 150, 1 (°92, 2, 3); II, 167, 11 (°96, 9, 3); II, 167, 13 (°96, 9, 3); II, 170, 19 (°96, 12, 2); II, 173, 8 (°96, 14, 1); II, 178, 20 (°96, 18, 3); II, 209, 18 (°98, 24, 2); II, 220, 15 (°100, 7, 1); II, 268, 4 (106, 44, 2); II, 317, 3 (108, 10, 3); II, 317, 7 (108, 10, 3); II, 317, 11 (108, 10, 4); II, 317, 15 (108, 10, 4); II, 320, 13 (108, 12, 1); II, 323, 16 (108, 13, 5); II, 344, 13 (108, 26, 1); II, 354, 21 (109, 3, 2); II, 355, 19 (109, 3, 5); II, 369, 14 (112, 2, 4); II, 383, 17 (112, 14, 3); II, 442, 2 (118, 5, 3); II, 467, 3 (119, 10, 13); II, 473, 7 (120, praef. 3); II, 492, 18 (120, 8, 10); II, 501, 16 (120, 10, 4); II, 501, 18 (120, 10, 4); II, 503, 1 (120, 10, 8); II, 504, 6 (120, 10, 12); II, 504, 13 (120, 10, 13); II, 504, 25 (120, 10, 14); II, 504, 26 (120, 10, 14); II, 505, 1 (120, 10, 14); II, 505, 13 (120, 10, 15); II, 511, 21 (120, 12, 2); III, 8, 25 (121, 2, 3); III, 9, 22 (121, 2, 5); III, 9, 24 (121, 2, 5); III, 11, 12 (121, 2, 10); III, 11, 22 (121, 2, 11); III, 12, 2 (121, 2, 11); III, 19, 24 (121, 5, 6); III, 40, 14 (121, 9, 7); III, 45, 12 (121, 10, 11); III, 58, 2 (122, 1, 6); III, 58, 9 (122, 1, 6); III, 58, 23 (122, 1, 8); III, 59, 4 (122, 1, 8); III, 61, 22 (122, 1, 17); III, 62, 12 (122, 2, 2); III, 63, 3 (122, 2, 4); III, 87, 15 (123, 12, 5); III, 134, 14 (125, 15, 2); III, 141, 7 (125, 20, 2); III, 173, 10 (129, 6, 2); III, 173, 17 (129, 6, 2); III, 175, 5 (129, 7, 4); III, 186, 8 (130, 7, 12); III, 209, 22 (°131, 9, 1); III, 285.

16 (140, 15, 3); III, 312, 10 (147, 1, 1); III, 314, 2 (147, 1, 5); III, 316,
20 (147, 3, 2); III, 359, 2 (149, 3, 1)
Israhelita: I, 595, 17 (64, 8, 1); II, 111, 5 (82, 3, 4); II, 501, 8 (120, 10, 3); III,
38, 7 (121, 9, 1); III, 56, 14 (122, 1, 1)
Israhelites: I, 122, 15 (21, 13, 5); I, 572, 8 (60, 17, 2)
Israheliticus: I, 415, 15 (52, 2, 2); I, 484, 19 (54, 17, 3); I, 602, 9 (64, 15, 4); I,
639, 15 (65, 17, 1); I, 679, 5 (69, 1, 2); II, 110, 17 (82, 3, 3); II, 178,
16 (°96, 18, 3); II, 353, 24 (109, 2, 3); II, 462, 8 (119, 9, 6); II, 462,
19 (119, 9, 7); II, 501, 14 (120, 10, 3); III, 157, 20 (128, 2, 3); III, 272,
4 (140, 3, 3)
Israhelitis: I, 658, 10 (66, 8, 5); I, 702, 11 (70, 2, 5)
Istrahel: III, 255, 15 (133, 9, 3)
Itabyrium: I, 344, 5 (°46, 13, 3); I, 538, 9 (58, 8, 3)
Italia: I, 32, 1 (8, 1); I, 443, 8 (53, 1, 2); I, 566, 4 (60, 14, 1); II, 45, 21 (77, 8,
2); II, 142, 8 (88, 3); II, 243, 5 (105, 1, 2); II, 245, 2 (105, 4, 1); II,
388, 22 (112, 18, 2); III, 93, 18 (123, 16, 3); III, 181, 15 (130, 6, 3);
III, 181, 17 (130, 6, 3); III, 327, 11 (147, 10, 3); III, 363, 18 (151, 1)
Italicus: II, 1, 10 (71, 1, 2); II, 88, 25 (79, 2, 2); II, 89, 6 (79, 2, 2)
Ithamar: I, 303, 5 (39, 4, 7)
Iuda: I, 94, 18 (18 A, 15, 7); I, 193, 5 (22, 31, 5); I, 263, 6 (, 34, 4, 2); I, 263,
18 (34, 4, 4); I, 274, 4 (36, 6, 1); I, 278, 2 (36, 11, 3) (bis); I, 278, 5
(36, 11, 4); I, 278, 6 (36, 11, 4); I, 285, 2 (36, 16, 5); I, 297, 24 (39, 2,
7); I, 456, 15 (53, 8, 5); I, 458, 3 (53, 8, 8); I, 472, 12 (54, 6, 4); I,
516, 20 (57, 8, 3); I, 517, 1 (57, 8, 3); I, 517, 2 (57, 8, 3); I, 517, 5
(57, 8, 3); I, 517, 9 (57, 8, 4); I, 517, 12 (57, 8, 4) (bis); I, 517, 14 (57,
8, 4); I, 517, 15 (57, 8, 4) (bis); I, 517, 18 (57, 8, 5); I, 628, 6 (65, 10,
3); II, 9, 2 (72, 1, 3); II, 10, 20 (72, 3, 2); II, 11, 15 (72, 4, 2); II, 12,
16 (72, 5, 2); II, 76, 8 (78, 35, 2); II, 85, 18 (78, 43, 6); II, 86, 3 (78,
43, 7); II, 86, 8 (78, 43, 7); II, 217, 23 (°100, 5, 1); II, 217, 26 (°100,
5, 1); II, 220, 20 (°100, 7, 2); II, 317, 2 (108, 10, 3); II, 317, 17 (108,
10, 5); II, 383, 17 (112, 14, 3); II, 409, 26 (°116, 18, 3); III, 85, 11
(123, 12, 1); III, 316, 19 (147, 3, 2)
Iudaea: I, 76, 6 (18 A, 2, 2); I, 176, 6 (22, 23, 3); I, 230, 19 (28, 6, 3); I, 280,
4 (36, 13, 3); I, 297, 25 (39, 2, 7); I, 332, 20 (°46, 3, 4); I, 332, 21
(°46, 3, 4); I, 334, 3 (°46, 4, 3); I, 431, 17 (52, 10, 1); I, 483, 20 (54,
16, 2); I, 530, 14 (58, 3, 2); I, 530, 17 (58, 3, 2); I, 552, 11 (60, 4, 1);
I, 621, 3 (65, 4, 3); I, 640, 25 (65, 18, 3); II, 313, 14 (108, 8, 2); II,
374, 12 (112, 7, 3); II, 375, 1 (112, 7, 5); II, 378, 22 (112, 10, 1); II,

402, 7 (°116, 9, 1); III, 15, 17 (121, 4, 1); III, 16, 8 (121, 4, 4); III, 52, 6 (121, 11, 4); III, 163, 11 (129, 1, 3); III, 173, 1 (129, 6, 1)

Iudaeus: I, 61, 14 (14, 11, 2); I, 69, 3 (16, 1, 2); I, 78, 11 (18 A, 4, 2); I, 78, 21 (18 A, 4, 4); I, 89, 13 (18 A, 12, 2) (bis); I, 90, 8 (18 A, 13, 1); I, 96, 7 (18 A, 16, 1); I, 101, 10 (18 B, 4, 2); I, 107, 14 (20, 4, 1); I, 111, 14 (21, 1, 2); I, 116, 16 (21, 3, 3); I, 116, 19 (21, 3, 3); I, 117, 9 (21, 4, 2); I, 124, 11 (21, 14, 1); I, 125, 1 (21, 14, 2); I, 125, 18 (21, 17); I, 130, 6 (21, 28, 2); I, 130, 9 (21, 28, 2); I, 133, 11 (21, 34, 4); I, 136, 13 (21, 37, 1); I, 137, 13 (21, 39, 1); I, 144, 16 (22, 1, 3); I, 208, 2 (22, 40, 3); I, 221, 7 (26, 2); I, 241, 17 (29, 7, 1); I, 263, 23 (34, 4, 6); I, 283, 15 (36, 16, 2); I, 285, 9 (36, 16, 6); I, 285, 15 (36, 17); I, 290, 12 (38, 2, 2); I, 302, 20 (39, 4, 6); I, 307, 4 (39, 6, 5); I, 312, 8 (41, 1, 2); I, 315, 11 (42, 1, 1); I, 326, 7 (45, 4, 2); I, 328, 6 (45, 6, 3); I, 333, 17 (°46, 4, 2); I, 334, 14 (°46, 5, 2); I, 361, 16 (49, 8, 2); I, 370, 11 (49, 13, 6); I, 433, 7 (52, 10, 3); I, 491, 4 (55, 3, 3); I, 499, 16 (°56, 3, 3); I, 504, 2 (57, 1, 1); I, 504, 4 (57, 1, 1); I, 516, 15 (57, 8, 2); I, 530, 21 (58, 3, 2); I, 555, 7 (60, 6, 1); I, 639, 13 (65, 17, 1); I, 645, 18 (65, 21, 5); I, 646, 15 (65, 22, 3); I, 669, 5 (°67, 4, 1) (bis); I, 669, 6 (°67, 4, 1); I, 669, 10 (°67, 4, 1); I, 669, 11 (°67, 4, 1); I, 670, 18 (°67, 6, 1); I, 671, 6 (°67, 6, 1); I, 671, 10 (°67, 6, 2); I, 671, 12 (°67, 6, 3); I, 671, 16 (°67, 6, 3); I, 676, 3 (68, 1, 3); I, 686, 19 (69, 5, 1); I, 691, 7 (69, 6, 7); I, 691, 16 (69, 6, 8); I, 704, 13 (70, 3, 3); II, 15, 12 (73, 3, 1); II, 15, 17 (73, 3, 1); II, 16, 3 (73, 3, 2) (bis); II, 16, 18 (73, 4, 2); II, 17, 13 (73, 4, 3); II, 26, 16 (74, 4, 3); II, 26, 22 (74, 4, 4); II, 50, 23 (78, 1, 4); II, 65, 18 (78, 16, 1); II, 67, 3 (78, 17, 5); II, 76, 20 (78, 35, 4); II, 117, 6 (82, 10, 2); II, 123, 8 (84, 3, 2); II, 123, 16 (84, 3, 3); II, 148, 14 (°92, 1, 3); II, 160, 10 (°96, 2, 2); II, 164, 6 (°96, 6, 2); II, 165, 25 (°96, 8, 2); II, 166, 12 (°96, 8, 5); II, 166, 16 (°96, 8, 5); II, 166, 21 (°96, 9, 1); II, 166, 22 (°96, 9, 1); II, 166, 24 (°96, 9, 1); II, 166, 25 (°96, 9, 1); II, 166, 26 (°96, 9, 1); II, 167, 3 (°96, 9, 2); II, 167, 7 (°96, 9, 2); II, 168, 12 (°96, 10, 1); II, 204, 13 (°98, 19, 1); II, 207, 19 (°98, 22, 1); II, 219, 17 (°100, 6, 3); II, 224, 20 (°100, 11, 3); II, 241, 9 (°104, 5, 1); II, 344, 2 (108, 25, 3); II, 352, 7 (109, 1, 2); II, 372, 11 (112, 5, 1); II, 372, 15 (112, 5, 1); II, 372, 16 (112, 5, 2); II, 376, 14 (112, 8, 3); II, 376, 23 (112, 8, 4); II, 377, 2 (112, 8, 5); II, 377, 7 (112, 8, 6); II, 377, 11 (112, 8, 6); II, 377, 21 (112, 9, 2); II, 377, 25 (112, 9, 2); II, 378, 3 (112, 9, 3); II, 378, 4 (112, 9, 3); II, 378, 6 (112, 9, 3); II, 378, 9 (112, 9, 3); II, 378, 14 (112, 9, 4); II, 379, 1

(112, 10, 2); II, 379, 16 (112, 10, 4); II, 379, 18 (112, 10, 4); II, 379,
19 (112, 10, 4) (*bis*); II, 379, 23 (112, 10, 5); II, 379, 25 (112, 10, 5);
II, 380, 1 (112, 11, 1); II, 380, 16 (112, 12, 1) (*bis*); II, 380, 17 (112,
12, 1); II, 380, 23 (112, 12, 2); II, 380, 24 (112, 12, 2); II, 381, 9 (112,
12, 3); II, 381, 16 (112, 13, 1); II, 381, 19 (112, 13, 1); II, 381, 24
(112, 13, 2); II, 382, 2 (112, 13, 2) (*bis*); II, 382, 9 (112, 13, 3); II,
382, 11 (112, 13, 3); II, 382, 13 (112, 14, 1); II, 382, 14 (112, 14, 1);
II, 382, 21 (112, 14, 2); II, 382, 25 (112, 14, 2); II, 383, 1 (112, 14, 2);
II, 383, 3 (112, 14, 2); II, 383, 4 (112, 14, 2); II, 383, 7 (112, 14, 2);
II, 383, 23 (112, 14, 4); II, 385, 6 (112, 15, 3); II, 385, 8 (112, 15, 3);
II, 385, 20 (112, 15, 5); II, 385, 26 (112, 16, 1); II, 386, 18 (112, 16,
3); II, 386, 21 (112, 16, 3); II, 387, 3 (112, 17, 1); II, 387, 7 (112, 17,
1); II, 387, 13 (112, 17, 2); II, 387, 15 (112, 17, 2); II, 387, 15 (112,
17, 2); II, 387, 16 (112, 17, 2); II, 387, 17 (112, 17, 2); II, 387, 21
(112, 17, 2); II, 387, 23 (112, 17, 3); II, 388, 3 (112, 17, 4) (*bis*); II,
388, 4 (112, 17, 4); II, 388, 5 (112, 17, 4); II, 388, 7 (112, 17, 4); II,
389, 15 (112, 19, 2); II, 390, 22 (112, 20, 4); II, 391, 10 (112, 21, 1);
II, 391, 12 (112, 21, 1); II, 391, 23 (112, 21, 2); II, 393, 2 (112, 22, 2);
II, 399, 25 (°116, 4, 1); II, 402, 11 (°116, 9, 1); II, 402, 26 (°116, 9,
3); II, 402, 30 (°116, 9, 3); II, 403, 14 (°116, 9, 4); II, 403, 24 (°116,
10, 1); II, 403, 28 (°116, 10, 2); II, 404, 15 (°116, 12, 1); II, 406, 18
(°116, 15, 1); II, 406, 22 (°116, 15, 2); II, 406, 28 (°116, 15, 2) (*bis*);
II, 407, 10 (°116, 15, 4); II, 407, 15 (°116, 16, 1); II, 407, 17 (°116,
16, 1); II, 407, 23 (°116, 16, 2); II, 408, 11 (°116, 16, 3); II, 408, 15
(°116, 17, 1); II, 409, 1 (°116, 17, 3); II, 409, 7 (°116, 18, 1); II, 409,
9 (°116, 18, 1); II, 409, 19 (°116, 18, 3); II, 415, 8 (°116, 25); II, 415,
13 (°116, 25); II, 415, 17 (°116, 26, 1) (*bis*); II, 415, 22 (°116, 26, 1);
II, 415, 26 (°116, 26, 2) (*bis*); II, 415, 27 (°116, 26, 2); II, 416, 2
(°116, 26, 2); II, 416, 3 (°116, 26, 2); II, 416, 16 (°116, 27, 2) (*bis*); II,
416, 17 (°116, 27, 2); II, 416, 22 (°116, 27, 2) (*bis*); II, 417, 5 (°116,
28, 2); II, 417, 22 (°116, 29, 2); II, 418, 15 (°116, 30, 2); II, 420, 26
(°116, 34, 1); II, 420, 27 (°116, 34, 1); II, 475, 6 (120, 1, 4); II, 488,
16 (120, 7, 1); II, 490, 5 (120, 8, 3); II, 492, 3 (120, 8, 9); II, 492, 7
(120, 8, 10); II, 497, 14 (120, 9, 13); II, 502, 4 (120, 10, 5); II, 502, 6
(120, 10, 5); II, 503, 26 (120, 10, 11); II, 504, 15 (120, 10, 13); II,
504, 19 (120, 10, 13); II, 505, 10 (120, 10, 15); III, 16, 2 (121, 4, 2);
III, 19, 3 (121, 5, 4); III, 19, 6 (121, 5, 4); III, 19, 8 (121, 5, 4); III, 19,
15 (121, 5, 5); III, 19, 17 (121, 5, 5); III, 19, 18 (121, 5, 5); III, 20, 17

(121, 5, 8); III, 25, 16 (121, 6, 17); III, 39, 15 (121, 9, 4); III, 44, 7
(121, 10, 8); III, 44, 22 (121, 10, 9); III, 50, 1 (121, 10, 23); III, 52, 25
(121, 11, 7); III, 55, 12 (121, 11, 15); III, 55, 20 (121, 11, 16); III, 61,
4 (122, 1, 15); III, 87, 8 (123, 12, 5); III, 119, 8 (125, 1, 2); III, 120,
11 (125, 2, 2); III, 126, 18 (125, 7, 6); III, 127, 3 (125, 8, 1); III, 148,
12 (127, 4, 1); III, 149, 26 (127, 5, 4); III, 162, 14 (129, 1, 1); III, 163,
2 (129, 1, 2); III, 163, 8 (129, 1, 2); III, 167, 7 (129, 3, 1); III, 169, 5
(129, 3, 7); III, 169, 22 (129, 4, 1); III, 170, 18 (129, 4, 4); III, 172, 10
(129, 5, 3); III, 173, 4 (129, 6, 1); III, 173, 22 (129, 7, 1); III, 285, 12
(140, 15, 3); III, 349, 13 (148, 23, 2); III, 359, 8 (149, 3, 2); III, 359,
24 (149, 3, 4); III, 359, 27 (149, 3, 5); III, 359, 31 (149, 3, 5); III, 360,
6 (149, 3, 5); III, 362, 11 (149, 6, 1)
Iudaicus: I, 41, 13 (12, 2); I, 86, 8 (18 A, 9, 1); I, 111, 15 (21, 1, 2); I, 200, 8
(22, 35, 8); I, 499, 16 (°56, 3, 3); I, 521, 2 (57, 10, 1); I, 544, 12 (59,
3, 3); I, 597, 2 (64, 9, 2); I, 704, 8 (70, 3, 3); II, 12, 11 (72, 5, 1); II,
128, 19 (84, 7, 1); II, 155, 13 (93, 1); II, 299, 12 (107, 8, 3); II, 377, 3
(112, 8, 5); II, 386, 15 (112, 16, 2); II, 399, 26 (°116, 4, 1); II, 409, 16
(°116, 18, 2); II, 480, 4 (120, 2, 2); II, 501, 17 (120, 10, 4); III, 12, 8
(121, 2, 12); III, 20, 2 (121, 5, 6); III, 43, 9 (121, 10, 5); III, 44, 7
(121, 10, 8); III, 45, 6 (121, 10, 10); III, 45, 14 (121, 10, 12); III, 49,
14 (121, 10, 21); III, 363, 3 (149, 6, 4)
Iudas (frater Iesu, apostolus): I, 337, 9 (°46, 7, 3); I, 463, 6 (53, 9, 5)
Iudas (Iskariot): I, 57, 14 (14, 9, 1); I, 148, 14 (22, 4, 2); I, 203, 2 (22, 38, 1);
I, 337, 9 (°46, 7, 3); I, 463, 6 (53, 9, 5); I, 505, 15 (57, 2, 3); I, 507, 5
(57, 3, 3); I, 512, 15 (57, 7, 2); I, 528, 10 (58, 1, 3); I, 536, 1 (58, 6,
3); II, 76, 8 (78, 35, 2); II, 86, 3 (78, 43, 7); II, 109, 22 (82, 3, 1); II,
131, 3 (84, 8, 2); II, 444, 15 (118, 7, 1); III, 85, 11 (123, 12, 1); III,
119, 3 (125, 1, 1); III, 319, 15 (147, 4, 1); III, 359, 8 (149, 3, 2)
Iudith: I, 173, 9 (22, 21, 8); I, 483, 22 (54, 16, 3); I, 617, 15 (65, 1, 4); II, 100,
23 (79, 11, 3)
Iulia: II, 309, 14 (108, 4, 1)
Iuliana: III, 182, 4 (130, 6, 5)
Iulianus (Aeclan.): III, 364, 22 (152, 1)
Iulianus (Apostata): I, 518, 6 (57, 9, 1); I, 569, 2 (60, 15, 2); I, 703, 18 (70, 3,
2); II, 353, 6 (109, 1, 4)
Iulianus (diaconus): I, 29, 9 (7, 4, 1)
Iulianus (monachus): I, 534, 7 (58, 5, 3)
Iulianus (ep. 118): II, 436, 8 (118, 2, 2)

Iulii: II, 309, 13 (108, 4, 1)
Iulius (Verg. Aen. 1, 288): II, 309, 15 (108, 4, 1)
Iulius Africanus: I, 706, 6 (70, 4, 4)
Iulius (adi.): I, 570, 13 (60, 16, 2); II, 337, 3 (108, 21, 2); III, 93, 2 (123, 16, 1)
Iulus: II, 309, 15 (108, 4, 1)
Iuno: I, 358, 21 (49, 6, 2); III, 80, 16 (123, 7, 1)
Iuppiter: I, 61, 7 (14, 11, 1); I, 123, 18 (21, 13, 8); I, 532, 1 (58, 3, 5)
Iustinus: I, 705, 4 (70, 4, 1)
Iuuencus: I, 707, 20 (70, 5, 3)
Kyriacus: II, 147, 17 (°92, praef.)
Laban: I, 285, 8 (36, 16, 6); II, 85, 17 (78, 43, 6)
Lacedaemonius: I, 571, 5 (60, 16, 4)
Lachis: II, 324, 5 (108, 14, 1)
Lactantius: I, 266, 9 (°35, 2, 1); I, 369, 16 (49, 13, 4); I, 384, 13 (49, 19, 4); I,
    539, 14 (58, 10, 2); I, 561, 15 (60, 10, 9); I, 707, 11 (70, 5, 2); II, 128,
    18 (84, 7, 1)
Laelius: I, 32, 13 (8, 2)
Laeta: II, 291, 15 (107, 2, 1); II, 345, 11 (108, 26, 5); III, 366, 10 (153, 3)
Lamech: I, 272, 2 (36, 4, 1); I, 272, 4 (36, 4, 1); I, 272, 8 (36, 4, 2); I, 272, 13
    (36, 5, 1); I, 273, 3 (36, 5, 2); I, 273, 10 (36, 5, 3); I, 273, 12 (36, 5,
    3); II, 99, 21 (79, 10, 3); III, 84, 18 (123, 11, 2)
Lanarius: I, 708, 12 (70, 6, 2); II, 236, 14 (102, 3, 1)
Laodicenus: I, 706, 9 (70, 4, 4); II, 122, 24 (84, 3, 1); II, 371, 8 (112, 4, 4); II,
    390, 7 (112, 20, 2); II, 414, 5 (°116, 23, 2)
Lateranus: II, 40, 14 (77, 4, 1)
Latinissimus: I, 390, 8 (50, 2, 3)
Latinus: I, 27, 5 (7, 2, 1); I, 75, 17 (18 A, 1, 4); I, 75, 22 (18 A, 1, 4); I, 78, 3
    (18 A, 4, 1); I, 85, 11 (18 A, 8, 2); I, 98, 2 (18 B, 1, 2); I, 102, 17 (18
    B, 5, 2); I, 103, 10 (°19); I, 105, 2 (20, 2, 1); I, 106, 6 (20, 3, 1); I,
    107, 9 (20, 3, 4); I, 108, 21 (20, 5, 1); I, 109, 14 (20, 5, 3); I, 131, 5
    (21, 29); I, 131, 7 (21, 29); I, 212, 3 (23, 1, 1); I, 221, 1 (26, 1); I,
    224, 10 (27, 1, 2); I, 233, 5 (29, 1, 3); I, 235, 8 (29, 3, 4); I, 236, 15
    (29, 3, 7); I, 242, 2 (29, 7, 2); I, 242, 3 (29, 7, 2); I, 253, 7 (33, 1, 1);
    I, 254, 1 (33, 1, 2); I, 254, 2 (33, 1, 2); I, 254, 8 (33, 2) (bis); I, 254,
    10 (33, 2); I, 254, 17 (33, 2); I, 259, 3 (33, 5); I, 264, 13 (34, 5, 2); I,
    269, 1 (36, 1, 3); I, 294, 8 (39, 1, 2); I, 339, 15 (°46, 9, 2); I, 349, 11
    (48, 4, 1); I, 349, 15 (48, 4, 2); I, 354, 16 (49, 3, 1); I, 369, 15 (49, 13,
    4); I, 390, 7 (50, 2, 3); I, 421, 12 (52, 5, 1); I, 487, 6 (55, 1, 3); I, 497,

20 (°56, 2, 2); I, 505, 3 (57, 2, 2); I, 510, 9 (57, 5, 6); I, 511, 6 (57, 5, 8); I, 512, 3 (57, 6, 3); I, 514, 3 (57, 7, 4); I, 524, 3 (57, 11, 3); I, 524, 6 (57, 11, 4); I, 526, 12 (57, 13, 1); I, 539, 8 (58, 9, 2); I, 553, 3 (60, 4, 2); I, 554, 13 (60, 5, 3); I, 577, 12 (61, 2, 2); I, 577, 10 (61, 2, 3); I, 578, 7 (61, 2, 5); I, 583, 19 (62, 2, 1); I, 605, 11 (64, 18, 2); I, 619, 18 (65, 3, 1); I, 623, 14 (65, 6, 2); I, 631, 12 (65, 13, 2); I, 636, 6 (65, 14, 7); I, 674, 1 (°67, 9, 3); I, 701, 13 (70, 2, 3); I, 707, 4 (70, 5, 1); II, 8, 9 (72, 1, 1); II, 9, 20 (72, 2, 3); II, 16, 10 (73, 4, 1); II, 18, 11 (73, 5, 3); II, 33, 13 (75, 4, 2); II, 60, 16 (78, 11, 2); II, 67, 18 (78, 18); II, 75, 15 (78, 34, 1); II, 102, 6 (°80, 1, 1); II, 102, 9 (°80, 1, 1); II, 103, 21 (°80, 2, 2); II, 103, 23 (°80, 2, 2); II, 113, 22 (82, 7, 1); II, 113, 25 (82, 7, 1); II, 120, 1 (°83, 1); II, 130, 4 (84, 7, 6); II, 130, 13 (84, 7, 7); II, 131, 8 (84, 9, 1); II, 137, 1 (85, 3, 2); II, 166, 23 (°96, 9, 1); II, 184, 6 (97, 3, 1); II, 184, 21 (97, 4); II, 199, 18 (°98, 15, 1); II, 212, 2 (99, 1, 1); II, 212, 9 (99, 1, 2); II, 239, 24 (°104, 3, 1); II, 240, 17 (°104, 4, 1); II, 240, 23 (°104, 4, 2); II, 241, 11 (°104, 5, 2); II, 242, 2 (°104, 6, 2); II, 248, 18 (106, 2, 1); II, 248, 24 (106, 2, 2); II, 249, 5 (106, 2, 3); II, 249, 8 (106, 2, 3); II, 249, 20 (106, 3, 1); II, 250, 8 (106, 3, 3); II, 252, 11 (106, 7, 2); II, 252, 13 (106, 7, 2); II, 255, 6 (106, 12, 2); II, 255, 9 (106, 12, 2); II, 257, 5 (106, 18, 2); II, 257, 8 (106, 18, 2); II, 258, 13 (106, 23, 1); II, 259, 13 (106, 25, 3); II, 259, 21 (106, 26, 2); II, 260, 10 (106, 28, 1); II, 261, 2 (106, 29, 2); II, 262, 8 (106, 30, 4); II, 263, 9 (106, 32, 2); II, 264, 14 (106, 35, 1); II, 264, 25 (106, 37); II, 265, 3 (106, 38); II, 271, 5 (106, 48, 2); II, 272, 3 (106, 49, 3); II, 272, 19 (106, 50, 4); II, 275, 1 (106, 54, 2); II, 275, 9 (106, 54, 3); II, 275, 13 (106, 55, 1); II, 277, 19 (106, 59); II, 277, 23 (106, 60, 1); II, 278, 19 (106, 63, 1); II, 279, 10 (106, 63, 2); II, 280, 24 (106, 65, 2); II, 281, 15 (106, 65, 5); II, 284, 2 (106, 69, 1); II, 285, 8 (106, 74); II, 288, 4 (106, 81); II, 288, 6 (106, 81); II, 289, 7 (106, 86, 1); II, 289, 12 (106, 86, 2); II, 289, 17 (106, 86, 3); II, 300, 2 (107, 9, 1); II, 345, 2 (108, 26, 3); II, 348, 15 (108, 29, 3); II, 369, 23 (112, 3, 1); II, 370, 6 (112, 3, 2); II, 390, 10 (112, 20, 3); II, 390, 21 (112, 20, 4); II, 392, 1 (112, 21, 3); II, 393, 4 (112, 22, 2); II, 394, 11 (114, 1, 1); II, 395, 16 (114, 3, 1); II, 395, 20 (114, 3, 2); II, 400, 24 (°116, 6, 2); II, 413, 8 (°116, 22, 1); II, 421, 14 (°116, 35, 1); II, 421, 24 (°116, 35, 2); II, 469, 6 (119, 12, 2); III, 41, 22 (121, 10, 3); III, 49, 23 (121, 10, 22); III, 62, 7 (122, 2, 1); III, 96, 6 (124, 1, 1); III, 169, 12 (129, 3, 8); III, 191, 11 (130, 11, 1); III, 198, 28 (130, 18, 1); III, 200,

14 (130, 19, 5); III, 241, 7 (°132, 21, 2); III, 245, 2 (133, 3, 1); III, 246, 8 (133, 3, 6); III, 247, 11 (133, 3, 9); III, 263, 1 (134, 2, 3); III, 269, 11 (140, 1, 2); III, 275, 4 (140, 6, 3)

Latinus (subst.): I, 75, 17 (18 A, 1, 4); I, 78, 3 (18 A, 4, 1); I, 131, 5 (21, 29)

Laton: II, 232, 6 (°100, 18)

Lazarus: I, 171, 19 (22, 21, 2); I, 213, 6 (23, 3, 1); I, 295, 17 (39, 2, 1); I, 301, 10 (39, 4, 2); I, 334, 8 (°46, 5, 1); I, 343, 16 (°46, 13, 2); I, 387, 8 (49, 21, 4); I, 387, 12 (49, 21, 4); I, 550, 4 (60, 2, 1); I, 551, 15 (60, 3, 2); I, 556, 1 (60, 7, 2); I, 677, 10 (68, 1, 6); II, 28, 1 (74, 5, 2); II, 43, 16 (77, 6, 3); II, 197, 17 (°98, 13, 3); II, 320, 14 (108, 12, 2); II, 342, 14 (108, 24, 2); II, 444, 2 (118, 6, 3); II, 457, 13 (119, 7, 10) (bis); III, 165, 2 (129, 2, 1); III, 288, 5 (140, 19, 1)

Lea: I, 212, 4 (23, 1, 1); I, 212, 16 (23, 2, 2); I, 214, 10 (24, 1, 1)

Lebna: II, 68, 2 (78, 19, 1); II, 68, 11 (78, 20, 1)

Lebona: II, 68, 4 (78, 19, 1)

Lentulus: III, 266, 3 (138, 1); III, 316, 14 (147, 3, 1)

Leonides: II, 295, 15 (107, 4, 7)

Leui: I, 277, 12 (36, 11, 2) (bis); I, 277, 14 (36, 11, 2); I, 278, 9 (36, 11, 4); II, 15, 9 (73, 2, 2); II, 17, 11 (73, 4, 3)

Leuiathan: I, 120, 12 (21, 11, 1); II, 2, 5 (71, 1, 3)

Leuita: I, 462, 2 (53, 8, 19); I, 590, 21 (64, 2, 5); I, 601, 8 (64, 15, 2); II, 85, 11 (78, 43, 5); II, 321, 1 (108, 12, 3); II, 347, 19 (108, 28, 3); II, 440, 4 (118, 4, 3)

Leusibora: II, 32, 10 (75, 3, 1)

Lia: III, 87, 1 (123, 12, 4)

Libanum: I, 159, 17 (22, 12, 2); I, 616, 15 (65, 1, 2)

Liber: I, 476, 8 (54, 9, 5)

Libitina: III, 323, 17 (147, 8, 2)

Libya: II, 446, 14 (119, 1, 2)

Libycus: III, 121, 4 (125, 2, 3); III, 180, 5 (130, 5, 3)

Liddensis: II, 156, 26 (94, praef.)

Ligures: I, 2, 12 (1, 3, 1)

Lilybaeum: I, 339, 15 (°46, 9, 2)

†Limnodos: II, 211, 1 (°98, 26)

Liuius: u. et Titus: I, 200, 8 (22, 35, 8); I, 443, 16 (53, 1, 3); I, 534, 2 (58, 5, 2)

Longinus: III, 138, 3 (125, 18, 2)

Loth: I, 146, 6 (22, 2, 1); I, 155, 17 (22, 8, 5); I, 346, 15 (47, 3, 1); I, 661, 11
    (66, 11, 2); I, 696, 17 (69, 9, 1); II, 2, 16 (71, 1, 4); II, 320, 5 (108,
    11, 5); III, 56, 15 (122, 1, 2); III, 57, 6 (122, 1, 3)
Loxias: II, 126, 11 (84, 4, 5)
Lucas: I, 105, 17 (20, 2, 3); I, 108, 16 (20, 4, 4); I, 112, 20 (21, 2, 2); I, 116, 4
    (21, 3, 2); I, 256, 23 (33, 4, 5); I, 258, 14 (33, 4, 8); I, 272, 15 (36, 5,
    1); I, 429, 5 (52, 8, 2); I, 462, 12 (53, 9, 1); I, 463, 4 (53, 9, 4); I, 483,
    7 (54, 16, 1); I, 521, 1 (57, 10, 1); II, 50, 21 (78, 1, 4); II, 58, 11 (78,
    8, 3); II, 182, 15 (97, 1, 2); II, 194, 7 (°98, 10, 1); II, 294, 22 (107, 4,
    4); II, 378, 18 (112, 10, 1); II, 471, 12 (120, cap. 7); II, 471, 20 (120,
    cap. 9); II, 488, 14 (120, 7, 1); II, 488, 19 (120, 7, 1); II, 493, 1 (120,
    9, 1); II, 493, 18 (120, 9, 3); II, 495, 5 (120, 9, 5); II, 496, 5 (120, 9,
    9); II, 498, 17 (120, 9, 16); III, 2, 8 (121, cap. 5); III, 14, 10 (121, 3,
    3); III, 18, 5 (121, 5, 1); III, 21, 1 (121, 6, 1); III, 45, 24 (121, 10, 13);
    III, 146, 17 (127, 2, 2)
Lucianus: I, 706, 10 (70, 4, 4)
Lucifer: II, 317, 8 (108, 10, 4)
Lucilianus: II, 423, 11 (117, 1, 2)
Lucilius: I, 30, 3 (7, 5); II, 122, 21 (84, 2, 3); III, 193, 3 (130, 13, 2)
Lucilla: III, 248, 10 (133, 4, 3)
Lucinus: II, 1, 10 (71, 1, 2); II, 7, 19 (71, 7, 2); II, 29, 12 (75, 1, 1); II, 31, 5
    (75, 2, 1); II, 32, 5 (75, 3, 1); II, 33, 5 (75, 4, 1); II, 36, 13 (76, 3, 2)
Lucius Paulus: I, 554, 15 (60, 5, 3)
Lucretia: III, 80, 21 (123, 7, 2)
Lucretius: III, 246, 14 (133, 3, 7)
Lucullus: I, 251, 3 (31, 3, 1)
Lugdunensis: II, 32, 15 (75, 3, 2); III, 92, 11 (123, 15, 3)
Lugdunum: I, 569, 12 (60, 15, 3)
Lupicinus: I, 30, 2 (7, 5)
Lycaonia: II, 496, 13 (120, 9, 10)
Lycia: II, 312, 18 (108, 7, 2)
Lydda: II, 9, 17 (72, 2, 2); II, 313, 18 (108, 8, 2)
Lysias: I, 534, 2 (58, 5, 2)
Lystra: II, 377, 19 (112, 9, 1); II, 377, 23 (112, 9, 2)
Macarius (monachus): I, 14, 5 (3, 2, 2); I, 196, 3 (22, 33, 2); I, 534, 7 (58, 5,
    3)
Macarius (=Macharius, amicus Rufini): II, 103, 14 (°80, 2, 1)

Macchabaei (martyres): I, 30, 14 (7, 6, 2); I, 134, 23 (21, 35, 1); I, 671, 4
(°67, 6, 1); II, 221, 22 (°100, 9, 1); II, 385, 18 (112, 15, 4)
Machabaei: u. Macchabaei
Machabei: u. Macchabaei
Macharius (monachus): II, 324, 17 (108, 14, 2)
Macedo: II, 508, 7 (120, 11, 5); II, 511, 4 (120, 11, 15)
Macedones: II, 305, 11 (107, 13, 6); III, 51, 19 (121, 11, 3); III, 174, 7 (129, 7,
2)
Macedonia: I, 570, 14 (60, 16, 2); II, 506, 17 (120, 11, 1); II, 507, 13 (120, 11,
4); II, 508, 6 (120, 11, 5); II, 508, 14 (120, 11, 7); II, 508, 21 (120, 11,
8); II, 511, 1 (120, 11, 15); II, 511, 5 (120, 11, 15); II, 511, 7 (120, 11,
15)
Macedonianus: III, 258, 8 (133, 11, 4)
Macedonius: II, 147, 16 (°92, praef.)
Maceloth: II, 70, 1 (78, 24); II, 70, 7 (78, 25, 1)
Madiam: u. Madian
Madian: I, 690, 16 (69, 6, 5); II, 84, 12 (78, 43, 2); II, 91, 2 (79, 3, 3)
Madianita: II, 85, 3 (78, 43, 4)
Madianitis: I, 589, 5 (64, 2, 1); II, 84, 14 (78, 43, 2); III, 326, 1 (147, 9, 4)
Maecia Papiria: II, 306, 8 (108, 1, 1)
Maenianus: II, 278, 23 (106, 63, 1)
Maeotis: II, 45, 16 (77, 8, 1)
Magdalena, u. et Maria (Magdalena): II, 483, 18 (120, 4, 6); III, 149, 21 (127,
5, 3)
Magdalus (uicus): II, 483, 10 (120, 4, 4)
Magdol: II, 55, 21 (78, 6, 1); II, 56, 2 (78, 6, 1)
Mageddo: II, 313, 12 (108, 8, 1)
Magna Graecia: I, 443, 9 (53, 1, 2)
Magog: III, 144, 24 (126, 2, 3)
Maiuma: II, 325, 5 (108, 14, 3)
Malachias: I, 255, 22 (33, 4, 2); I, 349, 19 (48, 4, 2); I, 447, 16 (53, 3, 4); I,
447, 17 (53, 3, 4); I, 456, 13 (53, 8, 5); I, 460, 5 (53, 8, 15); I, 518, 16
(57, 9, 2); I, 518, 18 (57, 9, 3); I, 519, 1 (57, 9, 3); I, 588, 10 (64, 1,
5); II, 68, 6 (78, 19, 2); II, 502, 9 (120, 10, 6); III, 7, 18 (121, 1, 9);
III, 165, 12 (129, 2, 3); III, 316, 1 (147, 2, 3)
Malachim: u. Malachias
Malchio: I, 706, 11 (70, 4, 4)
Maleae: II, 312, 16 (108, 7, 2)

Maleleel: I, 272, 3 (36, 4, 1); I, 272, 4 (36, 4, 1)

Manas: II, 292, 12 (107, 2, 3)

Manasse: I, 87, 20 (18 A, 11, 1); I, 486, 10 (55, 1, 2); I, 676, 19 (68, 1, 4); II,
    41, 19 (77, 4, 4); II, 85, 4 (78, 43, 4); II, 86, 7 (78, 43, 7); III, 171, 13
    (129, 5, 1)

Manicheus: I, 161, 5 (22, 13, 3); I, 204, 18 (22, 38, 7); I, 352, 15 (49, 2, 4); I,
    352, 17 (49, 2, 5); I, 355, 4 (49, 3, 2); I, 361, 18 (49, 8, 2); I, 402, 25
    (°51, 4, 7); II, 6, 24 (71, 6, 2); II, 117, 7 (82, 10, 2); II, 126, 4 (84, 4,
    4); II, 177, 17 (°96, 17, 4); II, 384, 11 (112, 14, 6); II, 400, 18 (°116,
    6, 1); II, 408, 25 (°116, 17, 2); II, 485, 10 (120, 5, 5); II, 501, 3 (120,
    10, 2); III, 117, 13 (124, 15, 2); III, 143, 8 (126, 1, 2); III, 208, 7
    (°131, 7, 1); III, 245, 12 (133, 3, 3); III, 245, 16 (133, 3, 4); III, 254,
    18 (133, 9, 1); III, 352, 24 (148, 28, 5)

Mara: u. et Merra: II, 56, 13 (78, 6, 1); II, 56, 14 (78, 7, 1); II, 57, 5 (78, 7,
    3); II, 57, 7 (78, 7, 3); II, 57, 21 (78, 8, 1); II, 58, 22 (78, 9, 1)

Marcella: I, 249, 5 (30, 14, 2); I, 290, 4 (38, 2, 1); I, 328, 13 (45, 7); I, 330, 3
    (°46, 1, 3); I, 343, 7 (°46, 13, 1); I, 346, 14 (47, 3, 1); I, 349, 14 (48,
    4, 2); I, 485, 9 (54, 18, 1); I, 619, 5 (65, 2, 2); II, 293, 1 (107, 3, 1);
    III, 145, 11 (127, 1, 1); III, 145, 20 (127, 1, 3); III, 152, 20 (127, 9, 3);
    III, 153, 16 (127, 10, 3); III, 153, 23 (127, 10, 4); III, 155, 12 (127, 13,
    1); III, 156, 5 (127, 14)

Marcellina: I, 328, 14 (45, 7)

Marcellinus: III, 142, 13 (126, praef.); III, 208, 12 (°131, 7, 2); III, 209, 6
    (°131, 8, 1)

Marcellus: I, 26, 12 (7, 1, 2); I, 554, 19 (60, 5, 3); III, 181, 23 (130, 6, 4)

Marcianus: II, 147, 15 (°92, praef.)

Marcion: I, 352, 17 (49, 2, 5); I, 402, 25 (°51, 4, 7); II, 126, 3 (84, 4, 4); II,
    384, 11 (112, 14, 6); III, 27, 13 (121, 7, 1); III, 86, 17 (123, 12, 4); III,
    248, 3 (133, 4, 2)

Marcomannus: I, 570, 16 (60, 16, 2)

Marcus (euangelista): I, 105, 11 (20, 2, 2); I, 113, 6 (21, 2, 3); I, 462, 11 (53,
    9, 1); I, 512, 9 (57, 7, 1); I, 518, 9 (57, 9, 2); I, 518, 20 (57, 9, 3); I,
    519, 4 (57, 9, 4); II, 184, 23 (97, 4); II, 470, 11 (120, cap. 3); II, 471,
    10 (120, cap. 7); II, 481, 6 (120, 3, 1); II, 481, 13 (120, 3, 2); II, 481,
    18 (120, 3, 2); II, 481, 23 (120, 3, 3); II, 483, 17 (120, 4, 6); II, 488,
    12 (120, 7, 1); II, 507, 23 (120, 11, 5); III, 14, 10 (121, 3, 3); III, 310,
    8 (146, 1, 6)

Marcus (gnosticus): II, 32, 16 (75, 3, 2)

Marcus (monachus): III, 368, 6 (154, 3)
Marcus Terentius Uarro: *u. et* Uarro: I, 253, 6 (33, 1, 1)
Marcus Tullius: *u. et* Cicero, Tullius: I, 429, 12 (52, 8, 3)
Mardocheus: II, 90, 4 (79, 2, 5)
Mare Mortuum: II, 2, 19 (71, 1, 4)
Mare Rubrum: I, 209, 8 (22, 41, 1); II, 51, 1 (78, 1, 4); II, 56, 15 (78, 7, 1); II,
        57, 3 (78, 7, 3); II, 58, 18 (78, 9, 1); II, 58, 20 (78, 9, 1); II, 58, 21
        (78, 9, 1); II, 58, 22 (78, 9, 1); II, 59, 9 (78, 9, 3); II, 59, 13 (78, 10,
        1); II, 78, 19 (78, 37, 1); II, 283, 6 (106, 67, 3); III, 121, 7 (125, 3, 1);
        III, 147, 19 (127, 3, 3); III, 186, 12 (130, 7, 13)
Maresa: II, 324, 5 (108, 14, 1)
Maria ("altera", mater Iacobi et Ioseph): II, 471, 5 (120, cap. 5); II, 483, 15
        (120, 4, 5); II, 483, 26 (120, 5, 1); II, 484, 3 (120, 5, 1); II, 486, 24
        (120, 5, 10); II, 487, 12 (120, 6, 1)
Maria Cleopae (matertera domini): II, 483, 14 (120, 4, 5)
Maria (Magdalene): I, 307, 6 (39, 6, 5); I, 544, 16 (59, 4, 1); I, 545, 1 (59, 4,
        2); I, 616, 12 (65, 1, 2); II, 471, 1 (120, cap. 4); II, 471, 4 (120, cap.
        5); II, 481, 8 (120, 3, 1); II, 481, 18 (120, 3, 2); II, 481, 21 (120, 3, 3);
        II, 481, 23 (120, 3, 3); II, 482, 1 (120, 4, 1); II, 482, 13 (120, 4, 2); II,
        482, 17 (120, 4, 2); II, 483, 4 (120, 4, 4); II, 483, 10 (120, 4, 4); II,
        483, 15 (120, 4, 5); II, 483, 25 (120, 5, 1); II, 484, 17 (120, 5, 2); II,
        484, 27 (120, 5, 4); II, 485, 4 (120, 5, 4); II, 485, 12 (120, 5, 5); II,
        486, 2 (120, 5, 7); II, 486, 20 (120, 5, 10); II, 487, 11 (120, 6, 1); II,
        488, 4 (120, 6, 3); III, 149, 21 (127, 5, 3)
Maria (mater Iesu): I, 168, 1 (22, 18, 3); I, 173, 5 (22, 21, 7); I, 174, 11 (22,
        22, 1); I, 203, 13 (22, 38, 3); I, 209, 7 (22, 41, 1); I, 307, 16 (39, 7, 1);
        I, 331, 4 (°46, 2, 3); I, 341, 1 (°46, 11, 1); I, 382, 3 (49, 18, 2); I, 386,
        17 (49, 21, 2); I, 386, 19 (49, 21, 3); I, 409, 13 (°51, 7, 2); I, 420, 13
        (52, 4, 2); I, 594, 2 (64, 6, 1); I, 626, 8 (65, 9, 3); I, 626, 25 (65, 9, 5);
        I, 631, 20 (65, 13, 3); I, 665, 4 (66, 14, 1); II, 32, 2 (75, 2, 4); II, 32, 3
        (75, 2, 4); II, 45, 15 (77, 8, 1); II, 155, 25 (93, 2); II, 193, 4 (°98, 8,
        2); II, 193, 8 (°98, 8, 2); II, 193, 13 (°98, 8, 3); II, 293, 10 (107, 3, 2);
        II, 298, 13 (107, 7, 2); II, 303, 17 (107, 13, 1); II, 316, 19 (108, 10, 2);
        II, 318, 2 (108, 10, 6); II, 325, 9 (108, 14, 4); II, 381, 27 (112, 13, 2);
        II, 501, 12 (120, 10, 3); III, 40, 24 (121, 9, 8); III, 106, 28 (124, 8, 6);
        III, 322, 18 (147, 6, 4); III, 347, 9 (148, 21, 2)

Maria (Mirjam, soror Moysi): I, 480, 19 (54, 13, 5); I, 617, 11 (65, 1, 4); II,
42, 14 (77, 5, 1); II, 56, 19 (78, 7, 1); II, 65, 16 (78, 16, 1); II, 76, 14
(78, 35, 3); II, 76, 19 (78, 35, 4)
Maria (soror Marthae): I, 41, 9 (12, 1); I, 178, 1 (22, 24, 5); I, 178, 6 (22, 24,
5); II, 3, 6 (71, 2, 2); II, 320, 15 (108, 12, 2)
Mariae: II, 483, 13 (120, 4, 5); II, 483, 18 (120, 4, 6); III, 149, 20 (127, 5, 3)
Marius: I, 554, 18 (60, 5, 3); I, 655, 16 (66, 7, 3); III, 81, 5 (123, 7, 3)
Marnas: II, 292, 12 (107, 2, 3)
Maro: I, 189, 3 (22, 29, 7); I, 454, 2 (53, 7, 3)
Mars: I, 701, 17 (70, 2, 3)
Martha: I, 178, 2 (22, 24, 5) (bis); I, 178, 4 (22, 24, 5) (bis); II, 3, 6 (71, 2, 2);
II, 320, 15 (108, 12, 2); II, 457, 15 (119, 7, 10)
Martinianus: I, 20, 15 (4, 2, 2)
Massagetae: I, 444, 8 (53, 1, 4); II, 45, 17 (77, 8, 1)
Matheus: u. Mattheus
Mathusalam: I, 272, 4 (36, 4, 1) (bis); I, 276, 5 (36, 10, 3); I, 426, 8 (52, 6, 5);
I, 566, 18 (60, 14, 3)
Matthana: II, 81, 13 (78, 40, 2) (bis); II, 82, 5 (78, 40, 4) (bis)
Mattheus: I, 104, 7 (20, 1); I, 105, 8 (20, 2, 1); I, 110, 3 (20, 5, 4); I, 112, 20
(21, 2, 2); I, 116, 1 (21, 3, 2); I, 256, 22 (33, 4, 5); I, 258, 13 (33, 4,
8); I, 337, 24 (°46, 7, 5); I, 462, 11 (53, 9, 1); I, 486, 6 (55, 1, 1); I,
512, 15 (57, 7, 2); I, 514, 6 (57, 7, 5); I, 516, 4 (57, 8, 1); I, 517, 6
(57, 8, 4); I, 544, 18 (59, 4, 1); II, 23, 3 (73, 10, 2); II, 25, 18 (74, 3,
3); II, 49, 12 (78, 1, 1); II, 52, 6 (78, 2, 2); II, 294, 21 (107, 4, 4); II,
470, 5 (120, cap. 2); II, 470, 10 (120, cap. 3); II, 471, 1 (120, cap. 4);
II, 471, 4 (120, cap. 5); II, 471, 10 (120, cap. 7); II, 471, 14 (120, cap.
8); II, 479, 10 (120, 2, 1); II, 481, 4 (120, 3, 1); II, 481, 17 (120, 3, 2);
II, 481, 22 (120, 3, 3); II, 482, 1 (120, 4, 1); II, 482, 9 (120, 4, 2); II,
482, 11 (120, 4, 2); II, 482, 21 (120, 4, 3); II, 483, 11 (120, 4, 4); II,
483, 25 (120, 5, 1); II, 488, 12 (120, 7, 1); II, 489, 9 (120, 8, 1); III, 1,
7 (121, cap. 2); III, 2, 2 (121, cap. 3); III, 2, 5 (121, cap. 4); III, 4, 19
(121, 1, 1); III, 8, 3 (121, 2, 1); III, 8, 6 (121, 2, 1); III, 8, 10 (121, 2,
2); III, 9, 17 (121, 2, 5); III, 9, 24 (121, 2, 6); III, 10, 9 (121, 2, 7); III,
12, 17 (121, 2, 14); III, 13, 13 (121, 3, 1); III, 13, 16 (121, 3, 1); III,
15, 9 (121, 4, 1); III, 15, 19 (121, 4, 2)
Mauritania: III, 170, 16 (129, 4, 3)
†Maxima (urbs): III, 121, 9 (125, 3, 1)

Maximilla: I, 314, 14 (41, 4, 1); II, 122, 13 (84, 2, 2); II, 498, 23 (120, 9, 16);
    III, 248, 6 (133, 4, 2)
Maximus: I, 569, 16 (60, 15, 4)
Maximus (Quintus Fabius): *u. et* Fabius, Quintus Fabius, Quintus Maximus: I,
    554, 17 (60, 5, 3); II, 38, 11 (77, 2, 3)
Mechir: II, 210, 16 (°98, 25, 4)
Medad: II, 64, 21 (78, 15, 3)
Media: I, 569, 3 (60, 15, 2)
Mediolanensis: III, 26, 26 (121, 6, 22)
Mediolanum: I, 9, 1 (1, 15, 2); II, 107, 12 (81, 2)
Medus: I, 444, 14 (53, 1, 4); II, 45, 22 (77, 8, 2); III, 174, 5 (129, 7, 2); III,
    174, 7 (129, 7, 2)
Megarensis: III, 91, 8 (123, 14, 6)
Melania: *u. et* Melanium: I, 15, 4 (3, 3, 2); I, 20, 1 (4, 2, 1); III, 293, 22 (143,
    2, 3)
Melanium: *u. et* Melania: I, 305, 10 (39, 5, 4); I, 325, 23 (45, 4, 1); I, 326, 17
    (45, 5, 1)
Melchisedec: *u.* Melchisedech
Melchisedech: I, 331, 14 (°46, 2, 4); I, 386, 13 (49, 21, 2); I, 594, 5 (64, 6, 2);
    I, 671, 1 (°67, 6, 1); II, 13, 6 (73, 1, 1); II, 14, 9 (73, 2, 1); II, 15, 1
    (73, 2, 2); II, 15, 16 (73, 3, 1); II, 16, 1 (73, 3, 1); II, 16, 11 (73, 4, 1);
    II, 16, 19 (73, 4, 2); II, 17, 12 (73, 4, 3); II, 17, 14 (73, 4, 3); II, 18, 11
    (73, 5, 3); II, 20, 1 (73, 6, 2); II, 20, 11 (73, 6, 3); II, 20, 17 (73, 7, 2);
    II, 21, 13 (73, 9, 1); II, 22, 4 (73, 9, 2); II, 22, 9 (73, 9, 2); II, 22, 14
    (73, 10, 1); II, 22, 18 (73, 10, 1); II, 385, 14 (112, 15, 4)
Meletius: I, 64, 9 (15, 2, 2); I, 69, 14 (16, 2, 2)
Melita: II, 47, 18 (77, 10, 3)
Melito: I, 705, 7 (70, 4, 2)
Memphiticus: I, 443, 7 (53, 1, 2)
Menander: I, 430, 2 (52, 8, 3); I, 510, 3 (57, 5, 5); I, 534, 1 (58, 5, 2); I, 701,
    15 (70, 2, 3)
Menelaus: III, 161, 6 (128, 4, 6)
Menippeus: I, 254, 21 (33, 2)
Mercator: III, 368, 3 (154, 3)
Merra: *u. et* Mara: I, 157, 1 (22, 9, 2); I, 690, 10 (69, 6, 5); III, 4, 12 (121,
    praef. 5); III, 129, 7 (125, 10, 1)
Mesopotamia: I, 285, 7 (36, 16, 6); I, 285, 9 (36, 16, 6); I, 304, 7 (39, 5, 1); I,
    309, 10 (40, 1, 2); I, 340, 6 (°46, 10, 2); I, 521, 12 (57, 10, 2); I, 531,

9 (58, 3, 4); I, 559, 3 (60, 10, 2); I, 628, 3 (65, 10, 3); II, 3, 12 (71, 2,
3); II, 329, 15 (108, 18, 2); II, 444, 17 (118, 7, 2); III, 90, 11 (123, 14,
4); III, 170, 17 (129, 4, 3)
Messias: II, 322, 20 (108, 13, 3); III, 119, 7 (125, 1, 2)
Metellus: I, 554, 18 (60, 5, 3)
Methca: II, 71, 11 (78, 27, 1); II, 72, 1 (78, 28)
Methodius: I, 369, 10 (49, 13, 4); I, 703, 12 (70, 3, 1); I, 703, 13 (70, 3, 2)
Methone: II, 312, 13 (108, 7, 2)
Metronia: III, 73, 5 (122, 1, 2)
Micha: I, 235, 3 (29, 3, 3); I, 235, 9 (29, 3, 4); I, 235, 11 (29, 3, 4); I, 235, 13
(29, 3, 4); I, 235, 14 (29, 3, 4); I, 235, 20 (29, 3, 5); I, 236, 8 (29, 3,
6); I, 241, 11 (29, 6, 5); I, 255, 20 (33, 4, 2); I, 458, 14 (53, 8, 10); I,
692, 6 (69, 6, 9); II, 69, 15 (78, 22, 2); II, 317, 1 (108, 10, 3); II, 324,
4 (108, 14, 1)
Michea: u. Micha
Micheas: u. Micha
Miltiades: I, 706, 4 (70, 4, 3)
Minaei: II, 381, 25 (112, 13, 2)
Minerua: I, 537, 10 (58, 7, 2); III, 80, 17 (123, 7, 1)
Minucius (Felix): I, 369, 15 (49, 13, 4); I, 561, 15 (60, 10, 9); I, 707, 6 (70, 5,
1)
Misahel: I, 618, 22 (65, 2, 1); II, 220, 20 (°100, 7, 2)
Mithras: II, 292, 4 (107, 2, 2)
Mithridates: II, 132, 20 (84, 10, 2)
Mnasea: II, 211, 1 (°98, 26)
Moab: I, 304, 19 (39, 5, 3); I, 458, 2 (53, 8, 8); II, 59, 18 (78, 10, 1); II, 80,
12 (78, 39, 1); II, 80, 19 (78, 39, 2); II, 80, 20 (78, 39, 2); II, 80, 22
(78, 39, 2); II, 81, 5 (78, 40, 1); II, 81, 15 (78, 40, 2); II, 81, 26 (78,
40, 4); II, 83, 20 (78, 42, 2); II, 84, 2 (78, 43, 1); II, 84, 4 (78, 43, 1);
II, 84, 11 (78, 43, 2); III, 154, 21 (127, 12, 2)
Moabitae: I, 156, 6 (22, 8, 5); II, 81, 9 (78, 40, 1); II, 320, 7 (108, 11, 5); III,
173, 25 (129, 7, 1); III, 316, 19 (147, 3, 2)
Moabitis: I, 456, 7 (53, 8, 4); I, 456, 8 (53, 8, 4); I, 484, 16 (54, 17, 2); I, 658,
9 (66, 8, 5)
Moeris: I, 414, 14 (52, 1, 2); II, 244, 15 (105, 3, 3)
Mogontiacus: III, 92, 6 (123, 15, 3)
Moloch: III, 45, 13 (121, 10, 11)

Montanus: I, 311, 13 (41, 1, 1); I, 314, 14 (41, 4, 1); I, 314, 18 (41, 4, 1); II,
    42, 4 (77, 4, 5); II, 122, 12 (84, 2, 2); II, 498, 15 (120, 9, 16); II, 498,
    23 (120, 9, 16); III, 248, 5 (133, 4, 2)
Montensis: I, 286, 5 (37, 1, 1)
Mopsus: I, 569, 1 (60, 15, 2)
Morasthi: I, 458, 14 (53, 8, 10); II, 324, 3 (108, 14, 1)
Morini: III, 92, 10 (123, 15, 3)
Mosaicus: I, 594, 15 (64, 7, 2); II, 27, 2 (74, 4, 4); II, 63, 18 (78, 14, 3); II,
    322, 18 (108, 13, 3); II, 377, 15 (112, 9, 1)
Moyses: I, 15, 13 (3, 4, 1); I, 65, 17 (15, 4, 2); I, 79, 22 (18 A, 5, 3); I, 81, 8
    (18 A, 6, 4); I, 85, 5 (18 A, 8, 1); I, 85, 16 (18 A, 8, 3); I, 90, 9 (18 A,
    13, 1); I, 90, 13 (18 A, 13, 2); I, 90, 15 (18 A, 13, 2); I, 90, 19 (18 A,
    13, 2); I, 91, 1 (18 A, 13, 3); I, 91, 4 (18 A, 13, 3); I, 93, 7 (18 A, 15,
    2); I, 93, 8 (18 A, 15, 2); I, 93, 18 (18 A, 15, 4); I, 94, 10 (18 A, 15,
    6); I, 95, 8 (18 A, 15, 9); I, 96, 2 (18 A, 15, 10); I, 101, 7 (18 B, 4, 1);
    I, 125, 5 (21, 15); I, 126, 17 (21, 21, 1); I, 140, 7 (21, 40, 4); I, 156,
    18 (22, 9, 2); I, 170, 1 (22, 19, 6); I, 177, 8 (22, 24, 3); I, 237, 8 (29,
    4, 1); I, 237, 21 (29, 4, 3); I, 238, 5 (29, 4, 4); I, 267, 6 (°35, 2, 4); I,
    275, 16 (36, 10, 1); I, 276, 11 (36, 10, 3); I, 281, 17 (36, 15, 3); I, 298,
    14 (39, 3, 1); I, 301, 2 (39, 4, 1); I, 301, 12 (39, 4, 3); I, 302, 9 (39, 4,
    4); I, 302, 11 (39, 4, 5); I, 302, 13 (39, 4, 5); I, 302, 17 (39, 4, 5); I,
    303, 5 (39, 4, 7); I, 314, 10 (41, 4, 1); I, 344, 6 (°46, 13, 3); I, 410, 10
    (°51, 7, 4); I, 415, 15 (52, 2, 2); I, 455, 6 (53, 8, 2); I, 494, 5 (55, 5,
    1); I, 528, 2 (58, 1, 2); I, 538, 21 (58, 9, 1); I, 551, 5 (60, 3, 1); I, 555,
    10 (60, 6, 2); I, 560, 2 (60, 10, 4); I, 572, 14 (60, 17, 2); I, 586, 14
    (64, 1, 1); I, 609, 14 (64, 19, 2); I, 609, 19 (64, 19, 2); I, 609, 20 (64,
    19, 2); I, 609, 21 (64, 19, 2); I, 610, 13 (64, 20, 1); I, 612, 3 (64, 20,
    4); I, 613, 18 (64, 21, 3); I, 614, 2 (64, 21, 3); I, 614, 13 (64, 21, 4); I,
    617, 12 (65, 1, 4); I, 626, 3 (65, 9, 2); I, 686, 21 (69, 5, 2); I, 690, 15
    (69, 6, 5); I, 701, 3 (70, 2, 1); II, 16, 4 (73, 3, 2); II, 35, 21 (76, 2, 1);
    II, 42, 14 (77, 5, 1); II, 44, 19 (77, 7, 2); II, 50, 5 (78, 1, 2); II, 50, 20
    (78, 1, 4); II, 50, 22 (78, 1, 4); II, 52, 2 (78, 2, 1); II, 52, 16 (78, 2, 4);
    II, 56, 17 (78, 7, 1); II, 61, 22 (78, 13, 2); II, 62, 1 (78, 13, 3); II, 63, 2
    (78, 14, 1); II, 63, 10 (78, 14, 2); II, 64, 18 (78, 15, 2); II, 65, 16 (78,
    16, 1); II, 67, 6 (78, 17, 5); II, 71, 6 (78, 26, 3); II, 76, 15 (78, 35, 3);
    II, 76, 19 (78, 35, 4); II, 79, 4 (78, 37, 2); II, 79, 17 (78, 38, 1); II, 83,
    14 (78, 42, 1); II, 84, 19 (78, 43, 3); II, 85, 19 (78, 43, 6); II, 86, 4
    (78, 43, 7); II, 100, 12 (79, 11, 1); II, 146, 6 (°91, 2); II, 163, 9 (°96,

5, 3); II, 173, 28 (°96, 14, 4); II, 176, 1 (°96, 16, 2); II, 176, 19 (°96, 16, 4); II, 178, 11 (°96, 18, 3); II, 179, 10 (°96, 18, 6); II, 180, 11 (°96, 20, 1); II, 189, 18 (°98, 4, 6); II, 194, 11 (°98, 10, 1); II, 215, 14 (°100, 3, 1); II, 352, 19 (109, 1, 3); II, 375, 2 (112, 7, 5); II, 375, 12 (112, 7, 6); II, 378, 16 (112, 9, 4); II, 378, 25 (112, 10, 1); II, 383, 11 (112, 14, 2); II, 383, 23 (112, 14, 4); II, 402, 1 (°116, 8, 3); II, 402, 4 (°116, 8, 3); II, 402, 10 (°116, 9, 1); II, 402, 29 (°116, 9, 3); II, 408, 21 (°116, 17, 1); II, 409, 23 (°116, 18, 3); II, 410, 2 (°116, 18, 4); II, 410, 4 (°116, 18, 4); II, 480, 9 (120, 2, 3); II, 502, 17 (120, 10, 7); III, 16, 16 (121, 4, 4); III, 31, 18 (121, 8, 8); III, 31, 24 (121, 8, 9); III, 33, 17 (121, 8, 13); III, 39, 14 (121, 9, 4); III, 39, 18 (121, 9, 4); III, 50, 9 (121, 10, 24); III, 55, 4 (121, 11, 14); III, 55, 5 (121, 11, 14); III, 69, 17 (122, 4, 2); III, 87, 12 (123, 12, 5); III, 127, 3 (125, 8, 1); III, 134, 14 (125, 15, 2); III, 161, 19 (128, 5, 2); III, 161, 26 (128, 5, 3); III, 164, 22 (129, 1, 6); III, 165, 9 (129, 2, 2); III, 173, 9 (129, 6, 2); III, 189, 26 (130, 10, 2); III, 210, 7 (°131, 9, 3); III, 253, 22 (133, 8, 5); III, 255, 17 (133, 9, 3) (*bis*); III, 255, 21 (133, 9, 4); III, 269, 4 (140, 1, 1); III, 270, 7 (140, 2, 1); III, 270, 8 (140, 2, 1); III, 271, 21 (140, 3, 2); III, 272, 22 (140, 4, 3); III, 272, 24 (140, 4, 3); III, 272, 27 (140, 4, 3); III, 273, 1 (140, 4, 4); III, 273, 2 (140, 4, 4); III, 273, 8 (140, 4, 5); III, 289, 7 (140, 21, 2); III, 340, 9 (148, 13, 2); III, 357, 12 (149, 1, 2); III, 359, 1 (149, 3, 1)
Musa: I, 390, 11 (50, 2, 3); I, 525, 12 (57, 12, 3); I, 623, 17 (65, 6, 2)
Museroth: II, 72, 9 (78, 29, 1); II, 73, 1 (78, 30, 1)
Museus: II, 232, 5 (°100, 18)
Mysia: II, 511, 2 (120, 11, 15)
Naasson: I, 278, 4 (36, 11, 3) (*bis*); I, 278, 5 (36, 11, 4); I, 278, 7 (36, 11, 4)
Nabal: III, 129, 11 (125, 10, 2)
Nabat: I, 456, 14 (53, 8, 5); II, 170, 20 (°96, 12, 2)
Nabo: II, 36, 16 (76, 3, 2); II, 83, 12 (78, 42, 1); II, 83, 14 (78, 42, 1); II, 83, 15 (78, 42, 1); II, 86, 4 (78, 43, 7)
Nabuchodonosor: I, 29, 2 (7, 3, 2); I, 87, 1 (18 A, 10, 1); I, 172, 15 (22, 21, 5); I, 327, 13 (45, 6, 1); I, 572, 9 (60, 17, 2); II, 36, 5 (76, 3, 1); II, 90, 3 (79, 2, 5); II, 220, 15 (°100, 7, 1); II, 291, 20 (107, 2, 1); II, 328, 6 (108, 16, 2); III, 292, 3 (142, 2)
Nabutha: II, 41, 9 (77, 4, 3); II, 438, 12 (118, 3, 4); III, 64, 23 (122, 3, 5); III, 65, 2 (122, 3, 5); III, 326, 4 (147, 9, 5)
Nabuzardan: II, 36, 6 (76, 3, 1)

Nachor: II, 19, 8 (73, 5, 4); II, 19, 10 (73, 5, 4)

Naeuius: I, 567, 10 (60, 14, 4)

Nahalihel: II, 82, 6 (78, 40, 4) (*bis*)

Naid: I, 119, 2 (21, 8, 1); III, 325, 18 (147, 9, 4)

Naim: I, 344, 9 (°46, 13, 3); II, 323, 20 (108, 13, 6)

Narbonensis: III, 92, 12 (123, 15, 3)

Nathan: III, 64, 1 (122, 3, 2)

Nathanahel: III, 56, 9 (122, 1, 1); III, 56, 13 (122, 1, 1)

Nathanias: I, 87, 6 (18 A, 10, 2)

Naue: I, 170, 1 (22, 19, 6); I, 257, 10 (33, 4, 6); I, 302, 12 (39, 4, 5); I, 337, 13 (°46, 7, 4); I, 456, 2 (53, 8, 4); II, 314, 10 (108, 8, 3)

Naum: I, 255, 20 (33, 4, 2); I, 458, 17 (53, 8, 10)

Nazanzenus: *u.* Nazianzenus

Nazara: II, 323, 12 (108, 13, 5)

Nazaraeus: *u. et* Nazarenus: I, 105, 4 (20, 2, 1); I, 515, 12 (57, 7, 7); I, 515, 18 (57, 7, 8); I, 704, 5 (70, 3, 2); II, 378, 15 (112, 9, 4); II, 381, 26 (112, 13, 2); II, 407, 19 (°116, 16, 1)

Nazarenus: *u. et* Nazaraeus: I, 633, 11 (65, 13, 7); II, 166, 20 (°96, 9, 1)

Nazareth: I, 344, 2 (°46, 13, 3); I, 515, 11 (57, 7, 7)

Nazareus: *u.* Nazaraeus

Nazianzenus: I, 389, 7 (50, 1, 3); I, 429, 4 (52, 8, 2)

Neapolis: II, 322, 16 (108, 13, 3)

Nebridius: II, 88, 7 (79, 1, 3); II, 88, 18 (79, 2, 1); II, 89, 8 (79, 2, 3); II, 91, 9 (79, 4, 1); II, 92, 9 (79, 5, 1); II, 93, 20 (79, 6, 2)

Nechao: III, 260, 6 (133, 13, 2)

Neemia: I, 461, 19 (53, 8, 19); II, 36, 9 (76, 3, 1); III, 174, 4 (129, 7, 2)

Nemetae: III, 92, 10 (123, 15, 3)

Nepotianus: I, 413, 3 (52, 1, 1); I, 440, 7 (52, 17, 1); I, 549, 2 (60, 1, 1); I, 555, 16 (60, 7, 1); I, 557, 12 (60, 8, 2); I, 563, 5 (60, 11, 3); I, 572, 1 (60, 17, 1); I, 574, 13 (60, 19, 2); II, 37, 6 (77, 1, 1); II, 370, 11 (112, 3, 2); III, 127, 14 (125, 8, 2)

Nepthalim: II, 86, 7 (78, 43, 7)

Nero: I, 480, 2 (54, 13, 3); II, 379, 25 (112, 10, 5); III, 54, 18 (121, 11, 12); III, 138, 7 (125, 18, 3)

Neronianus: I, 676, 21 (68, 1, 4)

Nestor: I, 418, 14 (52, 3, 6)

Nicenus: I, 64, 12 (15, 3, 1); I, 65, 8 (15, 4, 1); I, 687, 9 (69, 5, 3); II, 125, 15 (84, 4, 2); II, 126, 4 (84, 4, 4); II, 133, 25 (84, 11, 3); II, 156, 10 (93, 3)

Niciu (urbs): II, 232, 3 (°100, 18)

Nicodemus: I, 634, 15 (65, 14, 3); I, 691, 1 (69, 6, 6); II, 123, 9 (84, 3, 2)

Nicolaus (Apoc. 2, 6): I, 57, 15 (14, 9, 1)

Nicolaus (Antiochenus): III, 248, 2 (133, 4, 2); III, 319, 16 (147, 4, 1)

Nicopolis: II, 314, 5 (108, 8, 2)

Niliacus: I, 310, 17 (40, 2, 2)

Nilus: II, 446, 15 (119, 1, 2)

Nineue: I, 68, 6 (16, 1, 1); I, 458, 14 (53, 8, 10); I, 550, 14 (60, 2, 3); II, 41, 20 (77, 4, 4)

Nineuita: I, 274, 3 (36, 6, 1); III, 65, 13 (122, 3, 6)

Nioba: I, 567, 11 (60, 14, 4); I, 682, 5 (69, 2, 6)

Nitria: I, 14, 4 (3, 2, 2); I, 195, 14 (22, 33, 1); II, 140, 7 (°87, 1); II, 143, 2 (°89, 1); II, 144, 8 (°90, 1); II, 145, 2 (°90, 4); II, 147, 19 (°92, 1, 1); II, 148, 23 (°92, 1, 3); II, 150, 29 (°92, 3, 2); II, 154, 5 (°92, 6, 1); II, 324, 11 (108, 14, 1)

Nob: II, 314, 2 (108, 8, 2)

Noe: I, 64, 3 (15, 2, 1); I, 140, 6 (21, 40, 4); I, 155, 10 (22, 8, 4); I, 169, 17 (22, 19, 6); I, 204, 16 (22, 38, 6); I, 266, 17 (°35, 2, 3); I, 276, 7 (36, 10, 3); I, 383, 15 (49, 19, 1); I, 384, 4 (49, 19, 3); I, 402, 5 (°51, 4, 5); I, 626, 3 (65, 9, 2); I, 690, 2 (69, 6, 3); II, 15, 6 (73, 2, 2); II, 15, 11 (73, 3, 1); II, 18, 17 (73, 5, 4); II, 19, 17 (73, 6, 1); II, 22, 4 (73, 9, 2); II, 459, 19 (119, 8, 3); III, 81, 24 (123, 8, 2); III, 85, 1 (123, 11, 4); III, 85, 6 (123, 11, 4); III, 168, 13 (129, 3, 5)

Noemi: II, 350, 1 (108, 31, 2)

Noemin: I, 304, 18 (39, 5, 3)

Nola: I, 26, 12 (7, 1, 2); III, 181, 23 (130, 6, 4)

Nonbat: I, 234, 7 (29, 2, 4); I, 236, 14 (29, 3, 7)

Noo: II, 324, 10 (108, 14, 1)

Noomin: I, 484, 13 (54, 17, 2)

Norbanus: II, 147, 15 (°92, praef.)

Nouatianus: I, 38, 4 (10, 3, 2); I, 269, 1 (36, 1, 3); I, 315, 9 (42, 1, 1); I, 316, 6 (42, 1, 4)

Nouatus: I, 583, 17 (62, 2, 1); II, 42, 4 (77, 4, 5)

Nouem populi: III, 92, 11 (123, 15, 3)

Numantia: II, 48, 16 (77, 11, 3)

Numenius: I, 706, 3 (70, 4, 3)

Numidia: I, 655, 16 (66, 7, 3)

Oasis: I, 570, 9 (60, 16, 1)

Oboth: II, 78, 24 (78, 37, 2); II, 79, 13 (78, 38, 1); II, 80, 11 (78, 39, 1)

Oceanus: I, 579, 14 (61, 3, 3); I, 583, 11 (62, 2, 1); I, 678, 15 (69, 1, 1); I, 699, 12 (69, 10, 1); II, 32, 8 (75, 3, 1); II, 37, 11 (77, 1, 2); II, 119, 14 (°83, praef.); II, 121, 3 (84, praef.); III, 143, 21 (126, 1, 3); III, 145, 1 (126, 3)

Octauius: I, 707, 7 (70, 5, 1)

Oea: II, 241, 9 (°104, 5, 1); II, 391, 23 (112, 21, 2)

Oedipus: I, 418, 9 (52, 3, 6)

Ofaz: I, 286, 9 (37, 1, 1); I, 287, 5 (37, 1, 3); I, 287, 9 (37, 1, 3); I, 287, 11 (37, 1, 3)

Offellius: II, 232, 6 (°100, 18)

Og: II, 82, 16 (78, 40, 5)

Olofernes: I, 173, 9 (22, 21, 8); II, 36, 6 (76, 3, 1)

Olybrius: III, 177, 17 (130, 3, 1); III, 177, 19 (130, 3, 1); III, 183, 2 (130, 7, 2)

Olympus: I, 474, 20 (54, 9, 1)

Omboes: II, 211, 2 (°98, 26)

Onasus: I, 310, 7 (40, 2, 1)

Onesimus: I, 16, 1 (3, 4, 2); I, 590, 11 (64, 2, 4); II, 113, 10 (82, 6, 2)

Ophir: I, 637, 2 (65, 15, 2); I, 637, 13 (65, 15, 4)

Ophitae: I, 58, 2 (14, 9, 1); III, 319, 16 (147, 4, 1)

Optatus (Mileuitanus): III, 294, 9 (°144, praef.)

Or: II, 77, 6 (78, 36, 1); II, 77, 8 (78, 36, 1); II, 77, 12 (78, 36, 1); II, 78, 15 (78, 37, 1); II, 78, 19 (78, 37, 1); II, 78, 21 (78, 37, 2); III, 246, 12 (133, 3, 6)

Orcus: III, 184, 19 (130, 7, 7)

Oreb: II, 61, 20 (78, 13, 2)

Oriens: II, 45, 22 (77, 8, 2); II, 46, 10 (77, 8, 4); III, 310, 15 (146, 1, 7)

Origenes: I, 221, 12 (26, 2); I, 230, 1 (28, 5); I, 232, 1 (28, 7); I, 258, 20 (33, 4, 9); I, 258, 21 (33, 4, 9); I, 258, 22 (33, 4, 9); I, 260, 4 (34, 1, 1); I, 260, 16 (34, 1, 3); I, 262, 16 (34, 3, 2); I, 262, 17 (34, 3, 2); I, 269, 5 (36, 1, 4); I, 275, 13 (36, 9, 2); I, 288, 10 (37, 3, 2); I, 294, 10 (39, 1, 3); I, 318, 6 (43, 1); I, 348, 19 (48, 3, 2); I, 369, 9 (49, 13, 4); I, 384, 12 (49, 19, 4); I, 400, 6 (°51, 3, 3); I, 400, 18 (°51, 3, 4); I, 401, 1 (°51, 4, 1); I, 401, 5 (°51, 4, 2); I, 401, 8 (°51, 4, 3); I, 402, 7 (°51, 4, 5); I, 402, 13 (°51, 4, 6); I, 404, 3 (°51, 5, 4); I, 404, 6 (°51, 5, 4); I,

405, 8 (°51, 5, 6); I, 405, 13 (°51, 5, 7); I, 406, 8 (°51, 6, 2); I, 406, 11 (°51, 6, 2); I, 406, 12 (°51, 6, 3); I, 406, 23 (°51, 6, 4); I, 408, 16 (°51, 6, 10); I, 409, 6 (°51, 7, 1); I, 412, 3 (°51, 9, 3); I, 576, 1 (61, 1, 1); I, 576, 10 (61, 1, 2); I, 577, 1 (61, 2, 1); I, 578, 1 (61, 2, 4); I, 582, 10 (61, 4, 3); I, 583, 10 (62, 2, 1); I, 583, 16 (62, 2, 1); I, 673, 7 (°67, 9, 1); I, 703, 12 (70, 3, 1); I, 703, 13 (70, 3, 2); I, 705, 19 (70, 4, 3); II, 6, 5 (71, 5, 2); II, 14, 8 (73, 2, 1); II, 102, 6 (°80, 1, 1); II, 102, 10 (°80, 1, 1); II, 103, 4 (°80, 1, 2); II, 103, 19 (°80, 2, 2); II, 103, 26 (°80, 2, 3); II, 104, 2 (°80, 2, 4); II, 113, 22 (82, 7, 1); II, 114, 4 (82, 7, 1); II, 114, 6 (82, 7, 2); II, 114, 9 (82, 7, 2); II, 114, 11 (82, 7, 2); II, 119, 16 (°83, 1); II, 120, 8 (°83, 1); II, 121, 13 (84, 2, 1); II, 122, 7 (84, 2, 2); II, 123, 22 (84, 3, 4); II, 124, 10 (84, 3, 5); II, 125, 16 (84, 4, 2); II, 125, 19 (84, 4, 3); II, 125, 21 (84, 4, 3); II, 128, 11 (84, 6, 3); II, 129, 1 (84, 7, 2); II, 129, 9 (84, 7, 4); II, 130, 3 (84, 7, 6); II, 130, 12 (84, 7, 7); II, 130, 15 (84, 7, 7); II, 130, 18 (84, 8, 1); II, 131, 10 (84, 9, 1); II, 131, 18 (84, 9, 2); II, 132, 14 (84, 10, 1); II, 132, 19 (84, 10, 2); II, 132, 23 (84, 10, 2); II, 133, 5 (84, 11, 1); II, 133, 9 (84, 11, 2); II, 133, 18 (84, 11, 3); II, 133, 21 (84, 11, 3); II, 133, 25 (84, 11, 3); II, 136, 15 (85, 3, 1); II, 137, 7 (85, 4, 1); II, 140, 7 (°87, 1); II, 143, 3 (°89, 1); II, 144, 7 (°90, 1); II, 144, 16 (°90, 2); II, 146, 1 (°91, 1); II, 146, 8 (°91, 2); II, 146, 10 (°91, 2); II, 147, 19 (°92, 1, 1); II, 148, 15 (°92, 1, 3); II, 148, 24 (°92, 1, 4); II, 149, 9 (°92, 2, 1); II, 152, 1 (°92, 4, 1); II, 153, 27 (°92, 5, 2); II, 155, 20 (93, 2); II, 157, 9 (94, 1, 2); II, 157, 15 (94, 2, 1); II, 158, 6 (°95, 1, 2); II, 158, 18 (°95, 2); II, 158, 23 (°95, 3); II, 162, 25 (°96, 5, 1); II, 163, 2 (°96, 5, 2); II, 163, 13 (°96, 6, 1); II, 163, 27 (°96, 6, 2); II, 164, 14 (°96, 6, 2); II, 165, 1 (°96, 7, 1); II, 165, 24 (°96, 8, 2); II, 165, 27 (°96, 8, 3); II, 166, 14 (°96, 8, 5); II, 167, 3 (°96, 9, 2); II, 167, 15 (°96, 9, 4); II, 168, 1 (°96, 9, 6); II, 168, 10 (°96, 10, 1); II, 169, 5 (°96, 10, 3); II, 170, 9 (°96, 12, 1); II, 172, 22 (°96, 13, 3); II, 173, 4 (°96, 14, 1); II, 173, 9 (°96, 14, 1); II, 173, 26 (°96, 14, 4); II, 175, 1 (°96, 15, 3); II, 175, 22 (°96, 16, 1); II, 176, 2 (°96, 16, 2); II, 176, 15 (°96, 16, 4); II, 176, 22 (°96, 16, 5); II, 177, 21 (°96, 17, 5); II, 180, 3 (°96, 20, 1); II, 183, 27 (97, 2, 4); II, 184, 14 (97, 3, 1); II, 184, 16 (97, 3, 2); II, 191, 2 (°98, 6, 2); II, 191, 12 (°98, 6, 3); II, 192, 30 (°98, 8, 1); II, 193, 22 (°98, 9, 1); II, 194, 14 (°98, 10, 1); II, 195, 18 (°98, 12, 1); II, 196, 12 (°98, 12, 4); II, 198, 3 (°98, 13, 5); II, 198, 21 (°98, 14, 3); II, 199, 1 (°98, 14, 4); II, 203, 6 (°98, 18, 1); II, 204, 2 (°98, 19, 1); II, 204, 11

(°98, 19, 1); II, 206, 21 (°98, 21, 1); II, 207, 13 (°98, 22, 1); II, 225, 3
(°100, 11, 5); II, 226, 29 (°100, 13, 1); II, 227, 6 (°100, 13, 1); II,
248, 20 (106, 2, 2); II, 252, 6 (106, 7, 2); II, 371, 1 (112, 4, 2); II, 371,
26 (112, 4, 6); II, 372, 25 (112, 6, 1); II, 373, 8 (112, 6, 2); II, 389, 8
(112, 19, 1); II, 389, 12 (112, 19, 2); II, 390, 6 (112, 20, 2); II, 390, 11
(112, 20, 3); II, 414, 7 (°116, 23, 2); II, 414, 9 (°116, 23, 2); II, 449, 8
(119, 5, 1); II, 460, 5 (119, 9, 1); II, 468, 9 (119, 11, 4); III, 26, 27
(121, 6, 22); III, 96, 4 (124, 1, 1); III, 143, 7 (126, 1, 2); III, 247, 8
(133, 3, 9); III, 247, 10 (133, 3, 9); III, 247, 12 (133, 3, 10); III, 298,
28 (°144, 8, 3)
Origeniastes: II, 124, 12 (84, 3, 5)
Origenista: II, 225, 2 (°100, 11, 5); II, 393, 22 (°113, 1, 2); III, 246, 11 (133,
3, 6)
Orion: I, 607, 5 (64, 18, 6)
Orna: I, 331, 12 (°46, 2, 4); III, 172, 14 (129, 5, 3)
Orontes: I, 571, 14 (60, 16, 5)
Orosius: III, 203, 5 (°131, 2, 1); III, 261, 6 (134, 1, 1)
Orpheus: II, 429, 15 (117, 6, 4)
Osee: I, 240, 18 (29, 6, 3); I, 250, 14 (31, 2, 2); I, 255, 18 (33, 4, 2); I, 255, 19
(33, 4, 2); I, 456, 15 (53, 8, 5); I, 457, 4 (53, 8, 6); I, 514, 19 (57, 7,
6); I, 550, 17 (60, 2, 3); I, 702, 16 (70, 2, 6); II, 24, 20 (74, 3, 1); II,
504, 1 (120, 10, 11); II, 504, 22 (120, 10, 14); III, 63, 1 (122, 2, 4); III,
85, 12 (123, 12, 1); III, 190, 17 (130, 10, 4); III, 285, 11 (140, 15, 3)
Osrohene: III, 170, 17 (129, 4, 3)
Ostia: I, 212, 9 (23, 1, 2)
Ozas: III, 327, 5 (147, 10, 2)
Ozias: I, 73, 11 (18 A, praef. 1); I, 74, 19 (18 A, 1, 1); I, 74, 22 (18 A, 1, 1);
I, 75, 9 (18 A, 1, 3); I, 75, 16 (18 A, 1, 4); I, 76, 1 (18 A, 2, 1); I, 77,
2 (18 A, 2, 4); I, 87, 1 (18 A, 10, 2); I, 87, 10 (18 A, 10, 3); I, 88, 3
(18 A, 11, 2); I, 89, 18 (18 A, 12, 3); I, 175, 16 (22, 23, 2); II, 11, 15
(72, 4, 2); II, 368, 22 (112, 2, 2)
Pacatula: III, 157, 1 (128, 1, 3); III, 160, 2 (128, 4, 1); III, 162, 2 (128, 5, 4)
Pachumius: III, 149, 11 (127, 5, 1)
Pactolus: II, 468, 14 (119, 11, 4)
Palaestina: I, 259, 6 (33, 5); I, 343, 8 (°46, 13, 1); I, 445, 1 (53, 1, 4); I, 504,
21 (57, 2, 1); I, 531, 13 (58, 3, 4); I, 571, 15 (60, 16, 5); I, 636, 8 (65,
14, 7); II, 118, 2 (82, 11, 1); II, 139, 2 (86, 1); II, 155, 10 (93, 1); II,
278, 21 (106, 63, 1); II, 282, 3 (106, 65, 6); II, 315, 2 (108, 9, 2); II,

394, 14 (114, 1, 1); III, 144, 12 (126, 2, 2); III, 170, 3 (129, 4, 2); III, 170, 16 (129, 4, 3); III, 171, 7 (129, 5, 1); III, 266, 2 (138, 1); III, 363, 18 (151, 1)

Palaestinus: I, 531, 12 (58, 3, 4); II, 22, 12 (73, 9, 3); II, 114, 20 (82, 8, 1); II, 147, 4 (°92, praef.); II, 147, 6 (°92, praef.); II, 348, 6 (108, 29, 1)

Palladius: I, 412, 2 (°51, 9, 3)

Pambos: I, 196, 4 (22, 33, 2)

Pammachius: I, 391, 13 (50, 3, 4); I, 649, 3 (66, 2, 2); I, 651, 6 (66, 4, 2); I, 651, 17 (66, 4, 3); I, 652, 11 (66, 5, 1); I, 653, 7 (66, 5, 3); I, 655, 11 (66, 7, 3); II, 37, 7 (77, 1, 1); II, 47, 6 (77, 10, 1); II, 119, 14 (°83, praef.); II, 121, 3 (84, praef.); II, 136, 14 (85, 3, 1); II, 310, 1 (108, 4, 2); II, 441, 6 (118, 5, 1); III, 96, 3 (124, 1, 1)

Pamphilus: I, 259, 18 (34, 1, 1); I, 706, 10 (70, 4, 4); II, 104, 2 (°80, 2, 4); II, 133, 3 (84, 11, 1); II, 133, 7 (84, 11, 1); II, 133, 12 (84, 11, 2); II, 133, 13 (84, 11, 2); II, 133, 20 (84, 11, 3); II, 133, 22 (84, 11, 3); II, 133, 25 (84, 11, 3); II, 134, 3 (84, 11, 4); II, 134, 4 (84, 11, 4); II, 452, 21 (119, 6, 1); III, 247, 7 (133, 3, 9); III, 247, 9 (133, 3, 9)

Pamphylia: II, 144, 21 (°90, 3)

Paneas: II, 21, 4 (73, 8, 1)

Pannonia: I, 570, 15 (60, 16, 2)

Pannonius: I, 675, 4 (68, 1, 1); III, 92, 5 (123, 15, 2)

Pantaenus: I, 705, 12 (70, 4, 2)

Papias: II, 6, 2 (71, 5, 2); II, 32, 14 (75, 3, 2)

Papinianus: II, 39, 12 (77, 3, 3)

Papirius: II, 48, 15 (77, 11, 3)·

Parcae: I, 311, 1 (40, 2, 3); II, 76, 12 (78, 35, 2)

Parthicus: I, 704, 1 (70, 3, 2)

Parthus: I, 444, 14 (53, 1, 4); II, 47, 23 (77, 10, 3)

Patera: II, 472, 17 (120, praef. 2)

Paula (maior): I, 252, 16 (32, 1, 3); I, 295, 19 (39, 2, 2); I, 299, 18 (39, 3, 4); I, 308, 18 (39, 8, 2); I, 324, 21 (45, 2, 2); I, 325, 6 (45, 3, 1); I, 325, 23 (45, 4, 1); I, 326, 17 (45, 5, 1); I, 328, 12 (45, 7); I, 346, 4 (47, 2, 2); I, 467, 1 (54, 2, 1); I, 555, 12 (60, 6, 2); I, 648, 16 (66, 2, 1); I, 664, 6 (66, 13, 2); II, 37, 3 (77, 1, 1); II, 212, 21 (99, 2, 2); II, 235, 12 (102, 1, 2); II, 306, 5 (108, 1, 1); II, 309, 2 (108, 3, 3); II, 323, 22 (108, 13, 6); II, 328, 22 (108, 17, 3); II, 346, 4 (108, 27, 2); II, 350, 8 (108, 33, 1); II, 350, 17 (108, 33, 2); II, 350, 22 (108, 33, 3); II, 351, 3 (108, 34); III, 149, 16 (127, 5, 2)

Paula (minor): II, 290, 16 (107, 1, 2); II, 304, 10 (107, 13, 4); II, 305, 9 (107, 13, 6); II, 345, 10 (108, 26, 5); III, 262, 11 (134, 2, 1); III, 264, 18 (°137, 1); III, 294, 1 (143, 2, 3); III, 366, 8 (153, 3)

Paulina: I, 648, 6 (66, 1, 2); I, 648, 17 (66, 2, 1); I, 650, 4 (66, 3, 2); I, 651, 6 (66, 4, 2); I, 651, 19 (66, 4, 3); I, 652, 10 (66, 5, 1); I, 665, 18 (66, 15); II, 37, 8 (77, 1, 1); II, 47, 7 (77, 10, 1); iI, 309, 23 (108, 4, 2)

Paulinianus: I, 579, 15 (61, 3, 3); I, 665, 9 (66, 14, 2); II, 107, 9 (81, 2); II, 234, 5 (°101, 3, 2)

Paulinus (episc. Antioch.): I, 64, 9 (15, 2, 2); I, 69, 14 (16, 2, 2); II, 310, 24 (108, 6, 1); II, 311, 2 (108, 6, 1); II, 313, 3 (108, 7, 3); III, 150, 22 (127, 7, 1)

Paulinus (Nol.): I, 580, 7 (61, 3, 4); II, 441, 6 (118, 5, 1)

Παῦλος: I, 349, 2 (48, 3, 2)

Paulula: II, 293, 2 (107, 3, 1)

Paulus (episc. Palaest.): II, 147, 9 (°92, praef.)

Paulus (episc. Palaest.): II, 147, 10 (°92, praef.)

Paulus (episc. Erythr.): II, 211, 2 (°98, 26)

Paulus (eremita): I, 38, 6 (10, 3, 3); I, 200, 14 (22, 36, 1); I, 534, 7 (58, 5, 3); II, 311, 7 (108, 6, 2)

Paulus (senex): I, 22, 5 (5, 2, 2); I, 38, 6 (10, 3, 3)

Paulus (apostolus): I, 47, 7, (14, 3, 1); I, 48, 11 (14, 3, 5); I, 59, 2 (14, 9, 3); I, 64, 16 (15, 3, 1); I, 68, 14 (16, 1, 2); I, 69, 20 (16, 2, 3); I, 78, 21 (18 A, 4, 4); I, 79, 22 (18 A, 5, 3); I, 103, 2 (18 B, 5, 3); I, 113, 18 (21, 2, 4); I, 132, 6 (21, 33); I, 133, 3 (21, 34, 3); I, 136, 21 (21, 37, 2); I, 138, 5 (21, 39, 3); I, 149, 11 (22, 5, 1); I, 154, 20 (22, 8, 3); I, 203, 12 (22, 38, 2); I, 207, 17 (22, 40, 3); I, 215, 8 (24, 2, 1); I, 222, 10 (26, 4, 1); I, 257, 1 (33, 4, 5); I, 269, 5 (36, 1, 4); I, 279, 7 (36, 13, 1); I, 281, 12 (36, 15, 2); I, 286, 9 (37, 1, 1); I, 289, 15 (38, 1); I, 298, 15 (39, 3, 1); I, 309, 16 (40, 1, 3); I, 312, 24 (41, 2); I, 313, 9 (41, 3, 1); I, 314, 16 (41, 4, 1); I, 338, 12 (°46, 8, 1); I, 338, 23 (°46, 8, 2); I, 353, 4 (49, 2, 5); I, 369, 17 (49, 13, 4); I, 376, 14 (49, 15, 3); I, 405, 9 (°51, 5, 7); I, 408, 21 (°51, 6, 11); I, 428, 9 (52, 7, 5); I, 431, 8 (52, 9, 3); I, 433, 2 (52, 10, 3); I, 445, 6 (53, 2, 1); I, 446, 13 (53, 3, 2); I, 448, 16 (53, 3, 7); I, 450, 1 (53, 4, 2); I, 462, 18 (53, 9, 3); I, 472, 12 (54, 6, 4); I, 487, 15 (55, 2, 1); I, 491, 20 (55, 3, 5); I, 498, 17 (°56, 3, 1); I, 499, 15 (°56, 3, 3); I, 503, 13 (57, 1, 1); I, 519, 13 (57, 9, 5); I, 520, 17 (57, 9, 7); I, 528, 7 (58, 1, 3); I, 546, 20 (59, 5, 4); I, 557, 10 (60, 8, 2); I, 584, 1 (62, 2, 1); I, 630, 13 (65, 12, 3); I, 668, 1 (°67, 3, 1); I,

670, 9 (°67, 5, 1); I, 670, 12 (°67, 5, 2); I, 670, 18 (°67, 6, 1); I, 674, 10 (°67, 9, 4); I, 676, 21 (68, 1, 4); I, 682, 13 (69, 2, 7); I, 691, 9 (69, 6, 7); I, 701, 9 (70, 2, 2); II, 1, 11 (71, 1, 2); II, 6, 23 (71, 6, 2); II, 27, 14 (74, 5, 1); II, 28, 16 (74, 5, 3); II, 39, 12 (77, 3, 3); II, 50, 19 (78, 1, 4); II, 58, 13 (78, 8, 3); II, 72, 15 (78, 29, 1); II, 98, 13 (79, 9, 3); II, 113, 10 (82, 6, 2); II, 129, 5 (84, 7, 3); II, 131, 12 (84, 9, 1); II, 131, 22 (84, 9, 3); II, 149, 2 (°92, 2, 1); II, 152, 27 (°92, 4, 4); II, 156, 4 (93, 3); II, 158, 14 (°95, 2); II, 161, 22 (°96, 3, 4); II, 163, 22 (°96, 6, 1); II, 164, 18 (°96, 6, 3); II, 169, 1 (°96, 10, 3); II, 172, 12 (°96, 13, 2); II, 173, 15 (°96, 14, 2); II, 174, 15 (°96, 15, 2); II, 174, 26 (°96, 15, 3); II, 177, 23 (°96, 17, 5); II, 178, 5 (°96, 18, 2); II, 188, 6 (°98, 4, 1); II, 188, 19 (°98, 4, 3); II, 189, 19 (°98, 4, 6); II, 194, 16 (°98, 10, 2); II, 195, 25 (°98, 12, 2); II, 196, 18 (°98, 12, 4); II, 206, 18 (°98, 20, 3); II, 217, 27 (°100, 5, 2); II, 221, 8 (°100, 8); II, 222, 13 (°100, 9, 3); II, 225, 8 (°100, 12, 1); II, 225, 24 (°100, 12, 3); II, 290, 3 (107, 1, 1); II, 313, 10 (108, 8, 1); II, 314, 15 (108, 8, 3); II, 330, 1 (108, 18, 3); II, 335, 25 (108, 20, 4); II, 343, 23 (108, 25, 3); II, 352, 19 (109, 1, 3); II, 354, 15 (109, 3, 1); II, 355, 14 (109, 3, 4); II, 370, 16 (112, 4, 1); II, 371, 2 (112, 4, 3); II, 372, 2 (112, 4, 6); II, 372, 4 (112, 4, 6); II, 372, 12 (112, 5, 1); II, 372, 26 (112, 6, 1); II, 373, 2 (112, 6, 1); II, 374, 25 (112, 7, 5); II, 375, 4 (112, 7, 6); II, 375, 28 (112, 8, 1); II, 376, 1 (112, 8, 2); II, 376, 17 (112, 8, 4); II, 376, 18 (112, 8, 4); II, 377, 16 (112, 9, 1); II, 377, 18 (112, 9, 1); II, 377, 24 (112, 9, 2); II, 378, 1 (112, 9, 3); II, 378, 9 (112, 9, 4); II, 379, 11 (112, 10, 3); II, 379, 15 (112, 10, 4); II, 380, 2 (112, 11, 1); II, 380, 3 (112, 11, 1); II, 380, 8 (112, 11, 2); II, 380, 9 (112, 11, 2); II, 381, 12 (112, 12, 3); II, 381, 18 (112, 13, 1) (*bis*); II, 382, 13 (112, 14, 1); II, 382, 21 (112, 14, 2); II, 383, 25 (112, 14, 4); II, 383, 27 (112, 14, 4); II, 385, 7 (112, 15, 3); II, 385, 8 (112, 15, 3); II, 385, 25 (112, 16, 1); II, 386, 2 (112, 16, 1); II, 387, 13 (112, 17, 2); II, 387, 22 (112, 17, 3); II, 399, 22 (°116, 4, 1); II, 400, 5 (°116, 5, 1); II, 400, 29 (°116, 7, 1); II, 400, 30 (°116, 7, 1); II, 401, 4 (°116, 7, 2); II, 401, 8 (°116, 7, 2); II, 401, 10 (°116, 7, 3); II, 401, 17 (°116, 8, 1); II, 401, 22 (°116, 8, 1); II, 401, 23 (°116, 8, 2); II, 402, 29 (°116, 9, 3); II, 403, 4 (°116, 9, 3); II, 403, 29 (°116, 10, 2); II, 404, 3 (°116, 11, 1); II, 404, 8 (°116, 11, 2); II, 404, 21 (°116, 12, 1); II, 405, 14 (°116, 13, 2); II, 407, 2 (°116, 15, 3); II, 407, 4 (°116, 15, 4); II, 407, 8 (°116, 15, 4); II, 407, 11 (°116, 15, 4); II, 407, 15 (°116, 16, 1); II, 407, 16 (°116, 16, 1); II,

407, 28 (°116, 16, 2); II, 408, 15 (°116, 17, 1); II, 409, 3 (°116, 17, 3); II, 409, 14 (°116, 18, 2); II, 410, 7 (°116, 19, 1); II, 413, 10 (°116, 22, 2); II, 413, 14 (°116, 22, 2); II, 413, 18 (°116, 22, 2); II, 413, 23 (°116, 22, 3); II, 414, 25 (°116, 24, 2); II, 415, 7 (°116, 25); II, 416, 10 (°116, 27, 1); II, 417, 23 (°116, 29, 2); II, 418, 14 (°116, 30, 2); II, 444, 15 (118, 7, 1); II, 447, 14 (119, 2, 1); II, 448, 13 (119, 2, 4); II, 449, 13 (119, 5, 1); II, 453, 13 (119, 6, 3); II, 454, 3 (119, 6, 5); II, 454, 14 (119, 7, 2); II, 454, 23 (119, 7, 3); II, 454, 25 (119, 7, 3); II, 455, 4 (119, 7, 3); II, 459, 7 (119, 8, 2); II, 460, 5 (119, 9, 1); II, 460, 9 (119, 9, 1); II, 460, 12 (119, 9, 2); II, 460, 16 (119, 9, 2); II, 466, 25 (119, 10, 13); II, 471, 22 (120, cap. 10); II, 474, 23 (120, 1, 3); II, 489, 4 (120, 7, 2); II, 493, 3 (120, 9, 1); II, 494, 24 (120, 9, 5); II, 496, 13 (120, 9, 10); II, 500, 7 (120, 10, 1); II, 507, 14 (120, 11, 4); II, 508, 4 (120, 11, 5); II, 511, 3 (120, 11, 15); III, 2, 17 (121, cap. 9); III, 11, 10 (121, 2, 10); III, 14, 27 (121, 3, 4); III, 17, 1 (121, 4, 5); III, 25, 3 (121, 6, 16); III, 26, 23 (121, 6, 21); III, 28, 10 (121, 7, 4); III, 38, 4 (121, 9, 1); III, 39, 18 (121, 9, 4); III, 41, 14 (121, 10, 2); III, 44, 10 (121, 10, 8); III, 57, 12 (122, 1, 4); III, 74, 7 (123, 3, 1); III, 84, 15 (123, 11, 2); III, 155, 23 (127, 13, 3); III, 158, 22 (128, 3, 3); III, 169, 9 (129, 3, 7); III, 176, 17 (130, 2, 1); III, 210, 8 (°131, 9, 3); III, 288, 22 (140, 20, 2); III, 308, 9 (146, 1, 1); III, 308, 13 (146, 1, 2); III, 312, 10 (147, 1, 1); III, 317, 19 (147, 3, 4); III, 362, 9 (149, 6, 1)

Paulus (Lucius Aemilius): I, 554, 15 (60, 5, 3); II, 306, 7 (108, 1, 1); II, 350, 15 (108, 33, 2)

Paxamus: I, 255, 5 (33, 3)

Pelagianus: III, 301, 34 (°144, 14, 1); III, 305, 3 (°144, 18, 1); III, 305, 22 (°144, 20, 2); III, 368, 5 (154, 3)

Pelagius: III, 364, 22 (152, 1)

Pelius: III, 149, 15 (127, 5, 2)

Pelusiota: II, 131, 25 (84, 9, 3)

Pelusium: II, 325, 5 (108, 14, 3)

Pepusa: I, 313, 18 (41, 3, 2)

Pergamum: I, 27, 15 (7, 2, 2)

Pericles: I, 554, 7 (60, 5, 2)

Perinthus: II, 447, 19 (119, 2, 2)

Peripateticus: III, 242, 10 (133, 1, 3)

Persa: I, 287, 7 (37, 1, 3); I, 340, 4 (°46, 10, 2); I, 444, 8 (53, 1, 4); I, 553, 7 (60, 4, 2); III, 132, 16 (125, 14, 1); III, 174, 3 (129, 7, 2); III, 174, 5 (129, 7, 2); III, 174, 16 (129, 7, 3)

Perses: II, 292, 5 (107, 2, 2)

Persis: II, 292, 13 (107, 2, 3); III, 170, 17 (129, 4, 3); III, 310, 15 (146, 1, 7)

Persius: I, 311, 4 (40, 2, 3); I, 377, 11 (49, 15, 6); II, 236, 4 (102, 2, 1)

Petobionensis: I, 578, 1 (61, 2, 4)

Petrus (ap.): *u. et* Simon (Petrus): I, 40, 10 (11, 4); I, 42, 2 (12, 2); I, 48, 10 (14, 3, 4); I, 57, 14 (14, 9, 1); I, 63, 1 (15, 1, 1); I, 64, 1 (15, 2, 1); I, 69, 13 (16, 2, 2); I, 69, 20 (16, 2, 3); I, 71, 12 (17, 2, 2); I, 89, 2 (18 A, 12, 1); I, 92, 3 (18 A, 14, 3); I, 194, 1 (22, 32, 2); I, 194, 14 (22, 32, 4); I, 250, 5 (31, 2, 1); I, 266, 19 (°35, 2, 3); I, 274, 14 (36, 8); I, 286, 10 (37, 1, 1); I, 289, 14 (38, 1); I, 298, 14 (39, 3, 1); I, 312, 7 (41, 1, 1); I, 312, 18 (41, 2); I, 316, 23 (42, 2, 2); I, 338, 11 (°46, 8, 1); I, 344, 6 (°46, 13, 3); I, 357, 2 (49, 4, 6); I, 376, 15 (49, 15, 3); I, 403, 8 (°51, 5, 1); I, 427, 16 (52, 7, 4); I, 432, 9 (52, 10, 2); I, 445, 10 (53, 2, 1); I, 449, 2 (53, 3, 7); I, 449, 9 (53, 4, 1); I, 463, 6 (53, 9, 5); I, 491, 20 (55, 3, 5); I, 498, 18 (°56, 3, 1); I, 499, 15 (°56, 3, 3); I, 499, 18 (°56, 3, 3); I, 518, 10 (57, 9, 2); I, 520, 17 (57, 9, 7); I, 546, 20 (59, 5, 4); I, 595, 11 (64, 7, 3); I, 627, 16 (65, 10, 2); I, 668, 11 (°67, 3, 2); I, 670, 3 (°67, 5, 1); I, 670, 10 (°67, 5, 1); I, 671, 11 (°67, 6, 2); I, 676, 21 (68, 1, 4); I, 691, 7 (69, 6, 7); II, 40, 18 (77, 4, 2); II, 89, 2 (79, 2, 2); II, 131, 23 (84, 9, 3); II, 149, 2 (°92, 2, 1); II, 156, 4 (93, 3); II, 158, 10 (°95, 2); II, 176, 19 (°96, 16, 4); II, 184, 24 (97, 4); II, 198, 1 (°98, 13, 5); II, 198, 8 (°98, 14, 1); II, 224, 26 (°100, 11, 3); II, 278, 24 (106, 63, 1); II, 341, 26 (108, 24, 1); II, 342, 19 (108, 24, 3); II, 352, 19 (109, 1, 3); II, 354, 14 (109, 3, 1); II, 370, 16 (112, 4, 1); II, 372, 2 (12, 4, 6); II, 372, 13 (112, 5, 1); II, 373, 2 (112, 6, 1); II, 373, 16 (112, 7, 1); II, 373, 17 (112, 7, 1); II, 373, 21 (112, 7, 2); II, 374, 5 (112, 7, 3); II, 374, 7 (112, 7, 3); II, 374, 13 (112, 7, 3); II, 375, 13 (112, 7, 6); II, 375, 28 (112, 8, 1); II, 376, 1 (112, 8, 2); II, 376, 3 (112, 8, 2); II, 376, 10 (112, 8, 2); II, 376, 16 (112, 8, 4); II, 377, 2 (112, 8, 5); II, 377, 5 (112, 8, 5); II, 377, 14 (112, 9, 1); II, 378, 1 (112, 9, 3); II, 378, 8 (112, 9, 3); II, 380, 1 (112, 11, 1); II, 380, 8 (112, 11, 2); II, 380, 9 (112, 11, 2); II, 381, 9 (112, 12, 3); II, 381, 13 (112, 12, 3); II, 384, 18 (112, 15, 1); II, 386, 23 (112, 16, 3); II, 386, 24 (112, 17, 1); II, 387, 1 (112, 17, 1); II, 387, 14 (112, 17, 2); II, 387, 22 (112, 17, 3); II, 399, 23 (°116, 4, 1); II, 399, 25 (°116, 4, 1); II,

400, 2 (°116, 4, 2); II, 400, 3 (°116, 4, 2); II, 400, 6 (°116, 5, 1); II,
400, 8 (°116, 5, 1); II, 400, 29 (°116, 7, 1); II, 401, 3 (°116, 7, 2); II,
401, 8 (°116, 7, 2); II, 401, 16 (°116, 8, 1); II, 401, 18 (°116, 8, 1); II,
403, 26 (°116, 10, 2); II, 404, 2 (°116, 11, 1); II, 404, 8 (°116, 11, 2);
II, 405, 14 (°116, 13, 2); II, 407, 1 (°116, 15, 3); II, 413, 12 (°116, 22,
2); II, 413, 14 (°116, 22, 2); II, 413, 24 (°116, 22, 3); II, 414, 28
(°116, 24, 2); II, 440, 14 (118, 4, 5); II, 471, 8 (120, cap. 6); II, 474, 9
(120, 1, 2); II, 484, 13 (120, 5, 2); II, 486, 22 (120, 5, 10); II, 487, 8
(120, 6, 1); II, 500, 5 (120, 9, 20); II, 507, 23 (120, 11, 5) (*bis*); II,
508, 2 (120, 11, 5); III, 13, 26 (121, 3, 2); III, 14, 2 (121, 3, 2); III, 24,
25 (121, 6, 15); III, 56, 12 (122, 1, 1); III, 60, 20 (122, 1, 13); III, 84,
27 (123, 11, 4); III, 86, 14 (123, 12, 3); III, 120, 10 (125, 2, 2); III,
150, 1 (127, 5, 4); III, 189, 3 (130, 9, 2); III, 194, 15 (130, 14, 5); III,
210, 8 (°131, 9, 3) (*bis*); III, 278, 4 (140, 8, 3); III, 278, 9 (140, 8, 4);
III, 309, 15 (146, 1, 4); III, 322, 1 (147, 6, 2); III, 330, 14 (148, 1, 3);
III, 339, 14 (148, 12, 3); III, 347, 8 (148, 21, 2); III, 351, 2 (148, 26, 2)

Petrus (episc. Alexandr.): III, 149, 8 (127, 5, 1)
Phalereus: I, 260, 1 (34, 1, 1)
Phaltias: I, 76, 18 (18 A, 2, 3); I, 77, 2 (18 A, 2, 4)
Phanuel: I, 210, 2 (22, 41, 3); I, 483, 8 (54, 16, 1); I, 483, 9 (54, 16, 1); I, 618,
    6 (65, 1, 5); II, 100, 24 (79, 11, 3); III, 73, 6 (123, 1, 2); III, 146, 18
    (127, 2, 2); III, 178, 17 (130, 4, 2)
Phanuhel: *u.* Phanuel
Pharan: II, 64, 15 (78, 15, 2); II, 65, 15 (78, 16, 1); II, 66, 6 (78, 17, 1); II, 66,
    10 (78, 17, 2); II, 75, 21 (78, 34, 2); II, 85, 17 (78, 43, 6); II, 182, 5
    (97, 1, 1)
Pharao: I, 76, 12 (18 A, 2, 2); I, 77, 2 (18 A, 2, 4); I, 95, 13 (18 A, 15, 9); I,
    177, 11 (22, 24, 3); I, 209, 9 (22, 41, 1); I, 233, 19 (29, 2, 3); I, 302, 1
    (39, 4, 4); I, 480, 19 (54, 13, 5); I, 690, 3 (69, 6, 4); II, 51, 1 (78, 1,
    4); II, 51, 11 (78, 1, 5); II, 56, 15 (78, 7, 1); II, 57, 2 (78, 7, 2); II, 89,
    27 (79, 2, 5); II, 136, 8 (85, 2); II, 173, 6 (°96, 14, 1); II, 502, 23 (120,
    10, 7); II, 503, 1 (120, 10, 8); II, 504, 5 (120, 10, 12); III, 33, 17 (121,
    8, 13); III, 36, 9 (121, 8, 21); III, 121, 8 (125, 3, 1); III, 313, 17 (147,
    1, 4)
Phares: I, 278, 3 (36, 11, 3) (*bis*); I, 278, 5 (36, 11, 4); I, 278, 7 (36, 11, 4); I,
    419, 14 (52, 3, 8); I, 419, 16 (52, 3, 8); II, 67, 16 (78, 18); II, 68, 1
    (78, 19, 1); III, 87, 7 (123, 12, 5)

Pharmuth: II, 181, 6 (°96, 20, 4); II, 181, 8 (°96, 20, 4); II, 210, 17 (°98, 25, 4); II, 210, 19 (°98, 25, 4); II, 231, 17 (°100, 17, 1); II, 231, 18 (°100, 17, 1)

Phasga: II, 81, 16 (78, 40, 2); II, 82, 9 (78, 40, 4); II, 82, 18 (78, 40, 5); II, 86, 5 (78, 43, 7)

Phasis: I, 478, 19 (54, 12, 1); I, 657, 5 (66, 8, 3); I, 697, 12 (69, 9, 3); II, 95, 22 (79, 7, 6); II, 220, 4 (°100, 6, 5); II, 301, 10 (107, 10, 2)

Phiahiroth: II, 55, 19 (78, 6, 1); II, 55, 22 (78, 6, 1); II, 56, 11 (78, 7, 1)

Philemon: I, 257, 6 (33, 4, 5); I, 462, 20 (53, 9, 3)

Philippensis: I, 136, 22 (21, 37, 2); I, 257, 3 (33, 4, 5)

Philippi: III, 308, 11 (146, 1, 1)

Philippicus: I, 526, 17 (57, 13, 2)

Philippus (Act. 8. 21): I, 13, 5 (3, 1, 2); I, 312, 21 (41, 2); I, 343, 21 (°46, 13, 2); I, 451, 9 (53, 5, 2); I, 451, 17 (53, 5, 3); II, 313, 16 (108, 8, 2); III, 178, 19 (130, 4, 2)

Philippus (apost.): II, 26, 15 (74, 4, 3); III, 56, 8 (122, 1, 1)

Philippus (II., Macedon.): II, 295, 1 (107, 4, 5)

Philistaea: II, 11, 24 (72, 4, 3); II, 12, 1 (72, 4, 3)

Philistiim: I, 621, 3 (65, 4, 3); II, 313, 12 (108, 8, 1); III, 173, 25 (129, 7, 1)

Philo (Iudaeus): I, 200, 7 (22, 35, 8); I, 241, 17 (29, 7, 1); I, 704, 12 (70, 3, 3)

Philo (episcopus): I, 398, 8 (°51, 2, 2)

Philostratus: I, 445, 5 (53, 1, 4)

Philumene: III, 248, 4 (133, 4, 2)

Phinees: u. Finees

Phinon: II, 78, 16 (78, 37, 1); II, 78, 22 (78, 37, 2); II, 79, 2 (78, 37, 2); II, 79, 13 (78, 38, 1)

Phison: I, 404, 17 (°51, 5, 5); I, 444, 10 (53, 1, 4); III, 121, 17 (125, 3, 2)

Phoenices: I, 444, 14 (53, 1, 4)

Phoenix: I, 259, 7 (33, 5); I, 571, 15 (60, 16, 5); II, 313, 6 (108, 8, 1); II, 394, 13 (114, 1, 1); III, 144, 12 (126, 2, 2); III, 170, 16 (129, 4, 3); III, 171, 8 (129, 5, 1)

Photinus: I, 632, 24 (65, 13, 6); I, 705, 10 (70, 4, 2)

Phrygia: I, 313, 18 (41, 3, 2)

Phygelus: I, 203, 3 (22, 38, 1); I, 590, 10 (64, 2, 4)

Phylistiim: u. Philistiim

Pictauiensis: I, 490, 11 (55, 3, 2); II, 390, 10 (112, 20, 3)

Pierius: I, 348, 19 (48, 3, 2); I, 348, 21 (48, 3, 2); I, 706, 10 (70, 4, 4)

Pila: I, 459, 10 (53, 8, 12)

Pilatus: II, 26, 12 (74, 4, 3); II, 166, 19 (°96, 9, 1); II, 166, 23 (°96, 9, 1); II, 166, 26 (°96, 9, 1); II, 167, 1 (°96, 9, 2); II, 167, 6 (°96, 9, 2)
Pindarus: I, 461, 6 (53, 8, 17)
Pinianus: III, 293, 22 (143, 2, 3)
Pionia: I, 258, 19 (33, 4, 9)
Pireneus: II, 32, 8 (75, 3, 1); II, 32, 21 (75, 3, 2)
Pisistratus: I, 260, 1 (34, 1, 1)
Piso: I, 554, 18 (60, 5, 3)
Pisonianus: I, 681, 18 (69, 2, 5)
Pisozus: II, 232, 5 (°100, 18)
Pityus: I, 570, 5 (60, 16, 1)
Plato: I, 61, 8 (14, 11, 1); I, 369, 6 (49, 13, 3); I, 389, 13 (50, 2, 1); I, 417, 14 (52, 3, 5); I, 443, 7 (53, 1, 2); I, 449, 16 (53, 4, 2); I, 508, 14 (57, 5, 2); I, 533, 23 (58, 5, 2); I, 554, 3 (60, 5, 2); I, 566, 9 (60, 14, 2); I, 587, 15 (64, 1, 3); I, 644, 17 (65, 21, 2); I, 684, 18 (69, 3, 6); I, 694, 12 (69, 8, 2); I, 704, 13 (70, 3, 3); I, 706, 3 (70, 4, 3); II, 125, 2 (84, 3, 7); II, 128, 3 (84, 6, 2); II, 212, 13 (99, 2, 1); II, 250, 5 (106, 3, 3); II, 500, 21 (120, 10, 2); III, 105, 3 (124, 7, 2); III, 245, 13 (133, 3, 3)
Platonicus: I, 200, 7 (22, 35, 8); III, 143, 7 (126, 1, 2); III, 150, 7 (127, 6, 1)
Plautinus: I, 254, 9 (33, 2); I, 382, 12 (49, 18, 3); I, 388, 13 (50, 1, 2); I, 525, 11 (57, 12, 3); II, 107, 7 (81, 1, 4)
Plautus: I, 189, 16 (22, 30, 2); I, 510, 3 (57, 5, 5); II, 250, 7 (106, 3, 3)
Plinius: III, 131, 14 (125, 12, 1)
Polycarpus: II, 6, 3 (71, 5, 2)
Pompeius: I, 254, 14 (33, 2); II, 48, 16 (77, 11, 3)
Pontia: II, 312, 7 (108, 7, 1)
Ponticus: III, 93, 2 (123, 16, 1); III, 246, 2 (133, 3, 5)
Pontius Pilatus: II, 381, 27 (112, 13, 2)
Pontus: I, 14, 18 (3, 3, 1); I, 251, 4 (31, 3, 1); I, 340, 6 (°46, 10, 2); I, 531, 10 (58, 3, 4); II, 48, 16 (77, 11, 3)
Porphyrius: I, 369, 11 (49, 13, 4); I, 389, 6 (50, 1, 3); I, 518, 6 (57, 9, 1); I, 703, 11 (70, 3, 1); II, 122, 14 (84, 2, 2); II, 128, 24 (84, 7, 2); II, 147, 9 (°92, praef.); II, 373, 1 (112, 6, 1); II, 380, 7 (112, 11, 2); II, 386, 17 (112, 16, 3); II, 413, 25 (°116, 22, 3); III, 255, 16 (133, 9, 3)
Posidonius: I, 554, 3 (60, 5, 2)
Praesidius: II, 237, 8 (103, 1); II, 366, 16 (°111, praef.)
Praetextata: II, 296, 10 (107, 4, 2)
Primus: III, 368, 7 (154, 3)

Principia: I, 616, 3 (65, 1, 1); I, 646, 20 (65, 22, 4); III, 145, 10 (127, 1, 1); III, 156, 6 (127, 14)

Prisca: I, 314, 14 (41, 4, 1); III, 248, 6 (133, 4, 2)

Priscilla: I, 618, 13 (65, 1, 6); II, 378, 12 (112, 9, 4); II, 498, 23 (120, 9, 16)

Priscillianista: III, 208, 7 (°131, 7, 2)

Priscillianus: III, 143, 8 (126, 1, 2); III, 245, 16 (133, 3, 4); III, 245, 25 (133, 3, 5); III, 248, 12 (133, 4, 3); III, 298, 28 (°144, 8, 3)

Priscus: II, 139, 1 (86, 1)

Proba: III, 182, 25 (130, 7, 2)

Probinus: III, 183, 2 (130, 7, 2)

Probus (Sex. Claudius Petronius, consul): III, 95, 9 (123, 17, 3)

Probus (F. Anicius Petronius, consul): III, 177, 17 (130, 3, 1); III, 183, 2 (130, 7, 2)

Procopius: I, 569, 16 (60, 15, 4)

Proculus: III, 141, 4 (125, 20, 2)

Profuturus: I, 497, 5 (°56, 1, 2); II, 239, 13 (°104, 2, 2); II, 242, 16 (105, 1, 1); II, 243, 1 (105, 1, 1)

Prophetae: I, 252, 11 (32, 1, 2); II, 303, 1 (107, 12, 2)

Propontis: II, 183, 17 (97, 2, 3)

Protagoras: I, 508, 14 (57, 5, 2); II, 250, 5 (106, 3, 3)

Ptolemaeus: I, 27, 14 (7, 2, 2)

Ptolemais: II, 313, 11 (108, 8, 1)

Publius Scipio: u. et Scipio, Africanus: I, 384, 17 (49, 19, 5)

Publius (Act. 28, 7): II, 47, 18 (77, 10, 3)

Puluillus: I, 554, 14 (60, 5, 3)

Punicus: I, 600, 13 (64, 14, 2); I, 606, 2 (64, 18, 3); II, 67, 18 (78, 18); III, 180, 7 (130, 5, 3)

Pyrenaeus: III, 92, 3 (123, 15, 2)

Pyrrhus: I, 506, 15 (57, 3, 2); II, 126, 11 (84, 4, 5); III, 93, 18 (123, 16, 3)

Pyrrus: u. Pyrrhus

Pythagoras: I, 384, 16 (49, 19, 5); I, 418, 3 (52, 3, 5); I, 443, 7 (53, 1, 2); I, 533, 22 (58, 5, 2); I, 553, 5 (60, 4, 2); I, 661, 12 (66, 1, 2); II, 128, 3 (84, 6, 2); II, 297, 19 (107, 6, 3); II, 467, 19 (119, 11, 1); II, 500, 21 (120, 10, 2); III, 105, 3 (124, 7, 2); III, 143, 6 (126, 1, 2); III, 242, 4 (133, 1, 2)

Pythagoreus: III, 246, 22 (133, 3, 8)

Pythagoricus: I, 444, 7 (53, 1, 4); III, 100, 26 (124, 4, 5); III, 246, 24 (133, 3, 8)

Pythonicus: III, 107, 4 (124, 8, 7)
Quadratus: I, 704, 15 (70, 4, 1)
Quadus: I, 570, 15 (60, 16, 2); III, 92, 3 (123, 15, 2)
Quintilianus: I, 280, 16 (36, 14, 1); I, 707, 18 (70, 5, 3); III, 131, 13 (125, 12, 1)
Quintilianus (monachus): III, 306, 3 (145, 1); III, 307, 22 (145, 5)
Quintus Fabius: *u. et* Fabius, Maximus, Quintus Maximus: I, 564, 3 (60, 12, 3)
Quintus Gallius: I, 429, 14 (52, 8, 3)
Quintus Maximus: *u. et* Fabius, Maximus, Quintus Fabius: II, 38, 10 (77, 2, 3); II, 244, 9 (105, 3, 2)
Raab: I, 204, 17 (22, 38, 6); I, 419, 16 (52, 3, 8)
Rachel: I, 172, 4 (22, 21, 3); I, 207, 4 (22, 40, 1); I, 207, 5 (22, 40, 1); I, 617, 12 (65, 1, 4); I, 650, 15 (66, 3, 3); I, 690, 14 (69, 6, 5); II, 316, 5 (108, 10, 1); III, 87, 2 (123, 12, 4)
Ramesse: II, 52, 23 (78, 3, 1); II, 53, 5 (78, 3, 2); II, 53, 24 (78, 3, 4); II, 54, 14 (78, 4, 1); II, 59, 12 (78, 9, 3)
Raphaca: II, 60, 20 (78, 11, 2)
Raphidim: II, 59, 20 (78, 10, 1); II, 61, 4 (78, 12, 1); II, 61, 13 (78, 13, 1); II, 61, 21 (78, 13, 2); II, 62, 7 (78, 13, 4); II, 62, 9 (78, 13, 4); II, 62, 15 (78, 14, 1); II, 62, 22 (78, 14, 1); II, 146, 5 (°91, 2)
Rapsaces: II, 36, 6 (76, 3, 1)
Rauenna: III, 262, 15 (133, 2, 2)
Rebecca: I, 283, 11 (36, 16, 2); I, 283, 19 (36, 16, 3); I, 285, 5 (36, 16, 6); I, 415, 11 (52, 2, 2); I, 617, 6 (65, 1, 3); I, 690, 14 (69, 6, 5); II, 444, 18 (118, 7, 2); II, 500, 17 (120, 10, 1); II, 502, 2 (120, 10, 5); III, 87, 4 (123, 12, 4); III, 133, 14 (125, 15, 1)
Rechab: I, 420, 2 (52, 3, 9); I, 534, 11 (58, 5, 3); I, 534, 17 (58, 5, 4)
Regium: III, 310, 19 (146, 1, 7)
Regulus: I, 533, 22 (58, 5, 2)
Remi: III, 92, 9 (123, 15, 3)
Remmon: II, 67, 15 (78, 18); II, 68, 1 (78, 19, 1)
Rempham: III, 45, 13 (121, 10, 11); III, 46, 11 (121, 10, 15)
Ressa: II, 68, 11 (78, 20, 1); II, 69, 1 (78, 21)
Restitutus: III, 368, 7 (154, 3)
Rethma: II, 66, 3 (78, 17, 1); II, 66, 9 (78, 17, 2); II, 66, 14 (78, 17, 3); II, 67, 15 (78, 18)
Reticius: I, 22, 2 (5, 2, 2); I, 286, 3 (37, 1, 1)
Reu: II, 19, 6 (73, 5, 4)

Rhaebus: III, 280, 5 (140, 10, 2)
Rhenus: I, 17, 16 (3, 5, 2); III, 92, 3 (123, 15, 2)
Rhodus: I, 446, 3 (53, 2, 2); II, 312, 18 (108, 7, 2)
Rinocorura: III, 163, 4 (129, 1, 2); III, 171, 6 (129, 5, 1)
Riparius: III, 265, 15 (138, praef.); III, 363, 15 (151, praef.); III, 364, 18 (152, 1)
Roboam: I, 276, 17 (36, 10, 4); II, 8, 14 (72, 1, 2)
Roboth: I, 330, 15 (°46, 2, 2)
Rodanus: II, 32, 17 (75, 3, 2)
Rogatus: II, 308, 11 (108, 3, 1)
Roma: I, 185, 5 (22, 28, 1); I, 189, 12 (22, 30, 1); I, 251, 5 (31, 3, 1); I, 259, 8 (33, 5); I, 286, 5 (37, 1, 1); I, 321, 3 (43, 3, 3); I, 325, 12 (45, 3, 2); I, 339, 15 (°46, 9, 2); I, 347, 16 (48, 2, 1); I, 351, 20 (49, 2, 2); I, 377, 7 (49, 15, 6); I, 394, 1 (50, 5, 3); I, 440, 8 (52, 17, 1); I, 444, 3 (53, 1, 3); I, 481, 2 (54, 13, 6); I, 546, 20 (59, 5, 4); I, 555, 12 (60, 6, 2); I, 651, 15 (66, 4, 2); I, 652, 3 (66, 4, 3); I, 664, 7 (66, 13, 2); I, 680, 17 (69, 2, 3); II, 1, 16 (71, 1, 2); II, 42, 12 (77, 5, 1); II, 44, 5 (77, 6, 5); II, 46, 17 (77, 9, 1); II, 47, 17 (77, 10, 2); II, 48, 8 (77, 11, 2); II, 48, 20 (77, 11, 3); II, 106, 3 (81, 1, 1); II, 107, 12 (81, 2); II, 121, 6 (84, 1); II, 142, 8 (88, 3); II, 142, 17 (°89, 1); II, 158, 9 (°95, 2); II, 182, 4 (97, 1, 1); II, 184, 23 (97, 4); II, 233, 11 (°101, 2, 1); II, 234, 1 (102, 1, 1); II, 243, 5 (105, 1, 2); II, 244, 4 (105, 3, 2); II, 244, 21 (105, 4, 1); II, 278, 23 (106, 63, 1); II, 291, 11 (107, 1, 4); II, 303, 14 (107, 13, 1); II, 306, 9 (108, 1, 1); II, 308, 24 (108, 3, 3) (bis); II, 309, 22 (108, 4, 2); II, 310, 22 (108, 6, 1); II, 326, 16 (108, 15, 4); II, 345, 18 (108, 26, 5); II, 350, 23 (108, 33, 3); II, 351, 6 (108, 34); II, 379, 24 (112, 10, 5); II, 388, 22 (112, 18, 2); II, 405, 28 (°116, 14, 2); II, 420, 1 (°116, 33, 1); II, 420, 4 (°116, 33, 1); II, 472, 18 (120, praef. 2); II, 495, 1 (120, 9, 5); III, 3, 4 (121, praef. 1); III, 54, 10 (121, 11, 11); III, 93, 7 (123, 16, 1); III, 93, 13 (123, 16, 2); III, 94, 4 (123, 16, 4); III, 94, 6 (123, 16, 4); III, 123, 5 (125, 6, 1); III, 133, 13 (125, 15, 1); III, 144, 5 (126, 2, 1); III, 149, 5 (127, 5, 1); III, 149, 10 (127, 5, 1); III, 150, 22 (127, 7, 1); III, 151, 27 (127, 8, 1); III, 152, 16 (127, 9, 2); III, 153, 8 (127, 10, 2); III, 154, 14 (127, 12, 1); III, 177, 20 (130, 3, 1); III, 181, 18 (130, 6, 3); III, 248, 3 (133, 4, 2); III, 310, 18 (146, 1, 7); III, 311, 4 (146, 2, 1); III, 311, 9 (146, 2, 1); III, 328, 3 (147, 11, 2)
Romanus: I, 9, 2 (1, 15, 2); I, 15, 15 (3, 4, 1); I, 17, 16 (3, 5, 2); I, 26, 12 (7, 1, 2); I, 61, 15 (14, 11, 2); I, 63, 17 (15, 2, 1); I, 64, 15 (15, 3, 1); I,

66, 8 (15, 4, 4); I, 69, 4 (16, 2, 1); I, 75, 20 (18 A, 1, 4); I, 135, 2 (21, 35, 1); I, 138, 10 (21, 39, 3); I, 152, 17 (22, 7, 1); I, 162, 14 (22, 15, 1); I, 194, 1 (22, 32, 2); I, 213, 11 (23, 3, 2); I, 254, 7 (33, 2); I, 257, 1 (33, 4, 5); I, 262, 12 (34, 3, 2); I, 269, 5 (36, 1, 4); I, 294, 9 (39, 1, 2); I, 310, 6 (40, 2, 1); I, 325, 22 (45, 4, 1); I, 370, 2 (49, 13, 5); I, 418, 12 (52, 3, 6); I, 481, 3 (53, 13, 6); I, 506, 14 (57, 3, 2); I, 520, 11 (57, 9, 7); I, 533, 21 (58, 5, 2); I, 554, 12 (60, 5, 2); I, 564, 4 (60, 12, 3); I, 569, 4 (60, 15, 2); I, 570, 13 (60, 16, 2); I, 571, 4 (60, 16, 3); I, 572, 6 (60, 17, 1); I, 572, 16 (60, 17, 3); I, 579, 16 (61, 3, 3); I, 586, 3 (63, 2); I, 661, 3 (66, 11, 1); I, 688, 18 (69, 5, 7); I, 706, 5 (70, 4, 3); I, 707, 6 (70, 5, 1); II, 1, 11 (71, 1, 2); II, 6, 15 (71, 6, 1); II, 40, 13 (77, 4, 1); II, 45, 20 (77, 8, 2); II, 45, 24 (77, 8, 2); II, 46, 15 (77, 8, 4); II, 46, 21 (77, 9, 2); II, 47, 22 (77, 10, 3); II, 102, 6 (°80, 1, 1); II, 103, 5 (°80, 1, 2); II, 110, 16 (82, 3, 3); II, 114, 1 (82, 7, 1); II, 117, 20 (82, 11, 1); II, 131, 20 (84, 9, 2); II, 132, 24 (84, 10, 2); II, 308, 25 (108, 3, 3); II, 313, 8 (108, 8, 1); II, 350, 18 (108, 33, 2); II, 393, 9 (112, 22, 4); II, 405, 29 (°116, 14, 2); II, 455, 27 (119, 7, 5); II, 471, 23 (120, cap. 10); II, 492, 10 (120, 8, 10); II, 500, 8 (120, 10, 1); II, 500, 12 (120, 10, 1); III, 2, 12 (121, cap. 7); III, 2, 14 (121, cap. 8); III, 2, 17 (121, cap. 9); III, 27, 10 (121, 7, 2); III, 29, 14 (121, 8, 1); III, 37, 26 (121, 8, 25); III, 38, 4 (121, 9, 1); III, 53, 13 (121, 11, 9); III, 53, 24 (121, 11, 10); III, 54, 7 (121, 11, 11); III, 54, 11 (121, 11, 11); III, 54, 20 (121, 11, 12); III, 81, 5 (123, 7, 3); III, 82, 15 (123, 9, 1); III, 93, 3 (123, 16, 1); III, 93, 12 (123, 16, 2); III, 93, 19 (123, 16, 3); III, 94, 1 (123, 16, 3); III, 94, 3 (123, 16, 4); III, 96, 8 (124, 1, 1); III, 123, 7 (125, 6, 1); III, 138, 3 (125, 18, 2); III, 143, 18 (126, 1, 3); III, 145, 21 (127, 1, 3); III, 152, 11 (127, 9, 1); III, 152, 12 (127, 9, 1); III, 161, 10 (128, 5, 1); III, 174, 16 (129, 7, 3); III, 176, 1 (130, 1, 1); III, 180, 4 (130, 5, 3); III, 181, 7 (130, 6, 1); III, 181, 22 (130, 6, 4); III, 181, 24 (130, 6, 4); III, 181, 25 (130, 6, 4); III, 182, 26 (130, 7, 2); III, 185, 2 (130, 7, 9); III, 196, 13 (130, 16, 1); III, 230, 21 (°132, 6, 2); III, 246, 23 (133, 3, 8); III, 255, 24 (133, 9, 4); III, 310, 14 (146, 1, 6); III, 349, 10 (148, 23, 2)

Romulus: I, 75, 20 (18 A, 1, 4); II, 322, 14 (108, 13, 2)
Ruben: I, 486, 10 (55, 1, 2); II, 85, 4 (78, 43, 4); III, 171, 13 (129, 5, 1)
Rufina: II, 310, 4 (108, 4, 2); II, 311, 12 (108, 6, 3)
Rufinus (Flauius, PPO): I, 570, 5 (60, 16, 1)
Rufinus (presbyter): II, 107, 11 (81, 2)

Rufinus (Tyrannius): I, 13, 1 (3, 1, 1); I, 14, 4 (3, 2, 2); I, 20, 1 (4, 2, 1); I, 21,
 14 (5, 2, 1); I, 22, 5 (5, 2, 2); I, 399, 4 (°51, 2, 4); I, 406, 23 (°51, 6,
 4); II, 362, 1 (°110, 6, 3); III, 143, 17 (126, 1, 3); III, 143, 22 (126, 1,
 3); III, 214, 12 (°131, 15, 1); III, 246, 8 (133, 3, 6)
Rusticus: III, 119, 17 (125, 1, 4)
Ruth: I, 304, 20 (39, 5, 3); I, 456, 7 (53, 8, 4); I, 617, 15 (65, 1, 4)
Saar: I, 521, 9 (57, 10, 2); I, 522, 1 (57, 10, 3)
Saba: I, 618, 3 (65, 1, 5); II, 91, 2 (79, 3, 3); III, 3, 9 (121, praef. 2); III, 3, 12
 (121, praef. 2); III, 3, 15 (121, praef. 2)
Sabaim: II, 72, 13 (78, 29, 1)
Sabbatius: II, 211, 1 (°98, 26)
Sabellianus: I, 71, 7 (17, 2, 2)
Sabellius: I, 313, 7 (41, 3, 1)
Sabinae: II, 322, 14 (108, 13, 2)
Sadoc: I, 456, 11 (53, 8, 5)
Safficus: I, 245, 8 (30, 3, 2)
Salaminius: III, 150, 24 (127, 7, 1)
Salaminus: II, 311, 1 (108, 6, 1)
Salathiel: III, 174, 6 (129, 7, 2)
Sale: II, 19, 4 (73, 5, 4)
Salem: *u. et* Hierusalem, Hierosolyma, Iebus, Aelia: I, 331, 15 (°46, 2, 4); I,
 332, 12 (°46, 3, 3); I, 521, 13 (57, 10, 2); II, 15, 3 (73, 2, 2); II, 16, 11
 (73, 4, 1); II, 18, 11 (73, 5, 3); II, 20, 13 (73, 7, 1); II, 20, 16 (73, 7,
 1); II, 21, 1 (73, 7, 2); II, 21, 8 (73, 8, 2); II, 22, 4 (73, 9, 2); II, 22, 9
 (73, 9, 2); II, 314, 18 (108, 9, 1); III, 172, 11 (129, 5, 3)
Salim: I, 690, 17 (69, 6, 5); II, 21, 7 (73, 8, 1); II, 21, 8 (73, 8, 2)
Sallustius: I, 534, 2 (58, 5, 2); I, 571, 21 (60, 16, 5); I, 706, 12 (70, 6, 2)
Salmon: I, 278, 4 (36, 11, 3); I, 278, 6 (36, 11, 4); I, 278, 9 (36, 11, 4)
Salomon: I, 145, 11 (22, 1, 5); I, 159, 16 (22, 12, 2); I, 162, 8 (22, 14, 2); I,
 206, 18 (22, 39, 4); I, 229, 8 (28, 4, 1); I, 243, 8 (30, 1); I, 245, 12
 (30, 3, 2); I, 252, 11 (32, 1, 2); I, 276, 17 (36, 10, 4); I, 287, 16 (37, 2,
 1); I, 332, 16 (°46, 3, 4); I, 408, 9 (°51, 6, 9); I, 416, 3 (52, 3, 2); I,
 423, 7 (52, 5, 4); I, 438, 6 (52, 14, 2); I, 456, 13 (53, 8, 5); I, 461, 8
 (53, 8, 17); I, 491, 18 (55, 3, 5); I, 528, 1 (58, 1, 2); I, 618, 4 (65, 1,
 5); I, 620, 1 (65, 3, 1); I, 628, 11 (65, 10, 4); I, 637, 15 (65, 15, 4); I,
 690, 13 (69, 6, 5); I, 701, 4 (70, 2, 1); II, 8, 12 (72, 1, 2); II, 8, 13 (72,
 1, 2); II, 8, 16 (72, 1, 2); II, 10, 10 (72, 3, 1); II, 11, 5 (72, 4, 1); II,
 11, 8 (72, 4, 1); II, 11, 10 (72, 4, 1); II, 11, 20 (72, 4, 2); II, 24, 4 (74,

2, 1); II, 24, 16 (74, 2, 2); II, 25, 12 (74, 3, 2); II, 27, 20 (74, 5, 2); II,
27, 21 (74, 5, 2); II, 27, 23 (74, 5, 2); II, 95, 19 (79, 7, 5); II, 302, 19
(107, 12, 1); II, 314, 9 (108, 8, 3); II, 513, 23 (120, 12, 8); III, 3, 10
(121, praef. 2); III, 3, 11 (121, praef. 2); III, 36, 4 (121, 8, 20); III, 85,
11 (123, 12, 1); III, 119, 10 (125, 1, 2); III, 139, 5 (125, 19, 2); III,
160, 11 (128, 4, 2); III, 164, 1 (129, 1, 4); III, 164, 12 (129, 1, 5); III,
170, 1 (129, 4, 1); III, 283, 19 (140, 13, 5)

Salonae: I, 220, 6 (25, 4)

Salphaad: I, 617, 14 (65, 1, 4); II, 84, 17 (78, 43, 3)

Saluina: II, 94, 9 (79, 7, 1); II, 479, 9 (120, 1, 15); III, 95, 9 (123, 17, 3)

Samaria: u. et Sebaste: I, 157, 2 (22, 9, 3); I, 309, 14 (40, 1, 2); I, 343, 22
(°46, 13, 2); I, 457, 4 (53, 8, 6); I, 458, 4 (53, 8, 8); II, 322, 22 (108,
13, 4); III, 19, 1 (121, 5, 4); III, 273, 4 (140, 4, 4)

Samarita: II, 34, 5 (75, 5, 2); II, 321, 2 (108, 12, 3); II, 352, 7 (109, 1, 2); III,
19, 15 (121, 5, 5); III, 19, 20 (121, 5, 6); III, 20, 5 (121, 5, 7); III, 20,
17 (121, 5, 8); III, 20, 19 (121, 5, 8)

Samaritanus: I, 41, 9 (12, 1); I, 116, 13 (21, 3, 2); I, 328, 2 (45, 6, 2); I, 382,
21 (49, 18, 4); I, 618, 11 (65, 1, 6); I, 691, 20 (69, 6, 6); II, 155, 14
(93, 1); II, 322, 18 (108, 13, 3); III, 19, 3 (121, 5, 4); III, 19, 7 (121, 5,
4); III, 19, 11 (121, 5, 5); III, 19, 12 (121, 5, 5); III, 19, 14 (121, 5, 5)
(bis); III, 19, 25 (121, 5, 6); III, 83, 8 (123, 9, 2); III, 119, 6 (125, 1,
2); III, 325, 1 (147, 9, 2)

Samarites: I, 61, 14 (14, 11, 2); I, 328, 3 (45, 6, 2); I, 328, 4 (45, 6, 2); I, 467,
12 (54, 2, 2); II, 333, 22 (108, 19, 6)

Samariticus: III, 19, 22 (121, 5, 6)

Samnites: II, 48, 15 (77, 11, 3); III, 328, 3 (147, 11, 2)

Sampson: u. Samson

Samson: I, 159, 7 (22, 12, 1); II, 15, 13 (73, 3, 1); II, 71, 20 (78, 27, 2); II, 72,
16 (78, 29, 2); II, 293, 9 (107, 3, 2); II, 324, 2 (108, 14, 1)

Samuhel: I, 30, 13 (7, 6, 2); I, 233, 7 (29, 2, 1); I, 236, 13 (29, 3, 7); I, 238, 12
(29, 4, 5); I, 239, 18 (29, 5, 3); I, 281, 16 (36, 15, 3); I, 282, 1 (36, 15,
3); I, 349, 19 (48, 4, 2); I, 456, 10 (53, 8, 5); I, 519, 9 (57, 9, 5); I,
601, 8 (64, 15, 2); I, 697, 5 (69, 9, 2); II, 62, 2 (78, 13, 3); II, 293, 9
(107, 3, 2); II, 293, 13 (107, 3, 3); II, 303, 16 (107, 13, 1); III, 57, 11
(122, 1, 4); III, 126, 14 (125, 7, 6); III, 272, 25 (140, 4, 3); III, 272, 27
(140, 4, 3); III, 273, 1 (140, 4, 4); III, 273, 2 (140, 4, 4); III, 312, 9
(147, 1, 1); III, 326, 14 (147, 10, 1)

Sapher: II, 69, 6 (78, 22, 1); II, 69, 18 (78, 23)

Saphira: *u.* Sapphira
Sapphira: I, 537, 2 (58, 7, 1); I, 656, 16 (66, 8, 2); II, 354, 15 (109, 3, 1); II,
        440, 1 (118, 4, 3); II, 478, 24 (120, 1, 14); II, 500, 5 (120, 9, 21); III,
        194, 10 (130, 14, 5)
Sara: *u.* Sarra
Sarapion: I, 706, 13 (70, 4, 4); II, 150, 27 (°92, 3, 2); II, 324, 17 (108, 14, 2)
Saraptensis: III, 141, 15 (125, 20, 3)
Sardanapallus: I, 480, 2 (54, 13, 3); I, 526, 4 (57, 12, 5)
Sardensis: I, 705, 7 (70, 4, 2)
Sarepta: II, 313, 9 (108, 8, 1)
Sareptenus: I, 194, 12 (22, 32, 3); I, 483, 15 (54, 16, 2)
Sarmata: I, 570, 15 (60, 16, 2); III, 92, 4 (123, 15, 2)
Sarra: I, 210, 2 (22, 41, 3); I, 415, 10 (52, 2, 2); I, 521, 11 (57, 10, 2); I, 590,
        3 (64, 2, 3); I, 617, 2 (65, 1, 3); I, 617, 4 (65, 1, 3); I, 661, 14 (66, 11,
        2); I, 662, 8 (66, 11, 3); I, 662, 10 (66, 11, 4); II, 17, 3 (73, 4, 2); II,
        319, 6 (108, 11, 3); II, 501, 23 (120, 10, 4); III, 86, 22 (123, 12, 4); III,
        168, 14 (129, 3, 5); III, 288, 7 (140, 19, 2); III, 351, 16 (148, 27, 1)
Sarraceni: I, 21, 4 (5, 1); I, 26, 11 (7, 1, 2); III, 170, 6 (129, 4, 2)
Satanas: I, 362, 4 (49, 8, 2)
Saturninus: II, 147, 9 (°92, praef.); III, 294, 10 (°144, 1, 1)
Saturnius: I, 454, 4 (53, 7, 3)
Saue: II, 22, 8 (73, 9, 2)
Saul: I, 234, 20 (29, 3, 2); I, 236, 16 (29, 3, 7); I, 240, 9 (29, 6, 2); I, 456, 11
        (53, 8, 5); I, 519, 12 (57, 9, 5); II, 329, 15 (108, 18, 2); III, 57, 11
        (122, 1, 4); III, 312, 9 (147, 1, 1); III, 319, 14 (147, 4, 1)
Saulus: III, 25, 8 (121, 6, 16) (*bis*)
Saxones: III, 92, 4 (123, 15, 2)
Scaeuola: I, 554, 18 (60, 5, 3)
Scaurus: I, 554, 18 (60, 5, 3); III, 174, 10 (129, 7, 2)
Scipio: *u. et* Publius Scipio, Africanus: I, 384, 17 (49, 19, 5); I, 533, 22 (58, 5,
        2); I, 655, 18 (66, 7, 3); II, 48, 15 (77, 11, 3); II, 350, 15 (108, 33, 2)
Scipiones: II, 306, 7 (108, 1, 1); II, 308, 11 (108, 3, 1)
Scottus: I, 684, 17 (69, 3, 6)
Scylla: II, 312, 12 (108, 7, 2); III, 184, 25 (130, 7, 8)
Scyllaceus: I, 52, 11 (14, 6, 2)
Scyllaeus: III, 121, 1 (125, 2, 3)
Scythae: I, 444, 8 (53, 1, 4)
Scythia: I, 570, 13 (60, 16, 2); II, 292, 15 (107, 2, 3); II, 478, 14 (120, 1, 14)

Scythius: III, 255, 20 (133, 9, 4)
Scythopolis: II, 20, 16 (73, 7, 1)
Scythopolita: I, 706, 13 (70, 4, 4); II, 390, 7 (112, 20, 2)
Sebaste: *u. et* Samaria: II, 322, 21 (108, 13, 4)
Sebesius: I, 700, 6 (70, 1)
Seboim: I, 337, 4 (°46, 7, 2); II, 320, 2 (108, 11, 5); III, 63, 4 (122, 2, 4)
Sedechias: I, 87, 2 (18 A, 10, 2); II, 176, 16 (°96, 16, 4)
Sedecias: *u.* Sedechias
Segestanus: I, 310, 8 (40, 2, 1)
Segor: I, 595, 16 (64, 8, 1); II, 86, 10 (78, 43, 8); II, 320, 3 (108, 11, 5); III,
    57, 3 (122, 1, 2); III, 57, 5 (122, 1, 3)
Segub: II, 321, 11 (108, 12, 4)
Seir: I, 127, 1 (21, 21, 2) (*bis*); II, 85, 19 (78, 43, 6)
Seleucia: II, 313, 2 (108, 7, 3)
Selmona: II, 78, 15 (78, 37, 1); II, 78, 16 (78, 37, 1); II, 78, 22 (78, 37, 2); II,
    79, 2 (78, 37, 2)
Selo: *u. et* Silo: I, 344, 13 (°46, 13, 4)
Sem: II, 18, 16 (73, 5, 4); II, 19, 1 (73, 5, 4); II, 19, 11 (73, 5, 5); II, 19, 14
    (73, 5, 5); II, 22, 4 (73, 9, 2)
Sennaar: I, 330, 16 (°46, 2, 2)
Seon: II, 82, 16 (78, 40, 5)
Sephora: I, 99, 18 (18 B, 2, 4); I, 415, 16 (52, 2, 2); II, 62, 4 (78, 13, 3)
Sepphor: II, 84, 7 (78, 43, 1)
Septimus Tertullianus: *u. et* Tertullianus: I, 615, 11 (64, 22, 3)
Serapis: II, 292, 12 (107, 2, 3)
Serenilla: I, 345, 16 (47, 2, 1)
Serenus (poeta): I, 461, 7 (53, 8, 17)
Seres: II, 301, 1 (107, 10, 1)
Serug: II, 19, 7 (73, 5, 4)
Seth: I, 140, 6 (21, 40, 4); I, 407, 19 (°51, 6, 6); II, 84, 11 (78, 43, 2)
Sextus (Pythagoreus): III, 246, 22 (133, 3, 8)
Sichar: II, 322, 15 (108, 13, 3)
Sichim: II, 21, 1 (73, 7, 2); II, 21, 5 (73, 8, 1)
Sicilia: I, 339, 16 (°46, 9, 2); III, 262, 15 (134, 2, 2)
Sicimus: I, 521, 13 (57, 10, 2)
Sidon: II, 313, 9 (108, 8, 1)
Silas: I, 103, 2 (18 B, 5, 3); I, 103, 4 (18 B, 5, 3)
Silo: *u. et* Selo: II, 322, 13 (108, 13, 2)

Siloe: III, 4, 1 (121, praef. 4)

Siluanus: I, 103, 4 (18 B, 5, 3) (bis); II, 460, 9 (119, 9, 1); II, 460, 14 (119, 9, 2)

Siluester: I, 286, 4 (37, 1, 1)

Simeon?: III, 49, 2 (121, 10, 20)

Simeon: II, 86, 3 (78, 43, 7)

Simeon (Lk 2, 25-35): III, 67, 18 (122, 3, 11)

Simon (Chananaeus): II, 354, 14 (109, 3, 1)

Simon (Cyrenaeus): III, 15, 6 (121, 3, 5)

Simon (leprosus, Mt. 26, 6): II, 3, 8 (71, 2, 2); II, 25, 16 (74, 3, 3)

Simon (Magus): I, 595, 9 (64, 7, 3); III, 248, 1 (133, 4, 2)

Simon (Petrus): u. et Petrus: II, 484, 6 (120, 5, 1); II, 484, 7 (120, 5, 1); III, 56, 9 (122, 1, 1); III, 56, 10 (122, 1, 1)

Simonides: I, 418, 5 (52, 3, 5); I, 461, 6 (53, 8, 17)

Simplicianus: II, 157, 24 (°95, praef.)

Simplicius: III, 73, 14 (123, 2, 1)

Sin: II, 59, 10 (78, 9, 3); II, 59, 14 (78, 10, 1); II, 59, 16 (78, 10, 1); II, 59, 19 (78, 10, 1); II, 59, 21 (78, 10, 2); II, 60, 4 (78, 11, 1); II, 61, 1 (78, 12, 1); II, 61, 3 (78, 12, 1); II, 61, 19 (78, 13, 2); II, 64, 4 (78, 14, 5); II, 76, 2 (78, 35, 1)

Sina: u. et Sinai: I, 85, 16 (18 A, 8, 3); I, 377, 6 (49, 15, 5); I, 538, 9 (58, 8, 3); II, 17, 3 (73, 4, 2); II, 53, 11 (78, 3, 2); III, 16, 16 (121, 4, 4); III, 87, 1 (123, 12, 4); III, 171, 5 (129, 5, 1)

Sinai: u. et Sina: II, 59, 10 (78, 9, 3); II, 59, 16 (78, 10, 1); II, 62, 16 (78, 14, 1); II, 62, 22 (78, 14, 1); II, 63, 1 (78, 14, 1); II, 63, 7 (78, 14, 1); II, 63, 13 (78, 14, 2); II, 64, 4 (78, 14, 5); II, 64, 7 (78, 15, 1); II, 64, 13 (78, 15, 2)

Sion: I, 29, 4 (7, 3, 2); I, 151, 14 (22, 6, 4); I, 171, 13 (22, 21, 1); I, 327, 17 (45, 6, 2); I, 330, 19 (°46, 2, 2); I, 333, 4 (°46, 4, 1); I, 456, 10 (53, 8, 4); I, 457, 12 (53, 8, 7); I, 520, 13 (57, 9, 7); I, 523, 1 (57, 11, 1); I, 538, 9 (58, 8, 3); I, 540, 10 (58, 11, 2); I, 610, 15 (64, 20, 1); I, 629, 7 (65, 11, 2); I, 691, 8 (69, 6, 7); II, 17, 3 (73, 4, 2); II, 31, 1 (75, 1, 4); II, 73, 11 (78, 30, 2); II, 167, 9 (°96, 9, 3); II, 178, 24 (°96, 18, 4); II, 204, 7 (°98, 19, 1); II, 284, 12 (106, 70, 1); II, 315, 12 (108, 9, 3); II, 315, 17 (108, 9, 3); II, 492, 20 (120, 8, 10); III, 61, 10 (122, 1, 16); III, 87, 1 (123, 12, 4); III, 165, 17 (129, 2, 4); III, 165, 18 (129, 2, 4); III, 165, 22 (129, 2, 4); III, 169, 1 (129, 3, 6)

Sior: II, 324, 7 (108, 14, 1); III, 4, 2 (121, praef. 4)

Sisara: I, 344, 11 (°46, 13, 3); II, 323, 18 (108, 13, 6)
Sisinnius: II, 235, 3 (102, 1, 1); II, 242, 15 (105, 1, 1); II, 243, 7 (105, 1, 2); II,
    446, 4 (119, 1, 1); II, 469, 1 (119, 12, 1)
Soccoth: *u*. Sochoth
Sochoth: II, 20, 19 (73, 7, 2); II, 54, 15 (78, 4, 1); II, 54, 18 (78, 4, 1); II, 55, 4
    (78, 5, 1); II, 55, 12 (78, 5, 2); II, 324, 1 (108, 14, 1)
Socrates: I, 369, 7 (49, 13, 3); I, 430, 3 (52, 8, 3); I, 533, 23 (58, 5, 2); I, 553,
    7 (60, 4, 2)
Socraticus: I, 462, 9 (53, 9, 1); I, 525, 18 (57, 12, 4); I, 554, 8 (60, 5, 2)
Sodoma: I, 138, 2 (21, 39, 2); I, 146, 6 (22, 2, 1); I, 335, 4 (°46, 6, 1); I, 335,
    6 (°46, 6, 1); I, 335, 7 (°46, 6, 1); I, 335, 19 (°46, 6, 3); I, 335, 21
    (°46, 6, 3); I, 336, 25 (°46, 7, 1); I, 336, 25 (°46, 7, 2); I, 337, 1 (°46,
    7, 2); I, 337, 3 (°46, 7, 2); I, 337, 17 (°46, 7, 4); I, 337, 19 (°46, 7, 4);
    I, 338, 8 (°46, 7, 6); I, 595, 15 (64, 8, 1); I, 672, 11 (°67, 7, 1); I, 696,
    18 (69, 9, 1); II, 2, 12 (71, 1, 4); II, 320, 2 (108, 11, 5); II, 492, 15
    (120, 8, 10); II, 500, 11 (120, 10, 1); II, 505, 8 (120, 10, 15); III, 45, 6
    (121, 10, 10); III, 56, 16 (122, 1, 2); III, 85, 14 (123, 12, 1); III, 290, 9
    (141, 1)
Sodomiticus: II, 170, 17 (°96, 12, 2); III, 57, 4 (122, 1, 3)
Sodomus: II, 22, 5 (73, 9, 2)
Sofronius: I, 185, 5 (22, 28, 1)
Sol: I, 445, 2 (53, 1, 4)
Solo: III, 31, 13 (121, 8, 7)
Somanitis: I, 415, 2 (52, 2, 1); I, 416, 1 (52, 3, 1); I, 419, 10 (52, 3, 8)
Sophocles: I, 418, 7 (52, 3, 6)
Sophonias: I, 255, 21 (33, 4, 2); I, 459, 7 (53, 8, 12)
Sophronia: III, 149, 14 (127, 5, 2)
Sorech: II, 480, 13 (120, 2, 3); III, 10, 19 (121, 2, 8)
Sossius: III, 174, 10 (129, 7, 2)
Spania: II, 32, 7 (75, 3, 1); II, 32, 21 (75, 3, 2)
Stephanus: I, 57, 15 (14, 9, 1); I, 301, 15 (39, 4, 3); I, 410, 12 (°51, 7, 4); I,
    521, 1 (57, 10, 1); II, 173, 20 (°96, 14, 3); II, 355, 2 (109, 3, 2); III,
    45, 15 (121, 10, 12); III, 167, 20 (129, 3, 2)
Stesichorus: I, 418, 6 (52, 3, 5); II, 235, 5 (102, 1, 1); II, 388, 12 (112, 18, 1);
    II, 420, 17 (°116, 33, 3)
Stoicus: I, 649, 12 (66, 3, 1); I, 705, 12 (70, 4, 2); II, 168, 1 (°96, 9, 6); II,
    343, 9 (108, 24, 4); III, 143, 8 (126, 1, 2); III, 229, 18 (°132, 4, 2); III,

229, 20 (°132, 4, 2); III, 234, 17 (°132, 12, 1); III, 242, 5 (133, 1, 2);
    III, 334, 3 (148, 6, 1)
Straton: II, 313, 13 (108, 8, 2); II, 452, 20 (119, 6, 1)
Sunamitis: I, 282, 7 (36, 15, 4); III, 3, 15 (121, praef. 2)
Sunnia: II, 247, 4 (106, praef.)
Sur: II, 57, 3 (78, 7, 3)
Susanna: I, 6, 9 (1, 9, 2); I, 619, 1 (65, 2, 1)
Sychaeus: III, 88, 8 (123, 13, 1)
Sychem: I, 521, 5 (57, 10, 1); I, 521, 7 (57, 10, 1); I, 521, 15 (57, 10, 2); I,
    521, 17 (57, 10, 3); I, 522, 1 (57, 10, 3); I, 522, 3 (57, 10, 3); II, 322,
    15 (108, 13, 3)
Symeon: u. Simeon
Symmachus (AT): I, 97, 5 (18 B, 1, 1); I, 97, 13 (18 B, 1, 2); I, 98, 20 (18 B,
    2, 1); I, 101, 5 (18 B, 4, 1); I, 102, 11 (18 B, 5, 1); I, 106, 5 (20, 3, 1);
    I, 106, 17 (20, 3, 3); I, 230, 8 (28, 6, 1); I, 230, 13 (28, 6, 2); I, 231, 2
    (28, 6, 3); I, 231, 10 (28, 6, 4); I, 241, 2 (29, 6, 3); I, 260, 20 (34, 2,
    1); I, 262, 24 (34, 4, 1); I, 264, 15 (34, 5, 2); I, 270, 2 (36, 2, 1); I,
    271, 21 (36, 4, 1); I, 287, 1 (37, 1, 2); I, 384, 1 (49, 19, 2); I, 602, 5
    (64, 15, 4); I, 603, 6 (64, 16, 2); I, 605, 11 (64, 18, 2); I, 619, 20 (65,
    3, 1); I, 622, 1 (65, 5, 1); I, 636, 16 (65, 15, 1); I, 637, 1 (65, 15, 2); I,
    640, 8 (65, 18, 2); I, 646, 3 (65, 22, 1); II, 250, 17 (106, 4, 1); II, 257,
    13 (106, 19, 1); II, 262, 16 (106, 31, 2); II, 263, 12 (106, 32, 2); II,
    266, 16 (106, 41, 4); II, 269, 20 (106, 46, 4); II, 270, 16 (106, 46, 7);
    II, 271, 15 (106, 49, 1); II, 272, 7 (106, 50, 1); II, 272, 10 (106, 50, 2);
    II, 273, 7 (106, 50, 5); II, 273, 17 (106, 50, 6); II, 279, 13 (106, 63, 2);
    II, 281, 14 (106, 65, 5); II, 287, 10 (106, 78); III, 8, 8 (121, 2, 1); III,
    279, 24 (140, 10, 1); III, 280, 11 (140, 11, 1); III, 282, 8 (140, 13, 2);
    III, 282, 12 (140, 13, 2); III, 284, 3 (140, 14, 2); III, 284, 19 (140, 14,
    3); III, 285, 20 (140, 16, 1)
Symon: u. Simon
Syria: I, 14, 20 (3, 3, 1); I, 21, 3 (5, 1); I, 64, 5 (15, 2, 2); I, 69, 5 (16, 2, 1); I,
    69, 21 (16, 2, 3); I, 340, 6 (°46, 10, 2); II, 313, 6 (108, 8, 1); II, 377,
    18 (112, 9, 1); II, 378, 11 (112, 9, 4); III, 144, 12 (126, 2, 2); III, 150,
    24 (127, 7, 1); III, 170, 17 (129, 4, 3); III, 171, 8 (129, 5, 1); III, 171,
    10 (129, 5, 1); III, 321, 1 (147, 5, 2); III, 328, 6 (147, 11, 2)
Syrtes: III, 121, 4 (125, 2, 3)
Syrus: I, 26, 10 (7, 1, 2); I, 72, 2 (17, 2, 4); I, 192, 8 (22, 31, 2); I, 222, 12
    (26, 4, 2); I, 234, 4 (29, 2, 4); I, 285, 8 (36, 16, 6); I, 444, 14 (53, 1,

4); II, 61, 18 (78, 13, 1); II, 62, 9 (78, 13, 4); II, 320, 5 (108, 11, 5); II, 348, 15 (108, 29, 3); II, 392, 18 (112, 22, 2); III, 24, 5 (121, 6, 13); III, 184, 22 (130, 7, 8)

Tanais: II, 45, 16 (77, 8, 1)

Tanis: III, 310, 19 (146, 1, 7)

Tantalus: I, 444, 11 (53, 1, 4)

Taphnes: III, 292, 4 (142, 2)

Tarentinus: I, 384, 17 (49, 19, 5); I, 443, 8 (53, 1, 2); II, 98, 21 (79, 9, 4)

Tarpeius: I, 341, 14 (°46, 11, 2)

Tarsensis: I, 67, 10 (15, 5, 2); II, 448, 19 (119, 3, 1)

Tarsus: I, 258, 20 (33, 4, 9); I, 286, 8 (37, 1, 1); I, 288, 4 (37, 2, 2); III, 41, 21 (121, 10, 3)

Tatianus (diaconus): I, 584, 13 (62, 2, 3)

Tatianus ("princeps Encratitarum"): I, 352, 18 (49, 2, 5); I, 364, 8 (49, 9, 2)

Tatianus (Syrus): I, 705, 9 (70, 4, 2)

Taurus: III, 171, 8 (129, 5, 1)

Telamo: I, 553, 16 (60, 5, 1)

Terentius: I, 510, 3 (57, 5, 5); I, 534, 1 (58, 5, 2); II, 250, 7 (106, 3, 3)

Terenuthis: II, 232, 4 (°100, 18)

Tertullianus: u. et Septimus Tertullianus: I, 22, 5 (5, 2, 2); I, 115, 18 (21, 3, 2); I, 174, 22 (22, 22, 3); I, 269, 1 (36, 1, 3); I, 369, 15 (49, 13, 4); I, 382, 10 (49, 18, 3); I, 384, 13 (49, 19, 4); I, 539, 9 (58, 10, 1); I, 561, 14 (60, 10, 9); I, 583, 17 (62, 2, 1); I, 615, 11 (64, 22, 3); I, 707, 4 (70, 5, 1); II, 122, 11 (84, 2, 2); II, 137, 15 (85, 5, 1); III, 143, 13 (126, 1, 2)

Teutones: I, 655, 17 (66, 7, 3); III, 81, 3 (123, 7, 3)

Thaath: II, 70, 7 (78, 25, 1); II, 70, 21 (78, 26, 1)

Thabor: II, 323, 16 (108, 13, 6)

Thamar: I, 160, 1 (22, 12, 2); I, 591, 11 (64, 3, 1); II, 76, 8 (78, 35, 2); III, 85, 11 (123, 12, 1); III, 87, 6 (123, 12, 5); III, 326, 2 (147, 9, 4)

Thamnathsare: II, 322, 10 (108, 13, 2)

Thamuz: I, 532, 6 (58, 3, 5)

Thaneus: II, 324, 9 (108, 14, 1)

Thare: II, 19, 9 (73, 5, 4); II, 70, 21 (78, 26, 1); II, 71, 1 (78, 26, 2); II, 71, 11 (78, 27, 1)

Tharsis: I, 286, 8 (37, 1, 1); I, 287, 2 (37, 1, 2); I, 287, 15 (37, 2, 1); I, 287, 17 (37, 2, 1); I, 288, 4 (37, 2, 2)

Thebae: I, 220, 6 (25, 4)

Thebais: III, 149, 11 (127, 5, 1)

Thebanus: I, 529, 10 (58, 2, 2); I, 657, 12 (66, 8, 3); II, 4, 19 (71, 3, 3)
Thecla: I, 209, 12 (22, 41, 2)
Thecua: II, 320, 10 (108, 12, 1)
Thecuitis: I, 617, 18 (65, 1, 4)
Theodora: II, 36, 12 (76, 3, 2)
Theodorus (Heracleotes): II, 371, 11 (112, 4, 4); II, 390, 6 (112, 20, 2); II, 414,
        13 (°116, 23, 3); II, 447, 18 (119, 2, 2); II, 449, 4 (119, 4); II, 459, 5
        (119, 8, 2); II, 468, 11 (119, 11, 4)
Theodorus (monachus): II, 142, 16 (°89, 1)
Theodorus (Gregorius): I, 706, 7 (70, 4, 4)
Theodosius (princeps): I, 346, 24 (47, 3, 2); I, 506, 10 (57, 3, 2); I, 537, 14
        (58, 8, 1); I, 538, 4 (58, 8, 2)
Theodosius (episcopus): II, 232, 3 (°100, 18)
Theodotio: I, 97, 4 (18 B, 1, 1); I, 97, 13 (18 B, 1, 2); I, 98, 18 (18 B, 2, 1); I,
        101, 5 (18 B, 4, 1); I, 102, 11 (18 B, 5, 1); I, 106, 6 (20, 3, 1); I, 230,
        8 (28, 6, 1); I, 230, 13 (28, 6, 2); I, 231, 1 (28, 6, 3); I, 241, 1 (29, 6,
        3); I, 261, 2 (34, 2, 1); I, 263, 1 (34, 4, 1); I, 270, 4 (36, 2, 1); I, 384,
        1 (49, 19, 2); I, 602, 5 (64, 15, 4); I, 636, 17 (65, 15, 1); I, 640, 7 (65,
        18, 2); II, 250, 17 (106, 4, 1); II, 252, 4 (106, 7, 1); II, 252, 7 (106, 7,
        2); II, 253, 8 (106, 9, 1); II, 257, 14 (106, 19, 1); II, 257, 19 (106, 19,
        2); II, 259, 5 (106, 25, 1); II, 262, 16 (106, 31, 2); II, 266, 16 (106, 41,
        4); II, 269, 25 (106, 46, 4); II, 272, 10 (106, 50, 2); II, 279, 12 (106,
        63, 2); II, 281, 1 (106, 65, 3); II, 287, 10 (106, 78); II, 389, 8 (112, 19,
        1); III, 8, 8 (121, 2, 1); III, 284, 18 (140, 14, 3)
Theon: III, 364, 10 (151, 3)
Theophilus (episc. Antioch.): III, 24, 24 (121, 6, 15)
Theophilus (papa): II, 138, 12 (86, praef.); II, 140, 2 (°87, praef.); II, 141, 3
        (88, praef.); II, 142, 15 (°89, praef.); II, 143, 16 (°90, praef.); II, 146,
        7 (°91, 2); II, 147, 11 (°92, praef.); II, 147, 17 (°92, praef.); II, 155, 6
        (93, praef.); II, 156, 26 (94, praef.); II, 158, 4 (°95, 1, 2); II, 182, 14
        (97, 1, 2); II, 182, 15 (97, 1, 2); II, 182, 19 (97, 1, 3); II, 183, 27 (97,
        2, 4); II, 211, 6 (99, praef.); II, 394, 9 (114, praef.)
Theophilus (ad quem Lucas scripsit euangelium): II, 182, 14 (97, 1, 2); II, 182,
        15 (97, 1, 2)
Theophrastus: I, 369, 6 (49, 13, 3)
Theopropus: I, 398, 8 (°51, 2, 2)
Thesbites: II, 41, 15 (77, 4, 3)
Thessalia: I, 570, 14 (60, 16, 2)

Thessalonicensis: I, 257, 4 (33, 4, 5); I, 257, 5 (33, 4, 5); I, 258, 16 (33, 4, 8);
    II, 454, 14 (119, 7, 2); II, 455, 3 (119, 7, 3); II, 458, 18 (119, 8, 1); II,
    460, 6 (119, 9, 1); II, 460, 8 (119, 9, 1); II, 461, 20 (119, 9, 5); II, 472,
    4 (120, cap. 12); II, 511, 10 (120, 12, 1); III, 2, 23 (121, cap. 11); III,
    50, 23 (121, 11, 1); III, 51, 2 (121, 11, 1); III, 53, 1 (121, 11, 7)
Theudosius: II, 147, 9 (°92, praef.)
Thobel: II, 85, 17 (78, 43, 6)
Thomas: I, 546, 20 (59, 5, 4); II, 341, 25 (108, 24, 1)
Thracia: I, 14, 18 (3, 3, 1); I, 569, 9 (60, 15, 3); I, 570, 14 (60, 16, 2)
Thracius: I, 186, 13 (22, 28, 6)
Thucydides: I, 534, 1 (58, 5, 2); I, 571, 20 (60, 16, 5)
Thybris: I, 661, 5 (66, 11, 1)
Tiberias: II, 323, 13 (108, 13, 5); III, 171, 11 (129, 5, 1)
Timasius: I, 570, 8 (60, 16, 1)
Timotheus: I, 80, 5 (18 A, 5, 3); I, 154, 20 (22, 8, 3); I, 155, 6 (22, 8, 3); I,
    434, 13 (52, 11, 4); I, 447, 6 (53, 3, 3); I, 462, 20 (53, 9, 3); I, 476, 13
    (54, 10, 1); I, 560, 1 (60, 10, 4); I, 612, 4 (64, 20, 4); I, 682, 14 (69, 3,
    1); I, 697, 9 (69, 9, 2); II, 90, 18 (79, 3, 2); II, 95, 7 (79, 7, 4); II, 99,
    25 (79, 10, 3); II, 115, 9 (82, 8, 2); II, 377, 21 (112, 9, 2); II, 378, 3
    (112, 9, 3); II, 381, 19 (112, 13, 1); II, 401, 23 (°116, 8, 2); II, 404, 15
    (°116, 12, 1); II, 404, 30 (°116, 12, 2); II, 407, 16 (°116, 16, 1); II,
    410, 9 (°116, 19, 1); II, 455, 24 (119, 7, 5); II, 460, 9 (119, 9, 1); II,
    460, 14 (119, 9, 2); III, 74, 8 (123, 3, 1); III, 89, 8 (123, 14, 1); III,
    139, 19 (125, 19, 4); III, 270, 13 (140, 2, 2); III, 308, 9 (146, 1, 1); III,
    309, 12 (146, 1, 4); III, 311, 18 (146, 2, 2)
Timotheus (episc. Laton.): II, 232, 7 (°100, 18)
Titiana: I, 466, 7 (54, 1, 1)
Titus: I, 257, 6 (33, 4, 5); I, 258, 17 (33, 4, 8); I, 445, 14 (53, 2, 1); I, 447, 9
    (53, 3, 3); I, 462, 20 (53, 9, 3); I, 546, 21 (59, 5, 4); I, 612, 4 (64, 20,
    4); I, 682, 15 (69, 3, 1); I, 683, 6 (69, 3, 2); I, 694, 21 (69, 8, 3); I,
    696, 6 (69, 8, 8); I, 697, 9 (69, 9, 2); I, 701, 10 (70, 2, 2); II, 376, 7
    (112, 8, 2); II, 404, 19 (°116, 12, 1); II, 404, 22 (°116, 12, 2); II, 506,
    16 (120, 11, 1); II, 507, 9 (120, 11, 3); II, 507, 12 (120, 11, 4); II, 507,
    22 (120, 11, 5); II, 508, 8 (120, 11, 5); II, 508, 18 (120, 11, 7); II, 508,
    21 (120, 11, 8); II, 508, 24 (120, 11, 8); III, 311, 18 (146, 2, 2)
Titus (episc. Bostrens.): I, 706, 13 (70, 4, 4)
Titus (imp.): I, 597, 17 (64, 10, 2); II, 492, 11 (120, 8, 10); III, 16, 1 (121, 4,
    2); III, 174, 12 (129, 7, 3)

Titus (Liuius): *u. et* Liuius: I, 443, 16 (53, 1, 3)
Tolosa: III, 92, 14 (123, 15, 4); III, 141, 14 (125, 20, 3)
Tornacus: III, 92, 10 (123, 15, 3)
Toxotius (maior): I, 664, 9 (66, 13, 2); II, 309, 12 (108, 4, 1)
Toxotius (minor): II, 290, 16 (107, 1, 2); II, 304, 10 (107, 13, 4); II, 310, 5
        (108, 4, 2); II, 311, 12 (108, 6, 3); II, 333, 7 (108, 19, 4); II, 345, 11
        (108, 26, 5)
Traianus (monachus): III, 368, 7 (154, 3)
Tranquillus: I, 346, 20 (47, 3, 2)
Trasumenus: III, 181, 22 (130, 6, 4)
Trebia: III, 181, 22 (130, 6, 4)
Treueri: I, 22, 10 (5, 2, 3)
Triphyllius: I, 706, 12 (70, 4, 4)
Troadensis: II, 508, 20 (120, 11, 8)
Troas: II, 506, 13 (120, 11, 1); II, 507, 3 (120, 11, 3); II, 510, 26 (120, 11, 15);
        II, 511, 3 (120, 11, 15)
Troia: I, 672, 11 (°67, 7, 1); II, 308, 14 (108, 3, 1); II, 507, 3 (120, 11, 3)
Troianus: I, 36, 9 (10, 2, 1); II, 508, 20 (120, 11, 8)
Tullianus: I, 280, 15 (36, 14, 1); I, 523, 5 (57, 11, 1); I, 537, 18 (58, 8, 1); I,
        539, 15 (58, 10, 2); III, 180, 25 (130, 6, 1); III, 320, 19 (147, 5, 1)
Tullius: *u. et* Cicero, Marcus Tullius: I, 37, 14 (10, 3, 1); I, 189, 14 (22, 30, 1);
        I, 233, 4 (29, 1, 3); I, 351, 6 (49, 1); I, 369, 4 (49, 13, 3); I, 389, 12
        (50, 2, 1); I, 429, 12 (52, 8, 3); I, 508, 13 (57, 5, 2); I, 526, 17 (57, 13,
        2); I, 534, 3 (58, 5, 2); I, 555, 2 (60, 5, 3); I, 655, 8 (66, 7, 2); I, 695,
        21 (69, 8, 7); I, 701, 1 (70, 2, 1); II, 135, 4 (85, 1, 1); II, 250, 4 (106,
        3, 3); III, 22, 10 (121, 6, 6); III, 31, 12 (121, 8, 7); III, 242, 12 (133, 1,
        3)
Turpilius: I, 31, 8 (8, 1)
Turris Stratonis: II, 452, 20 (119, 6, 1)
Tyrius: I, 564, 7 (60, 12, 3)
Tyrus: I, 127, 23 (21, 24, 1); I, 458, 2 (53, 8, 8); I, 603, 15 (64, 16, 3); I, 639,
        23 (65, 18, 1); I, 640, 4 (65, 18, 1); I, 640, 7 (65, 18, 2); I, 640, 18
        (65, 18, 3); I, 640, 23 (65, 18, 3); I, 641, 9 (65, 19, 2); I, 701, 4 (70, 2,
        1); II, 46, 4 (77, 8, 3); II, 69, 14 (78, 22, 2); II, 130, 4 (84, 7, 6); II,
        313, 10 (108, 8, 1); III, 189, 1 (130, 9, 2); III, 316, 19 (147, 3, 2)
Ualens: I, 569, 9 (60, 15, 3)
Ualentinianus: I, 256, 21 (33, 4, 4); I, 569, 7 (60, 15, 3); I, 569, 13 (60, 15, 4)
Ualentinus: II, 126, 3 (84, 4, 4)

Ualerianus: I, 29, 18 (7, 4, 2)

Uandalus: I, 570, 16 (60, 16, 2); III, 92, 3 (123, 15, 2)

Uangiones: III, 92, 8 (123, 15, 3)

Uarro (M. Terentius): *u. et* Marcus Terentius Uarro: I, 254, 6 (33, 2); I, 255, 10 (33, 4, 1)

Uarus: III, 174, 10 (129, 7, 2)

Uasti: III, 132, 16 (2125, 14, 1)

Uenus: I, 320, 5 (43, 2, 4); I, 391, 4 (50, 3, 3); I, 470, 8 (54, 5, 1); I, 476, 9 (54, 9, 5); I, 532, 2 (58, 3, 5); I, 532, 8 (58, 3, 5); III, 81, 8 (123, 7, 3); III, 87, 21 (123, 13, 1)

Uera: II, 445, 10 (118, 7, 4)

Uercellae: I, 2, 12 (1, 3, 1)

Uercellensis: I, 577, 15 (61, 2, 3); II, 390, 11 (11?, 20, 3)

Uergilianus: I, 367, 19 (49, 12, 3); III, 242, 18 (133, 1, 4)

Uergilius: I, 123, 21 (21, 13, 9); I, 534, 1 (58, 5, 2); III, 42, 18 (121, 10, 5); III, 144, 9 (126, 2, 2)

Uersen: II, 211, 2 (°98, 26)

Ueseuus: I, 474, 20 (54, 9, 1)

Uespasianus: I, 597, 17 (64, 10, 2); II, 492, 11 (120, 8, 10); III, 16, 1 (121, 4, 2); III, 174, 12 (129, 7, 3)

Uesta: I, 358, 21 (49, 6, 2); III, 80, 16 (123, 7, 1)

Uictorinus: I, 82, 10 (18 A, 6, 8); I, 283, 8 (36, 16, 1), I, 369, 15 (49, 13, 4); I, 384, 13 (49, 19, 4); I, 539, 13 (58, 10, 1); I, 561, 16 (60, 10, 9); I, 577, 18 (61, 2, 4); I, 707, 13 (70, 5, 2); II, 130, 7 (84, 7, 6)

Uigilantius: I, 541, 1 (58, 11, 3); II, 352, 1 (109, 1, 1); II, 353, 23 (109, 2, 3); II, 355, 5 (109, 3, 3); II, 355, 16 (109, 3, 5)

Uincentius: I, 396, 20 (°51, 1, 5); I, 579, 15 (61, 3, 3); II, 142, 6 (88, 3)

Uitalis: I, 64, 9 (15, 2, 2); I, 69, 14 (16, 2, 2)

Ulixes: I, 599, 12 (64, 13)

Uolcatius: I, 701, 2 (70, 2, 1)

Ur: II, 62, 3 (78, 13, 3)

Urias: II, 63, 24 (122, 3, 2)

Ursinus: I, 66, 7 (15, 4, 3)

Uulcanius: I, 474, 20 (54, 9, 1)

Uulcanus: I, 310, 15 (40, 2, 2)

Uulscus: II, 44, 6 (77, 6, 5)

Valentinianus: *u.* Ualentinianus

Valentinus: *u.* Ualentinus

Valerianus: *u.* Ualerianus
Vercellae: *u.* Uercellae
Vergilius: *u.* Uergilius
Victorinus: *u.* Uictorinus
Vitalis: *u.* Uitalis
Vulcanus: *u.* Uulcanus
Xenocrates: I, 418, 3 (52, 3, 5)
Xenophon: I, 369, 6 (49, 13, 3); I, 508, 14 (57, 5, 2); I, 554, 8 (60, 5, 2); II,
    250, 5 (106, 3, 3); III, 22, 8 (121, 6, 6)
Xerxes: I, 573, 6 (60, 18, 1); I, 573, 16 (60, 18, 2)
Xystus: III, 246, 23 (133, 3, 8)
Zaccharias: I, 75, 4 (18 A, 1, 2); I, 75, 6 (18 A, 1, 3); I, 226, 8 (27, 3, 3); I,
    255, 22 (33, 4, 2); I, 263, 5 (34, 4, 2); I, 282, 14 (36, 15, 5); I, 420, 16
    (52, 4, 2); I, 459, 16 (53, 8, 14); I, 512, 22 (57, 7, 2); I, 513, 19 (57, 7,
    4); I, 513, 22 (57, 7, 4); I, 514, 7 (57, 7, 5); I, 594, 5 (64, 6, 2); II, 25,
    6 (74, 3, 2); II, 62, 1 (78, 13, 3); II, 322, 4 (108, 13, 1); III, 35, 14
    (121, 8, 18); III, 35, 23 (121, 8, 19); III, 68, 19 (122, 3, 14); III, 259,
    22 (133, 13, 1); III, 260, 2 (133, 13, 2); III, 271, 20 (140, 3, 2)
Zacharias: *u.* Zaccharias
Zaccheus: I, 663, 4 (66, 12, 2); II, 3, 4 (71, 2, 2); II, 90, 14 (79, 3, 1); II, 321,
    6 (108, 12, 3)
Zacheus: *u.* Zaccheus
Zamri: II, 84, 13 (78, 43, 2)
Zara: III, 87, 6 (123, 12, 5)
Zared: II, 81, 7 (78, 40, 1); II, 81, 22 (78, 40, 3)
Zebedeus: I, 139, 3 (21, 40, 1)
Zebinnus: II, 147, 8 (°92, praef.)
Zeno (philos.): I, 300, 3 (39, 3, 5); I, 418, 3 (52, 3, 5); III, 242, 5 (133, 1, 2)
Zeno (presbyter): I, 399, 1 (°51, 2, 4); I, 399, 3 (51, 2, 4)
Zeno (libellarius): II, 8, 3 (72, 1, 1)
Zeno (episc. Palaest.): II, 147, 8 (°92, praef.)
Zeno (episc. Cypr.): II, 147, 16 (°92, praef.)
Zeno (episc. Cypr.): II, 147, 16 (°92, praef.)
Zenobius: I, 73, 6 (17, 4)
Zephyrius: III, 171, 9 (129, 5, 1)
Zoara: II, 320, 4 (108, 11, 5)
Zoroaster: III, 248, 12 (133, 4, 3)
Zorobabel: II, 36, 8 (76, 3, 1); III, 174, 6 (129, 7, 2)

IV. INDEX EORUM, AD QUOS VEL A QUIBUS SCRIPTAE SUNT EPISTULAE

Ad Abigaum Spanum: ....ep. 76
Ad Alexandrum: ....ep. 119
Ad Algasiam: ....ep. 121
Ad Alypium: ....ep. 143
Ad Amandum presbyterum: ....ep. 55
Ad Anapsychiam: ....ep. 126
Anastasii papae: ....ep. 95
Ad Antonium monachum Haemonae: ....ep. 12
Ad Apronium: ....ep. 139
Ad Asellam: ....ep. 45
Ad Augustinum: ....epp. 102, 103, 105, 112, 115,
                      134, 141, 142, 143
Augustini: ....epp. 56, 67, 101, 104, 110, 111
                      (ad Praesidium), 116, 131, 132,
                      144 (ad Optatum, episcopum
                      Mileuitanum), 19* (CSEL 88)
Ad Auitum: ....ep. 124
Ad Aurelium...ep. 27* (CSEL 88)
Ad Bonifatium: ....ep. 153
Ad Castorinam materteram: ....ep. 13
Ad Castricianum: ....ep. 68
Ad Celantiam: ....ep. 148
Ad Chromatium: ....ep. 7
Ad Chrysocomam monachum Aquileiae: ....ep. 9
Ad Ctesiphontem: ....ep. 133
Ad Cyprianum presbyterum: ....ep. 140
Ad Damasum: ....epp. 15, 16, 18 A, 18 B, 20,
                      21, 36
Damasi: ....epp. 19, 35
Ad Dardanum: ....ep. 129
Ad Demetriadem: ....ep. 130
Ad Desiderium: ....ep. 47
Ad Domnionem: ....ep. 50
Ad Donatum: ....ep. 154
Ad Epiphanium: ....ep. 90 (Theophili)

Epiphanii: .... epp. 51 (ad Iohannem
                                               episcopum, a Hieronymo
                                               translata), 91
Ad Euangelum presbyterum: .... epp. 73, 146
Ad Eusebium: .... ep. 7
Eustochiae (ad Marcellam): .... ep. 46
Ad Eustochium: .... epp. 22, 31
Ad Exuperantium: .... ep. 145
Ad Fabiolam: .... ep. 64, 78
Ad Florentinum: .... ep. 4, 5
Ad Fretelam: .... ep. 106
Ad Furiam: .... ep. 54
Ad Geruchiam: .... ep. 123
Ad Hedybiam: .... ep. 120
Ad Heliodorum monachum: .... epp. 14, 60
Ad Innocentium presbyterum: .... ep. 1
Innocentii papae: .... epp. 135 (ad Aurelium), 136,
                                               137 (ad Iohannem)
Ad Iohannem episcopum: .... ep. 51 (Epiphanii Cyprii, a
                                               Hieronymo translata)
Ad Iouinum: .... ep. 7
Ad Iulianum diaconum Aquileiae: .... ep. 6
Ad Iulianum: .... ep. 118
Ad Laetam: .... ep. 107
Ad Lucinum Baeticum: .... ep. 71
Ad Magnum, oratorem urbis Romae: .... ep. 70
Ad Marcellam: .... epp. 23, 24, 25, 26, 27, 28, 29,
                                               32, 34, 37, 38, 40, 41, 42, 43,
                                               44, 46 (Paulae et Eustochiae),
                                               59, 97
Ad Marcellinum: .... ep. 126
Ad Marcum presbyterum: .... ep. 17
Ad matrem et filiam in Gallia commorantes: ... ep. 117
Ad Mineruium: .... ep. 119
Ad Nepotianum presbyterum: .... ep. 52
Ad Niceam hypodiaconum Aquileiae: .... ep. 8
Ad Oceanum: .... epp. 69, 77, 84
Oceani: .... ep. 83

Ad Optatum, episcopum Mileuitanum: ....ep. 144 (Augustini)
Ad Pacatulam: ....ep. 128
Ad Pammachium: ....epp. 48, 49, 57, 66, 84, 97
Pammachii: ....ep. 83
Ad Paulam: ....epp. 30, 33, 39
Paulae: ....ep. 46 (ad Marcellam)
Ad Paulinum presbyterum: ....epp. 53, 58, 85
Ad Paulum senem Concordiae: ....ep. 10
Ad Praesidium: ....ep. 111 (Augustini)
Ad Principiam uirginem: ....epp. 65, 127
Ad Riparium presbyterum: ....epp. 109, 138, 151, 152
Rufini praefatio librorum ΠΕΡΙ ΑΡΧΩΝ: ....ep. 80
Ad Rufinum: ....epp. 3, 81
Ad Rufinum presbyterum: ....ep. 74
Ad Rusticum monachum: ....epp. 122, 125
Ad Sabinianum diaconum: ....ep. 147
Ad Saluinam: ....ep. 79
Ad Simplicianum: ....ep. 95
Ad Sunniam: ....ep. 106
Ad Theodoram Spanam: ....ep. 75
Ad Theodosium: ....ep. 2
Ad Theophilum: ....epp. 63, 82, 86, 88, 93 (synodi
                                                                    Hierosolymitanae), 94
                                                                    (Dionysii, Liddensis episcopi),
                                                                    99, 114
Theophili: ....epp. 87, 89, 90 (ad
                                                                    Epiphanium), 92 (ad Palaestinos
                                                                    et ad Cyprios episcopos), 96, 98
                                                                    (ad totius Aegypti episcopos),
                                                                    100 (ad totius Aegypti
                                                                    episcopos), 113
Ad Tranquillinum: ....ep. 62
Ad Uigilantium: ....ep. 61
Ad uirgines Haemonenses: ....ep. 11
Ad Uitalem presbyterum: ....ep. 72

V. INDEX CODICUM

Hoc indice codices continentur, quos Hilberg in textu constituendo adhibuit, additis duobus codicibus asteriscis notatis, quos neque Lambert, Bibliotheca Hieronymiana manuscripta: la tradition manuscrite des œuvres de saint Jérôme, 4 vol., Instrumenta patristica 4, Steenbrugge 1969-72, neque Divjak - Römer, Ergänzungen zur Bibliotheca Hieronymiana manuscripta, Scriptorium 30 (1976) 85-113, commemoraverunt. Si quos codices Lambert non eidem saeculo adscripsit cui Hilberg, in parenthesi notavi. Praeterea inspiciantur volumina „Die handschriftliche Überlieferung der Werke des heiligen Augustinus", in quibus etiam epistularum Hieronymi ratio habita est: vol. 1 (Italien): Manfred Oberleitner, Wien 1969; vol. 2 (Großbritannien und Irland): Franz Römer, Wien 1972; vol 3 (Polen): Franz Römer, Wien 1973; vol. 4 (Spanien und Portugal): Johannes Divjak, Wien 1974; vol. 5 (Bundesrepublik Deutschland und Westberlin): Rainer Kurz, Wien 1976; vol. 6 (Österreich): Dorothea Weber, Wien 1993.

ARRAS, Bibliothèque municipale:
$\mathfrak{H}$ = Atrebatensis 724 s. XII: ep. 33 (cf. $\mathfrak{G}$)
$\mathfrak{D}$ = Atrebatensis 849 s. XII-XIII: ep. 33 (cf. $\mathfrak{C}$)

AUTUN, Bibliothèque du Séminaire:
Ψ = Augustodunensis 17 A s. X: epp. 10, 14, 22 (praebet fol. 1r-3v initium epistulae usque ad p. 151, 11 *polluetur*; reliqua pars folii 3 scriptura uacat; sequitur a fol. 4r paulo antiquiore manu scripta pars epistulae, quae est a 148, 16 *sed gladium* usque ad finem. itaque pars 148, 16 *sed gladium* - 151, 11 *polluetur* nunc in codice bis legitur; discrepantium scripturae litteris Ψ^1 (= fol. 3) et Ψ^2 (= fol. 4), consensum sola littera Ψ indicaui), 39, 49, 52 (usque ad p. 422, 5 *sustentor*), 54, 60, 66, 77, 107, 117, 123, 125 (desinit p. 136, 7 *monasterio* folio amisso), 147

AVRANCHES, Bibliothèque municipale:
$\mathfrak{B}$ = Abrincensis 66 s. XIII (Lambert: s. XII): ep. 80
$\mathfrak{G}$ = Abrincensis 73 s. XII (Lambert: s. XII in.): ep. 33 (Rufinus apol. II 20)

BAMBERG, Staatliche Bibliothek:
$\mathfrak{R}$ = Bambergensis B IV 27 (Patr. 113) s. XI (Lambert: s. X - XI): ep. 80

BERLIN, Deutsche Staatsbibliothek:
A = Berolinensis lat. 17 s. IX: epp. 2, 3, 7, °19, 25, 27, 28, 29, 30, 32, 34, °35, 36, 41, 42, °46, 48, 49, °51, 59, 61, 66, 74, 75, °80, 81, 82, 97, °101, 103, 106, °110, °111, 115, 119, 120, 121, 123, 126, 127, 130 (continet praeter integram epistulam etiam partem epistulae ab initio usque ad p. 183, 8 *suo*; ubicumque in hac epistulae parte duo apographa inter se non consentiunt, siglis A^1 et A^2 usus sum), °131, °132, 134, 140 (a p. 285, 25 *si scribatur*), 141, 142, 143, 145, 147

B = Berolinensis lat. 18 s. XII: epp. 1, 2, 3, 4, 5, 6, 7, 8, 9, 10, 11, 12, 13, 14, 15, 16, 17, 18 A, 18 B, 20, 21, 22, 23 (uerba p. 212, 16 *ita eam* usque ad 213, 17 *dei nostri* iterum exhibet in media epistula XXIV [B^1 et B^2]), 24 (duo apographa: fol. 53b-54a = B^1 et fol. 57b-58a = B^2), 25, 26, 27, 28, 29, 30, 31, 34, °35, 36, 37, 38, 39, 40, 41, 42, 43, 44, 45, °46 (continet praeter integram epistulam eandem appendicem ep. XLIII, quae exstat in ΠΣD; in ea epistulae parte B significat consensum utriusque apographi, B integram epistulam, B^2 fragmentum), 47, 49, 50, °51, 52, 54, 55, °56, 57, 58, 59, 60, 61, 62, 63, 64, 65, 66, °67, 68, 69, 70, 71, 72, 73, 74, 75, 76 (exhibet fol. 166r integram epist. et fol. 8v sine titulo partem a p. 35, 18 *illum* usque ad 36, 20 *ciuitates*; in parte communi siglis B^1 et B^2 utor), 77, 78, 79, °80, 81, °83 (duo apographa: fol. 44r = B^1 et fol. 178r = B^2, quorum consensus = B), 84 (duo apographa: fol. 44r-46r = B^1 et fol. 178r-182r = B^2, quorum consensus = B), 85, °87, 88, °89, °90, °91, °101, 102, 103, °104, 105, 106 (initium usque ad p. 249, 16 *discordet*), 107 (continet post epistulam, cuius pars a. p. 293, 14 *uenerabilis* usque ad p. 303, 10 *hilarii li-* periit, apographon partis a. p. 292, 20 *propositum* usque ad finem; discrepantes lectiones siglis B^1 et B^2 noto), 108, 109, °110, 112, 115, 117, 118, 119, 120 (continet fol. 15v-16v praefationem et caput primum, fol. 292v-301r reliquam epistulae partem, praeterea fol. 205r-v fragm. a p. 490, 7 *multaque* usque ad p. 492, 22 *inclitum* et fol. 205v-206r fragm. a p. 507, 1 *narrat* usque ad p. 509, 3 *laetitia*; in his duabus partibus B^1 integrae epistulae, B^2 fragmentorum lectiones significat), 121, 122, 123, 124, 125, 126, 127, 129, 130, 134, 140, 141, 142 (continet tantum posteriorem partem *capta - sempiterna*), 146, 147, 148

BERN, Bürgerbibliothek:
ɭ = Bernensis 611 s. VIII: ep. 22 (p. 189, 7 *referam* - 191, 18 *serues*)

BRÜSSEL, Koninklijke Bibliotheek:
ℬ = Bruxellensis II. 1065 s. XII (Lambert: 1139): ep. 33 (cf. ℭ)

CAMBRIDGE, University Library:
φ = Cantabrigiensis uniuers. 409+410 s. XV: epp. 85, 99, 138, 139

CAMBRIDGE (Mass.), Harv. Univ. L.:
m = Cheltenhamensis 30449 s. VIII (Lambert: Houghton, Phillipps 36185
[30499]): ep. 60 (p. 567, 5 *onustus* - 568, 13 *ago*)

CHARLEVILLE-MÉZIÈRES, Bibliothèque municipale:
r = Carolopolitanus 196 d II s. XII: ep. 85

CHELTENHAM, Phillipps Library:
ƙ = Cheltenhamensis 24510 s. IX: ep. 106 (fragmentum a p. 277, 17 *habet*
usque ad p. 283, 2 *intellegatur*)

COLMAR, Bibliothèque municipale:
Ω = Colmarensis 41 s. IX: epp. 36, 57, 73, 78

DOUAI, Bibliothèque municipale:
Q = Duacensis 247 s. XI (Lambert: s. X - XI): epp. 1, 21, 25, 26, 27, 28, 37,
62, °83, 84, 106

EL ESCORIAL, Biblioteca del Monasterio:
o¹ = Escorialensis a II 3 s. X: ep. 154
e¹ = Escorialensis & I 4 s. XII (Lambert: s. XII ex.): epp. 151, 152
𝔓 = Escorialensis & I 14 s. VIII-IX (Lambert: s. VIII ex.): epp. °67, °101,
102, 103, °104, 105, °110 (incipit a p. 358, 19 *cur itaque*), °111, 112, 115,
°116, °131, °132, 134, 141, 142 (inuerso ordine, ita ut posterior pars *capta -
sempiterna* praecedat superiorem), 151, 152, 153, 154

ÉPINAL, Bibliothèque municipale:
K = Spinalensis 68 (149) s. VIII (744 - 745): epp. 1, 2, 3, 14, 16, 17, 22, 25,
26, 27, 28, 37, 39, 45, °46, 49, 52, 54, 60, 62, 64, 66, 68, 70, 77, 107, 108,
117, 123, 147

ERFURT, Stadtbibliothek:
ρ = Amplonianus fol. 91 s. XIV: epp. 85, 99

284

ERPERNBURG, Freiherrlich von und zu Brenkensches Archiv:
*Brenkensis 79, s. XV (1448): epp. °56, °67, °101, 102, 103, °104, 105, °110, °111, 112, 115, °116; cf. Kurz, CodMan 10 (1984), 121-134

ESZTERGOM, Kathedralbibliothek:
*MS. II. 196, s. XII-XIII: ep. 140 (fragmentum); cf. Madas, CodMan 11 (1985), 87-89

GENT, Universiteitsbibliotheek:
Ga = Gandauensis 317 (Lambert: 246) s. VI (Lambert: s. VI - VII): ep. 147 (p. 313, 16 *inpaenitens* - 315, 11 *post* et p. 322, 8 *domini* - 324, 2 *caluaria*)

GÖTTWEIG, Stiftsbibliothek:
Go = Gottvicensis 14 (33) s. XII: ep. °144

HEILIGENKREUZ, Stiftsbibliothek:
υ = Sancrucensis 105 s. XII: epp. 99, 148

HOLKHAM HALL, Library of the Earl of Leicester:
ν = Holkhamicus 126 s. XV: ep. 85
ξ = Holkhamicus 127 s. XV: epp. 85, 99
π = Holkhamicus 128 s. XV: ep. 85

KARLSRUHE, Badische Landesbibliothek:
ℬ = Caroliruhensis Augiensis 105 s. IX-X: epp. 2, 4, 5, 6, 7, 10, 11, 13, °19 (duo apographa [fol. 41v ·in mg. inf. (= ℬ¹) et fol. 47r-v in mg. (= ℬ²), quorum consensus = B), 20, 28, 43, 59, 61, 66, 74, 75, 107, 120, 121, 124 (initium usque ad p. 96, 7 *interpretis*, deinde post uacuum spatium unius fere columnae finem a p. 117, 15 *quis igitur* usque ad 19 *nouerit* his uerbis additis: *igitur ego, qui scribere debui, pro prolixitate epistulae dimisi. qui uero legere uoluerit,* [seq. ras. 3 litt.] *requirat in loco*), 130
Ω = Caroliruhensis Augiensis 160 s. X: ep. °80

KASSEL, Landesbibliothek:
u = Casselanus theol. fol. 21 s. VIII: ep. 57

KÖLN, Dombibliothek:
L = Coloniensis 35 (Darmst. 2031) s. IX (Lambert: s. VIII - IX): epp. 1, 4, 5,
6, 8, 9, 11, 12, 13, 14 (duo apographa [fol. 22v-26r = L¹ et fol.

$251r$-$254v$ =
L²], quorum consensus = L), 15, 16, 17, 18 A, 18 B, 20, 23, 24, 25, 27, 38,
40, 44, °56, 65, °67, 69, 70, 79, °101, 102, 103, °104, 105, °110, °111, 112
M = Coloniensis 60 (Darmst. 2053) s. IX-X (Lambert: s. IX): epp. 2, 4, 5, 6,
7, 8, 9, 10, 11, 12, °19, 30, 31, °56, 65, °67, 70, 97, °101, 102, 103, °104,
105, °110, °111, 112, 126, °131, °132, 133, 134, 141, 142, 143

LE MANS, Bibliothèque municipale:
P = Cenomanensis 126 s. IX: epp. 14, 52, 53, 58, 106, 125 (initium epistulae
usque ad p. 128, 15 *tempore* reliquis amissis)

LONDON, British Museum:
n = Cheltenhamensis 12261 s. VIII (Lambert: Addit. 43460, Phillipps 12261; s.
VIII - IX): ep. 73
δ = Cottonianus Vitellius C. 8 s. IX: ep. 73
μ = Harleianus 3169 s. XV: ep. 139
ί = Musei Britannici Regius 5 D VI s. XI-XII: ep. °116

LYON, Bibliothèque de la Ville:
Γ = Lugdunensis 600 (517) s. VI (Lambert: s. VII - VIII): epp. °46 (p. 340, 12
inter haec - 19 *iudicetur*; p. 342, 8 *uideri* - 15 *auratos*), 53 (p. 442, 5 *uera* - 443,
4 *conciliant*; 443, 12 *malens* - 13 *ingerere*; 445, 3 *inuenit* - 4 *fieret*; 446, 1 *habet*
- 3 *insonat*; 447, 14 *sancta* - 16 *resistit*; 449, 7 *magis* - 8 *interrogat*; 453, 10
facilitate - 11 *intellegunt*; 454, 10 *puerilia* - 12 *nescias*; 456, 16 *si historiam* -
457, 2 *narrantur*; 463, 15 *nolo* - 19 *indoctus*; 463, 19 *non sum* - 464, 2 *sunt*;
464, 5 *discamus* - 6 *caelo*;·464, 15 *nemo* - 16 *uenderet*; 464, 17 *auaro* - 18 alt.
habet; 465, 1 *si habes* - 9 *moriturum*), 55 (p. 487, 2 *sufficit* - 6 *perdamus* et p.
488, 15 *luxuria* - 18 *est*), 58 (p. 527, 9 *noli* - 528, 5 *cond.*; 528, 16 *quanti* - 18
tep.; 529, 3 *uerba* - 7 *glor.*; 529, 12 *nec put.* - *poss.*; 529, 14 *quomodo* - 17
laud. est; 530, 9 *sing.* - 10 *pond.*; 531, 2 *et crucis* - 8 *cael.*; 534, 4 *episc.* - 6
merit.; 535, 7 *mult.* - 13 *legum*; 535, 15 *frequ.* - 18 *fuge*; 536, 3 *tu cons.* - 6
pereat; 537, 9 *esse* - *uideri*; 538, 14 *totum* - 17 *nucem*), 60 (p. 548, 3 *grandes* -
549, 2 *expl.*; 3 *reliquit* - 5 *ten.*; 16 *en* - 19 *senes*; 550, 9 *o mors* - 10 *diss.*; 19 pr.
illius - 551, 4 *periret*; 551, 16 *ante* - 17 *parad.*; 552, 4 *flammea* - 5 *sanguine*; 18
absque - 553, 11 *est*; 554, 1 *scieb.* - *mortalem*; 19 *non* - 555, 1 *fuit*; 556, 10
memor - 11 *nimis*; 12 *nec* - 13 *habueris*; 557, 9 pr. *nec* - 10 *renasc.*; 558, 3 *in*

pal. - 13 *militare;* 559, 9 *adsid.* - 10 *fecerat;* 15 *iuu.* - 16 *sacerd.*; 16 *quanto* - 18
indign.; 560, 3 *igitur* - 4 *inuid.*; 5 *ut qui* - 6 *contin.*; 10 *ita in* - 561, 11 *uincere;*
562, 4 *pudore* - 5 *postul.*; 14 *quidquid* - 15 *pensabat;* 18 *alii* - 563, 8 *ornatum;*
16 *mens* - 18 *rationem;* 565, 12 *intell.* - 13 *relinqu.*; 566, 2 *huiusce* - 3 *gratius;*
10 *omnem* - *mortis;* 17 *si nong.* - 567, 5 *profic.*; 568, 4 *conuers.* - 7 *delinqu.*; 11
desid. - 12 *uidearis;* 15 *ut non* - 17 *euas.*; 572, 4 *olim* - 573, 10 *esset;* 574, 1
sentisne - 10 *sociamur*), 66 (p. 647, 5 *sanato* - 648, 3 *exulcerem;* 648, 6 *quis*
parturientem - 12 *desiuimus;* 649, 7 *inpari* - 10 *feruentes;* 650, 6 *nec sororis* - 8
fluctuare; 652, 5 *ardentes* - 653, 4 *dealbatur;* 654, 5 *prima* - 8 *essem;* 655, 6
quamuis - 10 *turpauit;* 656, 5 *si uis* - 13 *consequatur;* 658, 10 *Christus* - 13
omnibus; 658, 18 *non coturnatam* - 659, 2 *sanitati est;* 659, 7 *felices* - 8
iudicarent; 661, 8 *et diuturnam* - 10 *cacumen;* 662, 15 *imiteris* - 663, 4
dissicimus; 663, 11 *si offeramus* - 664, 5 *mors*), 77 (p. 37, 18 *quidquid* - 38, 8
respicit), 108 (p. 306, 3 *si* - 6 *insignior;* 309, 16 *et haec* - 19 *praedic.*; 311, 18
inter hostium - 21 *contemnens;* 338, 5 *lasc.* - 7 *mentem;* 338, 9 *turpe* - 12
demonstr.), 117 (p. 422, 10 *rettulit* - 423, 2 *separatae;* 425, 20 *quid tibi* - 426, 3
perisse; 429, 12 *inter has* - 17 *animum*), 123 (p. 72, 5 *unum* - *conpendia;* 73, 5
annam - 6 *retulit;* 73, 15 *sub quorum* - 17 *liberorum;* 74, 3 *quanto* - 5 *praemia;*
75, 17 *ne aliud* - 19 *ocello;* 78, 1 *quibus* - *oratio;* 81, 17 *omni* - 20 *luxuriam;* 22
damnamus -23 *laudamus;* 24 *in arca* - 82, 3 *contumeliam;* 5 *centenarius* - 8
testetur contaminata cum p. 83, 11 *itaque* - 14 *secundum;* 88, 11 *libido* - 14
ducitur; 89, 6 *caue* - 8 *naufragium;* 11 *fuge* - 12 *suspicio;* 90, 4 *melius est* - 6
dimittenda sunt; 14 *nec peccator* - 15 *securus sit;* 91, 6 *nos uero* - 16 *superbiam;*
92, 15 *ipsae Hispaniae* - 18 *patiuntur;* 93, 5 *praeter* - 6 *libertatem;* 94, 3
potentiam - 13 *patimur;* 95, 4 *quae in alieno* - 5 *palpentur*), 125 (p. 118, 4 *nihil*
fortius - 5 *superatur;* 119, 17 *magna coepisse* - 120, 4 *ruinam;* 120, 20 *in quo* -
121, 6 *nutriat;* 122, 6 *si negot.* - 12 *auferre;* 123, 6 *ut ubert.* - 12 *redundarent;*
123, 14 *sub nom.* - 18 *maritalem;* 123, 18 *alii* - 124, 1 *affectu;* 124, 7 *nec* - 9
placent; 124, 10 *tu uero* - 18 *utilis est;* 124, 19 *matrem* - 125, 2 *uulnus;* 125, 12
habeto - 14 *conplexu;* 125, 18 *astra* - 126, 1 *fornicamur;* 126, 20 *uiderint* - 127,
2 *censemur;* 127, 10 *ne miles* - 11 *discipulus;* 128, 1 *absque* - 4 *obdormias;* 128,
14 *qui specimen* - 18 *uirtutum est;* 129, 15 *uolo* - 18 *cogites;* 130, 1 *uigil* - 4
amabis; 131, 19 *et gratias* - 20 *capio;* 132, 14 *philosophi* - 18 *superemus;* 132,
20 *nisi* - 133, 2 *fugiamus;* 133, 10 *nulla* - 13 *prouinciae;* 133, 20 *uiuere* - 134,
14 *tace;* 134, 18 *uidi* - 135, 4 *solitarii;* 135, 13 *plerique* - 136, 7 *uiximus;* 136,
10 *nequaquam* - 11 *debeas;* 136, 19 *uiue* - 137, 15 *iudicantes;* 138, 19 *sed dicis*
- 139, 14 *siccatur;* 139, 19 *ueritas* - *susurrones;* 140, 1 *non est* - 2 *dignitatis;*
140, 4 *si me* - 16 *satisfacere;* 141, 10 *utinam* - 142, 9 *praemia*)

Δ = Lugdunensis 602 (519) s. VI (Lambert: s. VII ex.): epp. 21, 133 (def. initium usque ad p. 243, 3 *dictum*)

MAILAND, Bibliotheca Ambrosiana:
u = Ambrosianus H. 59 sup. s. XIII (Lambert: s. XIII-XIV): epp. 63, 82, 86, °87, 88, °89, °90, °91, °92 (titulo caret), 93 (inscriptione caret), 94 (inscriptione caret), °95 (inscriptione caret), °96, 138, 139
θ = Ambrosianus J. 6 sup. s. X: epp. 28, 30
ä = Ambrosianus O. 210. sup. s. VII (Lambert: s. VI): epp. °131, 134

METZ, Bibliothèque municpale:
Ա = Metensis 225 s. X: ep. °80

MONTE CASSINO, Biblioteca dell'Abbazia:
s = Casinensis 91 MM. s. X-XI (Lambert: s. XI): ep. 1
N = Casinensis 295 MM. s. X (Lambert: s. XI in.): epp. 10, 12, 13, 17, 26, 27, 30, 38, 43, 44, 45, 52, 58, 62, 72, 73, °80, 81, °83, 84, 109, 122, 123, 125, 146
t = Casinensis 298 F. s. X-XI (Lambert: s. XI in.): epp. 22 (cont. initium epistulae usque ad p. 171, 12 *felicitas*), 122, 125
ᗐ = Casinensis 343 B. s. X-XI: ep. °80
ο = Casinensis E. 247 s. XI (Lambert: s. XII): ep. 106
p = Casinensis R. 297 s. XI: ep. 133

MÜNCHEN, Bayerische Staatsbibliothek:
i = Monacensis lat. 4577 s. VIII-IX (Lambert: s. VIII ex.): epp. 22 (p. 143, 3 *audi* - 144, 1 *decorem tuum*; 144, 11 *non expedit* - 13 *descendere*; 146, 4 *habent* - 13 *coronemur*; 149, 11 *si Paulus* - 150, 9 *malae*; 185, 1 *sed ne* - 192, 9 *gentilium*; 193, 10 *at nunc* - 194, 6 *denario*; 195, 14 *quidam* - 196, 9 *criminis*)
σ = Monacensis lat. 6229 s. VIII-IX (Lambert: s. VIII²): ep. 22 (cont. eadem, quae i)
H = Monacensis lat. 6299 s. VIII-IX (Lambert: s. VIII ex.): epp. 2, 14, 22 (caret parte epistulae, quae est p. 155, 2 *et frequentes* - 160, 7 *mentita*), 43, 52, 53 (usque ad p. 460, 14 *euangelium*), 64, 125
ß = Monacensis lat. 6313 s. IX: epp. 48, 49
q = Monacensis lat. 14500 s. IX: epp. °35, 36, 73
τ = Monacensis lat. 16128 s. VIII (Lambert: s. VIII - IX): ep. 119

NEAPEL, Biblioteca Nazionale:
G = Neapolitanus VI. D. 59 s. VII (Lambert: s. VI - VII): epp. 14, 30, 39, 45, °46, 52 (a p. 426, 13 *doceas* usque ad finem; exciderunt p. 432, 1 *-riola* - 437, 9 pr. *aut*), 53 (continet partem epistulae a p. 459, 14 *mouebo* usque ad finem), 54 (usque ad p. 480, 16 *animos*), 55 (om. p. 490, 1 *Tertia* - 491, 23 *cunctis*), 59, 60, 61, 66, °83, 84, 121 (initium epistulae usque ad p. 15, 18 *eiusdem*), 122, 125, 146, 147

OXFORD, Balliol College:
O = Oxoniensis Balliolensis 229 (279; 426. M. 20) s. XII (Lambert: s. XII - XIII): epp. 3, 63, 78, °80, 85, 86, °87, 88, °89, °90, °91, 106, 140, 148

PARIS, Bibliothèque de l'Arsenal:
ω = Parisinus bibl. armamentarii 292 (379 T. L.) s. XV: ep. 139
ɑ = Parisinus bibl. armamentarii 293 (380 T. L.) s. XII: epp. 37, 63, 81, 85, 86, °87, 88, °89, °90, °91

PARIS, Bibliothèque Mazarine:
b = Mazarinianus 574 (268) s. XV: epp. 85 (duo apographa: b¹ fol. 107b et b² fol. 147a), 99, 138, 139
ƌ = Mazarinianus 575 (263) s. XV: epp. 85, 99
ɕ = Mazarinianus 577 (265) s. XII: epp. 3, 37, 81, 85

PARIS, Bibliothèque National:
ζ = Parisinus lat. 1453 s. X (Lambert: s. IX - X): ep. 5
ℭ = Parisinus lat. 1628 s. XII: ep. 33 (ultima parte p. 259, 4 *quis enim umquam* usque ad finem omissa, uersio Latina homiliarum Origenis in Pentateuchum)
𝔈 = Parisinus lat. 1629 s. XII: ep. 33 (cf. ℭ)
ℑ = Parisinus lat. 1800 s. XII: ep. 33 (cf. 𝔈)
𝔎 = Parisinus lat. 1850 s. XII: ep. 33 (cf. 𝔈)
Y = Parisinus lat. 1866 s. IX: ep. 140 (extrema pars inde a p. 285, 25 *si scribatur* fol. 190r sqq., quam sequitur prior pars inde ab initio usque ad p. 285, 25 *exprimit dexteram* fol. 196r sqq.)
Z = Parisinus lat. 1867 s. IX: ep. 31
W = Parisinus lat. 1868 s. IX: epp. 2, 7, 8, 10, 11, 12, 13, 14, 15, 17, 18 A, 20, 21, 40, °56, 57, 65, °67, 69, 78, 79, °101, 102, °104 (initium usque ad p. 239, 19 *possit*), 105, 117, 118
Θ = Parisinus lat. 1869 s. IX: epp. 32, 47

$\mathfrak{L}$ = Parisinus lat. 1872 s. XII (Lambert: s. XI): ep. 33 (cf. $\mathfrak{G}$), °80

$\mathfrak{h}$ = Parisinus lat. 1875 s. XII: ep. 140

$\mathfrak{e}$ = Parisinus lat. 1876 s. XII: epp. 3, 32, 37, 85, 99, 148

$\mathfrak{f}$ = Parisinus lat. 1883 s. XIII (Lambert: s. XII): epp. 3, 85

$\mathfrak{M}$ = Parisinus lat. 1890 s. XV (Lambert: s. XV ex.): ep. 33 (cf. $\mathfrak{G}$)

$\mathfrak{g}$ = Parisinus lat. 1891 s. XV (Lambert: s. XV ex.; 1483 - 1484): epp. 138, 139

Ξ = Parisinus lat. 1913 s. IX: ep. 32

$\mathbf{T}$ = Parisinus lat. 2172 s. X (Lambert: s. IX - X): epp. °91, °96, °98, °100, °113, 114

$\mathbf{V}$ = Parisinus lat. 2173 s. XIII (Lambert: s. XII ex.): epp. °91, °96, °98, 99, °100, °113, 114

Λ = Parisinus lat. 4883 A s. XI: epp. 37, °131

$\mathbf{X}$ = Parisinus lat. 9532 s. IX: epp. 21, 40, 65, 78

$\mathfrak{T}$ = Parisinus lat. 12125 s. IX: ep. °80

$\mathfrak{Y}$ = Parisinus lat. 12162 s. XI: ep. °80

$\mathfrak{z}$ = Parisinus 12163 s. IX: epp. °110 (duo apographa, unum = $\mathfrak{z}^1$ totius epistulae, alterum = $\mathfrak{z}^2$ eiusdem partis, quam $\mathfrak{P}$ praebet), °111, 112, 115, °116, 126, °131, °132, 134, 141, 142, 143

$\mathfrak{W}$ = Parisinus lat. 16322 s. XIII: ep. °80

$\mathbf{U}$ = Parisinus lat. 16897 s. XII: epp. °96, °98, 99, °100

ε = Parisinus nouv. acq. lat. 446 s. VI (Lambert: s. VII - VIII): epp. 10 (a. p. 36, 10 *quis senectutem* usque ad p. 37, 6 *ducit*), 14 (p. 46, 3 *quid facis* - p. 54, 18 *delinquere est*; p. 59, 13 *o desertum* - p. 60, 17 *cum Christo*), 22 (p. 144, 11 *non expedit* - 13 *descendere*; 146, 12 *stadium* - 13 *coronemur*; 148, 10 *non quaerit* - 15 *potestatem*; 152, 5 *nolo* - 14 *Christus*), 52 (p. 417, 5 *adulescentia* - 12 *metit*; 422, 11 *mensulam* - 15 *pessimae*; 430, 9 *uestes* - 14 *gloriari*; 431, 9 *nec rusticus* - 13 *peccatricem*; 434, 2 *numquam uinum* - 4 *propinare*; 434, 10 *quidquid* - 436, 12 *per noctem*), 54 (p. 467, 4 *in breui* - 6 *adulescentia*; 468, 4 *honora* - 6 *creatorem*; 469, 12 *ridiculum* - 470, 2 *sanguine suo*; 471, 19 *imitare* - 472, 3 *moderatus*; 472, 11 *non quaeruntur* - 13 *damnatur*; 474, 19 *non Aetnaei* - 475, 11 *obseruare*; 477, 4 *nobis non* - 478, 2 *legendum sit*), 74 (duo frustula: p. 23, 8 *multum* - 9 *concelebrant* et p. 24, 8 *quod* - 9 *deprehendisset*), 76 (frustulum p. 35, 1 *nihil* - 3 *prouoc.*)

$\mathfrak{y}$ = Parisinus nouv. acq. lat. 1444 s. XI: epp. °116, 126

REIMS, Bibliothèque municipale:
ℨ = Remensis 15 (A. 20) s. XI (s. XI in.): ep. 106

ROM, Biblioteca Casanatense:
c¹ = Casanatensis 1415 (A II 1) s. XVI: ep. 148
b¹ = Casanatensis 899 (D IV 41) s. XV: ep. 148
d = Casanatensis 641 (olim B. IV. 18) s. IX: epp. 49 (p. 364, 13 *non* - 365, 19 *nuptias*; 376, 4 *tument* - 380, 5 *nullum*; 386, 19 *igitur* - 387, 12 *diuitem*), 65 (p. 625, 5 *hic* - 9 *natus est*; 634, 9 *narrant* - 14 *legitur*), 73 (frustulum p. 16, 13 *non quod* - 17 *adscriptum*), 77 (p. 39, 6 *praecepit* - 17 *censetur*)

ROM, Biblioteca Corsiniana:
v = Corsinianus 41. G. 18 s. XV: epp. 138, 139

ROM, Biblioteca Nazionale Vittorio Emanuele II:
e = Sessorianus 30 (Bibl. Nat. Rom. 1570) s. XI (Lambert: s. X - XI): epp. 72, 109
α = Sessorianus 32 (Bibl. Nat. Rom. 2093) s. XIII: ep. 148
a = Sessorianus 55 (Bibl. Nat. Rom. 2099) s. VII (Lambert: s. V - VI): ep. 108
b = Sessorianus 63 (Bibl. Nat. Rom. 2102) s. XI: ep. 15
r = Sessorianus 71 (Bibl. Nat. Rom. 1349) s. XI (Lambert: s. IX ex.): ep. 106

ROM, Biblioteca Vallicelliana:
c = Vallicellianus A. 5 s. IX-X: ep. 15
y = Vallicellianus D. 2 s. XIV: epp. 138, 139

ROUEN, Bibliothèque municipale:
x = Rotomagensis A. 425 (453) s. X: ep. °80

ST. GALLEN, Stiftsbibliothek:
w = Sangallensis 238 s. VIII (Lambert: s. VIII²): ep. 36

ST. PETERSBURG, Publichnajà Biblioteka:
η = Petropolitanus I. 13 Quarto (Q. v. I. 13) s. VII-VIII: epp. 17, 125, 147 (initium epistulae usque ad p. 319, 9 *peccato*)
λ = Petropolitanus I. 15 Quarto (Q. v. I. 15) s. VIII-IX: ep. 53

TURIN, Biblioteca Nazionale Universitaria:
f = Taurinensis G. V. 3 s. X: epp. 11, 73

VATIKAN, Bibliotheca Apostolica Vaticana:
x = Barberinus XI. 195 s. XV: ep. 139
p = Palatinus lat. 39 s. XI: ep. 106
q = Palatinus lat. 173 s. XI (Lambert: 1001 - 1015): epp. 25, 44
n = Palatinus lat. 178 s. X: ep. 133
o = Palatinus lat. 209 s. X (Lambert: s. IX ex.): epp. 2, 15, 59, 72
γ = Vaticanus lat. 84 s. XI: ep. 30
l = Vaticanus lat. 341 s. X-XI: epp. °56, °67, 70, °101, 102, 103, °104, 105, 126, 141, 142, 143
ℜ = Vaticanus lat. 343 s. XV: ep. 33 (cf. ℭ)
i¹ = Vaticanus lat. 344 s. XV: ep. 148
m = Vaticanus lat. 354 s. X-XI (Lambert: s. XI): ep. 70
D = Vaticanus lat. 355+356 s. IX-X: epp. 1, 2, 4, 5, 6, 7, 8, 9, 10, 11, 12, 13, 14, 15, 16, 17, 18 A, 18 B, °19, 20, 21, 22, 23, 24, 25, 26, 27, 28, 29, 30, 32, 34, °35, 36, 38, 39, 40, 41, 42, 43, 44, 45, °46 (cf. adnot. ad Π et Σ), 47, 48, 49, 50, °51, 52, 53, 54, 55, °56, 57, 58, 59, 60, 61, 62, 64, 66, °67, 68, 69, 71, 72, 73, 74, 75, 76, 77, 79, °83, 84, 97, °101, 102, 103, °104, 105, 107, 108, 109, °110, °111, 112, 117, 118, 119, 120, 121, 122, 123, 124, 125, 126, 127, 129, 130, °131, °132, 134, 140 (continet idem quod A), 141, 142, 143, 145, 146, 147
z = Vaticanus lat. 360 s. XII-XIII (Lambert: s. XII): epp. 63, 86, °87, 88, °89, °90, °91, 148
w = Vaticanus lat. 362 s. XV (Lambert: 1459): ep. 139
χ = Vaticanus lat. 368 s. XV: epp. 138, 139
ℭ = Vaticanus lat. 370 s. XV (Lambert: XIV ex.): ep. 33 (cf. ℭ)
β = Vaticanus lat. 642 s. XI-XII: ep. 149
k = Vaticanus lat. 650 s. X (Lambert: s. X.XI.XII): epp. 14, 22, 52, 58, 76
ö = Vaticanus lat. 3787 s. XI: epp. °135, °136, °137
a¹ = Vaticanus lat. 4279 s. XVI: ep. 148
C = Vaticanus lat. 5762 s. X: epp. 2, 5, 6, 7, 8, 9, 10, 12, 17, 47, 55, °67, 68, 76, °101, 102, 103, °104, 105, °110, °111, 119, 120 (capita 2 - 9), 121 (initium epistulae usque ad p. 20, 7 in lege), 125, 134, 140 (continet idem quod A), 141, 142, 143, 145, 147

VERONA, Biblioteca Capitolare:

𝕬 = Veronensis rescriptus XV. 13 s. VIII (Lambert: s. VIII in.): epp. 2, 3, 6, 7, 10, 12, 14, 17, 59, 60, 61, 68, 72, 74, °80, 81, °83, 84, 109, 118, 119, 145, 146

F = Veronensis XVI. 14 s. IX: epp. 2, 6, 8, 9, 10, 18 A, 18 B, 31, °35, 43, 47, °56, 62, 63, °67, 82, 86, °101, 102, 103, °104, 105, °110, °111, 112, 128

E = Veronensis XVII. 15 s. VII (Lambert: s. VI, f. 221-228: s. VIII in.): epp. 48, 49, 61, 147

ŋ = Veronensis XXXIII. 31 s. VIII-IX (Lambert: s. VII ex.): ep. °110 (continet fragm. a p. 361, 11 ...tisse usque ad p. 363, 3 ipsum quod)

WIEN, Österreichische Nationalbibliothek:

h = Vindobonensis lat. 16 (Rec. 85) s. VIII-IX: epp. 50 (initium epistulae usque ad p. 389, 17 hoc est), 109, 146

ι = Vindobonensis lat. 644 (Rec. 7) s. XV: epp. 3, 81, 85, 86, °87, 88, °89, °90, 99

ʋ = Vindobonensis lat. 690 (Salisb. 30) s. X (Lambert: s. VIII - IX) in schedula postea inserta s. XII: ep. °19

S = Vindobonensis lat. 746 (Theol. 250) s. XIII: epp. 15, 16, 17, 18 A, 18 B, °51, 53, 57

R = Vindobonensis lat. 865 (Salisb. 146 B) s. VIII-IX (Lambert: s. IX): epp. 2, 14, 64

J = Vindobonensis lat. 934 (Salisb. 102) s. IX: epp. 2, 10, 26, 31, °35, 43, 47, 48, 50, 61, 63, 68 (usque ad p. 677, 15 continetur), 71, 82, 86, 122, 128, 129, 145, 146, 147

g = Vindobonensis lat. 954 (Nov. s. n.) s. VIII: epp. 7 (fragmentum a p. 29, 2 confusionem mentis usque ad finem)

ψ = Vindobonensis lat. 2171 (Iur. can. 81) s. IX: epp. 49 (p. 355, 5 curramus - 363, 19 pensandum est), 55

κ = Vindobonensis lat. 3870 (Lunael. Q. 65) s. XV   ⌐mbert: 1467): epp. 85, 99

WOLFENBÜTTEL, Herzogliche Bibliothek:

Φ = Guelferbytanus 4156 (Lambert: Weissenb. 72) s. IX-X: epp. 22, 54, 55, °56, 58, 59, 60, 63, 64, °67, 70, 75, 86, °87, 88, °89, °90, °91, 118, 120, 121 (continet partem epistulae a p. 24, 8 bene fuerit usque ad finem), 141, 142 (continet tantum superiorem partem multi utroque - precor)

WÜRZBURG, Universitätsbibliothek:
t = Herbipolitanus M. p. th. q. 26 s. VIII (Lambert: s. VIII - IX): ep. 14

ZÜRICH, Zentralbibliothek:
Σ = Turicensis Augiensis 41 (Rh. 41) s. IX (Lambert: s. IX - X): epp. 1, 2, 4, 5, 6, 8, 9, 10, 16, 18 A, 18 B, °19, 20, 21, 22, 26, 31, 39, 43, 45, °46 (de hoc codice idem ualet quod de codice Π), 47, 48, 50, 52, 53, 57, 61, 63, 68, 69, 71, 76, 77, 79, 82, 86, 107, 108, 109, 117, 118, 122, 128, 129, 145

Π = Turicensis Augiensis 49 (Rh. 49) s. IX (Lambert: s. IX - X): epp. 11, 23, 24, 25, 26, 27, 28, 29, 30, 32, 34, 38, 40, 41, 42, 43, 44, °46 (praebet post ep. XLIII tamquam partem illius epistulae p. 341, 1 *uerum* - 343, 3 *cantiones*), 49, 59, 64, 74, 97, 120, 123, 124

VI. INDEX CRITICUS

Hoc indice exponitur, quid docti annis ab editione Hilbergi elapsis ad Hieronymi epistularum textum emendandum atque explicandum contulerint. Priore parte singuli loci colliguntur, quibus studiosi textum huius editionis emendare conati sunt. Parte posteriore nonnulli loci similes a recentioribus studiosis reperti afferuntur. In epistularum textu loci hoc indice laudati asteriscis in margine positis notantur. Appendix spectat ad Hieronymi epistulas 19* et 27*, quae in collectione epistularum Sancti Augustini a Johanne Divjak reperta continentur (CSEL 88, Vindobonae 1981). Hoc loco afferuntur omnes emendationes, quas Divjak in nova harum epistularum editione (Œuvres de Saint Augustin, vol. 46 B, Lettres 1* - 29*, nouvelle édition du texte critique et introduction par Johannes Divjak, traduction et commentaire par divers auteurs, Paris, Études Augustiniennes 1987) proposuit.

I.

I, 4, 3 (ep. 1, 5, 1):
patitur / perpetitur circa se: Schäublin, MH 30 (1973), 56
(uetuit: Scourfield, CQ 37 (1987), 488f.)

I, 5, 18f. (ep. 1, 8, 2):
iam igitur et tertius ictus sacramentum ⟨non⟩ frustrauerat trinitatis: Capponi,
Koinonia 4 (1980), 109
iam igitur et tertium ictum sacramentum frustrauerat trinitatis, iam speculator ...:
Scourfield, CQ 37 (1987), 489

I, 6, 8 (ep. 1, 9, 1):
iuxta quam: Scourfield, CQ 37 (1987), 490

I, 7, 1f. (ep. 1, 10, 2):
meum, inquit, ... datis ?: Scourfield, CQ 37 (1987), 490

I, 7, 16f. (ep. 1, 12, 1):
misericordia domini celer (celerior) ac (et) matura nox aduenit: Labourt, Ed.
misericordia domini celeriore ⟨motu⟩ matura nox aduenit: Capponi, Maia 33
(1981), 155-7

†misericordiam domini celatura nox aduenit† (misericordia domini celerata nox aduenit): Scourfield, CQ 37 (1987), 490f.

I, 8, 7f. (ep. 1, 13, 2):
erue si licet ossa: Scourfield, CQ 37 (1987), 491f.

I, 22, 6-14 (ep. 5, 2, 2-3):
et ex hoc quaeso ... iubeas *post* largitus es *pos*. Wendel, Hermes 72 (1937), 350f.

I, 32, 6 (ep. 8, 2):
quanto ⟨magis⟩ igitur nos: Schäublin, MH 32 (1975), 210 Anm. 4

I, 82, 2f. (ep. 18 A, 6, 7):
[et hoc omne, quod loquimur]: Schäublin, MH 30 (1973), 56

I, 98, 5f. (ep. 18 B, 1, 3):
siquidem ⟨et⟩ ipse Deus ... , [et] cum in: Schäublin, MH 30 (1973), 56

I, 153, 10f. (ep. 22, 7, 2):
[ante hominem suum]: Schäublin, MH 30 (1973), 56f.

I, 157, 5f. (ep. 22, 9, 4):
de regiis ferculis: Adkin, WSt. 104 (1991), 151f.

I, 159, 1 (ep. 22, 11, 3):
cingitur ⟨circa lumbos suos⟩: Schäublin, MH 30 (1973), 57

I, 163, 7 (ep. 22, 15, 2):
minorem ⟨se⟩ continentiae: Schäublin, MH 30 (1973), 57 (Anm. 8: ⟨reputantem se⟩ Nisbet)

I, 165, 4f. (ep. 22, 17, 1):
si semper, quando necesse est, processura sis: Adkin, Orpheus 15 (1994), 154f.

I, 165, 8f. (ep. 22, 17, 2):
sed ⟨rugitum⟩ inanitas: Thierry, VChr 21 (1967), 123 (sed inanitas: Adkin, Orpheus 15 (1994), 156)

I, 166, 11 (ep. 22, 17, 5):
perambulat: Thierry, VChr 21 (1967), 125

I, 189, 16 (ep. 22, 30, 2):
Plato: Schuster, PhW 49 (1929), 190f.

I, 202, 13 (ep. 22, 37, 4):
in iudiciis: Moreschini - Palla, San Gerolamo. Lettere, 182

I, 203, 16 (ep. 22, 38, 3):
consternata et perterrita: Moreschini - Palla, San Gerolamo. Lettere, 184

I, 249, 10f. (ep. 31, 1, 1):
[accepisse a uirgine armillas, epistulas et columbas]: Schäublin, MH 30 (1973), 57f.

I, 326, 5 (ep. 45, 4, 1):
nolunt uideri: Palla, SCO 36 (1986), 181ff.

I, 351, 7 (ep. 49, 1):
causam esse uictoriae: Schäublin, MH 30 (1973), 58f.

I, 355, 19 (ep. 49, 4, 2):
separet: Moreschini - Palla, San Gerolamo. Lettere, 274

I, 363, 21 (ep. 49, 9, 1):
paenitentibus legerit: Moreschini - Palla, San Gerolamo. Lettere, 288

I, 383, 18f. (ep. 49, 19, 2):
quia etiam scriptum non est ⟨et⟩ aliter intelleximus / quia, ⟨quod⟩ etiam scriptum non est, aliter intelleximus: Schäublin, MH 30 (1973), 59

I, 431, 14 (ep. 52, 10, 1):
substernunt: Wright, Select Letters of St. Jerome, 214 (*in annotatione*)

I, 443, 7f. (ep. 53, 1, 2):
et Archytam: Moreschini - Palla, San Gerolamo. Lettere, 336

I, 443, 8 (ep. 53, 1, 2):
eamque oram: Moreschini - Palla, San Gerolamo. Lettere, 338

I, 444, 5 (ep. 53, 1, 3):
ut urbem tantam ingressus alium extra urbem quaereret: Moreschini - Palla, San
Gerolamo. Lettere, 338

I, 445, 4 (ep. 53, 1, 4):
scripsit super hoc plenissime octo uoluminibus Philostratus: Moreschini - Palla,
San Gerolamo. Lettere, 340

I, 454, 11 (ep. 53, 7, 3):
stomacho: Moreschini - Palla, San Gerolamo. Lettere, 354

I, 454, 15 (ep. 53, 8, 1):
de gente usque: Moreschini - Palla, San Gerolamo. Lettere, 354

I, 455, 10 (ep. 53, 8, 3):
omnisque dialecticae proponit problemata legis: Löfstedt, Arctos 9 (1975), 58f.

I, 466, 3 (ep. 54, 1, 1):
scribam, immo rescribam: Wright, Select Letters of St. Jerome, 228

I, 472, 18 (ep. 54, 6, 5):
lapsis: Wright, Select Letters of St. Jerome, 238

I, 479, 19f. (ep. 54, 13, 3):
ignominiosum ⟨quemdam⟩ per totum Orientem uolitasse ⟨rumorem⟩: et aetas et
cultus et habitus et incessus, ⟨et⟩ indiscreta societas: Morin, RBen 30 (1913),
175f.

I, 505, 6 (ep. 57, 2, 2):
[in pagina]: Schäublin, MH 30 (1973), 59

I, 507, 9 (ep. 57, 4, 1):
limatas: Bartelink, Liber de optimo genere interpretandi, 40

I, 509, 8 (ep. 57, 5, 3):
genus omne uerborum: Bartelink, Liber de optimo genere interpretandi, 54

I, 509, 16 (ep. 57, 5, 4):
elaborauimus.: Moreschini - Palla, San Gerolamo. Lettere, 388

I, 510, 11 (ep. 57, 5, 6):
excedere: Bartelink, Liber de optimo genere interpretandi, 60

I, 514, 16 (ep. 57, 7, 6):
paruulum: Bartelink, Liber de optimo genere interpretandi, 83

I, 515, 4f. (ep. 57, 7, 7):
locum, qui: Bartelink, Liber de optimo genere interpretandi, 85

I, 515, 15 (ep. 57, 7, 8):
transtulimus: exiet: Bartelink, Liber de optimo genere interpretandi, 88

I, 516, 5f. (ep. 57, 8, 1):
quod dictum est a Domino: Bartelink, Liber de optimo genere interpretandi, 90

I, 522, 8f. (ep. 57, 10, 4):
Deus meus, Deus meus: Bartelink, Liber de optimo genere interpretandi, 102

I, 549, 3f.(ep. 60, 1, 1):
⟨nos⟩ reliquit senes: Scourfield, Consoling Heliodorus, 80

I, 550, 5 (ep. 60, 2, 1):
ne malitia mutaret: Scourfield, Consoling Heliodorus, 89

I, 561, 8f. (ep. 60, 10, 8):
[sermo eius] per omne conuiuium: Schäublin, MH 30 (1973), 59f.
sermo eius per omne conuiuium: Scourfield, Consoling Heliodorus, 159

I, 561, 18 (ep. 60, 10, 9):
lectione [quoque] assidua: Scourfield, Consoling Heliodorus, 160

I, 562, 15f. (ep. 60, 11, 2):
†ipso uel placere uel displicere†: Scourfield, Consoling Heliodorus, 164
ipse uel placere uel displicere: Wright, Select Letters of St. Jerome, 288

I, 567, 12f. (ep. 60, 14, 4):
in lapidem et ⟨diuersas/-os⟩ in diuersas bestias commutatas/-os: Vitelli, RFIC 101 (1973), 352ff.
in lapidem [et in diuersas bestias] commutatam finxit antiquitas, et †Hesiodus† ...: Scourfield, Consoling Heliodorus, 189ff.

I, 567, 15 (ep. 60, 14, 4):
regi antestat: loco licet...: Scourfield, Consoling Heliodorus, 194

I, 570, 9 (ep. 60, 16, 1):
Assae: Wright, Select Letters of St. Jerome, 300

I, 573, 3 (ep. 60, 17, 3):
statimque cernamus: Wright, Select Letters of St. Jerome, 306; Scourfield, Consoling Heliodorus, 220

II, 28, 19f. (ep. 74, 6, 1):
umbris et [quae] in historiae ueritate / umbris [et] quae in historiae ueritate / umbris atque in historiae ueritate: Schäublin, MH 30 (1973), 60

II, 38, 21 (ep. 77, 3, 1):
⟨clamor⟩ mihi obtrectatorum eius opponitur / mihi obtrectatorum eius ⟨clamor⟩ opponitur / mihi ⟨opprobrium⟩ obtrectatorum eius opponitur: Schäublin, MH 30 (1973), 60

II, 156, 16f. (ep. 93, 4):
in tribus subsistentiis unam deitatem adorantes: Nautin, VChr 15 (1961), 40ff.

II, 279, 21 (ep. 106, 63, 3):
τῆς ὀργῆς [σου]: De Bruyne, ZNTW 28 (1929), 2

II, 291, 4 (ep. 107, 1, 3):
nutriret [et] senex: Scourfield, CQ 37 (1987), 492

II, 292, 4 (ep. 107, 2, 2):
specum Mithrae: Scourfield, CQ 37 (1987), 493

II, 292, 5 (ep. 107, 2, 2):
corax, nymphus, miles: Metzger, AJPh 66 (1945), 225ff.; corax, nymphius, miles: Wright, Select Letters of St. Jerome, 342

II, 292, 17 (ep. 107, 2, 3):
aequa pugnant acie: Scourfield, CQ 37 (1987), 493

II, 293, 17f. (ep. 107, 3, 3):
praedicatae tortuosissimi animalis uestitur exuuiis: Scourfield, CQ 37 (1987), 493f.

II, 295, 10 (ep. 107, 4, 6):
Hortensii: Wright, Select Letters of St. Jerome, 348

II, 295, 17 (ep. 107, 4, 7):
uirtutes: Scourfield, CQ 37 (1987), 494

II, 296, 18 (ep. 107, 5, 2):
duceris: Scourfield, CQ 37 (1987), 494

II, 297, 4 (ep. 107, 6, 1):
permanserint: Scourfield, CQ 37 (1987), 494f.

II, 297, 19 (ep. 107, 6, 3):
littera eum perducat: Scourfield, CQ 37 (1987), 495

II, 299, 1f. (ep. 107, 8, 1):
ne uideat: Scourfield, CQ 37 (1987), 495

II, 299, 6 (ep. 107, 8, 2):
iam nunc: Scourfield, CQ 37 (1987), 496

II, 300, 1 (ep. 107, 9, 1):
scripturarum. certum: Scourfield, CQ 37 (1987), 496

II, 302, 15 (ep. 107, 11, 2):
suscitet: Scourfield, CQ 37 (1987), 496

II, 303, 11 (ep. 107, 12, 3):
uacillat: Scourfield, CQ 37 (1987), 496f.

II, 319, 13 (ep. 108, 11, 4):
uiculum litterarum: Devos, AB 87 (1969), 213

II, 396, 5 (ep. 115, 1):
fratre nostro Firmo: Rebenich, Hieronymus und sein Kreis, 126 Anm. 624

II, 432, 10 (ep. 117, 9, 3):
diliges: Wright, Select Letters of St. Jerome, 390

III, 128, 1 (ep. 125, 9, 1):
ductore: Wright, Select Letters of St. Jerome, 412

III, 174, 14f. (ep. 129, 7, 3):
[post euersionem templi paulo minus per quadringentos annos et urbis et templi ruinae permanent]: Schäublin, MH 30 (1973), 60ff.

III, 248, 13f. (ep. 133, 4, 3):
Galla, non gente sed nomine, germanam, huc illucque currentem, alterius: Cavallera, BLE 38 (1937), 186ff.

III, 295, 8 (ep. °144, 3, 1):
per latorem: Weber, WSt. 105 (1992), 158f.

III, 295, 12 (ep. °144, 3, 1):
ne iuxta Appium: Weber, WSt. 105 (1992), 159f.

III, 296, 9 (ep. °144, 4, 1):
non eum negasse: Weber, WSt. 105 (1992), 160

III, 301, 33 (ep. °144, 14, 1):
ne sic animarum: Weber, WSt. 105 (1992), 160

III, 302, 8 (ep. °144, 14, 2):
refellantur: Weber, WSt. 105 (1992), 160f.

III, 302, 13f. (ep. °144, 14, 3):
corrumpere. uellem itaque scire, si possem: Weber, WSt. 105 (1992), 161

III, 303, 1 (ep. °144, 15, 2):
unum horum uis ut confirmem; ...: Weber, WSt. 105 (1992), 161f.

III, 303, 25 (ep. °144, 16, 3):
ac: Weber, WSt. 105 (1992), 162

III, 304, 18 (ep. °144, 17, 3):
constat: Weber, WSt. 105 (1992), 162

III, 304, 24 (ep. °144, 17, 3):
dubitare [forte] non debeo: Weber, WSt. 105 (1992), 162f.

III, 305, 3f. (ep. °144, 18, 1):
haeresim detestabilem [detestabiliter] inruamus: Weber, WSt. 105 (1992), 163

III, 305, 15 (ep. °144, 19):
quantum formidare deberent: Weber, WSt. 105 (1992), 163

II.

I, 2, 13 (ep. 1, 3, 1): nunc raro habitatore semiruta
cf. Lucan. 1, 24-27: Godel, MH 21 (1964), 68

I, 3, 13f. (ep. 1, 4): igitur consularis pastis cruore luminibus ut fera, quae
gustatum semel sanguinem semper sitit
cf. Lucan. 1, 327-331: Godel, MH 21 (1964), 68

I, 29, 13f. (ep. 7, 4, 1): scitis ipsi lubricum adulescentiae iter, in quo et ego
lapsus sum ... hoc illa ... ingrediens ...
cf. Cic. pro Cael. 41: Gilliam, HThR 46 (1953), 104

I, 47, 10 (ep. 14, 3, 2): Non est nobis ferreum pectus nec dura praecordia ...
cf. Quintil. decl. 10, 2: Hagendahl, Latin Fathers, 104
cf. Tibull. 1, 1, 63-4: Godel, MH 21 (1964), 66

I, 49, 13ff. (ep. 14, 4, 1): et tu frondosae arboris tectus umbraculo molles
somnos, futura praeda, carpis?
cf. Uerg. georg. 3, 435-436: Godel, MH 21 (1964), 66
cf. Uerg. ecl. 1, 1: Burzacchini, BStudLat 8 (1978), 270

I, 52, 13f. (ep. 14, 6, 3): licet in morem stagni fusum aequor adrideat
cf. Uerg. Aen. 8, 87-89: Godel, MH 21 (1964), 67

I, 52, 15f. (ep. 14, 6, 3): intus inclusum est periculum, intus est hostis
Cic. Catil. 2, 11: Camisani, Opere scelte di S. Girolamo I, Turin 1971, 283
Anm. 31

I, 59, 9 (ep. 14, 10, 1): sed quoniam e scopulosis locis enauigauit oratio
cf. Cic. pro Cael. 51: Gilliam, HThR 46 (1953), 104

I, 148, 17 (ep. 22, 4, 3): ille qui in paradiso deliciarum nutritus est
cf. Ez. 28, 13: Thierry, VChr 21 (1967), 121

I, 151, 11f. (ep. 22, 6, 3): usque ad uerticem polluetur
cf. Hier. 2, 16: Antin, RBen 68 (1958), 113

I, 154, 12ff. (ep. 22, 8, 1): hoc primum moneo, hoc obtestor, ut sponsa Christi uinum fugiat pro ueneno
cf. Tert. ieiun. 3, 3; Ambr. Hel. 14, 51 u.a.: Adkin, WSt. 104 (1991), 153f.

I, 154, 16 (ep. 22, 8, 2): hic hostis intus inclusus est
cf. Cic. Catil. 2, 11: Adkin, Latomus 51 (1992), 412

I, 155, 15f. (ep. 22, 8, 4): prius uenter et statim cetera
Tert. ieiun. 1, 2: Adkin, WSt. 104 (1991), 154

I, 155, 16f. (ep. 22, 8, 4): manducauit enim populus et bibit, et surrexerunt ludere
cf. Tert. ieiun. 6, 3; adu. Marc. 2, 18, 2; Ambr. uirg. 1, 8, 53: Adkin, WSt. 104 (1991), 152

I, 156, 12f. (ep. 22, 9, 1): reuera non poterat deus conditum ei merum mittere et ex oleo cibos et carnes contusione mutatas?
cf. Tert. ieiun. 6, 6. 9, 4. 12, 3: Adkin, WSt. 104 (1991), 150

I, 157, 5f. (ep. 22, 9, 4): potuit et Danihelo de regis ferculis opulentior mensa transferri
cf. Tert. ieiun. 9, 2. 9, 5: Adkin, WSt. 104 (1991), 150f.

I, 157, 14ff. (ep. 22, 10, 2): quomodo et primus ... in deserto
cf. Tert. ieiun. 8, 2. 3, 2. 5, 2: Adkin, WSt. 104 (1991), 152, 156

I, 158, 8ff. (ep. 22, 11, 1): non quo deus ... non possit
cf. Tert. ieiun. 2, 8: Adkin, WSt. 104 (1991), 158

I, 160, 6f. (ep. 22, 13, 1): uiduas ante quam nuptas
cf. Cypr. hab. uirg. 20: Duval, RÉAug 16 (1970), 33 Anm. 36

I, 160, 8 (ep. 22, 13, 1): quas nisi tumor uteri et infantum prodiderit uagitus
cf. Tert. uirg. uel. 14, 6: Adkin, MH 49 (1992), 132

I, 160, 14 (ep. 22, 13, 2): Christi adulterae
Cypr. hab. uirg. 20: Duval, RÉAug 16 (1970), 33 Anm. 36; *cf.* Adkin, MH 49 (1992), 132 Anm. 4

I, 160, 14 (ep. 22, 13, 2): necdum nati filii parricidae
cf. Tert. ad ux. 1, 5, 2: Adkin, MH 49 (1992), 132

I, 160, 15f. (ep. 22, 13, 3): sufficit mihi conscientia mea
cf. Tert. carn. Chr. 3, 2: Adkin, MH 49 (1992), 134

I, 165, 4f. (ep. 22, 17, 1): numquam ...
cf. Caesar. ep. ad uirg. 2, 3, 14: Adkin, Orpheus 15 (1994), 155

I, 165, 4f. (ep. 22, 17, 1): si semper, quando necesse est
cf. Athanas. uirg. 22: Adkin, Orpheus 15 (1994), 155

I, 165, 6f. (ep. 22, 17, 2): plurimae quippe sunt, quae, cum uino sint sobriae, ciborum largitate sunt ebriae
cf. Tert. ieiun. 9, 8: Adkin, WSt. 104 (1991), 158f.

I, 166, 11 (ep. 22, 17, 5): in imagine perambulabat
cf. Ps. 38, 7: Thierry, VChr 21 (1967), 124

I, 176, 11f. (ep. 22, 24, 1): quidquid dixeris, laudant; quidquid negaueris, negant
cf. Terent. Eun. 251f.: Adkin, MH 49 (1992), 136

I, 176, 13f. (ep. 22, 24, 1): in qua nullus sit dolus, 'ecce uera Christi ancilla'
cf. Ioh. 1, 47: Klostermann, Götting. Gel. Anz. 173 (1911), 194

I, 185, 13f. (ep. 22, 28, 3): omnis his cura de uestibus, si bene oleant, si pes laxa pelle non folleat
cf. Ou. ars 1, 516: Godel, MH 21 (1964), 67

I, 186, 11f. (ep. 22, 28, 6): aut auctor aut exaggerator est famae
cf. Cic. Catil. 4, 19: Adkin, Latomus 51 (1992), 419

I, 188, 2f. (ep. 22, 29, 4): quae rubore frontis adtrito parasitos uicere mimorum
cf. Iuu. 13, 241-2: Adkin, CPh 89 (1994), 71f.

I, 188, 4f. (ep. 22, 29, 5): nulla illis nisi uentris cura est et quae uentri proxima
cf. Tert. ad ux. 1, 8, 5: Adkin, MH 49 (1992), 137

I, 188, 6f. (ep. 22, 29, 5): rebus tuis utere et uiue, dum uiuis
cf. Tert. cult. fem. 2, 9, 6; Tert. res. mort. 3, 2f.: Adkin, MH 49 (1992), 138f.

I, 188, 12f. (ep. 22, 29, 6): non delumbem matronarum saliuam delicata secteris
cf. Pers. 1, 104f.: Burzacchini, GIF 27 (1975), 57

I, 202, 10 (ep. 22, 37, 4): non tale ieiunium elegi ... (Is. 58, 3ff.)
cf. Tert. ieiun. 2, 6. 15, 7: Adkin, WSt. 104 (1991), 153

I, 217, 6 (ep. 24, 5, 2): nec citus nec tardus incessus
Sall. Cat. 15, 5: Voß, RhM 112 (1969), 164f.

I, 225, 15 (ep. 27, 3, 1): bipedes asellos
cf. Iuu. 9, 92: Wiesen, St. Jerome as a satirist, 10 Anm. 44

I, 255, 3ff. (ep. 33, 3): At e contrario nostra saecula habent homines eruditos, sciuntque pisces in quo gurgite nati sint, quae concha in quo litore creuerit. De turdorum saliuis non ambigimus ...
cf. Pers. 6, 24: Hagendahl, Latin Fathers, 113; Godel, MH 21 (1964), 69

I, 281, 1f. (ep. 36, 14, 2): inflatis buccis spumantia uerba trutinentur
cf. Pers. 5, 13; 3, 82: Burzacchini, GIF 27 (1975), 62

I, 308, 17f. (ep. 39, 8, 2): saecula post futura, quae sine amore, sine inuidia iudicabunt
cf. Cic. Marcell. 29: Hagendahl, VChr 28 (1974), 221

I, 310, 4ff. (ep. 40, 2, 1): disposui nasum secare foetentem: timeat qui strumosus est. Volo corniculae detrahere garrienti: rancidulam se intellegat cornix
cf. Pers. 5, 11; 1, 33: Burzacchini, GIF 27 (1975), 60

I, 310, 8f. (ep. 40, 2, 1): caua uerba et in uesicarum modum tumentia buccis trutinatur inflatis
cf. Pers. 5, 13; 3, 82: Burzacchini, GIF 27 (1975), 61f.

I, 310, 17f. (ep. 40, 2, 2): quicquid dictum fuerit, in te dictum putas
cf. Cic. pro Cael. 50: Gilliam, HThR 46 (1953), 104

I, 326, 2 (ep. 45, 4, 1): Baias peterent, unguenta eligerent ...
cf. Cic. pro Cael. 27: Gilliam, HThR 46 (1953), 104

I, 342, 17ff. (ep. °46, 12, 3): quocumque te uerteris, arator stiuam tenens
alleluia decantat, sudans messor psalmis se auocat et curua attondens uitem falce
uinitor aliquid Dauiticum canit. Haec sunt in hac prouincia carmina, hae, ut
uulgo dicitur, amatoriae cantiones, hic pastorum sibilus, haec arma culturae
cf. Uerg. georg. 1, 261; 2, 207; 3, 517; 4, 512; 1, 174; 1, 316; ecl. 10, 36; 10,
7; georg. 1, 508: Alfonsi, Sileno 2 (1976), 319

I, 371, 5f. (ep. 49, 14, 1): sicut uiri fortes in controuersiis solent facere
cf. Cic. pro Cael. 21: Gilliam, HThR 46 (1953), 105

I, 381, 5ff. (ep. 49, 17, 7):
cf. Cic. fin. 1, 4-10: Brugnoli, VetChr 2 (1965), 146

I, 389, 3f. (ep. 50, 1, 3): meliorem stili partem eam legerim quae deleret quam
quae scriberet
cf. Quintil. inst. 10, 4, 1: Hagendahl, VChr 28 (1974), 225

I, 389, 15ff. (ep. 50, 2, 1): dicitur ... Carneadeum aliquid referens in utramque
partem ... disputare
cf. Iuu. 1, 66-67: Godel, MH 21 (1964), 70

I, 393, 10 (ep. 50, 5, 1): congerere maledicta, non crimina
cf. Cic. pro Cael. 6. 30: Gilliam, HThR 46 (1953), 105

I, 393, 14 (ep. 50, 5, 2): possum genuinum laesus infigere
cf. Pers. 1, 115: Hagendahl, Latin Fathers, 145; Burzacchini, GIF 27 (1975), 67

I, 394, 10f. (ep. 50, 5, 4): aliam uim fori esse, aliam triclinii
cf. Cic. pro Cael. 67: Gilliam, HThR 46 (1953), 105

I, 394, 22f. (ep. 50, 5, 5): porro, si non uult scribere et tantum maledictis agendum putat
cf. Cic. pro Cael. 6, 30: Gilliam, HThR 46 (1953), 105

I, 395, 1f. (ep. 50, 5, 5): qui propter nocturnos forsitan metus soli cubitare non possunt
cf. Cic. pro Cael. 36: Gilliam, HThR 46 (1953), 105

I, 435, 14 (ep. 52, 12, 2): non calice sorbere, sed conca
cf. Iuu. 6, 304 (*cf.* et scholia): Courtney, BICS 22 (1975), 162 Anm. 4

I, 467, 11 (ep. 54, 2, 2): in terras ultimas asportandum
cf. Cic. Uerr. 2, 1, 40: Hagendahl, VChr 28 (1974), 221f.

I, 475, 10f. (ep. 54, 9, 3): inclusum hostem
cf. Cic. Catil. 2, 11: Adkin, Latomus 51 (1992), 412

I, 507, 10f. (ep. 57, 4, 1): maledicta non crimina sunt
cf. Cic. pro Cael. 6. 30: Gilliam, HThR 46 (1953), 105

I, 508, 12f. (ep. 57, 5, 2): non uerbum e uerbo, sed sensum exprimere de sensu
cf. Cic. opt. gen. 14: Brugnoli, VetChr 2 (1965), 148

I, 539, 15f. (ep. 58, 10, 2): (Lactantius) utinam tam nostra adfirmare potuisset, quam facile aliena destruxit:
cf. Cic. nat. deor. 1, 91: Schäublin, MH 32 (1975), 215

I, 556, 15 (ep. 60, 7, 3): adumbrata, non expressa signa uirtutum
cf. Cic. pro Cael. 12: Gilliam, HThR 46 (1953), 105

I, 556, 17 (ep. 60, 8, 1): praecepta sunt rhetorum ....
cf. Quintil. inst. 3, 7, 10: Hagendahl, VChr 28 (1974), 225f.

I, 560, 5 (ep. 60, 10, 5): obsceni in se rumoris fabulam
cf. Cic. pro Cael. 69: Gilliam, HThR 46 (1953), 105

I, 664, 11f. (ep. 66, 13, 2): quibus serica uestis oneri erat et solis ardor incendium
cf. Claud. in Eutrop. 2, 335f.: Cameron, VChr 19 (1965), 111

I, 681, 6f. (ep. 69, 2, 4): ilico mihi, quasi a fortissimo pugili percussus essem
cf. Plat. Protag. 339E (Cic.): Voß, RhM 115 (1972), 290

I, 698, 2f. (ep. 69, 9, 4): heri catechumenus, hodie pontifex, heri in amphitheatro, hodie in ecclesia …
cf. Greg. Naz. or. 21, 9; carm. 2, 1, 12, 425-8: Adkin, AClass 36 (1993), 113ff.

II, 76, 11ff. (ep. 78, 35, 2): sin autem 'sancta' interpretatur, κατὰ ἀντίφρασιν intelligendum, quomodo Parcae dicuntur ab eo quod minime parcant, et bellum, quod nequaquam bellum sit, et lucus, quod minime luceat
cf. Donat. gramm. 4, 402, 3-5: Lammert, De Hieronymo Donati discipulo, Leipzig 1912, 7

II, 95, 21 (ep. 79, 7, 5): in lubrica uia lapsum
cf. Cic. pro Cael. 41: Gilliam, HThR 46 (1953), 106

II, 244, 9f. (ep. 105, 3, 2): quod Hannibalem iuueniliter exultantem Quintus Maximus patientia sua fregerit
Cic. Cato 10: Hagendahl, VChr 28 (1974), 222

II, 291, 9f. (ep. 107, 1, 4): fiunt, non nascuntur Christiani
Tert. apol. 18, 4: Waltzing, Tertullien, L'Apologétique, II, 127

II, 300, 15 (ep. 107, 9, 3): quae liquido gutture carmen dulce moduletur
cf. Pers. 1, 17f.: Burzacchini, GIF 27 (1975), 69

II, 323, 21 (ep. 108, 13, 6): dies me prius quam sermo deficiet
cf. Cic. pro Cael. 29: Gilliam, HThR 46 (1953), 106

II, 395, 17f. (ep. 114, 3, 1): neque uero, ut diserti interpretes faciunt, uerbum uerbo reddidi
cf. Cic. fin. 3, 15; opt. gen. 14: Brugnoli, VetChr 2 (1965), 146

II, 395, 18f. (ep. 114, 3, 1): nec adnumeraui pecuniam, quam mihi per partes
dederas, sed pariter appendi, ...
cf. Cic. opt. gen. 14: Brugnoli, VetChr 2 (1965), 148

II, 467, 19ff. (ep. 119, 11, 1): nec iuxta Pythagorae discipulos praeiudicata
doctoris opinio, sed doctrinae ratio ponderanda est
cf. Cic. nat. deor. 1, 10: Hagendahl, VChr 28 (1974), 222

III, 120, 1ff. (ep. 125, 1, 4): adulescentiae, immo pubertatis, incentiua
calcantem perfectae quidem aetatis gradum scandere, sed lubricum iter esse, per
quod ingrederis
cf. Cic. pro Cael. 41: Gilliam, HThR 46 (1953), 106

III, 135, 8f. (ep. 125, 16, 2): tumentia uerba trutinantur
cf. Pers. 5, 12; 3, 80-2: Burzacchini, GIF 27 (1975), 62

III, 138, 8f. (ep. 125, 18, 3): ex contrariis diuersisque naturis unum monstrum
nouamque bestiam diceres esse compactam
cf. Cic. pro Cael. 12: Gilliam, HThR 46 (1953), 106

III, 147, 3f. (ep. 127, 3, 1): in maledicta ciuitate
cf. Cic. pro Cael. 38: Gilliam, HThR 46 (1953), 106

III, 180, 14f. (ep. 130, 5, 4): pretiosa monilia et graues censibus uniones
ardentesque gemmae redduntur scriniis...
cf. Iuu. 6, 459. 511: Godel, MH 21 (1964), 70

III, 180, 25f. (ep. 130, 6, 1): contortae Demosthenis uibrataeque sententiae
tardius languidiusque ferrentur
cf. Cic. orat. 234: Hagendahl, VChr 28 (1974), 221

III, 184, 25f. (ep. 130, 7, 8): Scyllamque succinctam multis canibus
cf. Lucr. 5, 892: Opelt, Hermes 100 (1972), 77

III, 201, 15f. (ep. 130, 19, 8): haec uidemus et patimur et, si aureus nummus
adfulserit, inter bona opera deputamus
cf. Pers. chol. 12-14: Godel, MH 21 (1964), 69

III. Appendix

CSEL 88, 92, 16 (ep. 19*, 3, 1):
non debemus

CSEL 88, 131, 1f. (ep. 27*, 1, 2):
... ut tanti temporis fames incredibili maturitate ⟨saturetur⟩. Admones et ...

CSEL 88, 131, 4 (ep. 27*, 1, 2):
[nuntiavit] sacerdote[m]

CSEL 88, 131, 5 (ep. 27*, 1, 3):
... die sancto ...

CSEL 88, 131, 8f. (ep. 27*, 1, 3):
... qualem ⟨****⟩ et tua vita

CSEL 88, 131, 9f. (ep. 27*, 1, 4):
⟨in⟩ pleniorem familiaritatem tecum non venirem

CSEL 88, 132, 9 (ep. 27*, 2, 3):
at quasi amicum

CSEL 88, 132, 15 (ep. 27*, 3, 1):
nunc ⟨bibi⟩ ridiculum est

CSEL 88, 132, 15 (ep. 27*, 3, 2):
oblata esse

CSEL 88, 133, 2 (ep. 27*, 3, 5):
Pauli⟨ni⟩anus